Franz Kurowski
Endkampf um das Reich 1944–1945

Bildquellen-Nachweis: Die Fotos zu diesem Werk wurden von Mitkämpfern und Familienangehörigen derselben zur Verfügung gestellt. Ein Großteil stammt aus dem Bildarchiv des Autors. Der Dank gilt allen seinerzeitigen Frontberichtern, die mit dem einen oder anderen Foto in diesem Werk vertreten sind.

Franz Kurowski

Genehmigte Lizenzausgabe für Karl Müller Verlag, Erlangen

Umschlaggestaltung: Andreas Dorn

ISBN 3-86070-855-4

1 2 3 4 5 3 2 1 00 9

Franz Kurowski

Endkampf um das Reich 1944–1945

Hitlers letzte Bastionen

KARL MÜLLER VERLAG

INHALT

EINLEITUNG

Anfang vom Ende im Westen

Nach Ausbruch der alliierten Truppen aus dem Landekopf in der Normandie, lief der Vorstoß zunächst nach Süden, dann aber nach Südosten und Osten, durch Frankreich hindurch, auf die deutsche Grenze an.

Hitlers Weisungen, am 2. 8. 1944 durch General Warlimont dem Oberbefehlshaber an der Normandiefront, GFM von Kluge überbracht, lauteten:

> »Wiederherstellung der Front! Der Durchbruch des Gegners ist durch einen starken Gegenangriff zu parieren. Dazu werden mehrere in der Front eingesetzte Panzer-Divisionen herausgezogen und durch Infanterieverbände ersetzt. Auf diese Weise müßten mindestens vier Panzer-Divisionen für den eigenen Durchbruch bei Avranches zur Küste — ohne Rücksicht auf den bereits in die Bretagne durchgebrochenen Feind — gewonnen werden.«

Am folgenden Morgen erklärte GFM von Kluge seinem Gast, daß nach der Wegnahme von Mortain durch US-Truppen und durch die Tatsache, daß das II. SS-PzK durch britische Streitkräfte gefesselt sei, kein deutscher Angriff, sondern n u r noch der Rückzug auf die Seine in Frage komme.

Als Warlimont Hitler diese Antwort des GFM brachte, war der Führer nicht mehr von der Idee einer Großoffensive abzubringen. Auf den Lagekarten im FHQ standen überall noch intakte Panzer-Divisionen, wo in Wirklichkeit höchstens nur noch Regimenter vorhanden waren.

Am 6. 8. ging Vire verloren. US-Truppen erreichten Le Mans und am 8. 8. die Loire.

General Buhle, der Chef des Heeresstabes, kam per Flugzeug aus dem FHQ und brachte von Kluge den Führerbefehl mit, den Angriff unter allen Umständen zu führen (wenn auch erst zwei Tage später). Von Kluge ließ die Operation »Lüttich« jedoch sofort durchführen. Die vier deutschen Panzer-Divisionen, die zum Einsatz kamen, verfügten anstelle der papiermäßig vorhandenen 800 Panzer über genau 185. Die 2. PD konnte zwar am frühen Morgen des 7. 8. 12 Kilometer weit in Richtung Avranches vorstoßen. Dann aber wurde sie durch Kampfkommandos der 3. US-PD gestoppt. Mortain wurde von deutschen Panzerverbänden zurückgewonnen.

Als sich aber gegen Mittag des 7. 8. der Nebel auflöste und die US-Jagdbomber wieder starten konnten, wurde zunächst der Spitzenverband, die 1. SS-PD, zusammengeschlagen. Der Angriff der 116. PD drang ebenfalls nicht durch. Jabos und mittlere Bomber dezimierten sie und die 2. PD derartig, daß sie eine Stunde nach Mittag ihre Angriffe einstellen mußten.
Nach Erhalt dieser Meldung wollte GFM von Kluge diesen Angriff einstellen, weil dieser nur mit der völligen Vernichtung der letzten deutschen Panzer enden konnte. Aus dem FHQ wurde ihm befohlen, zwei weitere der vier noch gegen die britische Front eingesetzten Panzer-Divisionen herauszuziehen und damit erneut anzugreifen. So konnte das eroberte Gelände zwar unter Aufbietung aller Kraft gehalten, aber kein weiterer Bodengewinn erzielt werden.
GFM von Kluge fuhr zur Front und gewann hier den Eindruck, daß ein rascher Erfolg nicht mehr möglich war. Die eigenen Kräfte waren zu sehr erschöpft, und der Gegner verstärkte sich noch mehr.
Noch während der deutsche OB unterwegs war, hatte General Montgomery am Morgen dieses 8. 8. 1944 die Operation »Totalize« anlaufen lassen, die zur Vernichtung der 7. deutschen Amee führen sollte. Eine riesige Panzerlawine setzte sich in Bewegung. Der erste Stoß traf die 272. und 89. deutsche ID. Letztere war gerade aus Norwegen eingetroffen und außerstande, diesem Druck standzuhalten. Beide Divisionen waren bereits stark angeschlagen, als die 2. Phase dieser Operation anlief:
500 alliierte Kampfbomber starteten zum Angriff. Im Tiefflug heulten sie über die Stellungen der Infanterie hinweg, warfen Raketenbomben und schossen aus allen Bordwaffen.
Eine Stunde darauf folgte ihnen ein Großverband von 700 schweren Bombern der USAAF. Lediglich die Tatsache, daß die 1. polnische und 4. kanadische PD der Amerikaner nicht sofort nach Ende dieses zweifachen Bombardements antraten, und dem radikalen Einsatz der schweren SS-Panzerabteilung 101 (die spätere Korps-Tiger-Abteilung 501) und einer Handvoll Panzer der 12. SS-PD »Hitlerjugend«, war es zu verdanken, daß nicht alles in die Brüche ging.
Im Kampf deutscher Panzer, darunter auch die Tiger-Abteilung des unvergeßlichen Michael Wittmann, gegen die 4. kanadische PD wurden die deutschen Panzer von einem Flächenbombardement größten Stils eingedeckt. Aber der Feindvorstoß war gestoppt worden, Obersturmführer Wittmann war gefallen.
Am folgenden Abend und in der anschließenden Nacht griff die 1. polnische PD an. Sie wurde abgewiesen. Hier fand die 12. SS-PD bis zum 11. 8. ihren Untergang.
Teile des Gegners stießen bereits am 10. 8. über Le Mans, das wieder in

seine Hände gefallen war, in Richtung Alencon vor. Dort befand sich die Hauptnachschubstelle der 7. Armee. An der Spitze der Angreifer rollte das XV. US-Korps unter GenLt. Haislip, das der 3. US-Armee unterstand. Am 12. 8. ging Alencon an dieses Korps verloren.
Am Abend des 13. 8. meldete GFM von Kluge, daß der Feind nicht nur im Begriff stand, die 7. Armee einzuschließen, sondern daß seine Angriffe darauf hindeuteten, daß er auch die 5. Panzerarmee einschließen wolle. Die von dem OB geforderten Absetzbewegungen wurden erst 24 Stunden später von Hitler genehmigt. Während dieser Zeit war es dem Gegner gelungen, Falaise am 14. 8. zu erreichen und wenige Tage später den Kessel dicht zu machen. Am 18. 8. 1944 ging hier nichts mehr. Was nun folgte, waren die tödlichen Versuche von Resten der im Kessel von Falaise eingeschlossenen 15 deutschen Divisionen, den Ausbruch zu wagen. Von den hier eingeschlossenen 100 000 deutschen Soldaten blieben im Kessel 10 000 Tote und 50 000 Gefangene zurück. Die übrigen konnten, größtenteils verwundet, entkommen.

Die Niederlage von Falaise war für die deutsche Wehrmacht eine Katastrophe. Die Kämpfe um die Gewinnung des freien Raumes waren zu Ende. Nunmehr gruppierten die Generale Bradley und Montgomery um. Monty war am 1. 9. 1944 zum Feldmarschall ernannt worden.
Das nächste Ziel der Westalliierten, die Wiedereroberung von Paris, wurde sehr rasch realisiert, obgleich Hitler anstelle des am 18. 8. durch Selbstmord aus dem Leben geschiedenen GFM von Kluge den großen Steher Model mit dem Oberbefehl an der Westfront betraute. GFM von Rundstedt wurde erst am 6. 9. 1944 als alter und neuer Oberbefehlshaber West eingesetzt, während GFM Model die HGr. B übernahm.
In Granville übernahm General Eisenhower bereits am 1. 9. 1944 den Oberbefehl über sämtliche alliierten Streitkräfte in Westeuropa. Damit unterstand ihm:

Die 6. Heeresgruppe unter GenLt. Devers.
Die 12. Heeresgruppe unter General Bradley und
die 21. Heeresgruppe unter Feldmarschall Montgomery.

Der Sturmangriff durch Frankreich zum Westwall konnte beginnen.
Nun machte sich das Fehlen jener 15 verlorengegangenen Divisionen bemerkbar, die der Kessel Falaise behalten hatte. Die deutschen Panzer- und Panzergrenadier-Divisionen waren, wenn es hoch kam, nur noch regimentsstark. Jede dieser abgekämpften Divisionen verfügte nur noch über fünf bis zehn Panzer, wie GFM Model Hitler am 29. 8. 1944 meldete. Die Alliierten stürmten vorwärts, folgten den zurückweichenden deutschen Divisionen auf dem Fuß und eroberten am 4. 9. Antwerpen.
Nun zog sich die deutsche Verteidigungslinie von Antwerpen über Al-

bertkanal und Maas zum Westwall, den Westwall entlang bis hinunter zur Schweizer Grenze hin. Um diesen Verteidigungsriegel zu halten, waren nach den Worten von GFM Model 25 frische Divisionen Infanterie und fünf bis sechs Panzer-Divisionen notwendig.
»Anderenfalls«, so Model, »ist das Tor nach Westdeutschland hinein offen.« (Siehe Wilmot, Chester: Der Kampf um Europa).
Am frühen Morgen des 11. 9. 1944 überschritt ein US-Spähtrupp unbemerkt bei Prüm als erster die deutsche Grenze. Damit hatten die Verbände der Westalliierten das Tor des Reiches erreicht. Der Weg nach Deutschland hinein konnte beginnen.

Der Anfang vom Ende im Osten

Keine drei Wochen nach Beginn der alliierten Invasion im Westen hatte auch die Rote Armee am 22. 6. 1944, dem dritten Jahrestag von »Barbarossa«, ihre Großoffensive »Bagration« anrollen lassen.
Die Schlacht in Weißrußland wurde so etwas wie das östliche Gegenstück der Invasion der Angloamerikaner. Die Rote Armee, die mit 2,5 Millionen Soldaten in 185 Divisionen gegen die 500 000 Soldaten der deutschen HGr. Mitte antrat, stieß in einen völlig panzerleeren Raum hinein. Die Panzerverbände der HGr. Mitte waren kurz vorher nach Süden, in den Bereich der HGr. Südukraine verlegt worden, wo die Sowjets einen starken Aufmarsch vortäuschten. Die Abteilung Fremde Heere Ost des OKH war nicht im Stande, diese Riesentäuschung aufzudecken. So begann eine Offensive, die auf deutscher Seite keine entsprechenden Abwehrkräfte sah. Sie endete mit dem Untergang der HGr. Mitte und brachte die Rote Armee binnen weniger Wochen bis zur ostpreußischen Grenze.
Der Sturmlauf der Roten Armee endete erst über 600 Kilometer weiter im Westen. Sie hatte einen Sieg errungen, von dem Marschall Stalin nicht einmal zu träumen gewagt hatte.
Im Todeswirbel der 45 000 Geschütze und im Bombenhagel der am Eröffnungstag eingesetzten 4 500 Flugzeuge, im Vorrollen des stählernen Stoßkeiles der 6 100 Panzer und Sturmgeschütze ging eine ganze deutsche Heeresgruppe zugrunde, wurden 28 deutsche Divisionen mit 350 000 Mann in den Staub gewalzt.
Rechtzeitiges Umgruppieren und die Räumung der von Hitler verfügten festen Plätze hätten ein solches gravierendes Desaster verhindern können. Stattdessen wurden 350 000 deutsche Soldaten geopfert u n d dem Gegner der Weg nach Westen bis an die ostpreußische Grenze freigegeben.
Noch am 20. Juni glaubten weder Hitler noch seine Berater an eine neue sowjetische Offensive im Raum der HGr. Mitte. Selbst die von der Front kommenden Meldungen über riesige Truppenbewegungen wurden als »Scheinangriffe« und »Scheinaufmärsche« bezeichnet.
Man war der felsenfesten Überzeugung, daß eine neue russische Offensive n u r im Abschnitt der HGr. Südukraine erfolgen könne. Doch d a s war eine Finte der Russen, die mit einer großen Zahl von Leerzügen einen gewaltigen Eisenbahn-Aufmarsch vorgetäuscht hatten.
So wurden schließlich aufgrund eines Vorschlages des GFM Model, dem OB der HGr. Nordukraine, starke Panzerverbände aus dem Abschnitt der HGr. Mitte herausgezogen und nach Süden verlegt, mit dem Ziel, die Lage im Raum Kowel durch einen starken Angriff zu bereinigen.

Insgesamt acht Panzer- und zwei Panzergrenadier-Divisionen sollten im Abschnitt der HGr. Nordukraine verhindern, daß der Gegner, »der h i e r aufmarschiert war, über Lemberg und Warschau nach Königsberg durchstieß und damit sowohl die HGr. Mitte, als auch die HGr. Nord von hinten umklammerte und deren Verbindungs- und Versorgungswege abschnitt.«
Die deutschen Militärs irrten gewaltig, denn Marschall Stalin traute sich und der Roten Armee eine so weitreichende und weiträumige Operation überhaupt nicht zu. (Selbst die Operation »Bagration« im Bereich der HGr. Mitte wurde in der Absicht geführt, »etwa 150 Kilometer Bodengewinne zu erzielen.«).
So wurden der HGr. Mitte durch eine völlige falsche Lagebeurteilung fast sämtliche Panzer und ein Drittel der Heerestruppen entzogen.
GFM Busch, der OB der HGr. Mitte, erklärte, daß ihm damit jede Möglichkeit genommen sei, einer feindlichen Schwerpunktbildung vor seiner Front durch rechtzeitiges Verschieben seiner beweglichen Kräfte entgegenzuwirken.
Am 4. 6. 1944 wies die HGr. Mitte in ihrer Feindbeurteilung darauf hin, daß die örtliche Kräftemassierungen der Roten Armee vor der eigenen Front jederzeit durch eine Verschiebung namhafter Feindverbände vermehrt werden könne. Es müsse damit gerechnet werden, daß der Feind an zahlreichen Stellen der Ostfront Angriffe mit wechselnden Schwerpunkten führen würde, »um eine Fesselung der deutschen Kräfte zu erreichen.«
Am 19. 6. meldete die Führung der HGr. Mitte, daß der Feind vor der 9. Armee starke Reservekräfte nachführe, darunter auch Panzerverbände. So seien die 33. Garde-Armee bei Rjassna und die 11. Garde-Armee an der Autobahn südostwärts Witebsk, sowie das V. Schützenkorps an der Suchodrowkafront neu erkannt worden. Außerdem sei noch die 5. Garde-Panzerarmee im Raum Smolensk festgestellt worden.
Alles dies deutete darauf hin, daß der Feind keinen Fesselungsangriff vor der HGr. Mitte beabsichtigte, sondern daß er dort einen gewaltigen Offensiv-Vorstoß vorbereitete. Daß die russische Luftwaffe allein vor der HGr. Mitte auf 4 500 Maschinen verstärkt worden war, galt als weiteres untrügliches Zeichen für einen unmittelbar bevorstehenden, russischen Großangriff.
Immer noch war die Lagebeurteilung beim OKH jedoch entgegengesetzter Ansicht. Der Chef der Operationsabteilung des OKH, Oberst i.G. Heusinger, brachte am 14. 6. zum Ausdruck, daß der »Hauptangriff des Feindes nach wie vor in der Ukraine erfolgen« werde. Die Vorstöße gegen die beiden HGr. Südukraine und Mitte seien nur Neben- oder Fesselungsangriffe. GFM Keitel setzte noch einen drauf, als er am 20. 6. 1944

auf der NSFO Tagung in Sonthofen (Tagung der Nationalsozialistischen Führungsoffiziere) erklärte:

»Die Sowjets werden erst dann angreifen, wenn die Westalliierten mit ihren Invasionsstreitkräften in der Normandie einen operativen Durchbruch errungen haben. Der Schwerpunkt der sowjetischen Offensive wird dann weiter südlich, in Galizien, liegen.«

So stand die HGr. Mitte mit ganzen 38 Divisionen, darunter keine einzige Panzer-Division, in einem langen Bogen der Front in dünner Aufstellung. Sechs dieser Divisionen waren überdies noch in den von Hitler zu Festen Plätzen erkorenen Städten zum Tode verurteilt: In Witebsk waren es drei Divisionen, in Orscha, Mogilew und Bobruisk jeweils eine.
Was aber hatte die Abteilung der Abwehr, Fremde Heere Ost, dazu zu sagen, die direkt dem OKH unterstand? Was war mit ihren vielgerühmten Meisterspionen und V-Männern, von denen es in den russischen Stäben nur so wimmeln sollte?
Ebenso wie die Abteilung des OKH Fremde Heere West vor der alliierten Invasion war auch sie nicht in der Lage — oder nicht willens — die gewaltsamen Veränderungen vor der Front der HGr. Mitte zu erkennen. Was da vor sich ging, war doch nicht die Kleckerei der Verschiebung einer Division oder eines Korps. Dort wurden ganze Armeen nach vorn geschafft; riesige Flugzeugansammlungen verschiedener Luftarmeen zogen in die frontnahen Feldflugplätze vor und alles dies völlig unbemerkt?
Was war mit den 12 000 Soldaten der deutschen Funkaufklärung, denen angeblich nichts entging? Zehn Stäbe von Nachrichtenabteilungen, zehn Nachrichten-Fernaufklärungs- und ebenso viele Nachrichten-Nahaufklärungs-Kompanien waren im Einsatz. Fünf Nahaufklärungs-Kompanien kamen noch hinzu. Hatten sie von diesem gewaltigen Funkverkehr der vier russischen Fronten und zwischen den Luftarmeen nicht ein »did« gehört?
Und was war mit dem Einsatz der 240 000 russischen Partisanen, die in der Nacht des 20. Juni mit 10 500 Sprengeinsätzen den Auftakt machten und zwischen Dnjepr und Beresina, just im Abschnitt der HGr. Mitte, Bahnlinien lahmlegten und den Telefonverkehr unterbanden?
Im KTB der Deutschen Wehrmacht ist n i c h t s darüber verzeichnet, daß auch nur einmal eine solche Meldung weitergegeben worden sei.
Auf einem Frontabschnitt von 700 Kilometern Breite traten am Morgen des 22. 6. (und in einigen Bereichen bis zu 48 Stunden später) 2,5 Millionen russischer Soldaten an, feuerten 45 000 Geschütze, rollten 6 100 Panzer und Sturmgeschütze vor, griffen etwa 4 500 Flugzeuge im ersten

Angriff an. Im Sumpfgebiet zwischen Dnjepr und Beresina gingen binnen weniger Tage ganze Divisionen unter.
Witebsk und Bobruisk, Minsk und Baranowitschi fielen den Sturmtruppen der Roten Armee zu. Drei Wochen nach Angriffsbeginn hatte die Rote Armee Brest Litowsk zurückgewonnen. Kurz darauf standen die russischen Spitzenverbände an Memel und Weichsel. Ende Juli 1944 war bereits die ostpreußische Grenze erreicht.
Damit stand auch im Osten der Feind an der Schwelle des Reiches. Vier russische Heeresgruppen hatten in einem Sturmlauf ohnegleichen bis zu 600 Kilometer zurückgelegt.
Ende August 1944 standen deutsche Truppen des Südflügels der 3. Panzerarmee in der Höhe des Wystiter Sees bis zur Memel im Abwehrkampf.
Königsberg wurde in der Nacht zum 17. 8. 1944 das erstemal von 200 britischen Bombern angegriffen. In der Nacht zum 30. 8. erfolgte der zweite Angriff. Diesmal erprobten die britischen Flieger die ersten Brandstrahlbomben. Es traf die Wohnviertel der Stadt, wie dies auch beabsichtigt war. Der Dom, die Schloßkirche, die Universität und das geschichtliche Speicherviertel wurden ein Raub der Flammen. 50 Prozent aller Königsberger Häuser wurden eingeäschert. Die Zahl der Toten betrug bei beiden Angriffen insgesamt 3 500; 150 000 Königsberger wurden obdachlos.
Als dann am 2. 9. 1944 Finnland aus dem Krieg ausschied, wurden nach dem Abmarsch der Lapplandarmee im Hohen Norden weitere russische Truppen frei, die zum Kampf gegen das Reich antraten.
Am 15. 9. 1944, also etwa zur gleichen Zeit wie im Westen des Reiches, marschierten die Leningrader Front und die 1., 2. und 3. Baltische Front los, um nach Deutschland einzufallen.
Auch hier kam es sehr rasch und oftmals entschiedener als im Westen zur Bildung von Festen Plätzen und Fronten, wie im zweiten Teil dieses Werkes dargestellt werden soll.

VOR DEN TOREN DES REICHES

Die Schlacht um Aachen — Vorbemerkungen

Lange bevor der Kampf um das Reich in seine letzte entscheidende Phase trat, stand bereits eine deutsche Grenzstadt im Granathagel alliierter Waffen und hatte sich zu verteidigen. Es war die alte Reichs- und Kaiserstadt Aachen. Der Befehl des Oberkommandos der Wehrmacht zur Verteidigung lautete:

> »Der Westwall ist zu verteidigen und Aachen als erste vom Gegner angegriffene deutsche Stadt unter allen Umständen zu halten.«

Es galt die deutsche Kaiserstadt, die Symbolbedeutung hatte, nicht in die Hände des Feindes fallen zu lassen. Allerdings waren die Mittel, die zur Verteidigung Aachens eingesetzt werden konnten, zunächst zu gering, um die Stadt in eine waffenstarrende Festung zu verwandeln.
Zu Anfang September 1944 war der gesamte Raum um Aachen immer noch ungeschützt. In der Stadt selbst lagen das Ersatz- und Ausbildungs-Btl. 453 unter Oberst Osteroth und das Festungs-MG-Btl. 34 sowie eine Panzerjäger-Abt. Die Führung dieses zusammengewürfelten Verbandes übernahm GenLt. Mahlmann mit dem Stab der 353. ID.
Bis zu diesem Zeitpunkt hatte Aachen bereits einige Male Bekanntschaft mit alliierten Terrorfliegern gemacht. So hatten britische Bomberverbände in der Nacht zum 12. 4. 1944 die Stadt mit 4 000 Sprengbomben, 34 000 Brand- und 8 600 Phosphor-Brandbomben belegt, um sie auszuräuchern. 1 252 registrierte Tote waren zu beklagen, über 1 000 Verwundete wurden in die Krankenhäuser eingewiesen.
Als das VII. US-Korps unter GenLt. Collins, von seinen Freunden »schneller Joe« genannt, am 11. 9. 1944 auf einer Frontbreite von 50 Kilometern aus dem Raum westlich von Aachen antrat, um sein Ziel, die deutsche Kaiserstadt, zu erreichen, hatte man im alliierten HQ die Vision des Stolberger Korridors, der angeblich feindfrei sein sollte. Genau dort wollte Collins seine Truppen ansetzen. Dafür wählte er die 1. ID unter GenMaj. Huebner und die 3. PD unter Generalmajor Rose aus.
Ziel dieses neuen Angriffs der 1. ID war Aachen, das im Handstreich in Besitz genommen werden sollte. Gleichzeitig damit sollten die Panzer

September 1944: Der Westgegner auf dem Wege ins Reich.

der 3. PD an Aachen vorbei in Richtung Düren vorrollen und diese Stadt erobern.
Die Deutschen, das »wußten« die angloamerikanischen Kommandeure genau, hatten nach ihrem schnellen Rückzug durch Frankreich und Belgien, nach der verlorenen Schlacht um Frankreich, keinen Mumm mehr. Es bedurfte nur noch eines weiteren Anstoßes und sie würden weiter vor den alliierten Divisionen davonlaufen. Es galt jetzt also nur, schneller als sie zu sein, sie zu überflügeln und einzusacken. Binnen weniger Wochen würde der Zweite Weltkrieg zu Ende sein.
V-Männer und Späher hatten bereits seit langem gemeldet, daß der Westwall nichts anderes als eine Attrappe sei und daß man die Geschütze daraus entfernt habe.
Später sollte dies durch die Worte des deutschen Generals der Kavallerie Siegfried Westphal, Chef des Generalstabes des OB West, und GFM von Rundstedt, bestätigt werden:

> »Der vielgerühmte Westwall besaß im sechsten Kriegsjahr nur noch symbolischen Wert. Ende September/Anfang Oktober 1944 war der Weg ins Innere des Reiches hinein frei.«
> (Siehe Westphal, Siegfried: Bericht an den Autor)

GenLt. Hodges, OB der 1. US-Armee, ein energischer Soldat, der vom Gefreiten zum Dreisternegeneral aufgestiegen war, schien jedoch nicht so sehr von der Unwirksamkeit des Westwalles bei Aachen überzeugt. Er hatte durch sein Fernglas aus der Stellung eines vorgeschobenen Beobachters die Bunker gesehen und die Kommandierenden Generale seiner drei Korps, Corlett, Gerow und Collins gewarnt. Sie sollten nicht zu rasch vorgehen und vor allem zunächst den Nachschub nachkommen lassen, ehe sie entscheidende Schritte nach vorn unternahmen. Aber GenLt. Collins hatte Protest erhoben:

> »Wenn Männer vorwärtsgehen, dürfen wir sie nicht stoppen!«

So lautete Collins Antwort. »Lassen Sie uns jetzt erst Aachen schnappen. Dann können wir eine Rast einlegen, um den Nachschub heranführen zu lassen.«
Daraufhin hatte General Hodges den Weg für Collins' Divisionen freigegeben. Aber nur zu einer »gewaltsamen Aufklärung!« Das Ziel dieser gewaltsamen Aufklärung war es, den Westwall zu knacken, ehe die Deutschen diese Bunkerstellungen mit Truppen besetzen konnten. Zur Zeit waren diese Bunker offensichtlich leer. Angriffsbeginn für die Divisionen des VII. US-Korps war der 12. 9. 1944.

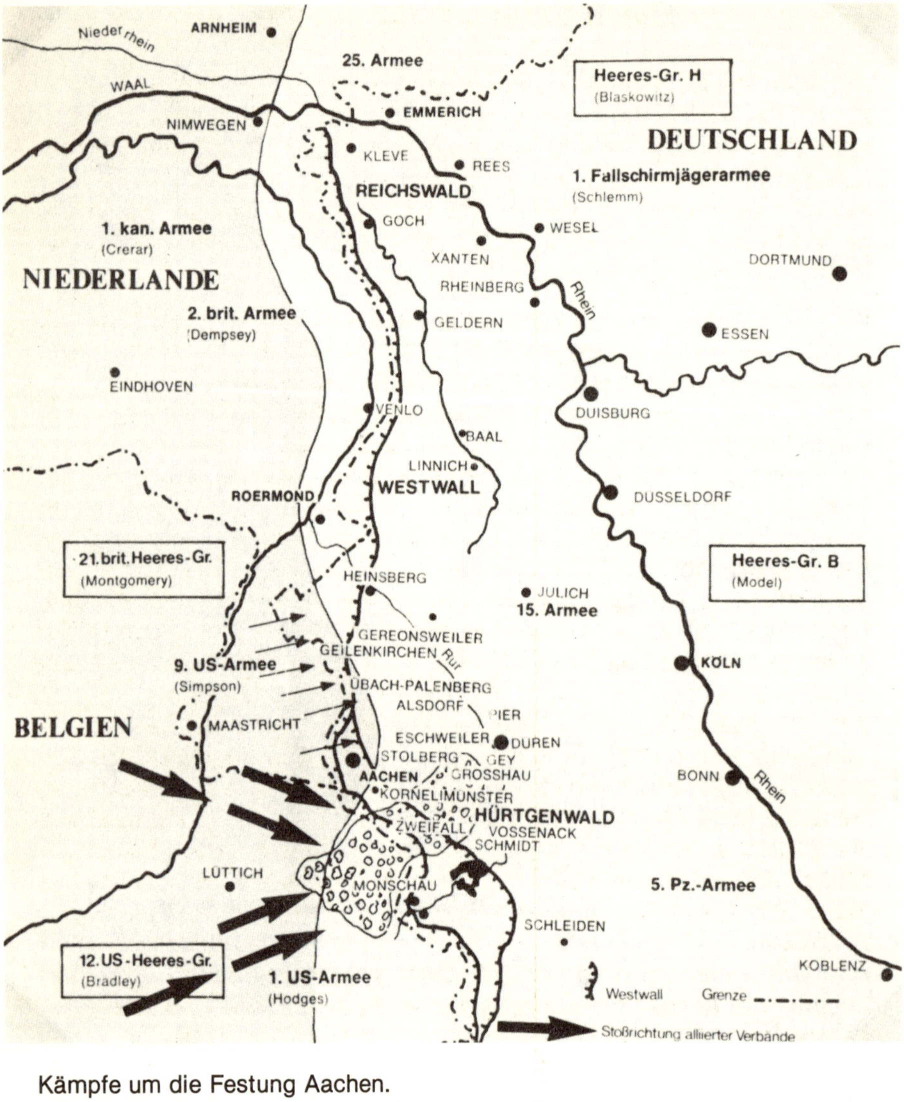

Kämpfe um die Festung Aachen.

Die 1. Schlacht um Aachen

Aus dem Raume Eupen antretend, stießen die beiden genannten Divisionen des VII. US-Korps am Morgen des 12. 9. nach Nordosten vor. Direkte Stoßrichtung der 1. ID war Aachen, jene der 3. PD der Raum südlich davon, von Kornelimünster bis Roetgen und Rott.
Die US-Kampfverbände stießen sehr rasch vor und drangen binnen weniger Stunden — von wenigen Störversuchen abgesehen — unangefochten bis zum südwestlichen Stadtrand von Aachen vor.

Der Kommandierende General des deutschen LXXXI. AK, GenLt. Schack, dem am 5. 9. 1944 dieser Frontabschnitt unterstellt worden war, ernannte unmittelbar nach Eingang der Meldung über das amerikanische Vorgehen bis zum Südostrand von Aachen Oberst Osteroth zum Kampfkommandanten, und setzte das MG-Btl. 34 nördlich Aachen an der Straße nach Maastricht ein. Die beiden Grenadier-Btl. wurden in den Stadtwald verlegt, wo inzwischen die Amerikaner vorwärtsgekommen und mit Spitzenverbänden in den Westwall eingedrungen waren.
Die Soldaten der 1. US-ID hatten den großen Bunker 113 erstürmt und durch diese so entstandene Lücke durchstoßend die erste Bunkerlinie überwunden, ohne die weiteren Bunker links und rechts dieser Lücke knacken zu können. Die zweite Bunkerlinie im Südosten der Stadt, mit dem Hauptbunker 161, ging knapp 48 Stunden später verloren.
Am 10. 9. besuchte der Reichsführer SS, Heinrich Himmler, Aachen und appellierte dort an den Verteidigungswillen der Bewohner und der Soldaten. Er hämmerte ihnen ein, die Stadt mit allen Mitteln zu verteidigen. GenLt. Schack, der mit seinem LXXXI. AK der 7. Armee unterstand und vier Divisionen zur Verfügung hatte, zu der nur eine Handvoll Panzer gehörten, ließ sofort die noch am weitesten intakte 116. PD, die aber in Frankreich ebenfalls schwer gelitten hatte, antreten, um die Kaiserstadt zu sichern.
Am Mittwochmorgen, den 13. 9. 1944, übernahm GenLt. Graf von Schwerin in Aachen die Führung. Seine Gefechtsstände richtete er im Laurensberger Schloß und im Hotel Berliner Hof auf der Bahnhofstraße ein.
Die 116. PD rückte in Aachen ein. Die »Windhunde«, so genannt nach ihrem Divisionsabzeichen, besetzten die entscheidenden Verteidigungsstellungen am Stadtrand. Die Zivilisten waren am Vortage durch die Parteiführung evakuiert worden. Als auch noch am 13. 9. Einwohner mit hochbeladenen Karren ziellos durch die Straßen von Aachen irrten, ließ GenLt. Graf von Schwerin einen Befehl ausgeben, mit dem er in seiner Eigenschaft als Kampfkommandant der Stadt alle planlosen Evakuie-

rungen verbot. Nur jene Menschen durften die Stadt verlassen, deren Transport nach Osten bestimmt und gesichert war.
Am frühen Morgen dieses 13. 9. 1944 starteten die Amerikaner das Unternehmen »Leander«. Oberstleutnant Leander Doan, Kommandeur der KGr. X der 3. US-PD, hatte Befehl erhalten, die Verteidigungskraft und den Abwehrwillen der Aachener zu testen. Doan griff mit seinen Panzern, denen Infanterie nachfolgte, die deutschen MG-Stände bei Oberforstbach an.
Seine KGr., insgesamt 1 600 Mann mit schweren Waffen und Panzern, durchstieß diese deutschen Vorpostenstellungen und drang nach Sprengung eines der berüchtigten Drachenzähne des Westwalles durch die Panzersperre und erreichte jene Höhe, von der aus Doan und sein Stab die deutschen Verteidigungsstellungen um Aachen sehen konnten.
Die Shermanpanzer rollten weiter. Ab und zu machte eine Gruppe Schießhalt und feuerte auf die sich nur spärlich zeigenden Ziele.
Die deutsche Achtacht-Flak erwiderte das Feuer, sobald sich die Panzer bis auf Schußentfernung herangearbeitet hatten. Die ersten Feindpanzer blieben mit zerschmetterten Ketten und durchschlagenen Türmen liegen. Dennoch ging der Vorstoß dieser KGr. weiter.
Aus einem Bunker, der bereits die hinter den Panzern vorgehenden Infanterie-Einheiten flankierte, peitschte das Feuer der »Hitlersägen«, wie die neuen und schnell schießenden MG 42 genannt wurden. Männer stürzten. Rufe nach dem Sanitäter gellten durch den Tag, der Vorstoß kam ins Stocken, die Panzer rollten isoliert weiter und wurden von Nahkampftrupps mit Sprengmitteln und Hafthohlladungen angegriffen und geknackt.
Ein Zug US-Infanterie ging unter Führung eines Leutnants von zwei Seiten auf den Bunker zu, aus dem das vernichtende Feuer kam. Einige Panzer schossen sich von beiden Seiten auf ihn ein. Als der Zugführer eine Leuchtkugel schoß, die den Panzern zeigte, daß die Infanterie am Objekt war, schwenkte das Feuer wieder nach Osten aus.
Pioniere brachten ihre Sprengladungen an und der befehlsführende Offizier forderte die Bunkerbesatzung auf, ohne Waffen und mit erhobenen Armen herauszukommen.
»Fahrt zur Hölle!« lautete die Antwort aus dem Bunker.
Sekunden darauf wurden die Sprengladungen gezündet. In einen dichten Mantel aus Flammen und Rauch gehüllt verstummte dieser Bunker für immer.
Schrittweise ging die Kampfgruppe weiter vor, und als es Mittag wurde, war es auch Oberstleutnant Doan klar, daß ein Durchstoß bis in die Stadt hinein nicht so leicht werden würde.

Erst nachdem ein Stoßtrupp einen schmalen, aber auch für Panzer passierbaren Durchschlupf durch die Drachenzahn-Bunkerlinie fand, der angelegt worden war, damit die deutschen Bauern besser zu ihren Feldern gelangen konnten, sah Doan seine Chance gekommen. Er befahl dem Dreschflegelpanzer vorzufahren und die vermeintliche, mit Minen gespickte Falle unschädlich zu machen.
Doch dieser Durchschlupf war überhaupt nicht vermint. Es zeigte sich, daß die Deutschen ihn schlicht und ergreifend vergessen hatten.
Der Dreschflegelpanzer bahnte sich einen Weg durch diese Schneise. Seine Stahlkugeln an den Enden der langen Ketten, die auf- und niedergingen und dröhnend auf den Boden schlugen, fanden keine verlegte Minen. Dafür verfing sich aber eine Kugel in dem rechten Betonhöcker und war nicht mehr loszubekommen. Der Panzer rangierte hin und her. Dichter Auspuffqualm und die aus den Auspufftöpfen schlagenden Flammen machten die Deutschen auf diese Stelle aufmerksam. Ihr Feuer schwenkte auf den Panzer ein. Die Besatzung desselben bootete aus, und der »Scorpion« blieb als zusätzliches Hindernis in dieser engen Schneise stecken.
Damit hatte sich der Kampfkommandant X den weiteren Weg in Richtung auf die Stadt selbst verbaut.
Bei der US-Infanterie häuften sich an diesem Kampftag die Schwierigkeiten ebenfalls. Das IR 16 der 1. US-ID war bei seinem Versuch, direkt aus Westen in die Stadt einzudringen, mehrfach gestoppt worden. Schließlich gelang dem I. Bataillon dennoch der Einbruch in den Stadtwald. Die vorrollenden Infanterie-Fahrzeuge kamen bis zum Pelzerturm durch. Hier blieben sie liegen.
Die Meldung vom Einbruch in den Stadtwald erreichte GenLt. Graf von Schwerin nur Minuten später über das LXXXI. AK, dem Meldung gemacht worden war. GenLt. Schack befahl der 116. PD, den in den Wald eingedrungenen Feind anzugreifen und zu werfen.
Der Kommandeur der 116. PD gab seinen bewährten Panzergrenadieren den Angriffsbefehl. Gleichzeitig gab er den soeben auf dem Aachener Hauptbahnhof eintreffenden ersten Einheiten der Sturmgeschütz-Brigade 394 Befehl, direkt von der Entladerampe aus in schnellster Fahrt an den Ort des Geschehens zu rollen und den Panzergrenadieren die nötigen schweren Waffen zu stellen. Zwei Kradmelder sausten los, um die Sturmgeschütze auf direktem Wege zum Einsatzziel zu bringen.
Diesen Truppen gelang es, den Feind aus dem Wald herauszuwerfen. Wo sich kleinere Kampfgruppen der Amerikaner gesetzt hatten, rollten die Sturmgeschütze vor und zerschossen diese Widerstandsnester. Hier stellten sie wieder einmal ihre Gefährlichkeit unter Beweis und wurden zu Helfern der Panzergrenadiere.

Die Lücke konnte geschlossen werden. Lediglich einige Gruppen der US-Infanterie mit Pak und Werfern gelang es, sich im Stadtwald einzuigeln. Sie wurden in der kommenden Nacht im überraschenden Angriff überwältigt.
GenMaj. Rose befahl, nachdem Oberstleutnant Doan ihm gemeldet hatte, daß der Durchschlupf, den sie gefunden hatten, durch einen eigenen Panzer gesperrt worden sei, einen zweiten Angriff. Zunächst sollte der steckengebliebene Dreschflegelpanzer wieder flottgemacht und nach vorn gefahren werden. Sobald die Lücke frei war, sollten Panzer nachstoßen und, durch infanteristische Kräfte gesichert, den Angriff weiter vortragen.
Dieses Wagnis gelang. Der Scorpion war noch fahrbereit, die Pioniere hatten die Kette losgemacht, und der Panzer rollte vor und scherte nach Überwinden der Enge zur Seite aus.
Die ihm folgenden 20 Shermans rollten hintereinander durch die Lücke des Westwalles. Ihre Auspuff-Flammen züngelten durch die Nacht und zeigten den in den Nahkampflöchern wartenden, deutschen Infanteristen ihr Nahen an. Als die Shermans die Deckungslöcher passiert hatten, wurden die ersten Panzerfäuste abgeschossen. Ihre Rückstoßflammen stoben durch die Finsternis. Sprengladungen krachten, Panzer explodierten, Munition ging hoch und erhellte dieses gespenstische Bild einer Breughelschen Höllensymphonie. Das Spitzenfahrzeug der Amerikaner blieb zerschmettert liegen. Ein nachfolgender Kampfwagen drehte sich auf einer Kette im Kreis und schoß wahllos in die Nacht.
Dazwischen die peitschenden Schläge der Panzerfaustabschüsse, die dumpferen Aufpralle der Geschosse und die nachfolgenden Explosionen. Flammen loderten in den Nachthimmel empor. Dicker schwarzer Rauch spiralte aus den liegengebliebenen Stahlkästen, die sich in Särge verwandelt hatten.
Die überlebenden Besatzungen booteten aus und versuchten im aufbellenden MG-Feuer, seitlich in Deckung zu gelangen. Der feindliche Panzervorstoß kam zum Erliegen.
Inzwischen war das Gros der auf dem Aachener Hauptbahnhof entladenen Sturmgeschütze der Brigade 394 von den Rampen herabgerollt. Es hatte sich zum Marsch formiert und wurde nun zu der Stelle gelotst, wo die Kampfstaffel X unter Oberstleutnant Doan zwar steckengeblieben war, sich aber zum neuen Vorstoß anschickte.
Unter Führung von Hptm. Schmock hatte diese Brigade nach ihrem Einsatz in der Normandie und dem Untergang im Kessel von Falaise neue Geschütze erhalten und war rechtzeitig zur Verteidigung von Aachen auf dem Gefechtsfeld eingetroffen.
In schnellen Rochaden, einzeln feuernd und mit Vollgas vorstoßend und

abermals Schießhalt machend, gelang es den erfahrenen Kommandanten, in diesem Nachtgefecht sieben weitere US-Panzer abzuschießen. Der Rest drehte endgültig und rollte denselben Weg zurück, den er gekommen war. Aachen konnte, das war nun dem letzten GI klar, nicht im Handstreich erobert werden, und es würde auch k e i n Spaziergang werden.
Der Handstreich auf Aachen, der als 1. Schlacht um Aachen in die Kriegsgeschichte einging, war beendet. Er hatte keinen Erfolg gebracht. Die Truppen der 1. US-Armee erhielten vom OB der 12. Armeegruppe, General Omar N. Bradley, Befehl, in den erreichten Stellungen stehenzubleiben und das Herankommen des Nachschubs abzuwarten.

Alliierte und deutsche Verbände im Vorfeld des Westwalles

Der alliierte Aufmarsch an der deutschen Grenze nach dem Sieg in der Schlacht um Frankreich, verlief aus dem Raume nordwestlich von Luxemburg in einem weiten Bogen nach Norden und Nordwesten über Aachen und Maastricht nach Neerpelt und Antwerpen. In dieser Reihenfolge waren auch, von Süden beginnend, die US-Großverbände und die britischen Truppen eingesetzt:
Die 9. US-Armee unter General Simpson, die 1. US-Armee unter General Hodges, die 2. britische Armee unter General Dempsey und die 1. kanadische Armee unter General Crerar. Die US-Armeen gehörten zur 12. Armeegruppe, während die beiden britischen Armeen dem OB der 21. Armeegruppe, Feldmarschall Montgomery, unterstanden.
Ihnen gegenüber lagen von Südosten nach Nordwesten folgende deutsche Großverbände:
Die 7. Armee unter General Brandenberger, die 5. Panzerarmee unter General von Manteuffel, die 6. SS-Panzerarmee unter General Dietrich, die 1. Fallschirmjäger-Armee unter General Schlemm und die 15. Armee unter General von Zangen, die in den Niederlanden stand.

Die deutsche HGr. B mit ihrem HQ in Düsseldorf und die HGr. H unter Generaloberst Student nördlich Wesel, unterstanden dem Oberbefehlshaber West, GFM von Rundstedt.
Im Nordabschnitt der deutschen Westfront hatten die Alliierten am 4. 9. 1944 Antwerpen in Besitz genommen.
Die deutschen Truppen, die aus Frankreich zurückfluteten, waren Anfang September am Westwall zum Stehen gekommen. Die deutsche Frontlinie verlief jetzt von Antwerpen an der Scheldemündung (die Stadt und der Hafen selber waren verlorengegangen, aber jenseits davon hielt die Front) im Bogen bis in den Raum südlich von Aachen, wo Anschluß an den Westwall gefunden wurde. Von dort aus entsprach die Abwehrlinie dem sich bis nach Trier hinunterziehenden Westwall. Über Metz und Belfort führte die Abwehrfront weiter bis zur Schweizer Grenze.
Am Montag, dem 11. 9. 1944, war die britische 2. Armee unter General Dempsey von Belgien aus nach Holland vorgestoßen. Nördlich von Trier wiederum hatte am selben Tage um 18.55 ein US-Spähtrupp der 1. US-Armee bei Stolzenbourg in Luxemburg die deutsche Reichsgrenze unbemerkt überschritten. Dies waren die e r s t e n alliierten Soldaten, die im Westen ihren Fuß auf deutsches Reichsgebiet setzen konnten. Nach dieser knappen Erläuterung zur Lage im September 1944 zurück in den Großraum Aachen.
Dort standen vor der Stadt von Süden nach Norden die 275. ID unter GenLt. Schmidt, die 49. ID geführt von GenLt. Macholz, und die 116. PD unter Führung von GenLt. Graf von Schwerin.
Letzterer wurde die Panzer-Brigade 165 zugeführt. Schließlich eilte noch die 12. VGD in Eilmärschen heran, um die Front, die zusammenzubrechen drohte, zu halten.
Direkt bei Aachen führte unter der 7. Armee GenLt. Schack als Kommandierender General des LXXXI. AK. Der zweite Großverband, über den General Brandenberger verfügen konnten, war das LXXIV. AK unter General der Infanterie Straube.

In der Festung — der »Fall« Schwerin

In Aachen selbst hatte es der Gauleiter Grohé verstanden, die Befehle zum Stoppen der Evakuierung zu unterlaufen, die General von Schwerin erlassen hatte, um einmal die Bevölkerung nicht kopflos werden zu lassen, und zum anderen dem Gegner zu signalisieren, daß er möglicherweise Aachen aufgeben werde.
Gauleiter Grohé verkündete dagegen den »ausdrücklichen Willen des Führers, Aachen völlig zu räumen«. Dazu ließ er an allen öffentlichen Plätzen seine Bekanntmachung aufhängen:

> »Wir müssen damit rechnen, daß die Orte im Westen in Bälde Kampfgebiet werden. Der Führer hat deshalb, zur Sicherung des deutschen Lebens und kriegswichtiger Werte, die Räumung aller im bevorstehenden Kampfgebiet liegenden Dörfer und Städte angeordnet. Männliche Personen zwischen 15 und 60 Jahren, die nicht arbeitsunfähig sind, werden zunächst nicht zurückgeführt, sondern an den in Arbeit befindlichen Befestigungsbauten eingesetzt.«

Von den noch etwa in der Stadt lebenden 25 000 Zivilisten treckten daraufhin etwa 20 000 nach Osten. 5 000 Bürger von Aachen, und das nicht nur arbeitsfähige Männer, blieben in der Stadt zurück und fristeten ihr Leben in Kellern und Bunkern.
Die amerikanischen Truppen hatten nach ihren Schlappen in der Nacht zum 14. 9. 1944 keinen neuen Angriff mehr gewagt. Auch der 15. 9. verlief, von sporadischem Artilleriefeuer abgesehen, ruhig. Lediglich feindliche Späh- und Stoßtrupps wagten sich bis dicht an die Bunkerlinie heran, um eine weiche Stelle zu finden.
Am Morgen des 16. 9. erhielt Generalleutnant Graf von Schwerin einen Anruf des Kommandierenden Generals des LXXXI. AK. Als von Schwerin an den Apparat ging und sich meldete, erklärte ihm GenLt. Schack:

> »Hören Sie, Schwerin, es kann nur noch Stunden dauern, bis man Ihnen das Kommando abnimmt. Halten Sie sich bitte zur Verfügung.«

GenLt. Graf von Schwerin wußte sofort, daß es dabei nur um jenen Brief gehen konnte, den er an den Oberbefehlshaber der seinen Truppen gegenüberliegenden Amerikaner gerichtet hatte.
Inhalt dieses Briefes war, daß er, Schwerin, die Evakuierung der Bewohner Aachens verhindert habe, und seinen Gegenüber darum bitte, deren Lage zu erleichtern. Dieser Inhalt war brisant genug, den Grafen vor ein Kriegsgericht zu bringen, zumal unterschwellig herauszulesen war, daß er möglicherweise die Stadt übergeben werde.
W e r bat schon um Schonung einer Stadt und seiner Zivilbevölkerung, wenn er selber gewillt war, diese Stadt mit allen Mitteln zu verteidigen?

Den ganzen 14. September über hatte General Graf von Schwerin auf eine Antwort auf seinen Brief gewartet. In seinem Gefechtsstand nahe dem Gehöft des Bauern Maahsen, hatte sich der Kommandeur der Windhund-Division gefragt, w a s geschehen würde, wenn die Alliierten Aachen abermals bombardieren sollten.
Kurz nach 16.30 Uhr jenes 14. 9. hatte dann General von Schwerin den Anruf von GenLt. Schack erhalten, daß die Zivilbevölkerung der Stadt unter allen Umständen zu evakuieren sei und daß ausschließlich Kampfverbände in der Stadt zurückbleiben durften, da Aachen ab sofort Festung sei.
Am nächsten Tag, dem 15. 9., kehrte die inzwischen vorsorglich ausgerissene politische Führung der Stadt zurück, »um dem Führerbefehl Nachdruck zu verleihen«.
W a s aber, so fragte sich GenLt. von Schwerin, war aus seinem Brief geworden? Dieser Brief war der politischen Führung in die Hände gefallen, und diese hatte sofort höherenorts den »Verrat eines deutschen Generals« gemeldet.
So konnte es also nicht ausbleiben, daß am Vormittag des 16. 9. — wie dargestellt — GenLt. Schack den Gefechtsstand der 116. PD anrief und GenLt. Graf von Schwerin auf seine bevorstehende Verhaftung hinwies. Eine Reihe von Anklagen, von der Fahnenflucht, die es überhaupt nicht gab, über Landesverrat bis hin zur Nichtausführung eines Führerbefehls, prasselte auf den Kommandeur der 116. PD nieder. GenLt. Graf von Schwerin erhielt eine Stunde nach dem Anruf von GenLt. Schack den Befehl, das Kommando über die 116. PD an den dienstältesten Regimentskommandeur zu übergeben und sich sofort beim LXXXI. AK zu melden. Dort sollte er für das geplante Kriegsgerichtsverfahren einer ersten Vernehmung unterzogen werden.
Unmittelbar nachdem der Divisionskommandeur von dieser schweren Anklage erfahren hatte, erschien auf dem GefStand der 116. PD General Mattenklott, Befehlshaber ds Wehrkreises 6, Münster. Dieser wies Graf von Schwerin einen Befehl des Reichsführers SS, Heinrich Himmler, vor, daß sofort die Polizei mit Panzerfäusten auszustatten sei, um damit die in die deutschen Verteidigungslinien eingebrochenen Feindpanzer abzuschießen und so wörtlich: »dann die Reste der 116. Panzer-Division, die sich mitsamt ihrem Kommandeur davongemacht hat, wieder zu sammeln und einzusetzen.«
General Mattenklott, ein alter Rußlandkämpfer, der bereits im November 1941 das Ritterkreuz erhalten hatte, fühlte sich durch diese offensichtliche Lüge des Reichsführers SS derart düpiert, daß er Schwerin bat, das Telefon benutzen zu können. Er meldete dann dem Reichsführer SS:

»Die 116. Panzer-Division ist in ihren Stellungen und kämpft. Die

Front wird von ihr nach wie vor gehalten. Von Flucht k e i n e Spur, Herr Himmler!«

General Mattenklott vermied es bei dieser Meldung, den Chef des Reichssicherheitshauptamtes mit »Reichsführer« anzusprechen.
General Mattenklott wußte nun, daß von irgendwelchen Verfehlungen des Kommandeurs der 116. PD, der hochausgezeichnet war, nicht die Rede sein konnte.
Auch Gerhard von Schwerin war voll beruhigt, als Mattenklott ihm versicherte, daß er die Tatsachen melden werde. Damit waren die von Parteiseiten kommenden Diffamierungen offenbar zu Ende.

Er fuhr am Morgen des 17. 9. zum Gefechtsstand des LXXXI. AK und meldete sich bei GenLt. Schack. Dieser erklärte ihm, daß er beruhigt sein könne. Er selber habe sich für ihn verwandt, und auch General der Kavallerie Westphal, der Chef des Generalstabes des OB West, habe in einer durch Kurier als Chefsache an das OKH abgegangenen Meldung den Brief des Generals von Schwerin zwar als Dummheit bezeichnet, aber erklärt, daß der Kommandeur der 116. PD a l l e Maßnahmen zur Verteidigung von Aachen getroffen und die ersten Feindangriffe bravourös abgewiesen habe.
Noch während dieser beruhigenden Äußerungen fuhr GenLt. Schack allerdings fort, daß ein Funkspruch von GFM Model eingetroffen sei, in dem ihm befohlen sei, GenLt. Graf von Schwerin zu verhaften und ihn dem Volksgerichtshof zu überantworten, so bald er im Führerbunker bei Münstereifel eingetroffen sei.
Dies war ein Hinweis für GenLt. v. Schwerin, daß er nicht völlig unbesorgt nach Münstereifel fahren dürfe. Er bat GenLt. Schack darum, sich von seiner Division verabschieden zu dürfen. Dies wurde ihm zugestanden.
Am Abend dieses denkwürdigen Sonntags traf von Schwerin auf seinem GefStand auf dem Hof in Berenberg ein. Hier stand bereits ein Kradschützenzug für ihn bereit. Die Division hatte erfahren, wessen ihr Kommandeur beschuldigt wurde und stellte ihm diesen persönlichen Schutz. Gleichzeitig rollte ein Zug Panzer zu den Straßen nach Jülich und Düren vor und sperrte diese für alle möglichen eintreffenden Schergen und »Greifkommandos«.
Auch als auf der Straße von Düren nach Aachen ein Kommando unter einem SS-Obersturmführer auftauchte, um General Graf von Schwerin zu verhaften, wurde dieses gestoppt. Doch am Nachmittag des ereignisreichen Tages tauchte dann ganz überraschend ein starkes Polizeiaufgebot vor dem GefStand in Berenberg auf. Graf von Schwerin, der gerade von einem vorgeschobenen Beobachtungsstand die Front beobach-

tete, wurde von einem Kradfahrer fortgebracht. Das Polizeikommando fand nur noch den Mantel des Generals vor.

Nach einer Besprechung mit dem Divisionsführer, Oberst Voigtsberger, einem alten Afrikaner, im Stabsquartier in Würselen, kam Graf von Schwerin zu der Überzeugung, daß er sich der Anklage stellen mußte, wenn er nicht auch der Division großen Schaden zufügen wollte. Er meldete sich zur 7. Armee ab und fuhr dorthin. Im Zuge dieses Verwirrspieles wurde nun auch Oberst Voigtsberger abgelöst, weil er seinen Kommandeur bei dessen Auftauchen nicht verhaftet hatte. An seine Stelle trat Oberst von Waldenburg als neuer Kommandeur der 116. PD. Das gleiche Schicksal traf übrigens auch GenLt. Schack. Neuer Kommandierender General des LXXXI. AK wurde Gen. d. Inf. Köchling.
Als sich Graf von Schwerin im Führerbunker in Münstereifel bei dem OB der 7. Armee, General Brandenberger, meldete, wurde er zwar höflich behandelt, aber ebenso bestimmt zunächst in Haft genommen. Von einem Major, der Auftrag hatte, den General im Falle eines Fluchtversuches niederzuschießen, wurde von Schwerin zum OB West, GFM von Rundstedt, nach Vallendar bei Koblenz gefahren. Ein Panzerspähtrupp der Windhunde folgte dem Wagen unauffällig, um den Kommandeur im Notfall heraushauen zu können.
Generalrichter von Beust, der die Untersuchung führte, hatte zwar alle Anklagepunkte vorliegen, aber sie überzeugten ihn nicht. Immerhin hatten sowohl General Mattenklott als auch Generalleutnant Schack sehr günstig über den Kommandeur der 116. PD ausgesagt. Zum anderen waren die Berichte von der Abwehrfront dieser Division durchaus ermutigend und drittens hatten sich die Aussagen der Parteiführung von Aachen, der General konspiriere mit dem Feind, nicht halten lassen.
Der Generalrichter schlug GFM von Rundstedt vor, dieses unsinnige Verfahren so rasch wie möglich niederzuschlagen. GFM von Rundstedt verfuhr entsprechend und erteilte GenLt. von Schwerin für den »dummen Brief einen Verweis«.
Erst am 13. 11. 1944 wurde dieses skurrile Verfahren endgültig eingestellt, als die 116. PD bereits in vielen weiteren Kämpfen ihren Mann gestanden hatte und GenLt. Graf von Schwerin bereits wieder ein Korps führte, bzw. zum Kommandierenden General in Italien vorgeschlagen worden war.
Was aber war in der Zwischenzeit in Aachen und Umgebung geschehen?

Die 2. Schlacht um Aachen

Nach den leichten Siegen beim Rückzug der deutschen Wehrmacht aus Frankreich, waren die Soldaten der 3. US-PD überrascht, vor Aachen auf so entschlossenen Widerstand zu stoßen. Für sie und alle übrigen Divisionen der amerikanischen Expeditionsstreitkräfte in Europa schien der Krieg bereits in eine gemütliche Geländefahrt übergegangen zu sein, und nun d i e s !

Als die Soldaten der bei Aachen eingesetzten Divisionen Ende September die »Stars and Stripes« — ihre Frontzeitung — in den Händen hielten und die Berichte von der Front lasen, glaubten sie ihren Augen nicht trauen zu dürfen. Dort wurden doch die deutschen Truppen als eine »Bande von Krüppeln mit Holzbeinen und Glasaugen, von Magenkranken und Goßvätern und sonstigem Kroppzeug« vorgestellt.

Generalmajor Rose, Sohn eines New Yorker Rabbis, gab seiner Verwunderung Ausdruck als er diesem Quatsch entgegnete: »Mir ist es verdammt gleichgültig, ob ein Kerl, der hinter einem Gewehr oder MG liegt, 50 oder 100 Jahre alt ist, so lange er noch den Finger am Abzug krümmen kann. Schließlich sitzt er hinter einer meterdicken Betonwand und kann uns unbesorgt eins auf das Fell brennen.«

Am Morgen des 15. 9. befahl Rose Oberstleutnant William Lovelady: »Sie brechen im Stolberg-Korridor durch, Bill!«

Oberstleutnant Lovelady kletterte eine halbe Stunde später in seinen Befehlspanzer und gab das Zeichen zum Anrollen seiner Sherman-Panzer. Sie folgten ihm in die gewiesene Richtung.

Südlich Stolberg überschritten diese 30 Tonnen-Kolosse über eine unzerstörte Brücke den Bichtbach, erreichten einige Stunden darauf eine Linie etwa drei Kilometer jenseits dieses Baches und standen hier vor der deutschen Hauptkampflinie. Aber diese Unterstände und Bunker erwiesen sich tatsächlich als leer.

Die Panzer rollten nun auf der Straße Mausbach - Gressenich weiter. Als sie etwa die Mitte zwischen diesen beiden Ortschaften erreicht hatten, stießen aus einer flachen Senke zu ihrer Linken sechs deutsche Panzer heraus. Sie rollten einige Dutzend Meter weiter vor, bis sie freies Schußfeld hatten und eröffneten das Feuer aus ihren schweren Kampfwagenkanonen.

Der vorderste Sherman erhielt einen Volltreffer. Dicker, dunkler Qualm, durch den Flammen nach oben stießen, waberte aus dem zurückschnellenden Luk dieses Shermans heraus. Die überlebende Besatzung bootete aus und warf sich in die Deckung des Straßengrabens.

Dem zweiten US-Panzer wurde die linke Kette zerschossen. Er drehte sich auf der Stelle, schoß blindlings ins Gelände, ehe der nächste Tref-

fer auch ihn aufbrennen ließ. Dann fetzte eine Granate mitten in ein Ambulanzfahrzeug hinein, das im Pulk der Panzer mitfuhr. Der Wagen platzte wie eine reife Frucht auseinander. Die Verwundeten wurden hinausgeschleudert und lagen schreiend auf der Straße. Einer wurde von einem dicht aufgefahrenen eigenen Panzer überrollt und in den Dreck gewalzt.
Drei, vier weitere US-Panzer wurden auf diese Weise ausgeschaltet, ehe diese das Feuer erwiderten. Doch nun gab Oberstleutnant Lovelady den Rückzugsbefehl auf Mausbach, wo sich die Panzer hinter den Häusern decken konnten. Als Lovelady GenMaj. Rose Meldung machte, konnte er nur noch über dreizehn Panzer verfügen, von denen einige zwar noch fahrbereit waren, aber nicht mehr schießen konnten.
Rose befahl, die erreichte Ortschaft zu halten und die Reparaturen der leicht beschädigten Panzer anzugehen. Er werde Ersatz schicken.
Am Morgen dieses Tages war deutscherseits von dem noch befehlsführenden GenLt. Schack der Befehl an die 9. PD ergangen, die Streitkräfte der 3. US-PD anzugreifen und diese hinter den Westwall zurückzuwerfen.
Die 9. PD unter GenMaj. Elverfeldt war es auch gewesen, die die Kampfgruppe Lovelady gestoppt hatte. Als nunmehr Elversfeldts Panzer versuchten, den Gegner befehlsgemäß auch aus Mausbach zu werfen und ihn ins Laufen zu bringen, eröffneten die Amerikaner ein gewaltiges Sperrfeuer. Dreimal griffen die aufgesessenen Panzergrenadiere der 9. PD Mausbach und die amerikanischen Linien dort und bei Zweifall an, dreimal wurden sie nach Durchfahren dieses verheerenden Trommelfeuers unter blutigen Verlusten abgewiesen.
Dies schwächte die 9. PD derart, daß sie nur mit äußerster Mühe ihre Ausgangspositionen halten konnte. Ein einziger Lichtblick tat sich bereits am Morgen des 16. 9. auf, als sich Gen. d. Kav. Westphal aus Vallendar, dem GefStand des OB West, meldete und erklärte, daß das LXXXI. AK mit dem baldigen Herankommen der 12. Volksgrenadier-Division rechnen könne. »Bis die Zwölfte dort ist, müssen Sie die Front halten, Schack«, meinte der Chef des Generalstabes des OB West.
Die ersten Teile dieser Division, die aus der ruhmreichen 12. ID neu aufgestellt worden war, sollten noch am Abend des 16. 9. in Jülich und Düren eintreffen. Der Rest werde binnen der nächsten 36 Stunden im Kampfraum sein.
Die 12. ID war beim Zusammenbruch der Heeresgruppe Mitte im Sommer 1944 stark dezimiert, und zur Auffrischung und Neuaufstellung ins Reich zurückgezogen worden. Hier erstand sie als 12 VGD neu und wurde nun unter dem Befehl von Oberst Engel, dem persönlichen Adjutanten des Führers, in die Schlacht um Aachen geworfen. Sie verfügte über eine Gesamtstärke von 14 800 Mann und hatte eine Gruppe von 17

Sturmgeschützen erhalten. Darüber hinaus bildete das ihr zugeführte Panzerjäger-Bataillon eine beachtliche Kampfkraft.
Vom Ausladebahnhof aus wurde das Füsilier-Regiment 27 unter Führung des Eichenlaubträgers, Major Lemm, in Richtung Eschweiler-Stolberg in Bewegung gesetzt. Beide Städte waren bereits von US-Truppen besetzt, die wieder hinausgeworfen werden sollten.
Unter dem bewährten Rußlandkämpfer Lemm und dem Stamm der alten Soldaten gelang es in schneller Fahrt, nach beiden Seiten und nach vorn feuernd, nach Eschweiler einzudringen und die Stadt im Handstreich zurückzugewinnen. Danach wandte sich diese Kampfgruppe Stolberg zu. Auch diese Stadt war binnen weniger Stunden wieder feindfrei. Das Grenadier-Regiment 48 der Division unter Major Osterhold schloß sich diesen Kämpfen an und vollendete die Überwindung der seitlich ausweichenden Feindkräfte.
Jene Truppen der 3. US-PD, die am Morgen des 16. 9. den Angriff gegen die Aachener Bunkerlinie fortsetzten, stellten fest, daß ihnen diesmal aus allen Bunkern dichtes Feindfeuer entgegenschlug. Die Pionier-Stoßtrupps, welche die Bunker knacken sollten, hatten einen schweren Stand, weil die Bunkerbesatzungen einander durch MG-Feuer decken konnten. Dennoch gelang es ihnen, die Bunkerkette an einigen Stellen zu unterbrechen, so daß der gegenseitige Feuerschutz, den sich die Deutschen gaben, hier unterblieb. Dennoch war dieser neue Angriff sehr rasch zum Stehen gekommen. Die Männer zogen sich in die Ausgangsstellungen zurück.
Die vorgeschobene Front des VII. US-Korps war endgültig zum Stehen gebracht worden. Stolberg und Eschweiler im Rücken von Aachen waren wieder feindfrei. Eine Woche hatten die Kämpfe gedauert, und Aachen hielt sich immer noch. Die 9. PD unter GenMaj. Frhr. von Elverfeldt hatte sich nun links neben die 12. VGD geschoben und die Front dicht gemacht. Beide Verbände hielten jedem amerikanischen Angriff stand. Am 17. 9. gruppierte der Gegner schließlich um. Am nächsten Tag griff er mit seiner 3. PD sowie der 1. und 9. ID abermals in Richtung Stolberg an. In Stolberg aber standen die Füsiliere und Panzergrenadiere der 12. VGD. Sie lieferten den eingedrungenen Gegnern Straßenschlachten von unvorstellbarer Härte. Bis zum 21. September hielten sie eisern stand.

General der Infanterie Köchling, der inzwischen GenLt. Schack als Kommandierenden General des LXXXI. AK abgelöst hatte, erhielt am 17. 9. folgenden Befehl des Oberkommandos der Wehrmacht:

> »Der Westwall ist zu verteidigen, und Aachen als erste vom Gegner angegriffene größere deutsche Stadt unter allen Umständen zu halten.«

Die 116. PD, die seit ihrem Rückzug aus Frankreich noch nicht wieder aufgefrischt war, kämpfte mit letztem Einsatz. Diese Division, die von der ersten Abwehrstunde an dabei war, blutete mehr und mehr aus. Sie wurde schließlich am 28. 9. von der neu im Aachener Raum eingetroffenen 246. ID unter Oberst Wilck abgelöst.
Bei dieser neuen Division handelte es sich allerdings um einen kampfunerfahrenen Verband, der sich zu jeweils etwa einem Drittel aus Angehörigen der Kriegsmarine, der Luftwaffe und Rekruten zusammensetzte. Dieser Division wurde die Aufgabe gestellt, das Schicksal Aachens zu entscheiden und in der Stadt zu verteidigen.
General der Artillerie Brandenberger erließ als OB der 7. Armee unmittelbar nach dem Einsetzen von Oberst Wilck als Kommandant der Festung Aachen einen Armeebefehl, in dem er der 12. VGD die Rückeroberung der ersten Bunkerlinie befahl. Im Stabsgebäude der Division, der Göring-Kaserne in Eschweiler, plante Oberst Engel diesen Gegenstoß, als am 17. 9. 1944 im Großraum Arnheim, Nijmwegen und Eindhoven Montgomerys Plan in die Tat umgesetzt wurde, den Westwall mit einer zusammengestellten angloamerikanischen Luftlandearmee zu überspringen und jenseits von Maas und Niederrhein zu landen und von dort aus direkt ins Herz des Deutschen Reiches, das Ruhrgebiet, vorzustoßen.
Dieser geniale Kriegsplan, der tollste, der im Zweiten Weltkrieg nach Meinung von General Omar N. Bradley zur Ausführung kam, trug die Codebezeichnung »Market Garden — Handelsgarten«. Er wurde von den US-Fallschirmjäger-Divisionen 82 und 101 und von der 1. britischen Fallschirmjäger-Division durchgeführt. Er erforderte allen Nachschub für sich, und General Eisenhower, der alliierte Oberbefehlshaber im Westen, gab Monty diesen Nachschub.
Die an diese spektakuläre Operation geknüpften Hoffnungen der Briten erfüllten sich nicht. Die Luftlandungen endeten mit ihrer völligen Zerschlagung.
Diese Ereignisse beflügelten GenLt. Collins an der Aachener Front. Dies war nach seinen eigenen Worten »das Zeichen für mein Korps, den Angriff auf Aachen wieder aufzunehmen.« Er befahl GenMaj. Rose, erneut mit seinen Panzern anzutreten.
Demzufolge rollten die Panzer der 3. US-PD am Morgen des 18. 9. am Weißenberg und am Donnersberg ebenso wie bei Eschweiler abermals zum Angriff vor. Die beiden genannten Höhen waren von einem dünnen Infanterieschleier mit einigen Werfern besetzt. Bis zum nächsten Tag gelang es den Amerikanern, diese beiden Höhen nach dreimaligem Artilleriebeschuß in Besitz zu nehmen.
Genau 36 Stunden darauf griffen Panzergrenadiere und Füsiliere der 12. VGD im Gegenstoß beide Höhen gleichzeitig an. In der Nacht gelangten

Infanterie der 1. US-Armee rollt nach Deutschland hinein.

Sherman-Panzer am Westwall.

GenLT. Gerhard Graf Schwerin, Kdr. der 116. PD.

Der Weg nach Aachen ist nicht mehr weit.

GFM Walter Model, Ob der HGR. B auf dem Gefechtsstand der 246. VGD in Aachen.

sie unbemerkt bis auf Einbruchsentfernung an die amerikanischen Stellungen heran. Sie stürmten geschlossen und mit Hurra, warfen Handgranaten, schossen aus MPi und Pistolen und kämpften beide Höhen in einem entscheidenden schnellen Sprung wieder frei. Tote und Verwundete bedeckten die Stellungen auf den Hügeln. Damit war auch GenLt. Collins zunächst am Ende. Auch er traute sich ohne weitere Kräftezuführungen keinen neuen Angriff mehr zu.

Die Kämpfe, die vom 17. bis zum 23. 9. anhielten und zuletzt nur noch in nächtlichen Überfällen kleinerer Einheiten bestanden, ließen dennoch die Kampfstärke der Verbände der 12. VGD und der 9. PD auf die Hälfte absinken. Die 9. PD hatte zwei Drittel ihrer Panzer verloren.

GenLt. Hodges, der OB der 1. US-Armee, befahl nun die 30. ID nach vorn. Diese Division hatte sich in der Normandie als »Sieger von Mortain« hervorgetan und sich selbst den Beinamen »Roosevelts Schlächter« gegeben. Unter der Führung von GenMaj. Hobbs sollte sie beim nächsten Angriff gegen Aachen aus Norden angreifen und so weit wie möglich nach Süden herunterstoßen, während gleichzeitig die 1. US-ID aus Süden nach Norden antreten würde. Das mußte den Krauts das Genick brechen, denn wenn sich diese beiden Divisionen irgendwo im Osten hinter Aachen die Hände reichten, wäre die Stadt von allem Nachschub abgeschnitten.

Der Angriffstermin wurde auf den 1. 10. festgesetzt, denn dazu mußten beide Divisionen erst umgruppieren. Während der Tage bis zum Beginn dieses Angriffs unterhielt die US-Artillerie ein dichtes Granatfeuer auf die Stadt. US-Bomber flogen Aachen am Tage an, und in der Nacht kamen die Bomber der RAF, um die Stadt zur Übergabe reifzubomben.

General Hodges hatte mit dieser Verlagerung des Schwerpunktes der Kämpfe in den Raum nördlich und nordostwärts von Aachen auch das in diesem Raum stehende XIX. Korps der 1. US-Armee in breiter Front in Bewegung gesetzt. Sein Ziel dort war Geilenkirchen.

Die nordwestlich von Würselen kämpfenden beiden deutschen Divisionen, die 49. und 183. ID, setzten zwar diesen Angriffen verzweifelten Widerstand entgegen, konnten aber nicht verhindern, daß der Gegner schrittweise auf Geilenkirchen vordrang.

Am 28. 9. 1944 wurde dem OB der 12. Armeegruppe, General Bradley, eine in einem Eupener Parteibüro vorgefundene Hitlerbüste überreicht. General Hodges verband damit das Versprechen, daß seine 1. Armee das »Original bei Zuführung von sieben Artillerieverbänden und einer zusätzlichen Division binnen 30 Tagen heranschaffen« werde.

Dies war aber nur Wunschdenken, wie die nächsten Tage unter Beweis stellten. Hier bei Aachen fand die entscheidende Schlacht statt, die das Kriegsende um Monate verzögerte und Hitler auch die Chance bot, den

letzten deutschen Trumpf zu spielen und alles für die »Schlacht in den Ardennen« vorzubereiten.
Am frühen Morgen des 2. 10. 1944 stand die 30. US-ID einsatzbereit. Ihr Kommandeur, GenMaj. Leland Hobbs, stand in seinem Gefechtsstand bei Rimburg, hart westlich der deutschen Grenze, die bei Übach-Palenberg verlief und wartete auf das Erscheinen der zugesagten Bomberverbände, die das Gefechtsfeld vorher umpflügen wollten. Es wurde 9.00 Uhr, bevor etwa 300 Fliegende Festungen mit ihren gewaltigen Bombenlasten in verhältnismäßig niedriger Höhe über die vordersten Verbände der 30. ID hinwegflogen. Sie sollten die deutschen Bunker des Westwalles zerschmettern.
Als sie ihre Bomben warfen, befanden sie sich weit von ihren Zielen entfernt. Ein kleiner Teilverband hatte sogar 55 Kilometer weiter westlich der deutsch-niederländischen Grenze den belgischen Ort Genk bombardiert. 34 tote und 45 verwundete Zivilisten waren das Ergebnis dieses Fehlwurfes. Hier in Genk befand sich übrigens auch ein polnischer Grubenarbeiter, der auf der Zeche Genk-Waterschei arbeitende Eduard Gierek. Er wurde bei diesem Angriff nicht verletzt und konnte 1948 nach Polen zurückkehren, wo er es bis zum Ersten Sekretär des Zentralkomitees der polnischen Arbeiterbewegung brachte.
Als das Luftbombardement gegen 10.00 Uhr endete, gingen die Männer der 30. US-ID zum Angriff vor. Über ihre Köpfe hinweg heulten die Artilleriesalven, die einen nur 2 Kilometer breiten deutschen Frontabschnitt eliminieren sollten.
Aber auch dieses Feuer lag schlecht und bewirkte kaum Verluste. Als die US-Infanteristen das westliche Wurmtal hinunterliefen, erhielten sie bereits vom Gegenhang Feuer. Sie hatten Befehl erhalten, jeder ein Brett mitzunehmen, um die sumpfige Wiese für Fahrzeuge befahrbar zu machen und auch um den Bach überwinden zu können.
Die deutsche Artillerie eröffnete das Feuer. Werfer fielen darin ein. Eine US-Kompanie, die mitten in eine Salve geriet, hatte schwerste Verluste. Sie verlor von ihren 120 Soldaten 93 Tote und Verwundete.
Die Sturmtruppen von »Roosevelts Schlächtern« überquerten die Wurm und liefen in Richtung Bahnlinie Aachen-Mönchengladbach weiter, um am dortigen Bahndamm Deckung zu finden.
20 Panzer und 1 000 Soldaten waren sie, die hier im vordersten Treffen angriffen. Sie arbeiteten sich an die ersten deutschen Bunker heran. Unter ihnen auch einige Flammenwerfergruppen.
Zischend stoben die langen Flammstrahlen durch die Schießschlitze der Bunker. Dicker Qualm waberte empor. Der ganze Bunker war plötzlich in Flammen gehüllt. Dann war Stille darin.
Die Pioniere sprangen hinzu, schoben an Stangen befestigte Sprengla-

dungen ins Innere und zündeten sie. Drei, vier Sekunden später hallten die Detonationen durch das Getöse dieser Schlacht.
Einige wenige Überlebende verließen, teilweise mit brennender Kleidung, den ersten Bunker. Wenig später war auch der zweite Bunker auf diese Art und Weise überwunden. Flammenwerfer und Sprengladungen waren Mittel, denen keine Tapferkeit widerstehen konnte.
Dann tauchten rechts und links deutsche Stoßtrupps auf. Sie feuerten im Laufen aus dem Hüftanschlag lange Feuerstöße, gingen in Deckung, schossen weiter, verstummten, um Sekunden später abermals loszubelfern. Von drei, vier, fünf Stellen aus feuerten die MG und ließen die Angreifer in volle Deckung gehen.
Die Flammenwerfertrupps wurden niedergemacht. Nicht anders erging es den vorn stürmenden US-Pionieren. »Roosevelts Schlächter« entrichteten nun selber einen hohen Blutzoll. Dennoch mußten die deutschen Truppen sich Schritt um Schritt zurückziehen und Meter um Meter Boden in Richtung Palenberg preisgeben.
Die Amerikaner schossen mit ihren Bazookas Löcher in die Bunker und räucherten die Besatzungen auf diese Weise aus.
Auf deutscher Seite tauchten ebenfalls Panzerfaust-Schützen auf, schossen ihre tödlichen Ladungen ab und vernichteten damit vorrollende Fahrzeuge oder Massenansammlungen, MG-Nester und vorgezogene Geschütze.
Es war 12.30 Uhr, als die vordersten Kampfgruppen der 30. US-ID südlich Palenberg, nahe der dort stehenden Kapelle liegenblieben. Sie waren derart ausgepumpt, daß sie keinen Schritt weitergehen konnten. Für sie war der Angriff hier beendet. Doch eine Stunde darauf war der Ersatz nach vorn gekommen und kämpfte weiter.
Am Nachmittag wurde Palenberg von der 30. ID erreicht. Auch hier mußte Haus um Haus im Straßen- und Häuserkampf freigeschlagen werden. Handgranaten und MPi, Sprengmittel und MG forderten auf beiden Seiten schwere Opfer.
Der Kampf tobte bis zum Abend weiter, und wenn der Kommandeur der 30. US-ID gehofft hatte, ebenso schnell durchstoßen zu können, wie während der Verfolgungskämpfe durch Frankreich, dann sah er sich hier getäuscht. Als es dunkel wurde und die Schatten der Nacht sich auf das Schlachtfeld heruntersenkten, waren ganze neun Bunker des Westwalles in amerikanischer Hand.
Die Verteidigung von Aachen hatte am Nachmittag, als die Meldung von der raschen Auffrischung des Gegner durchgekommen war, die einsatzbereiten Teile der 49. ID — wenig genug — in die Schlacht geworfen. Von Herbach aus waren diese Soldaten zum Gegenangriff angetreten und hatten den Gegner nach hartem Kampf gestoppt.

Am Abend traten die einsatzbereiten Sturmgeschütze der selbständigen Sturmgeschütz-Batterie 1183 an. Sie rollten aus ihren Bereitstellungen in Beggendorf heraus und schossen alles zusammen, was sich ihnen entgegenstellte. Zwei von ihnen wurden von Bazookaschützen lahmgeschossen. Eines konnte nach einer Kettenreparatur weiterfahren, das andere mußte von Zgkws abgeschleppt werden.
Als die Amerikaner im weiteren Vorgehen das Schloß Rimburg erreichten, erlebten sie dort eine gefährliche Überraschung. Das, was als altes Vorwerkhaus des Schlosses erschien, war nichts anderes als ein geschickt getarnter Bunker, aus dem den Angreifern hektisches MG-Feuer entgegenschlug. Hinzu kamen zwei 2 cm-FlaMW, die im schnellsten Takt schossen.
Hier, beim Schloß der Familie von Brauchitsch, die einen Generalfeldmarschall und viele hochausgezeichnete Offiziere und Generale gestellt hatte, war das eigentlich nicht anders zu erwarten gewesen.
Über ihre Funksprechgeräte beorderte die amerikanische Angriffsführung Panzer herbei, um diesen starken Bunker auszuschalten. Doch diese Panzer gelangten nicht einmal bis zur Wurm. Sie blieben im Schlamm der Uferwiese stecken und röhrten sich bis zur Kettenabdeckung in den Matsch hinein, aus dem sie erst von Zugmaschinen befreit werden konnten.
Dennoch gelang es den US-Angriffstrupppen, die deutschen Verteidiger von den Wällen herunterzuschießen und jene hinter dem Wassergraben des Schlosses in einer Zangenbewegung, unter Aussparung des Bunkers, zu überwältigen. Das Schloß wurde von drei Seiten umschlossen. Dennoch hielten die Verteidiger darin aus. Das Schloß — das wurde erst viel später erkannt — war durch einen unterirdischen Gang mit einem weiteren Bunker in 200 Meter Distanz verbunden.

Um Mitternacht griffen die US-Truppen hier abermals an. An der Nahtstelle zwischen der 183. und der 49. ID der Deutschen gelang es ihnen, weitere vier Bunker zu knacken.
Auch diese Angreifer hatten gehört, daß die Bunker des Westwalls nur eine Fata Morgana seien. Nun aber waren sie auf sehr drastische Weise vom Gegenteil überzeugt worden. Dort, wo die Bunker von entschlossenen Soldaten besetzt waren, die über genügend Waffen und Munition verfügten, gab es einfach kein Durchkommen, selbst dann nicht, wenn schwere Waffen zur Bekämpfung der Betonkolosse zur Verfügung standen.
In der Nacht wurden von US-Sanitätswagen die Verwundeten und Toten, die das Gefechtsfeld vor dem Schloß übersäten, abgefahren. Die letzten Verteidiger des Schlosses waren überwunden worden und wie ein Spuk

verschwunden. Sie hatten den unterirdischen Gang vom Schloß zum Bunker dichtgesprengt.
General Köchling, der Befehlshaber des LXXXI. AK, erfuhr in seinem Befehlsbunker in Münstereifel, daß der Gegner Fortschritte gemacht habe und daß mörderisches Trommelfeuer auf den deutschen Stellungen liege.
Noch in dieser Nacht schlugen US-Pioniere südlich von Marienberg eine Brücke über die Wurm, die auch panzertragend war. In den frühen Morgenstunden überwanden auf diese Weise die Panzer des US-PR 67 die Wurm und rollten nun als Angriffsspitzen gegen jene Bunker an, die noch von deutschen Truppen gehalten wurden. Diesen Panzern gelang es, in direktem Beschuß einige der Bunker zum Schweigen zu bringen und den Pionieren die Sprengung zu ermöglichen.
Wieder wollten »Roosevelts Schlächter« es wissen. Sie stürmten vorwärts. Eine ihrer Kompanien gewann schnell einen Vorsprung von 100 Metern. Diese wurde von zwei kampfstarken Stoßtrupps aus beiden Flanken angegriffen und nahezu aufgerieben. Damit war dieser Kampf vorerst entschieden. Der Angriff kam zum Erliegen. Die 30. US-ID hatte vom Ufer der Wurm aus genau 1 000 Meter Bodengewinn erzielt und dies mit fürchterlichen Verlusten bezahlt.
Erst am Abend gelang es den Amerikanern, von Süden und Südwesten her in die Ortschaft Übach einzudringen und die Straße Aachen - Geilenkirchen zu sperren.
In den ersten Morgenstunden des 3. 10. erhielt GenMaj. Lange von General Köchling den Befehl, mit einigen unterstellten Einheiten und Sturmgeschützen der Brigade 902, sowie der Abteilung 341 und der selbständigen Batterie 1184, denen noch einige Panzer der Sturmpanzer-Abt. 217 zugeführt wurden, im Gegenangriff auf Palenberg gegen den US-Einbruch anzutreten, diesen zu stoppen und den Feind auf seine Ausgangsstellung zurückzuwerfen.

Dazu wurden den Angriffsverbänden noch zwei Bataillone der 246. VGD und einige Einheiten der 49. ID zugeführt.
Um 3.30 Uhr begann dieser starke deutsche Gegenangriff. Die Sturmgeschütze rollten den Infanteristen voraus und zerschossen die feindlichen Widerstandsnester und Panzer. Die Nacht wurde von den blaffenden Abschüssen und den knallenden Einschlägen der Panzerkanonen durchtost. Die ersten Häuser wurden erreicht. Die Pioniere und Grenadiere stürmten hinein. Handgranaten krachten, MPi-Salven peitschten. Glas klirrte, und Stahl schlug auf Stahl.
Übach wurde den Amerikanern im ersten Ansprung entrissen. Doch der Durchbruch bis zur Wurm blieb den Männern von GenMaj. Lange ver-

sagt. Starkes US-Artilleriefeuer stoppte den Vorwärtsschwung der Panzer und Sturmgeschütze, von denen einige ausfielen.
Am frühen Morgen des 4. 10. ging der Kampf weiter. Die Amerikaner warfen buchstäblich alles, was sie an Panzern und Jagdbombern hatten, in den Kampf. Ihre Artillerie feuerte ununterbrochen. Und sie stellten sich den deutschen Angreifern. Eines der US-Bataillone in vorderster Front verlor binnen einer Stunde zwei Kommandeure.
Nach einigen weiteren Erfolgen blieb der deutschen Angriff unter dieser Feuerwalze liegen. Die Amerikaner traten zum Gegenstoß an, drangen ein weiteresmal in Übach ein, und nun begann der Häuserkampf abermals. Mann gegen Mann kämpfend, versuchten beide Seiten die andere aus Übach herauszudrängen.
Am nächsten Tag hatten die Truppen der 30. US-ID unter GenMaj. Hobbs die Linie Beggendorf - Übach erreicht. Herbach aber, das sie ebenfalls angegriffen hatten, war noch immer in deutscher Hand, und ein Ende der Kämpfe war nach diesen drei Angriffstagen immer noch nicht abzusehen. Dennoch: die 30. US-ID hatte nördlich von Aachen den Durchbruch durch den Westwall geschafft. Nun galt es nur noch, die drei deutschen Schlüsselstellungen Alsdorf, Maesweiler und Waurichen zu erobern, dann lag der Weg nach Aachen hinein für diese Division offen. Oder wenn erst einmal die von Norden kommende 30. ID der aus Süden angreifenden 1. ID die Hand reichte, dann war die Schlacht um Aachen ebenfalls sehr bald zu Ende, denn dann war die deutsche Kaiserstadt völlig von ihrem Nachschub abgeschnitten.
Für den 8. 10. wurde ein neuer Großangriff geplant. Diesmal sollte er aus Süden und Südwesten von der 1. US-ID geführt werden. Würde Aachen dann fallen? Jene Stadt, die für ganz Deutschland so etwas wie ein Symbol war. Würde dann die erste Festung auf deutschem Boden verloren sein?

Der Besuch im Führerbunker

Am 4. 10. 1944 hatte das Generalkommando des LXXXI. AK mit dem OB der 7. Armee, General Brandenberger, ein Gespräch geführt, bei dem es um den sogenannten Munitions-Sperrbestand ging, jene Menge an Munition aller Art, die man als Mindestmenge zur Verteidigung einer eingeschlossenen Festung oder einer zur Festung erklärten Stadt benötigte. Der Generalquartiermeister der HG. B lehnte eine über diesen Sperrbestand hinausgehende Sonderzuweisung für Aachen ab. Er wollte einfach nicht zur Kenntnis nehmen, daß binnen weniger Tage Aachen völlig eingeschlossen sein würde. Dann käme nur noch eine Luftversorgung in Frage, und wie zweifelhaft der Erfolg einer solchen Aktion war, hatte man schon an einem Dutzend Beispielen erfahren.

Oberstleutnant Max Leyherr, Kommandeur des GR 689 der 246. ID, der als Stadtkommandant von Aachen die direkte Verteidigung der Stadt übernommen hatte, während der Division selber, die von Oberst Gerhard Wilck geführt wurde, der gesamte Frontvorsprung als Verteidigungsbereich zugewiesen worden war, erhielt am Donnerstag, dem 5. 10. seine Munition für die Verteidigung der Stadt. Allerdings nur den exakt berechneten Sperrbestand. Demnach erhielten die 5 000 Soldaten, die direkt in der Stadt kämpften, ganze 45 000 Schuß Pistolenmunition, 105 000 Gewehrpatronen, etwa 1 000 Stielhandgranaten, 1 600 Eierhandgranaten, 300 Panzerfäuste, 272 Schuß Panzerschreck, 1 800 Werfergranaten vom Kaliber 8 cm und 300 Infanterie-Granaten.

Das war alles. Und wenn es hart auf hart kam, dann war dieser Bestand binnen 48 Stunden verschossen. Am 6. und 7. 10. wurde noch einmal etwa die gleiche Menge an Munition in die Stadt geschafft.

Einen Tag vorher jedoch war am 5. 10. 1944 Reichspropagandaminister Dr. Goebbels in Begleitung der Schauspielerin Marianne Hoppe zu Besuch im Führerbunker in Münstereifel erschienen.

Der Minister, der selbst aus Rheydt stammt, hielt den Männern des Stabes eine zündende Rede und erwähnte auch in ziemlich dunklen Formulierungen, daß nach den V 1, die ja bereits seit September gegen den Feind flogen, die V 2 in Bälde eingesetzt werden würde. Sie würde den Gegner niederstrecken.

Als Dr. Goebbels und seine Begleiterin wieder verschwunden waren, atmeten die Männer auf. Anstelle der Reden, fanden sie, hätte der Großsprecher Goebbels ihnen neue Truppen ankündigen müssen, um sie hoffnungsvoller zu stimmen. Reden dieser Art hatten sie oft genug aus den sogenannten »Goebbelsschnauzen« — den Volksempfängern — gehört. Die beeindruckten niemanden und hielten auch keinen einzigen amerikanischen Panzer auf.

Neue Angriffe

Am frühen Morgen des 8. 10. eröffneten die Amerikaner mit einem heftigen Trommelfeuer den nächsten Großangriff. Um 7.45 Uhr rollten die US-Panzer im Raume Merkstein vor und durchbrachen die schwache deutsche Front. 90 Minuten wogte der Kampf hin und her, dann wichen die deutschen Verteidiger zurück, und die Verfolger rollten, auf den Panzern aufgesessen, weiter auf Alsdorf zu.
Bis zum Mittag dieses Tages erreichten 46 Panzer den Nordrand von Alsdorf. Die hier vorbeiführende Reichsstraße 57 Aachen - Erkelenz -Mönchengladbach war damit durchbrochen und gesperrt. Bis zum Abend konnten diese Panzer, trotz beträchtlicher Verluste, die deutsche Front am Südostrand von Alsdorf auf einer Breite von 2 000 Metern aufreißen. Damit war Aachen von dieser Stunde an nur noch über e i n e Straßen zu erreichen, und zwar über die Reichsstraße 1, die von Düsseldorf aus über Jülich und Haaren nach Aachen führte.
Immer wieder tauchten auch US-Jagdbomber am Himmel über der Front auf, flitzten in niedriger Höhe über die deutschen Stellungen hinweg und warfen ihre hochbrisanten 50 kg-Raketenbomben.
GenLt. Corlett, Kommandierender General des hier führenden XIX. Korps, meldete der Armee:

> »Wir haben es geschafft und ein riesengroßes Loch in die Front gerissen. Hier kann die Armee zwei Divisionen durchschleusen.«

Nunmehr sollte die 30. US-ID den erreichten Raum sichern. Für sie sollte ab sofort die 1. US-ID unter GenMaj. Huebner aus Süden angesetzt werden. Aber diese Division hielt bereits einen Abschnitt von 18 Kilometern im Halbkreis südlich und südostwärts um Aachen herum. Dennoch war Huebner bereit, einen Angriff aus Süden über Eilendorf in Richtung Haaren durchzuführen. Wenn er dieses Ziel erreichte, dann stand seine Division genau ostwärts von Aachen im Rücken der Stadt. Wenn es seiner Division gar gelang, bis zu den Spitzenverbänden der 30. ID durchzustoßen, die vor Würselen zur Verteidigung übergegangen war, dann war Aachen auch nach Osten völlig abgeschnürt.
Angriffsbeginn sollte Sonntag, der 8. 10. sein. Neben der 1. US-ID wurde auch wieder die 3. US-PD unter GenMaj. Rose eingesetzt, deren Kampfkraft inzwischen durch nachgeschobene Panzer voll aufgefrischt worden war.

Rose's Panzer rollten am Angriffsmorgen auf Verlautenheide, zwischen Eilendorf und Haaren vor, nachdem das vorbereitende Artilleriefeuer weiter nach hinten verlegt hatte. Gegen Mittag schwenkte dieser östli-

che Stoßkeil nach Westen ein und rollte dem »Crucifix Hill« entgegen, jener Höhe 239, die im Volksmund Kaninberg genannt wurde und auf dessen Gipfel ein 11 Meter großes Kruzifix stand.
Aus den Westwallbunkern peitschte den Angreifern wuchtiges deutsches Abwehrfeuer entgegen. Nachdem drei der Bunker vernichtet worden waren, brach die Verteidigung an dieser Stelle zusammen. Es waren Soldaten der 246. ID, die an dieser Stelle auf einer Gefechtsbreite von 20 Kilometern angegriffen wurden und der Übermacht des Gegners nichts auch nur annähernd Vergleichbares entgegensetzen konnten. Die drei abgekämpften Grenadier-Regimenter und die unterstellten Einheiten dieser Division — so auch das Luftwaffen-Jagdkommando 19, das Festungs-MG-Btl. 34 und das Füsilier-Bataillon 246 — wurden von allen Seiten mit Artillerie beschossen und von Jagdbomberschwärmen ununterbrochen mit Raketenbomben belegt und mit Bordwaffen beschossen.
Die folgende Nacht sah die Soldaten der 1. US-ID im Nachtangriff auf den Ravelsberg bei Haaren. Es war dies der erste wirkliche Angriff bei Nacht, den diese Division ausführte. Auf der Höhe selber lagen ganze 65 deutsche Soldaten. Im Handstreich wurde diese Besatzung des Hügels überwältigt.
Am folgenden Morgen, dem 10. 10. 1944, wurde auch Haaren von den Amerikanern im Sturm genommen. Damit hatte die 1. US-ID ihr Angriffsziel erreicht.
Anders war es jedoch mit der 30. US-ID, die erneut im Norden angetreten war. Diese wurde von der 49. ID unter GenLt. Macholz gestoppt. 15 Feindpanzer, die im Laufe dieser Kämpfe nach Würselen eindrangen, wurden größtenteils mit Panzerfäusten und Minen vernichtet. Auf Handgranatenwurfweite standen sich die beiden Gegner hier gegenüber. Als es schließlich der SS-Kampfgruppe Bucher gelang, rechtzeitig in die Flanke des Gegners zwischen Würselen und Bardenberg hineinzustoßen, blieb die 30. US-ID liegen.
Bereits am Vormittag dieses kampfdurchtosten 10. 10. hatte GenMaj. Huebner die Verteidiger von Aachen durch abgeworfene Flugblätter zur Übergabe und zur Kapitulation aufgefordert. Oberstleutnant Leyherr lehnte diese Aufforderung ab, obgleich diesmal sogar Parteistellen darum baten, dem Kampf ein Ende zu machen. Bis zum Mittag des 10. 10. war der Gegner bis auf 3 000 Meter an die Stadt herangekommen.

Die deutsche Seite in der Abwehr

Am Morgen des 9. 10. 1944 meldete der OB der HGr. B, GFM Model, dem OB West, GFM von Rundstedt, folgendes:

> »Die Situation bei Aachen ist noch kritischer geworden. Wenn keine Verstärkungen herangeführt werden, wird sich ein weiterer Rückzug als unumgänglich erweisen.«

Diese Meldung führte zu hektischen Truppenverschiebungen. Noch am selben Tag erhielt die 7. Armee Weisung, die 3. PGD unter Führung von GenMaj. Denkert direkt nach Aachen in Marsch zu setzen. Diese Division sollte dann gemeinsam mit Kampfgruppen der 116. PD, die wieder in den Kampf um Aachen hineingeworfen wurde, im Angriff über die Stellungen der 12. VGD hinweg den Schlauch nach Aachen erweitern. Aber noch war dies nicht so weit. Zunächst kamen nur das Sturm-Pionier-Rgt. 1 (mot.) und das Bataillon Rink der SS-PGD »Leibstandarte Adolf Hitler«, geführt von Obersturmführer Rink, heran.
Trotz der Ablehnung des Übergabeangebots wurde Oberstleutnant Leyherr, Schwiegersohn von Generaloberst Halder, der nach dem Attentat auf Hitler in Haft genommen worden war, am Abend des 12. 10. 1944 abgelöst. Für ihn wurde am Morgen des 15. 10 Oberst Wilck, Kommandeur der 246. ID, neuer Kampfkommandant von Aachen. Seine Division sollte nun die Stadt direkt verteidigen. Im Hochbunker an der Förster Ritscher-Straße richtetet Oberst Wilck seinen Gefechtsstand ein und erließ einen Festungsbefehl:

> »Wir Soldaten haben den Befehl, deutschen Boden zu verteidigen, und wir führen diesen Befehl aus, so wie es schon Tausende unserer Kameraden, unserer Väter, Brüder und Söhne unter Hingabe ihres Lebens getan haben . . .
> Aachener!
> Bewährt euch in diesen Stunden eingedenk eurer so ruhmreichen Geschichte! Gott wird uns in diesem heiligen Kampf um unseren Heimatboden und unsere deutsche Kultur nicht verlassen. Er wird uns helfen, wenn wir nur standhaft bleiben.«

In den zusammengeschossenen Ruinen von Aachen standen noch etwa 1 500 waffenfähige Männer. Die Masse der 246. ID, die außerhalb des Kessels an den Verteidigungspunkten geblieben war, wurde von Oberst Körte übernommen. Oberst Peter Körte war ein erfahrener Offizier, der als Führer des Füsilier-Regiments 26 am 27. 9. 1943 das Ritterkreuz erhalten hatte.

Als am Mittwochnachmittag, dem 11. 10. 1944, das Ultimatum zur Über-

gabe abgelaufen war, erschienen wenig später die Bomberstaffeln des 16. US-Kampfbombergeschwaders. Sie flogen sehr tief und konnten alle Ziele deutlich erkennen, weil die US-Artillerie dieses Ziel mit Farbgranaten markiert hatte, so daß alle Ziele in rotes Licht getaucht waren.
Zunächst gingen die Bomben im Westteil von Aachen nieder, dann wurde der Güterbahnhof ausradiert, es folgten die Technische Hochschule und das Ostviertel mit einigen Kirchen.
Die Staffeln der Lightnings und der Mustang-Kampfbomber konnten sich beim Bombenwurf Zeit lassen und die Ziele so genau wie möglich anfliegen, denn kein einziger deutscher Jäger war in Sicht, und die wenigen Flak wurden zum Erdeinsatz gegen Panzer benötigt.
Insgesamt wurden nur 63 Tonnen Bomben geworfen, doch jede der Hochbrisanzbomben traf ins Ziel.
Gleichzeitig mit dieser Bombardierung hatten zwölf US-Artillerie-Verbände die Beschießung der Stadt, insbesondere des Stadtzentrums, begonnen. Insgesamt wurden 5 000 Granaten in die Stadt geschossen. Das waren insgesamt 169 Tonnen Stahl. Der Himmel über der Stadt verdunkelte sich, und um 17.00 Uhr flog noch eine zweite Jagdbomberwelle dieses Ziel an und bombte vorwiegend den Nordwesten von Aachen und den Nordosten, wo sich deutscher Widerstand gezeigt hatte.
Um 20.00 Uhr begannen dann die am Stadtrand aufgefahrenen amerikanischen Lautprecher zu plärren. Sie kündigten ein neues Ultimatum an. Es lautete:

> »Entweder wird die Stadt morgen Vormittag übergeben, oder es erfolgt eine neue Bombardierung zwischen 10.00 und 17.00 Uhr.«

Darauf wurde keine Antwort mehr gegeben. Die Amerikaner machten ihr Versprechen wahr. Ab 10.00 Uhr flogen Bomberverbände an und warfen ihre Bomben auf die neuen Ziele. Während dieser Zeit versuchten die US-Verbände die noch immer bei Würselen aufklaffende Lücke zu schließen. Die 1. und die 30. US-ID gingen schrittweise aufeinander zu. Am 14. 10. meldeten »Roosevelt Schlächter« den Verlust von 2 000 Mann kämpfender Truppe, das war ein Drittel der gesamten Kampfstärke dieser Division.

Inzwischen war die deutsche SS-KGr. Rink, die am 10. 10. angetreten war und zehn der 15 nach Würselen eingedrungenen Sherman-Panzer vernichtet hatte und dabei einen Teil der Ortschaft zurückgewann, weiter vorgedrungen. Sie hatte zwei weitere Sherman, die sich ihr entgegenstellten, mit Panzerfäusten abgeschossen und drangen nun nach Aachen ein. Allerdings hatte diese KGr., die mit 311 Soldaten, darunter fünf Offiziere, angetreten war, in den vergangenen Stunden 139 Soldaten verloren, darunter alle fünf Offiziere.

Diese SS-Kampfgruppe und jene zweite, die von Obersturmführer Bucher geführt wurde, gaben keinen Pardon mehr, nachdem sie eine der Ortschaften gesehen hatten, die im Bombenhagel der amerikanischen Kampfbomber gelegen hatte.
Dazu berichtete einer jener Mitkämpfer und Augenzeugen:

> »Es war ein furchtbarer, grauenhafter Anblick, und wir waren sicherlich etwas gewöhnt. Aber da lagen überall tote Kinder und zerstückelte Frauen.«
> (Siehe Whiting, Charles und Trees, Wolfgang: Die Amis sind da!)

Bei Birk hatten diese beiden Kampfgruppen am frühen Morgen des 12. 10. Gelegenheit, den Amerikanern zu zeigen, was sie empfanden. Aus dichtem Nebel vorstürmend, brachen Obersturmführer Rink und seine Männer in die Frontlinie der 30. US-ID ein. Von einigen Sturmgeschützen und Panzern unterstützt, die sich auf die Feindpanzer und die MG-Nester und Werfergruppen einschossen, wurden die Amerikaner in einem dreistündigen Gefecht abermals schwer angeschlagen. Erst als einige weitere Sherman-Kompanien anrollten, wendete sich das Blatt. Fünf deutsche Panzer und drei Sturmgeschütze wurden abgeschossen. Dennoch gingen die Panzergrenadiere zunächst noch weiter vor.
Nur unter Einsatz aller Reserven konnte die US-Führung diesen Stoßkeil stoppen. GenMaj. Hobbs meldete General Hodges, daß der Feind an allen Ecken seiner Linien stark nachdränge, daß aber der befürchtete deutsche Großangriff nicht begonnen habe.
Als eine US-Kampfgruppe in Stärke von 300 Mann mit Unterstützung von fünf Sherman am 13. 10 vom Aachener Ostfriedhof aus bis in die Nähe des Quellenhofes, dem Sitz des Gefechtsstandes des Kampfkommandanten, durchstieß, wurde das SS-Btl. Rink gerufen, das noch immer nicht bis nach Aachen durchgestoßen war. Dieser KGr. waren einige weitere Sturmgeschütze und Panzer zugeführt worden. Im Quellenhof selber verteidigten Schreiber und Fernsprecher, Fouriere und Köche den Gefechtsstand und wehrten diesen US-Handstreich ab.
Dennoch schoben sich die US-Truppen näher und näher an Aachen heran und drangen in die einzelnen Vororte ein. Sie bildeten in den Straßen der Stadt die eigenen Kampflinien und versuchten von diesen Stellen aus weiter vorzustoßen. Einer war es, der sie immer wieder zur Hergabe der letzten Reserve anspornte: der OB der 1. US-Armee, GenLt. Hodges.
Deutscherseits gelang es in der Nacht zum 14. 10. noch einmal, Treibstoff und Munition in die Stadt zu bringen. Die entladenen Wagen wurden mit Verwundeten vollgepackt und rollten in der kommenden Nacht zum Sonntag, dem 15. 10. 1944, wieder durch die enge Lücke zurück. Sie kamen heil durch diesen Schlauch und erreichten wohlbehalten die weiter im Osten gelegenen Hauptverbandplätze und Lazarette.

Eine Reihe kleinerer Verbände, die aber jeder für sich schlagkräftig und kampferfahren war, halfen immer wieder an den verschiedenen Brennpunkten des Kampfes um Aachen und lehrten oftmals die Angreifer das Fürchten.
Eine davon war die schwere Panzerabteilung 506 unter Major Lange. Vom 20. 8. bis 12. 9. 1944 waren diesem Verband 45 neue Königstiger — die schwersten Panzer der Wehrmacht — zugewiesen worden. Die Ausbildung der Besatzungen wurden unter besonderer Berücksichtigung der Kampfsituation an der Westfront, insbesondere in Bezug auf Sicherung der Kampfwagen vor der Bedrohung aus der Luft, durchgeführt worden.
Vom 22. bis 24. 9. wurde diese Abteilung verladen und im Bahntransport über Köln und Wesel nach Holland geschafft. Dort wurde sie der 1. Fallschirmjäger-Armee unterstellt und gegen die im Großraum Arnheim luftgelandeten Gegner angesetzt und ebenso zur Abwehr der zu deren Unterstützung heranrollenden, feindlichen Panzerverbände.

Binnen weniger Tage gelang es den Königstigern der sPzAbt. 506, die aus Süden heranrollenden Gegner zu stoppen, die den Luftlandtruppen zur Hilfe eilten und die eingeschlossenen Fallschirm- und Luftlandeverbände vernichtend zu schlagen. Dabei fielen sämtliche Offiziere der 1. Kompanie dieses Verbandes.
Anfang Oktober wurden die Königstiger nach Apeldoorn und Zutphen und sodann nach Bocholt in Ruhe gelegt, um die erlittenen Verluste und Schäden wieder auszugleichen. Doch schon sehr bald wurde dieser schlagkräftige Verband zu neuem Einsatz in die Abwehrschlacht um Aachen geworfen.
Zwischen Geilenkirchen und Eschweiler standen die Königstiger in der 2. Schlacht um Aachen in erbitterten Abwehrkämpfen. Sie schossen eine Vielzahl feindlicher Panzer ab und erwiesen sich allen feindlichen Panzern als weit überlegen. Dennoch waren sie nicht in der Lage, das Schicksal Aachens zu wenden und Aachens Fall am 21. 10.1944 zu verhindern.
Danach war diese Abteilung, deren Einsatz stellvertretend für alle anderen kleinen Verbände genannt werden soll, einige Kilometer westlich der Roer in der Abwehrfront Gereonsweiler - Freialdenhoven eingesetzt und stand somit auch in der 3. Schlacht um Aachen an einem Brennpunkt der Verteidigung und konnte dort entscheidend in den Kampf eingreifen. Doch zurück zu Aachen.
Am Samstag, dem 14. 10. 1944 kamen in dem kleinen Schloß Ensival bei Verviers, knapp 40 Kilometer westlich von Aachen, die Oberbefehlshaber der alliierten Streitkräfte zusammen, um den Sieg in der Schlacht bei

Aachen zu feiern. Unter den Versammelten befand sich auch König George VI. von England. Die Besitzer des Schlosses, die Industriellenfamilie Zurstraaten, war nicht am Ort dieses Treffens, als General Hodges der 1. US-Armee, und damit gewissermaßen als Hausherr, alles zum Empfang der Gäste vorbereitete.
King George VI. kam in Begleitung seines persönlichen Stabes und mit US-General Hart. Unter dem Decknamen »Master« kam auch Eisenhower nach Ensival und glitt in dem dicken Morart des Schloßhofes aus, um in voller Montur, mit dem Gesicht nach vorn, in den Schlamm zu klatschen. Daß die Soldaten am Rande des Geschehens nicht traurig darüber waren, verstand sich. Aber auch die Generale Bradley und Patton, die hinter Eisenhower durch den Schlamm stapften, konnten ein leichtes Lächeln nicht unterdrücken.
Es wurde viel geredet und einige Toasts ausgebracht: auf den Sieg in Aachen im allgemeinen, und den Sieg über Deutschland im besonderen. Dazwischen wurden Räuberpostillen erzählt. So berichtete General Patton dem König von England, daß er während seines Einsatzes in Tunesien »ein ganzes Dutzend tunesischer Langfinger eigenhändig habe erschießen müssen«.
King George VI schien schockiert, woraufhin sich Eisenhower in das Gespräch einmischte und Patton eindringlich, gewissermaßen auf Herz und Nieren, prüfte und nach intensivem Bohren auch Pattons abschwächende Antwort erlangte:

> »Nun, vielleicht waren es nicht so viele; vielleicht habe ich gar keinen Tunesier erschossen, aber ich habe bei Gafsa zumindest zwei solcher Diebe fürchterlich in den Arsch getreten.«

Die Siegesfeier wurde prächtig. Aber der Sieg über Aachen ließ doch noch weiter auf sich warten.

Die letzte Phase des Kampfes um Aachen

Inzwischen hatte sich die SS-Kampfgruppe Rink am Abend des 14. 10. 1944 durch die US-Linien und den Einschließungsring der Amerikaner um den Quellenhof durchgekämpft. Mit Sturmgeschützen und Panzern waren diese Soldaten nach einem Befehl des Stadtkommandanten angetreten. Schrittweise hatten sie sich vorwärtsgekämpft. Der Gegner war zur Seite ausgewichen, sobald die Sturmhaubitzen und sechs Sturmgeschütze, über die Rink wieder verfügen konnte, losballerten.
Einige US-Panzer, die herangeholt worden waren und das Feuer eröffneten, wurden Opfer der sehr genau schießenden Sturmgeschütze.
Bis 20.00 Uhr hatten die Männer dieser Kampfgruppe bereits die Monheim-Allee erreicht. Von hier aus ging es zwar nur im Schritt, aber dennoch weiter. Im schmalen Keil rollten die Sturmgeschütze durch die Seitenstraßen und schossen die erkannten Widerstandsnester des Gegners zusammen.
Auf diese Weise hatten sie den Quellenhof erreicht und bildeten mit ihren Sturmgeschützen eine dankbar angenommene Unterstützung für die Verteidiger des Gefechtsstandes.
Während die US-Truppen am 15. 10. ihre Versuche, tiefer nach Aachen hineinzustoßen, fortsetzten und sich die Spitzengruppen der 30. und der 1. US-Division, aus Norden und Süden vorgehend, am Nachmittag dieses Tages bis auf Sichtweite einander genähert hatten, betrug die Lücke nur noch 1 000 Meter Breite. Dazwischen aber lag noch der große Bunker am Ravelsberg. Dieser Bunker wurde von Lt. Zillies verteidigt. Er und seine Männer der 10. Kompanie des GR 8 (mot.) lagen im Bunker 170 und in der Rundumverteidigung darum eingegraben. Die Bunker 167 und 168 wurden von den Nachbar-Kompanien dieses Regiments verteidigt. Der Bunker 615, eine Beobachtungsstelle, wurde von den Amerikanern vom 14. bis zum 19. 10. nicht weniger als sechzehnmal erobert; ebenso oft mußten sie ihn bei einem deutschen Gegenstoß wieder räumen. Auch die übrigen Bunker wechselten mehrfach ihre Besitzer. Nur der Bunker 170 hielt eisern stand. Lt. Zillies wurde für diese Verteidigungsleistung am 11. 12. 1944 mit dem Ritterkreuz ausgezeichnet. An seinen Bunker kam kein Gegner heran, erst recht nicht hinein. Sein System aus Stolperdrähten, ferngezündeten Minen und anderen Sprengmitteln, MG-Löchern und Panzervernichtungstrupps war unüberwindlich. Hochgehende Minen oder andere Sprengmittel wurden von der Pioniergruppe in den Nächten wieder ersetzt.

Erst am Montag, dem 16. 10. 1944 um 16.15 Uhr reichten sich die Stoßtrupps der beiden genannten US-Divisionen nach Überwindung des letzten Widerstandes auf dem Ravelsberg die Hand. Damit war Aachen trotz der wenigen noch haltenden Bunker hermetisch von der Außenwelt abgeschnitten.

Am 16. 10. begann der deutsche Angriff von Osten zum Durchstoß in die Festung. Er wurde von SS-Gruppenführer Priess mit den Divisionen und dem Generalkommando des I. SS-Panzerkorps geführt. Das Korps setzte die 1. SS-Panzer-Division »Adolf Hitler« ein, die in zwei Kampfgruppen aufgeteilt antrat.

Der Angriff der KGr. Diefenthal unter Hauptsturmführer Diefenthal mit Teilen des SS-PGR 2 »Leibstandarte SS Adolf Hitler« schlug durch. Leider mußte der Angriff der KGr. Wegelein erfolglos bleiben, weil sie mitten im Angriffsschwung angehalten wurde, um zu anderer Verwendung anzutreten. Dieser Verband drehte und rollte vom Gefechtsfeld aus direkt in Richtung Hürtgenwald, wo sich ein schwerer Feindeinbruch abzeichnete.

Der Gegenangriff trat damit auf der Stellte. Er drang nicht mehr durch und mußte am Morgen des 19. 10. eingestellt werden.

Inzwischen waren die US-Truppen von drei Seiten in die Stadt eingedrungen. Stoßtrupps waren bis zum Stadtkern vorgeprellt. Lediglich in einem kleinen Raum zwischen Lousberg - Ponttor - Westbahnhof und dem Kloster zum Guten Hirten hielten sich die letzten Verteidiger auf engem Raum.

Am 20. 10. ließ Oberst Wilck den letzten Kampf-Funkspruch durchtasten, in dem er dem LXXXI. AK meldete, daß die letzten Verteidiger von Aachen, auf engstem Raum zusammengedrängt, im Endkampf stünden. Die Amerikaner hatten eine neue Waffe, präzis schießende 15,5 cm-Geschütze »Long Toms — Langrohre« in die Stadt geschleust, mit denen sie die einzelnen Widerstandsnester im Punktfeuer zusammenschossen.

Einen Tag vorher hatte Oberst Wilck bereits der 7. Armee über Funk mitteilen lassen, daß ein Ausbruch der letzten Kräfte nur noch über Soers möglich sei und daß in dieser Hinsicht eine sehr schnelle Entscheidung notwendig wäre. Ein solcher Ausbruchsbefehl wurde nicht gegeben, denn Hitler hatte bereits Wochen vorher die Entscheidung darüber gefällt:

> »Aachen wird bis zum bitteren Ende gehalten. Es ist die erste Festung auf deutschem Boden, und sie ergibt sich nicht!«

Im Kampf gegen die US-Soldaten unter Oberst Corley, die nach der Niederschlagung des letzten Widerstandes durch ihre »Long Toms« zum Lousberg durchstoßen wollten, trafen auf die Männer der KGr. Rink, der Ersatz zugeführt worden war. Diese stießen, von den letzten einsatzbe-

Rechts: Gen.d.Inf.
Gustav von Zangen,
OB der 15. Armee

Links: GenLT. Harald
Frhr. von Elverfeldt,
Kdr. der 9. PD.

Die Probsteikirche Mariä Himmelfahrt zu Kleve nach der Bombardierung.

Aufruf zum Widerstand bei Aachen.

Oberst Gerhard Wild, letzter Kampfkommandant von Aachen.

Parlamentäre fordern Aachen zur Übergabe auf.

reiten Sturmgeschützen unterstützt, in den vom Feind besetzten Farwickpark hinein und machten den bereits bis hierher vorgedrungenen Gegner nieder. Ein einziges Sturmgeschütz blieb schließlich übrig, das die MG-Stellungen der Amerikaner jeweils mit einem gezielten Schuß außer Gefechts setzte. Dann rollten zwei inzwischen wieder reparierte Sturmgeschütze nach und fielen in das Feuer ein. Sie schossen mit Sprenggranaten in direktem Beschuß.
Die Amerikaner räumten an dieser Stelle das Feld. Sie rannten zurück. In ihren Tarnjacken stießen die Männer der KGr. Rink nach. Die Sturmgeschütze fuhren auf den Flanken vor. Schon hatten sie nach einigen kurzen Halten die nächste US-Einheit vor sich und warfen auch diese.
Danach setzte starkes Artilleriefeuer ein und steigerte sich binnen einer Minute zu einem tosenden Inferno, das auf die KGr. Rink hinunterpaukte und sie zwang, in den Boden hineinzugehen. Dennoch hatten diese Soldaten die Worte Eisenhowers über diese Truppe bestätigt:

> »Beste Moral! Im Angriff wie in der Verteidigung von einem fanatischen Mut beseelt.«

Am Freitagmorgen, dem 20. 10. ging ein Funkspruch des LXXXI. AK beim Kampfkommando Oberst Wilck ein:

> »Das LXXXI. AK zollt den bis zum Letzten für Führer und Volk kämpfenden tapferen Verteidigern von Aachen höchste Anerkennung.
> Köchling, General der Infanterie.«

Am darauffolgenden Tag kam das endgültige Aus für die Stadt. Die deutschen Funkstellen außerhalb des Kessels fingen den letzten Funkspruch aus der Festung auf:

> »Wir Verteidiger der deutschen Kaiserstadt stehen im Endkampf um den Gefechtsstand.«

Acht Minuten darauf folgte noch ein letzter Zusatz:

> »Aachen meldet sich ab!«

Die letzten Verteidiger auf dem Lousberg wurden durch die Shermanpanzer aus ihren Löchern herausgeschossen.
Oberst Wilck mußte nun kapitulieren. Er verständigte sich mit dem direkt vor seinem Gefechtsstand liegenden Gegner und ging mit einem US-Offizier zum Gefechtsstand von Oberst Corley. Der Oberst versicherte Wilck, daß alle Deutschen unter dem Schutz der Genfer Konvention stünden und ihnen nichts passieren werde.
In einem US-Jeep, unter Begleitung von Major Heimann, einem Deutschamerikaner, und zwei GI fuhr Oberst Wilck wenig später nach Hergenrath in das Gefangenenlager von Henri-Chapelle.

Es war genau 12.00 Uhr am 21. 10. 1944. Die Schlacht um Aachen war beendet, und in der Stadt schwiegen die Waffen.
In Soers aber lagen die Männer um Obersturmführer Rink in ihren Schützenlöchern versteckt und warteten auf die Nacht. Als es dunkel geworden war, brachen sie auf und schlugen sich in kleinen Gruppen durch die US-Linien zu den eigenen Truppen durch. Sie erreichten in den ersten Morgenstunden des 22. 10. 1944 die deutschen vorgeschobenen Stellungen. Es waren noch insgesamt vier Offiziere und 15 Soldaten der Kampfgruppe, die Aachen überlebt haben.
Aachen starb als erste deutsche Festung. Das Halten dieser Stadt über so lange Zeit verhinderte einen raschen alliierten Durchstoß nach Osten und ermöglichte es Hitler, die Ardennen-Offensive vorzubereiten.
Auf den schnellen Fall von Aachen hatte die westalliierte Führung große Hoffnungen gesetzt. Nun wußte sie, daß für den Fall, es gäbe noch »drei bis vier solcher Aachen«, der Krieg noch mindestens ein Jahr dauern mußte.
Aachen hatte ebenso wie das Desaster bei Arnheim das Vordringen der Angloamerikaner nach Deutschland hinein beträchtlich verzögert. Das war einer der Gründe mit, warum die Russen bis nach Berlin vordringen und sogar die Elbe erreichen konnten.

Trotz dieser schweren Kämpfe um Aachen hatte das alliierte Oberkommando in Versailles bereits am 22. 9. 1944 die Weichen für eine Fortsetzung des Angriffs nach Osten gestellt. Eisenhower und Montgomery waren sich darin einig, daß die deutschen Truppen im Gebiet des Niederrheins in einer großangelegten Zangenbewegung eingekesselt und niedergerungen werden sollten. Nach Ausschaltung einer deutschen Heeresgruppe würde der Widerstand im Westen Deutschlands zum Einsturz gebracht werden können.
Diese Operation »Gatwick« mit dem Vorstoß der britischen Truppen aus dem Raume von Kleve nach Südosten und jenem der US-Truppen aus dem Raum Aachen in Richtung Düsseldorf, war für den 8. Oktober vorgesehen gewesen. Aber der Kampf um Aachen ging erst am 21. 10. zu Ende.
Dennoch hatte Feldmarschall Montgomery plangemäß trotz des Aachener Mißgeschicks, den vorbereitenden Großangriff der RAF am 7. 10. 1944 starten lassen.
An diesem 8. 10. 1944 befanden sich insgesamt über 3 000 alliierte Flugzeuge in der Luft und über dem Reichsgebiet. 681 davon griffen die Städte am Niederrhein an, die es zu überrennen galt. Allein die 8. USAAF warf in ihren Tagesangriffen 1 270 Tonnen Bomben auf die erklärten Ziele.

Jene an den Angriffen auf die Niederrheinstädte beteiligten 335 Bomber der RAF flogen am 7. 10. Kleve an und warfen 1 738 Tonnen Bomben auf diese kleine Stadt. Am selben Tage fielen 665 Tonnen Bomben auf Emmerich.

Während noch um Aachen gekämpft wurde, näherten sich die Truppen des VII. US Korps, die an Aachen vorbeigestoßen waren, einem zweiten Widerstandspunkt der deutschen Westfront: dem Hürtgenwald.

AUF DEM WEG ZUM RHEIN

Die Hölle im Hürtgenwald

Die erbitterten Kämpfe um Aachen, die den geplanten Vorstoß der Westalliierten verhinderten und die bittere Niederlage der britisch-amerikanischen Luftlandeoperationen bei Arnheim, ließen auch den geplanten Großangriff »Gatwick« wieder in der Versenkung verschwinden. Daran änderte auch die Tatsache nichts, daß General Montgomery die dafür geplanten Luftangriffe am 7. Oktober hatte fliegen lassen.

Die Städte auf linksrheinischem Gebiet waren deutscherseits seit etwa Mitte September zwangsgeräumt worden. Das gesamte Gebiet wurde von Hitler zu einer einzigen Festung ernannt. Kein Meter Boden durfte freiwillig aufgegeben werden. So erhielt das I. Kavalleriekorps unter General Feldt am 18. September 1944 bereits einen Befehl, der dies untermauerte:

> »Der Kampf im Westen hat auf deutschen Heimatboden übergegriffen. Die Kampfführung ist deshalb auf das äußerste zu fanatisieren. J e d e Stadt, j e d e s Dorf und j e d e r Bunker ist als Festung bis zum letzten Blutstropfen zu verteidigen.«

Damit war erstmals nach der Ernennung einzelner Städte zu Festungen und Festen Plätzen ein ganzes Gebiet zur Festung erklärt worden. Dies sollte sich im Westen noch einige Male wiederholen. Am Rhein ebenso wie im Ruhrkessel.

Wie dies gedacht war, und auf welche Weise verteidigt werden sollte, das war am Beispiel Aachens demonstriert worden.

Bereits zu der Zeit, da erbittert um Aachen gerungen wurde, waren auch andere Gebiete und Städte von US-Angriffen bedroht worden. Das XIX. Korps unter GenLt. Corlett, das zum Teil ja auch in die Kämpfe um Aachen eingegriffen hatte, war mit seiner 29. ID nordwestlich von Geilenkirchen angetreten, während die 30. ID und die 2. PD sich dem Kampf um Aachen angeschlossen hatte.

Das VII. US-Korps, das bereits in der 1. Schlacht um Aachen südlich an der Kaiserstadt vorbeigerollt war, stürmte auf den Hürtgenwald vor, ein ausgedehntes Waldgebiet zwischen Monschau im Südosten und Düren im Nordwesten. Dieses Korps hatte die Hauptlast der sich nun ent-

wickelnden Kämpfe um den Hürtgenwald und die Ortschaften darin zu tragen.
In einer zehntägigen erbitterten Schlacht gelang es den Divisionen dieses Korps, ganze 2 700 Meter vorzudringen. Dieser Geländegewinn kostete sie 4 500 Mann an Verlusten. Die Angriffe mußten eingestellt werden, weil das Korps zeitweise kampfunfähig war.
Im Hürtgenwald hatten die Verteidiger so etwas wie eine grüne Festung gesehen und sich an den neuralgischen Punken eingegraben und MG-Stände und Paknester angelegt, die nicht eher zu sehen waren, bis sie das Feuer eröffneten.
Dieser Sperr-Riegel war nicht so einfach zu durchstoßen, wie man zuerst geglaubt hatte. Er verwehrte den US-Truppen den Weg zum Rhein, den sie zwischen Köln und Bonn erreichen wollten.
Die 9. PD, die an der Spitze des Angriffs gestanden hatte, war nach diesen zehn Tagen nicht mehr einsatzbereit. Völlig zerschlagen und demoralisiert wurde sie abgelöst. Sie war nur bis Roettgen gekommen.
An ihre Stelle trat nunmehr die 28. US-ID unter GenMaj. Cota. Sie sollte den ins Stocken geratenen Angriff wieder in Fluß bringen. So hatten es jedenfalls die alliierten Oberbefehlshaber befohlen, ohne zu ahnen, auf was sie sich einließen und in was sie ihre Soldaten hineinschickten.

— — —

Am 18. 10. 1944 trafen sich die Befehlshaber Eisenhower und Bradley mit Montgomery in Brüssel. Ziel dieses Treffens war die Überprüfung der strategischen Pläne, die sie nach dem Ausbruch aus dem Großraum Falaise und dem Durchbruch ins freie Frankreich ins Auge gefaßt hatten.
Als Ergebnis dieser Besprechung wurde der einmütige Beschluß gefaßt, daß entscheidende Anstrengungen gemacht werden müßten, um noch vor Einsetzen des Winters den Rhein zu erreichen und dort einen starken Brückenkopf auf dem Ostufer des Flusses zu errichten, der ständig vergrößert werden sollte, um sodann, nach Sammlung aller Kräfte, aus diesem Brückenkopf heraus zur entscheidenden Großoffensive nach Deutschland hinein anzutreten, Der vereint ausgearbeitete und gemeinsam abgesegnete Plan lautete:

> »Der Stoß zum Rhein wird von der 1. und 9. US-Armee über Aachen geführt, das bald fallen muß. Die hinter der Roer liegenden Truppen

der 1. US-Armee werden nach Überschreiten des Flusses in ostwärtiger Richtung auf Köln und Bonn vorstoßen. Die 9. Armee wird nach Nordosten antreten. Ihr Ziel ist Krefeld.«

Diese Operationen sollten durch die 2. britische Armee gestützt werden. Sie erhielt Befehl, am 10. 11. aus dem Nordabschnitt bei Nijmegen zum Angriff auf den Reichswald anzutreten und zwischen Maas und Rhein nach Süden vorzustoßen.
Durch die Offensive sollte zwischen Arnheim und Bonn auf einer Breite von insgesamt 160 Kilometern der Rhein erreicht werden.
Nach Abschluß dieser ersten Phase der westalliierten Großoffensive würde die 9. Armee südlich von Köln, und die 1. Armee nördlich von Düsseldorf nach Osten antreten, durch das nördliche und südliche Ruhrgebiet vorstoßen und sich im Raum Lippstadt - Paderborn, jeweils nach innen einschwenkend, in einer großen Zangenbewegung treffen und den Sack hinter der im Ruhrgebiet stehenden Heeresgruppe B dichtmachen. War diese HGr. erst einmal vernichtet oder in die Gefangenschaft geraten, dann war Deutschlands Untergang besiegelt. Mit der Gewinnung der Waffenschmiede des Reiches war den Westalliierten auch der Endsieg sicher.
Für den Angriff der 3. US-Armee unter General Patton wurde an diesem 18. 10.1944 noch kein genauer Angriffstermin festgelegt. Diese Armee sollte ihren Angriff wieder aufnehmen, sobald die Nachschubverhältnisse, die durch die Arnheim-Operation stark ins Schleudern gekommen waren, dies gestatteten. Ihr Angriff sollte allerdings lediglich unterstützenden Charakter haben. Er sollte so bemessen sein, »daß der dem Hauptunternehmen im Norden auf das Beste diente.« (Siehe Eisenhower Dwight D.: Kreuzzug in Europa.)
Allerdings war der Draufgänger Patton mit dieser Rollenverteilung nicht einverstanden, und er würde, das schien jetzt bereits sicher, diese Weisungen zur rechten Zeit schlicht vergessen und nach seinem Gutdünken verfahren.
Vor allem eines wurde in Brüssel ausführlich besprochen: Es waren die Unterstützungsangriffe der alliierten Bomberverbände, die in einem Monat, von Mitte Oktober bis Mitte November 1944, im Westen Deutschlands geflogen werden sollten, um das vorgesehene Schlachtfeld zum Fall reif zu machen.
Die angloamerikanische Luftwaffe verfügte Mitte Oktober 1944 über 4 700 Jagdflugzeuge, 6 000 leichte und schwere Bomber und etwa 4 000 Aufklärer, Kurier- und Transportmaschinen aller Typen.

Die Bomber kommen!

In Ausführung dieses Befehls warfen die Verbände der RAF und der USAAF vom 15. Oktober bis zum 15. November 1944 doppelt so viele Bomben auf die deutschen Städte des Westens, wie in dem stärksten bisherigen Monatseinsatz des gesamten Krieges vorher.
Neuer Angriffstermin der Westalliierten sollte der 16. 11. sein. Bis dahin würde, dessen waren sich die Oberkommandierenden sicher, das Luftbombardement seine Wirkung getan haben.
Duisburg war bereits in der Nacht zum 15. 10. Ziel von 1 005 Lancaster-, Halifax- und Mosquitoflugzeugen, die aus den Bomber Groups 1, 3, 4 und 6 zusammengetrommelt werden mußten. 711 Tonnen Bomben fielen am 19. 10. auf Mainz. Diesmal war es ein Tagesangriff der 8. USAAF. Derselbe Großverband griff auch am 22. 10. Münster und Hamm an. Auf diese Städt fielen 864 und 870 Tonnen Bomben, darunter Tausende Brand- und Phosphor-Brandbomben.
Essen war am späten Abend des 23. 10. Angriffsziel von 955 Bombern der RAF, die 4 522 Tonnen Bomben warfen, eine der größten Bombenzahlen überhaupt. Dabei wurden jedoch nicht die kriegswichtigen Ziele getroffen, sondern überwiegend die Häuser der Zivilbevölkerung. Und daß dies kein böser Zufall war, das verkündete Luftmarschall Harris nach dem Kriege, als er bemerkte, daß diese Angriffe des Terrors durchaus beabsichtigt waren, um die deutsche Zivilbevölkerung für das Ende reifzubomben.
In der Nacht zum 25. 10. — die Aufräumungsarbeiten waren in Essen noch nicht zu Ende und immer noch glimmten die Brände unter dem Schutt — wurde diese Stadt bereits erneut angegriffen. Diesmal belief sich die Zahl der Bomben auf »nur« 3 719 Tonnen. Auch diesmal fielen sie überwiegend auf die Zivilbevölkerung.
Homberg wurde in dieser Nacht mit 967 Tonnen Bomben belegt. In der Nacht zum 29. 10. wurde Köln angegriffen. Die Domstadt wurde mit 2 699 Tonnen Bomben bedacht, die riesige Brände verursachten.
Auf die Insel Walcheren und die dort stehenden Küstenbatterien hagelten in der Nacht zum 30. 10. 2 746 Tonnen Bomben herunter, und in der kommenden Nacht war Köln abermals Ziel eines Großangriffs; die angesetzten Bomber warfen 3 937 Tonnen Bomben. Und als noch die Kölner in den Trümmern nach den Resten ihrer vernichteten Habe suchten und in der Stadt umherirrten, fielen die Terrorgeschwader ein weiteresmal über diese Stadt her. Wieder heulten 2 383 Tonnen Bomben auf die Rheinstadt herunter und legten Tausende Wohnhäuser in Trümmer oder beschädigten sie schwer. Dabei wurden über 1 000 Zivilisten getötet.

Die Zahl der Verwundeten lag nach bedeutend höher. Überwiegend waren es Alte, Frauen und Kinder, die Opfer dieser Terrorangriffe wurden.
In den folgenden 14 Tagen wurden Oberhausen in der Nacht des 1. 11. mit 1 191 Tonnen, Düsseldorf in der Nacht zum 3. 11. mit 4 468 Tonnen und Solingen am 4. und 5. 11. mit 946 und 888 Tonnen Bomben belegt. Tausende und Abertausende Menschen starben, verbrannten in den Phosphorgluten ihrer Häuser, wurden unter den Trümmern begraben oder von Wasserrohrbrüchen in ihren Kellern ersäuft.
In der Nacht zum 5. 11. war Bochum an der Reihe. Auf diese Ruhrstadt prasselten 2 323 Tonnen Bomben herunter, während noch in derselben Nacht ein Teilverband den Dortmund-Ems-Kanal bei Ladbergen mit 932 Tonnen zusammenwarf, um den Schiffsverkehr auf dieser wichtigen Binnenwasserstraße lahmzulegen.
Gelsenkirchen erlebte am 6. 11. einen vernichtenden Feuersturm, als 2 634 Tonnen Bomben fielen, darunter Tausende von Phosphor-Brandbomben. Wanne-Eickel war am 9. 11. erklärtes Bomberziel. Hier fielen »nur« 1 315 Tonnen Bomben.
Auf Dortmund regneten in der Nacht zum 12. 11. 1 122 Tonnen Bomben herunter. Zur gleichen Stunde warf ein Teilverband der RAF 913 Tonnen Bomben auf Hamburg-Harburg.
Dortmund erlebte am 15. 11. seinen nächsten Angriff. Diesmal heulten nur 904 Tonnen Bomben auf die Stadt herunter, die in Zukunft noch eine Reihe fürchterlicher Angriffe erleben sollte, die zwei Drittel der Stadt und einen Teil der Industrieanlagen in Trümmer legten und Tausende Opfer kosten sollten.
Daß die Alliierten genau das Gegenteil dessen erreichten, was sie anstrebten, das wurde ihnen überhaupt nicht bewußt.

Die 3. Schlacht um Aachen

Das, was später als »Waldschlacht im Staatsforst Hürtgen« bekannt und von den Amerikanern mit der Bezeichnung »Huertgen forest — Vally of the crosses« bezeichnet wurde, begann am 19. September, als der Kampf um Aachen in seine entscheidende Phase getreten war.
Die 9. US-ID griff aus dem Raum Lammersdorf - Zweifall nach Osten an, um in breiter Front und schließlich auch nach Südosten einschwenkend, die rechte, südliche Flanke des VII. US-Korps zu decken.

Im Raume Kalterherberg - Höfen trat die 4. Cavalry Group an. Die 9. US-ID griff in drei Stoßgruppen an. Aus Lammersdorf rollte der Verband, der sich im Kern aus dem III./IR 39 zusammensetzte, in südlicher Richtung auf Paustenbach und die Höhe 554 zu, die Paustenbacher Höhe genannt wurde. Diese beherrschende Höhe mußte in Besitz genommen werden, bevor der Angriff durch den Westwall folgen konnte. Der zweite Stoßkeil dieses Bataillons wurde von Lammersdorf nach Osten in Richtung Kall-Talsperre und Kallbrück angesetzt.
Die zweite Stoßgruppe, bestehend aus dem I./IR 39, die vom RgtKdr. Oberst Thompson geführt wurde, sollte im Zusammenwirken mit dem aus dem gleichen Bereitschaftsraum antretenden I./IR 60 unter Oberst Chatfield aus dem Raume Zweifall in Richtung Staatsforst Hürtgen angreifen, und zwar mit dem I./IR 39 auf das Endziel Hürtgen und mit dem I./IR 60 auf Todtenbruch, bis zur Straße von Lammersdorf nach Süden, die es zu unterbrechen galt.
Der Angriff zur Paustenbacher Höhe mit den in den Hang eingebauten deutschen Bunkern, die von Männern des IR 1055 der 89. ID besetzt waren, verlief verlustreich. Die beiden Bunker direkt auf der Höhe hielten sich lange. Einer der Bunker am Südhang verteidigte mit 38 Mann zwölf Stunden gegen mehrere Kampftrupps der Amerikaner, die über 400 Kilogramm TNT benötigten, ehe der Bunker geknackt werden konnte. Hinzu kamen 18 Tellerminen.

Dieser Angriff wurde beim IR 39 durch das PiBatl. 15 unterstützt. Bereits in dieser ersten Phase des Einsatzes im und am Hürtgenwald erlitten die Angreifer schwere Verluste. Ihre Kompanien, die etwa 180 Mann stark waren, verloren 100 bis 120 Mann durch Tod und Verwundung.
Ein Schwerpunkt des Angriffs war die Höhe 554 mit dem weithin sichtbaren »Eifelkreuz«, die Paustenbacher Höhe. Hier griffen die Amerikaner sechsmal hintereinander an und immer zur gleichen Zeit, so daß sich die Verteidiger, Truppen der 89. ID der Deutschen, auf diese Angriffe einstellen konnten. Erst am 29. 9. 1944 fiel die Paustenbacher Höhe nach Artilleriefeuerschlägen und künstlichem Nebel, und die Sieger konnten von hier aus die unter ihnen liegenden Ortschaften Rollesbroich und Simmerath sehen.
Der Angriff gegen die Kall-Talsperre führte erst anfangs Oktober 1944 zum Ziel, nachdem in der Nacht zum 1. 10. noch ein deutscher Gegenstoß gegen die in Feindbesitz gekommene Felsformation mit dem Namen »Kaiserfelsen«, diesen Punkt an der südlichen Seite der Sperrmauer, wieder in deutschen Besitz brachte.
Der von Zweifall aus vorgetragene Angriff von Teilen des IR 39 und des IR 60 erreichte bereits am Abend des zweiten Kampftages das Ziel Tod-

tenbruch, weil die Bunker im Gieschbachtal unbesetzt waren. Erst die beiden am Rande stehenden Bunker 342 und 343 wurden verteidigt.
Als das I./IR 39 abgezogen werden mußte, um das US-IR 47 bei Schevenhütte zu unterstützen, wo die 12. VGD der Deutschen angegriffen hatte, kam der Weiterstoß zum Erliegen. Die deutschen Kompanien des GR 942 unter der Führung von Oberst Troester hatten sich inzwischen eingegraben und wiesen jeden Angriff ab. Ihnen waren Sturmgeschütze der Brigaden 341 und 902 zur Hilfe gekommen. Dennoch wäre auch hier ein Durchbruch erfolgt, wenn nicht die deutsche Führung aus Losheim zwei Regimenter der 347. ID herangeschafft hätte, die der verteidigenden 353. ID unterstellt wurden. Es waren die IR 860 und 861, die hier in den Abwehrkampf eingriffen.
Der Hürtgenwald sollte nach dem Willen der Obersten deutschen Führung eine einzige grüne Festung werden, an der die Kraft des Gegners zerbrechen und dann zerschellen würde.
Im Todtenbruch kämpften zur gleichen Zeit das I./IR 60 der Amerikaner. Diese Kampfgruppe hatte mehr Pech als die andere, denn jene Bunker, die sie zu nehmen hatte, waren alle besetzt. Hier wurden alle Kompaniechefs und Leutnante verwundet oder getötet.
Unter der Führung von Oberst Feind kämpfte deutscherseits hier das Reserve-IR 253 und einzelne Einheiten des Luftwaffen-Festungs-Batl. XX. Genau hier erlebten die Angreifer die erste Hölle des Hürtgenwaldes, mit Handgranatenwechsel und Nahkämpfen in der Waldhölle. Das kleine Waldhaus, an der von Westen her durchlaufenden Schneise ins obere Weiße Wehe-Tal, wurde zum Horrorzeichen für die Angreifer.
Um die Bunker 363, 364 und 365 wurde erbittert gekämpft. Als es den Amerikanern gelang, in einem Nachtangriff einen dieser Bunker zu überwältigen, wurden sie in der kommenden Nacht im Handstreich der Deutschen hier gefaßt. 49 Amerikaner und vier Offiziere gingen in die Gefangenschaft und entrannen der Hölle des Hürtgenwaldes. Als hier erneut angegriffen werden sollte, verweigerten die darauf angesetzten Einheiten den Befehl. (Siehe: MacDonald, Charles B.: The Battle of the Huertgen Forest, Philadelphia/New York 1946.)
Die Deutschen setzten aus Hinterhalt- und Schweigestellungen Granatwerfer und Sturmgeschütze ein. Wenn diese ihr Feuer eröffneten, stand der Feind direkt im Visier und war erledigt.
Daß diese Strapazen auch an den deutschen Verteidigern nicht spurlos vorübergingen, zeigte das Überlaufen einiger »alter Männer« des Luftwaffen-Festungs-Batl. XX.
Als der Angriff am 29. September 1944 eingestellt wurde, waren die gesteckten Ziele an keiner Stelle erreicht worden. Dies war, wie Charles MacDonald klagte, »the gloom and misery of the 9. US division«.

In diesen Tagen der Niederlage tauchte bei den Amerikanern das erstemal der Begriff vom »Huertgen forest« auf. Von diesem Zeitpunkt an hieß das gesamte Gebiet zwischen Schevenhütte und Simmerath und von Eupen bis Nideggen nur noch »the Huertgen forest«.
Es sollte vom 19. September bis zum 28. November dauern, bevor die US-Truppen hier nach fast neun Wochen die gesteckten Ziele erreichten, und alle die hier den Kampf überlebten, waren nur noch »eine Handvoll alter Männer«. (Siehe MacDonald, Charles B.: a. a. O.)
Und so ging es weiter:
Unter der Führung von General der Panzertruppe von Manteuffel standen den in den Hürtgenwald eingedrungenen US-Verbänden die Divisionen der 5. Panzerarmee gegenüber. Hasso von Manteuffel, einer der bekanntesten Panzerführer, verfügte nach dem direkten Kampf um Aachen nur über die angeschlagenen Verbänden des LXXXI. AK, des LXXXVI. AK, des XXXXVII. Panzerkorps. des XII. Waffen-SS-Korps und die Korpstruppen Feldt.
Sie sollten die alliierte Panzerlawine aufhalten und vernichten. Doch bevor die US-Truppen zu ihrer geplanten Offensive antraten, gruppierte Eisenhower die Verbände Ende Oktober noch einmal um.
Nunmehr waren die 1. und 9. US-Armee dazu ausersehen, die deutsche Front im Hürtgenwald zu durchbrechen. Und zwar sollte das VII. US-Korps (der 1. US-Armee) aus dem Raum Schmidt in Richtung Düren vorstoßen, dort über die Rur gehen und direkt auf Bonn losmarschieren.
Die 9. Armee erhielt Weisung, mit ihrem XXX. Korps über Geilenkirchen, nördlich von Aachen, über die Rur hinweg bis nach Jülich vorzustoßen. Von dort aus sollte sie in das Gebiet des Niederrheins vordringen und den direkten Weg zum Rhein freikämpfen.
Am Morgen des 2. 11. 1944, um 9.00 Uhr, trat das VII. US-Korps nach Osten in Richtung Vossenack zum Angriff an. Schrittweise ging es hier vorwärts. Im Häuserkampf wurde am Nachmittag diese Ortschaft genommen.
Der auf die Ortschaft Schmidt gerichtete Angriff blieb im Abwehrfeuer der deutschen Artillerie liegen. Er wurde am Morgen des nächsten Tages wiederholt. Kammerscheidt wurde erreicht und ebenfalls im Häuserkampf genommen. Der weitere, mit starker Panzerunterstützung geführte Vorstoß brachte die amerikanischen Stoßverbände auch in die Ortschaft Schmidt hinein. Auch hier konnten die zahlenmäßig weit überlegenen US-Kräfte schließlich den Ortskampf zu ihren Gunsten entscheiden.
An diesem Punkt der deutschen Abwehrfront war auch die Sturmgeschütz-Brigade 341 eingesetzt. Unter der Führung von Hptm. Barkley, der erst hier zur Brigade stieß, war diese nach ihrem Rückzug aus Frank-

reich im Großraum Aachen aufgefrischt und neu ausgerüstet worden. Hptm. Barkley führte diesen nun wieder sehr starken Kampfverband, von dem die 1. Kompanie unter ihrem Chef Oblt. Hermann Wolz, bereits in der Schlacht um Aachen große Abwehrerfolge erzielen konnte. Aus dem Raume Kaster bei Bedburg rollten nun diese Sturmgeschütze an die Front. Hptm. Barkley erlebte mit diesem Verband einen dramatischen Kampf um den Hürtgenwald, der nunmehr erst in seine entscheidende Phase trat.
Der US-Angriff versandete nach den ersten Anfangserfolgen abermals, und General Bradley, der OB der 12. Heeresgruppe, befahl eine abermalige Neugruppierung. Zu seinen Direktiven an die Truppe gehörte der Befehl an die 1. US-Armee zum Angriff und zur Inbesitznahme der beiden Talsperren Urftsee und Schwammenauel und der weitere Durchbruch zum Rhein.
Der Angriff erhielt die Codebezeichnung Unternehmen »Queen«.
Am frühen Morgen des 16. 11. 1944 starteten von allen frontnahen Flugplätzen in Frankreich und Belgien, aber auch von der südenglischen Küste, die RAF mit 1 888 schweren und 107 mittleren Bombern und die USAAF mit 1 204 Bombern und 485 Schlachtflugzeugen zum Angriff.
Die RAF griff die erkannten deutschen Stellungen an und warf allein im Rurtal und auf die deutschen Stellungen dahinter die gigantische Zahl von 9 700 Tonnen Bomben. Die Städte Jülich, Düren und Reinsberg, die als Zentren des deutschen Widerstandes galten, wurden in Trümmer gelegt. Nicht weniger als 1 200 Bomber luden ihre Bombenlast über Jülich ab und legten die bereits schwer geprüfte Stadt völlig in Trümmer.
Und noch vor dem Angriff der Panzer- und Infanterieverbände eröffnete die Armeeartillerie der Amerikaner das Trommelfeuer. Aus 694 Geschützen hämmerten insgesamt 45 000 Granaten in die deutschen Stellungen hinein. Dann erst traten die acht Divisionen der ersten Angriffswelle bei strömenden Regen zum Sturm auf den Hürtgenwald an.
Das XXX. britische Korps, dessen Artillerie den Raum Geilenkirchen in eine Kraterlandschaft verwandelte, stieß gegen die 15. PGD unter General Rodt vor. Ein Teil des Angriffszentrums dieses Korps lag noch im Bereich der 10. SS-PD, die sich verbissen zur Wehr setzte.
Der Angriff lief sich im starken deutschen Abwehrfeuer fest. Deutsche Sturmgeschütze und Flak-Kampfgruppen schossen die anrollenden Panzer zusammen. Bereits in 2 000 Meter Distanz gelang es der Acht-acht-Flak die ersten Gegner zu vernichten. Unter blutigen Verlusten mußte dieser Angriff nach 48 bitteren Stunden für das XXX. AK abgebrochen werden.

Am 20. 11. trat das XXX. britische Korps ein zweitesmal an. Stoßrichtung

war Geilenkirchen. Die 43. ID stieß — der 79. PD nachfolgend — bis nach Geilenkirchen durch, das den Anblick einer Totenstadt bot.
Am 22. 11. wurde dieser britische Angriff endgültig eingestellt.
Im Hürtgenwald, wo die Verbände des VII. US-Korps angriffen, standen deutscherseits die 89. und 275. ID gemeinsam mit der 116. PD unter Oberst von Waldenburg im Einsatz und wehrten diese US-Angriffe ab.
Der Winter hatte inzwischen eingesetzt. Die US-Soldaten, an die Sommerkämpfe in Frankreich gewöhnt und während der »Verfolgungskämpfe« nicht sonderlich gefordert, kamen hier mit erfrorenen Füßen in die Lazarette, obgleich es für sie nicht schwer war, gewissermaßen mit der Verpflegung neue feste Stiefel zu erhalten.
Bei Hürtgen, Vossenack, bei Pier und Hey ebenso wie in Großhaus und in einigen kleinen Weilern, fanden erbitterte Straßenkämpfe statt. Um den Besitz jedes Hauses und jedes Schuppens wurde gerungen. Dies war — nach den Soldaten der US-Armee — »the green hell of the Huertgen«.
Im Hürtgenwald lagen sich die Kämpfer beider Seiten oftmals auf weniger als Handgranaten-Wurfweite gegenüber. Sie bekämpften sich mit List und Tücke. Nächtliche Überfälle, lautlose Handstreiche wechselten mit Handgranaten-Duellen und MPi-Feuer ab.
Bei Huertgen und Schmidt waren es wieder einmal mehr die »Windhunde« der 116. PD, die jeden feindlichen Angriff abwiesen und immer wieder die Feindeinbrüche bei benachbarten Verbänden ausbügelten.
Als das US-Infanterie-Regiment 112 auf Vossenack angesetzt wurde, das nach kurzem Verlust wieder fest in deutsche Hand gekommen war, als dieses Regiment unter entsetzlichen Strapazen einige Dutzend Meter Bodengewinn erzielt hatte, um in der kommenden Nacht wieder aus diesem eroberten Raum hinausgeworfen zu werden, artete dieser Kampf zu einem wilden, grausigen Gemetzel aus. Die Amerikaner griffen abermals an, erzielten binnen der nächsten Woche in genau sieben Tagen 70 Meter Bodengewinn und bezahlten diesen »Gewinn«, der nichts als eine Farce war, mit 167 Gefallenen, 719 Verwundeten und 663 Vermißten und Gefangenen. Hinzu kamen 544 Kranke, von denen die Mehrzahl Erfrierungen zweiten und dritten Grades erlitten hatten. Damit war fast das gesamte Regiment ausgefallen.
Ebenso schlimm erging es der am Morgen des 16. 11. 1944 nach der Rückverlegung des Artilleriefeuers angetretenen 28. US-ID. Sie stieß immer wieder auf deutsche Verteidigungsriegel, auf einzelne Gruppen und Züge unter entschlossenen Führern, die sich in ihren »Foxholes« eingegraben hatten, den Angreifer über sich hinwegrollen ließen und dann in seinem Rücken auftauchten und ihre »Hitlersägen« ins Spiel brachten. Diese Division erlebte die Hölle des Hürtgenwaldes in Reinkultur. Der

ganze Wald, zerschossen und zerfleddert und von riesigen Trichterfeldern unterbrochen, war zu einer einzigen grünen Festung geworden, in der jeder Bombentrichter ein MG-Nest oder eine Schweigepak bedeutete. Aus diesem verfilzten urwaldartigen Gebüsch und den Trichtern und Häuserresten ließen sich die Deutschen nur schrittweise zurückdrängen, um dann wieder mitten in der Nacht — wie Schemen und von tödlicher Wirksamkeit — aufzutauchen und mit MG- und MPi-Feuer, mit Handgranaten und Spaten in den Nahkampf zu gehen und die alten Stellungen zurückzugewinnen.

Am Abend des 19. 11. mußte der Kommandeur der 28.US-ID seinem Kommandierenden General melden, daß die Division nicht mehr einsatzbereit sei. Sie hatte binnen weniger Tage 6 184 Mann an Verlusten gehabt und außerdem 31 Panzer und 16 Pak verloren.

Auf deutscher Seite lag die 246. ID mitten im Zentrum des feindlichen Artilleriefeuers und später des amerikanischen Angriffs. Sie hatte den ersten Ansturm des Gegners stoppen müssen und war in der Zeit vom 16. bis 19. 11. nicht weniger stark angeschlagen worden, als ihr amerikanisches Gegenüber. Sie verlor in diesen drei Tagen 17 Offiziere und 3 000 Soldaten aller Dienstgrade. Allein das GR 404, das im Zentrum des Abwehrkampfes gestanden hatte, verlor das Gros seiner Kämpfer. Am Abend des 19. 11. bestand es noch aus ganzen 100 Mann. Ein Unteroffizier dieses Regiments verlor binnen weniger Sekunden bei einem feindlichen Feuerüberfall elf seiner 18 Männer. Mit seinen übriggebliebenen sieben Soldaten verteidigte er sich gegen die anrennenden US-Soldaten. Einige Dutzend Panzerfäuste halfen dieser Handvoll Männer, zu widerstehen. Als nach einer Woche der Rückzug angetreten wurde, war es nur noch der Unteroffizier, der ihn mitmachen konnte. Seine Männer blieben als Tote auf dem Gefechtsfeld zurück.

Immer wieder feuerte die US-Artillerie aus Hunderten von Rohren in den Wald hinein, der jetzt bereits so aussah, als habe ein Wirbelsturm alle Baumkronen abgedreht. Dicke Äste wurden von den großen Granatsplittern abgesägt, als seien es Streichhölzer. Sie machten das undurchdringliche Urwaldgestrüpp noch undurchdringlicher.

Der Hürtgenwald war zu einem gefährlichen Dschungel geworden, aus dem zu jeder Sekunde, bei Tag und Nacht, das Verderben aus Hunderten von MG- und Gewehrläufen abgefeuert werden konnte.

In seinem ausgezeichneten Report »Schlachtfeld Rheinland« hat Wolfgang Trees die Aussagen eines amerikanischen Soldaten aus der Hölle von Hürtgen protokolliert:

> »Die Deutschen schossen und schossen ohne Ende. Ich begann zu schreien; ich glaube, ich wurde mit meinem Kopf gegen einen Baum gestoßen. Ich hörte nichts mehr und war kurze Zeit ohne Bewußt-

sein. Als ich mich schließlich langsam wieder hochrappelte, sah ich ein paar Meter entfernt einen unserer Soldaten aus einem abgeschossenen Panzer herauskriechen. Ihm fehlten beide Arme.
Ich glaubte, ich würde verrückt« (Siehe Trees, Wolfgang: a. a. O.)

Schleiden, eine Ortschaft südostwärts von Vossenack und Schmidt, wurde von den Amerikanern am 19. 11. erobert. Aber sie lag außerhalb dieser deutschen Hauptkampflinie im Hürtgenwald. Der Hürtgenwald wurde für beide Seiten zu einem Alptraum. Wer dort im Kampf gestanden hatte, der wunderte sich hinterher, daß er noch aufstehen und gehen konnte, daß er überlebt hatte und dieser Hölle entkommen war.
Neben dem GR 404 der 246. ID hatten die Schwestern-Regimenter 352 und 689 ebenfalls hohe Verluste zu verzeichnen. Auch sie kämpften bis zur eigenen Vernichtung. Der Hürtgenwald war zu einer grünen Festung geworden, wie sie der Zweite Weltkrieg keine zweite sah.
Das Dorf Hürtgen wurde von den Amerikanern bereits sehr früh genommen. Im sofortigen Gegenstoß, noch in der folgenden Nacht, wurde es von den Deutschen zurückgewonnen. Dies geschah in Reihenfolge nicht weniger als vierzehnmal. Immer wieder kam es zu Kämpfen, die einfach unbeschreiblich waren.
Wenn nun das Dorf Hürtgen schwere Kämpfe und unvorstellbare Schrecken sah, so war dies dennoch nichts gegen die Leiden, die sich in Vossenack abspielten. Dort wogte der Kampf einige Male am Tage hin und her. Einzelne Gehöfte und Weiler, Wegekreuzungen und Schneisen durch den Wald wurden umkämpft, als seien sie für den Ausgang des gesamten Krieges entscheidend. Vossenack bildete trotz der Schwere der Kämpfe in Hürtgen und anderen Dörfern eine Ausnahme in diesem Ringen um wenige Meter Geländegewinne, denn nicht weniger als 28 mal wurden hier die Seiten gewechselt. Es kam vor, daß deutsche Soldaten, die eines der Häuser oder einen provisorischen Bunker verlassen mußten, bei ihrer Rückkehr nach dem gelungenen Gegenstoß dort alles wieder so vorfanden, wie sie es verlassen hatten, weil der Gegner noch keine Zeit gehabt hatte, sich um diese Dinge zu kümmern. Sie kamen in ihre Stellungen zurück und fanden sogar ihre Brotbeutel mit der Verpflegung vor. Nur daß einige der Männer, die nun die Rückkehr geschafft hatten, auf andere vergebens warteten, die unterwegs liegengeblieben waren.

Die 30. US-ID »Roosevelts Schlächter«, hatten sich von ihren Verlusten in den Kämpfen nordostwärts Aachen erholt. Sie wurden nun ebenfalls angesetzt und stießen nördlich am Hürtgenwald vorbei und griffen Lohn vor Jülich an, das sie im Sturm eroberten. Frenz und Lamersdorf und vor allem Inden im Indetal waren die nächsten Ziele ihrer Angriffe, deren jeder abermals einen hohen Blutzoll auf beiden Seiten kostete.

Eine Kampfgruppe der 9. deutschen PD wurde zum Gegenstoß gegen die nach Puffendorf eingedrungenen Amerikaner angesetzt. Die schwere Panzer-Abteilung 506 — ausgestattet mit Königstigern — wurde mit Teilen des GR 352 gegen die vom Feind in Besitz genommene Ortschaft Merzhausen angesetzt. Mit aufgesessenen Grenadieren und einigen nachfolgenden Gruppen im SPW, stießen sie vor.
Das Feuer aus 30 US-Panzerkanonen schmetterte diesen Angreifern entgegen. Die Tiger II rollten nach beiden Seiten hin auseinander, gaben ihre Marschformation auf, um ein besseres Schußfeld zu haben, machten zugweise Schießhalt und schossen auf die sichtbar werdenden Feindpanzer. Ihre großkalibrigen Kanonen schossen die Sherman zusammen. Explosionen fetzten Panzer auseinander, Türme wurden von den Unterwagen gerissen und zur Seite geschleudert, Frontpanzerungen frontal durchschlagen.
Genau so, wie sie in der Operation Market Garden den Gegner vernichtet hatten, der versuchte, zu den eingekreisten alliierten Fallschirmjägern vorzustoßen und sich mit diesen zu vereinigen, so kämpften sie auch hier, im Hürtgenwald, mit vollem Einsatz. Ihre Kommandanten waren geschulte Panzermänner, und die neuen Kampfwagen mit ihren langen Kampfwagenkanonen von einer ungeheuren Durchschlagskraft.
Die überlebenden Feindpanzer zogen sich zurück. Merzenhausen war wieder freigekämpft, die Ortschaft wieder in deutscher Hand.
Bei diesen Einsätzen war es Stabsfeldwebel Kurt Kannenberg, Zugführer in der 3./sPzAbt. 506, der nach dem Abschuß zahlreicher Feindpanzer am 17. 11. 1944 selbst abgeschossen und getötet wurde. Er erhielt für seinen Einsatz am 17. 12. 1944 posthum das Ritterkreuz.
Allein die 3. Kompanie dieser Abteilung schoß während ihrer Einsatzzeit von September bis November 1944 222 Panzer, 189 Pak, 24 Geschütze und 32 Lkw ab. Alle übrigen Kompanien errangen ähnliche Abschußerfolge.
Im Indetal, einem reißenden Nebenbach der Rur, der nicht von Panzern durchfahren werden konnte, standen die Infanterieverbände der 246. ID, der 340. und 363. ID und einige unterstellte schwere Waffen im Einsatz. Hier rannte sich der Gegner endgültig fest. Alle Verbände der 9. PD unter GenMaj. Frhr. von Elverfeldt kämpften mit unerhörter Tapferkeit. Diese Division vernichtete in der Zeit vom 17. bis zum 22. 11. 1944 134 feindliche Panzer. Eine Reihe dieser Panzer wurden im Nahkampf mit Panzerfäusten und Tellerminen vernichtet. Am 26. 11. wurde diese Division im Wehrmachtsbericht genannt.
Von den Höhen ostwärts der Rur lenkten die Vorgeschobenen Beobachter der verschiedenen Artillerie-Regimenter das Feuer auf den angreifenden Gegner. Neben der Divisionsartillerie standen im Abschnitt des

Behelfsbrücke über die Prüm bei Lüne-
bach.

Der Tod hat auf der Rurbrücke zuge-
schlagen.

Zwischen Jülich und Düren: deutsche Verwundete unter Obhut der 102. US-ID.

Winston Churchill in Jülich. Vorn General Simpson.

II. SS-PzK mit den SS-Divisionen 9 und 10 die Volksartilleriekorps 408 und 466 im Einsatz. Hinzu kamen drei Eisenbahngeschütze und die Festungs-ArtAbt. 301.

Aus allen Rohren peitschten den Angreifern die Feuerschläge der Geschütze entgegen. Werfer fielen in das Crescendo ein. Die motorisierten Verbände des Gegners wurden stark dezimiert. Schließlich erlahmten die Angriffe größeren Stils, und alles kehrte wieder zum Waldkampf mit Handfeuerwaffen und Handgranaten zurück.

Trotz aller Verteidigungsmaßnahmen und des letzten Einsatzes eines jeden hier eingesetzten Soldaten, nahmen die Alliierten, nachdem bereits am 19. 11. Schleiden gefallen war, einige weitere Ortschaften in Besitz. Am 28. 11. waren sie südlich von Düren bis zum Westufer der Rur vorgestoßen.

In der Kirche von Vossenack hatten dramatische Kämpfe stattgefunden. Während die eine Seite sich im Altarraum verschanzt hatte, stand die Gegenseite in der Sakristei — bis schließlich eine Partei hinausgeworfen wurde.

Keinem der Soldaten war es wohl dabei, aber die unerbittliche Forderung in der nunmehr eisigkalt gewordenen Hölle, die Hürtgenwald hieß, zwang zu solchen Maßnahmen.

Erst zu Ende November 1944 war dieses Großhindernis, die grüne Hölle des Hürtgenwaldes, die nunmehr grau und weiß geworden war, von den Amerikanern überwunden. Die deutsche Front verlief nun in einer Linie von Bruchelen nördlich von Linnich auf dem Ostufer der Rur bis nach Mariaweiler, von dort über Gürzenich und Birgel nach Untermaubach und Hürtgen und von dort nach Brandenberg.

In Linnich, einem Dorf, das nahe Rurdorf lag und bei Floßdorf befanden sich die letzten deutschen Brückenköpfe auf dem Westufer der Rur, um noch hinüberziehende eigene Truppen durchzulassen. Die Rurbrücke von Linnich konnte dann in letzter Sekunde vor herandrängenden Feindpanzern in die Luft gejagt werden. Schließlich erlahmte auf beiden Seiten jede Kampftätigkeit, und die 9. US-Armee erreichte bis zum 3. 12. 1944 gegenüber den nur noch dort erbittert Widerstand leistenden Männern der 3. PGD und der 12. VGD die Rur zwischen Linnich und Gereonsweiler. Die deutsche 393. ID mußte den Jülich vorgeschobenen großen Brückenkopf um Hasenfeld räumen.

Mit neuer Kraft stießen die US-Truppen weiter auf Jülich zu, das nun im Angriffsbereich der Gegner lag. Die 29. US-ID trat vom 6. 12. bis zum 8. 12. über die Rur an und griff dann gleichzeitig mit der 30. ID und der 2. PD Jülich an.

Hier stießen die Angreifer auf die im Eiltransport herangekarrte 3. FJD unter GenLt. Schimpf, welche die Verteidigung der Stadt übernahm.

Auch die Truppen des LXXXI. AK hatten sich entsprechend zurückgezogen und bildeten um Düren eine Abwehrfront.
Der Kampf um den Hürtgenwald und den gesamten Kampfraum dieser Zeit hatten 68 000 Soldaten aller Nationen das Leben gekostet. Nach dem Kriege fand man in diesem Gelände von Aachen bis Vossenack die Überreste von 23 000 deutschen und 40 000 amerikanischen Soldaten. Das war die größte Verlustziffer, die amerikanische Truppen jemals im Krieg um die Festung Europa erlitten hatten. Selbst die verlustreichen Landungen in einigen Landeabschnitten der Invasion konnten an diese Verluste nicht heranreichen.
Nunmehr legte sich ein schwacher Abschirmungsring der zerschlagenen Regimenter der 12. VGD, der 459. und 176., der 183. und 363. ID um Jülich und richtete sich zur Abwehr des erwarteten Feindangriffs ein.
Die Ausfälle bei der 1. US-Armee betrugen in den vergangenen 23 Kampftagen 21 000 Mann. Deutscherseits waren in diesem Kampfraum 1 133 Gefallene, 6 864 Verwundete und 2 049 Vermißte zu beklagen gewesen.
Eine Zeit der Ruhe und Auffrischung trat ein. Jede Seite war am Ende ihrer Kraft angelangt. Der Hürtgenwald hatte seine Opfer gefordert.
Nach diesem Debakel bei Aachen und Hürtgen, sowie der mißglückten Luftlandeoperation im Großraum Arnheim, waren die weitgespannten Hoffnungen der Alliierten, hier im Westen zu einem entscheidenden Erfolg zu kommen, zunichte gemacht worden. Zwar hatte ihnen vorgeschwebt, daß der Weg durch ganz Deutschland nunmehr ein besserer Spaziergang sein werde. Nun aber mußten sie erkennen, daß vor Einbruch des Winters nichts mehr ging und daß es darauf ankam, die Verluste auszugleichen, die Nachschublinien neu auszurichten und die Vorbereitungen für eine große entscheidende Frühjahrsoffensive zu treffen.
Immerhin hatte das deutsche Heer seit Beginn der alliierten Invasion an der französischen Atlantikküste 54 754 Gefallene und 338 933 Verwundete und Vermißte verloren. Von den Vermißten war der größte Teil in Gefangenschaft geraten.

Auf der Seite des Gegners aber hatten allein die Amerikaner im selben Zeitraum 65 000 Gefallene, 177 000 Verwundete, 22 000 Gefangene und 6 000 Vermißte auf ihren Verlustlisten stehen. Selbst sie konnten derart hohe Verluste nicht einfach hinnehmen. Auch wenn sie sie immer noch durch neue Zuführungen an Truppen und Waffen hatten ergänzen können.
Eine Gegenüberstellung zu Ende November 1944 zeigte die Diskrepanz zwischen der Kampfkraft beider Seiten auf. Während auf deutscher Seite eine Gesamtzahl von 416 713 Mann im Westen im Einsatz standen,

verfügten die Angloamerikaner über eine Kampfkraft von 2 699 647 Soldaten aller Dienstgrade und Dienste.
Dennoch hatte Hitler in der soeben geschilderten Phase der ersten Kämpfe um Festungen des Reiches einen neuen Plan ausgearbeitet, der ebenso phänomenal wie phantastisch war. Dieser Plan basierte auf der Tatsache, daß in den Krisenmonaten August und September 1944 die Alliierten an keiner Stelle in der Verfolgung der aus Frankreich zurückweichenden deutschen Truppen den Rhein erreicht hatten. Sobald der Winter, der bald einsetzen mußte, den Alliierten die schärfste Waffe — die Luftstreitkräfte — aus der Hand winden würde, mußten sie unter der Wucht eines alles entscheidenden deutschen Großangriffs, einer völlig überraschend kommenden Großoffensive, zusammenbrechen.
Hitler gab die Richtlinien aus, und GenOberst Jodl legte ihm den ersten Plan vor, den er mit dem OKW und dem Wehrmachtsführungsstab unter totaler Geheimhaltung und ohne Hinzuziehung der Oberbefehlshaber und Befehlshaber des Westheeres erstellt hatte. Die Überschrift zu diesem Plan lautete:

»Wacht am Rhein!«

Dies war die Codebezeichnung für eine letzte deutsche Offensive, die in den Ardennen begonnen werden sollte.

— — —

ZWISCHEN ARDENNEN UND RHEIN

Report über die Ardennen-Offensive

Am 10. 12. 1944 traf Hitler mit seinem Führungsstab auf dem Adlerhorst bei Bad Nauheim ein. Wenige Tage später informierte er die ins Schloß Ziegenberg befohlenen Armeeführer und Divisionskommandeure mit ihren Stabschefs über die neue Offensive. Er führte aus, daß General von Manteuffel mit der 5. Panzerarmee Antwerpen nehmen sollte, während die 6. SS-Panzerarmee unter Dietrich sich Lüttich nähern und diese Stadt in Besitz nehmen würde. Damit wäre dann die 21. britische Armeegruppe unter Montgomery eingekreist und könnte im zweiten Teil der Offensive einvernommen und vernichtet werden.
Dadurch, so hoffte Hitler, würden sich nicht nur die Kanadier, sondern auch die Amerikaner aus dem Krieg zurückziehen, oder jedenfalls nur noch an einer raschen Beendigung dieses Krieges interessiert sein.
Die »Wacht am Rhein« war einsatzbereit, und 250 000 deutsche Soldaten warteten an der schlagartig in aller Munde befindlichen »Geisterfront in den Ardennen« auf den Angriffsbefehl. Panzer-Divisionen und Panzergrenadier-Divisionen waren von allen übrigen Kriegsschauplätzen abgezogen worden. Alle Ersatzlieferungen gingen nach dem Westen, anstatt — wie üblich — im Osten eingesetzt zu werden.
Am frühen Morgen des 16. 12. 1944 eröffnete die Geisterfront das Feuer. Mit Hunderten von Scheinwerfern wurde im Abschnitt der 5. Panzerarmee das Vorfeld erleuchtet, als die Panzergrenadiere und Panzermänner antraten. Tausende Motoren von Panzern, SPW und Selbstfahr-Lafetten röhrten auf einen Schlag auf. Die Schlacht in den Ardennen war entbrannt.
Von diesen überraschend massierten Panzervorstößen geschockt, oftmals von ihnen aus dem Schlaf gerissen, wurden die amerikanischen Truppen vereinnahmt. »Die Deutschen kommen!« wurde für sie zum Schreckensruf, zum Alptraum. Womit niemand gerechnet hatte, das war eingetreten: Deutsche Divisionen gingen nicht mehr zurück, sie griffen wieder an!
Als General Eisenhower in Versailles von diesem Angriff erfuhr, war soeben erst General Bradley, der OB der 12. Heeresgruppe eingetroffen, mit dem er die zu treffenden künftigen Maßnahmen besprechen wollte.

Ein Offizier des Stabes meldete ihnen nicht weniger als fünf tiefe deutsche Einbrüche in den Frontabschnitten des VIII. und des V. US-Korps. Alle Kommandierenden Generale, ihre Stabschefs und Luftmarschall Tedder berieten anschließend, was zu unternehmen sei.
Die 7. PD kam zu diesem Zeitpunkt allein in Frage, in die Ardennen verlegt zu werden, und am Schluß dieser Besprechung befahl Bradley per Telefon seinem Stabsquartier in Luxemburg, die 7. PD sofort in Marsch zu setzen.
Als er den Hörer auflegte, trat Eisenhowers Stabschef, GenMaj. Bedell Smith an Bradley heran und bemerkte: »Sie haben sich doch immer einen großen deutschen Gegenangriff gewünscht, Brad! Es sieht so aus, als bekämen Sie hier einen.«
»Ja, ich wollte schon einen Gegenangriff der Krauts, aber ich will verdammt sein, wenn ich einen so großen gewünscht habe.«
Die Schlacht in den Ardennen entwickelte sich zu einem Alptraum für die US-Truppen bei und in Bastogne, das von deutschen Verbänden eingeschlossen wurde. Auf ihrem weiteren Vorstoß nach Westen erreichte die Panzer-Lehr-Division unter GenLt. Bayerlein den Raum südlich von Rochefort, während die 2. PD bis auf fünf Kilometer an Dinant und damit an das Ziel, die Maas, herankam. Die 2. SS-PD war ebenfalls mit ihren gepanzerten Teilen sehr weit vorgestoßen, ehe sie aus Spritmangel liegenblieb.
Schließlich mußte sie ihre Panzer sprengen und zu Fuß den Rückmarsch antreten. Die Spitzen der 2. PD wurden vor Dinant zerschossen, und am ersten Weihnachtstag 1944 mußte sich auch die PLD zurückziehen. Die Kraft und die Reserven hatten einfach nicht mehr ausgereicht, den Sieg von 1940 im selben Gelände zu wiederholen.

Wenn auch die deutschen Truppen den erhofften Erfolg nicht erzielt hatten, so hatten sie jedoch eines bewirkt: sie hatten die allierten Vorbereitungen zu einer Offensive nach Deutschland hinein unterbunden und es den in Elsaß Lothringen kämpfenden Verbänden der HGr. G ermöglicht, das verlorengegangene Gelände wieder zurückzugewinnen.
Was allerdings am schwersten wog, war die Tatsache, daß diese Offensive in den Ardennen jene Panzerverbände gekostet hatte, die der Roten Armee Paroli hätten bieten können, als diese ab dem 12. Januar 1945 aus den Wechselbrückenköpfen zu ihrer Winteroffensive antrat, die sie direkten Weges bis nach Ostdeutschland und bis zur Oder bringen würde.
Jene Panzer-Divisionen, die in den Ardennen einen zweifelhaften Erfolg verbuchten, fehlten an der Ostfont, und damit ist die Schlacht in den Ardennen nicht nur für den Westraum, sondern auch für den Osten Teil je-

ner Geschichte der Festen Plätze, der Festungen und Widerstandslinien, die hier dargestellt werden sollen.
D e n großen, vielleicht doch kriegsentscheidenden Erfolg in den Ardennen hatte Hitler um Haaresbreite verpaßt. Wäre diese Großoffensive von Erfolg gekrönt gewesen, hätte dies mit aller Wahrscheinlichkeit zu einem Rückzug aller US-Streitkräfte aus Europa geführt, wie die geschichtlichen Vorgänge dies andeuten. Dieser amerikanische Schritt war kein deutsches Wunschdenken, sondern Realität. Als sich die deutschen Truppen bedrohlich ihrem Ziel, der Maas, näherten, war am 27. 12. 1944 der US-Kriegsminister Henry L. Stimson, zum Generalstabschef der US-Truppen, General George S. Marshall, gefahren und hatte diesen in seinem Arbeitszimmer gesprochen. Hauptthema dieses Gesprächs war die bange Frage, w a s geschehen mußte, wenn es den Deutschen gelänge, den Kampf in den Ardennen zu ihren Gunsten zu entscheiden. Als Konsequenz zu einer solchen Niederlage hätte man ja eine Reihe neuer Divisionen ausrüsten und nach Europa schicken müssen, um diese Verluste auszugleichen. Ob aber der Kongreß dieser weitreichenden Maßnahme zugestimmt hätte, ob er in Kenntnis der verheerenden Niederlage dieser weitreichenden Maßnahme beigepflichtet hätte, das war mehr als nur unwahrscheinlich. Wenn aber keine neuen Divisionen genehmigt worden wären, dann wäre nur noch ein schleuniger Rückzug der Reste des amerikanischen Expeditionsheeres aus Europa übrig geblieben. Dies war es, was General Marshall nach zweistündiger Unterredung zum Ausdruck brachte, als er das Fazit zog:

> »Falls Deutschland uns in dieser Großoffensive schlägt und es vor allem den Russen auch nicht gelingt, ihrerseits eine Offensive zu eröffnen, dann müssen wir den ganzen Krieg neu aufziehen und uns in Verteidigungsstellungen entlang der deutschen Grenze einrichten. Weitere Kämpfe wie jener gegen Aachen und der andere im Hürtgenwald bleiben für uns außerhalb j e d e r Diskussion. D a s können wir uns nicht mehr leisten. Außerdem müßten wir die amerikanische Bevölkerung entscheiden lassen, ob sie bereit ist, den Kampf fortzusetzen und die für diese Zwecke notwendigen Divisionen aufstellen zu lassen, oder nicht.«
> (Siehe: Stimson Harry L. und Bundy McGeorge: On active Service in Peace and War.)

Am 4. 1. 1945 erließ Hitler eine neue Weisung für die Weiterführung des Kampfes. Darin befahl er dem OB West, durch »schnell aufeinander folgende Angriffsschläge, die angloamerikanischen Verbände nacheinander zu zerschlagen und damit die Initiative in der Hand zu behalten, die

der deutschen Führung zu dieser Zeit zu entgleiten drohte.« (Siehe KTB des OKW).
Am frühen Morgen des 3. 1. 1945 aber hatte der alliierte Großangriff begonnen. Die 1. und 3. US-Armee griffen von Norden und Süden an, um die in der weiten Frontausbuchtung stehenden deutschen Divisionen abzuschneiden und den Spieß umzukehren.
Im selben Atemzug griffen die deutschen Verbände noch einmal in Richtung Bastogne an, das zwar eingeschlossen und berannt worden war, aber nicht genommen werden konnte und schließlich von US-Ersatztruppen befreit wurde.

Die 6. US-PD geriet genau in den deutschen Angriff hinein. Sie erlitt schwere Verluste und verlor 40 Prozent ihrer Panzer und Artillerie. Am Abend des 4. 1. 1945 trug General Patton, OB der 3. US-Armee, entgegen den Versionen anderer Stellen, daß bereits nach der Schlacht von Stalingrad der Krieg für Deutschland verloren sei, in sein KTB ein:

> »Wir können den Krieg immer noch verlieren.« Und er merkte dazu an: »Diese Eintragung ist umso bemerkenswrter, als ich zu keinem anderen Zeitpunkt des Krieges ähnliches geschrieben habe.« (Siehe: Patton, George S.: War as I knew it).

Während dieser Kämpfe, vor allem der 11. PD bei Bastogne, kam es zu Kriegsverbrechen der US-Seite, die allerdings nicht geahndet wurden und auch niemanden interessierten, die Patton aber in seinem KTB an einigen Stellen mehr oder weniger verklausuliert darstellte. So schrieb er in diesem Falle:

> »Hier gab es einige unangenehme Vorfälle bezüglich der Erschießung deutscher Gefangener. Ich hoffe, wir können dies verheimlichen.« (Siehe Patton, George S.: a. a. O.).

Nachdem der erste große Gegenangriff der Amerikaner, mit dem Ziel die deutschen Truppen einzusacken, gescheitert war, sollte am 8. 1. 1945 ein weiterer Angriff nachfolgen. Doch er mußte auf den 10. 1. 1945 verschoben werden.
Bereits am 6. 1. 1945 hatte Winston Churchill an Marschall Stalin telegraphiert und ihn mit folgenden Worten um Hilfe gebeten:

> »Die Kämpfe im Westen sind sehr hart. Ich bitte Sie, mich wissen zu lassen, ob wir im Januar auf eine russische Offensive an der Weichselfront oder anderswo rechnen können.«

Stalin antwortete, daß Churchill bald damit werde rechnen dürfen. Es war niemand anderer als Sir Liddell Hart, der dazu bemerkte:

»Die Alliierten im Westen gelangten zu Beginn der deutschen Offensive in den Ardennen bereits an den Rand einer Katastrophe.«

Der dann am 10. 1. 1945 losbrechende alliierte Angriff in den Ardennen gewann zunächst nur zögernd an Boden. Am anderen Morgen war deutscherseits bereits klar, daß auch die Russen im Osten innerhalb kürzester Zeit zu ihrer befürchteten Winteroffensive antreten würden.
Am nächsten Morgen brach diese dann aus den Weichselbrückenköpfen hervor. Kriegsminister Stimson war bei Erhalt dieser Nachricht so erleichtert, daß er in sein Diktiergerät sprach:

»Dies ist eine sehr gute Nachricht, denn wir alle wurden schon ein bißchen nervös über Stalins Langsamkeit, obgleich wir natürlich immer zuversichtlich zu sein versuchten, daß die Russen auch Wort halten würden.« (Siehe Stimson, Henry L. und Bundy McGeorge: a. a. O.)

Der deutsche Rückzug wurde forciert, und als sich am 16. 1. 1945 bei Houffalize die Sturm-Divisionen der 1. und 3. US-Armee die Hand reichten und den Sack zumachten, war nichts mehr darin als kühler Eifelwind.
Bis Ende Januar 1945 war die große Beule in den Ardennen wieder beseitigt, und die alliierten Truppen standen wenig später an der »Siegfried-Linie«, wie sie den Westwall nannten.
Die 1. US-Armee war nun in einer schmalen Front zwischen dem Hürtgenwald und St. Vith konzentriert, während die 9. US-Armee die Front an der Roer übernommen hatte. Die 3. US-Armee schließlich, unter General Patton, dem amerikanischen Guderian, war von der luxemburgischen Grenze bis zur Mosel vorgeprellt.
Damit waren die alten Stellungen vor der Ardennenoffensive wieder erreicht. Die Alliierten hatten abermals einen hohen Blutzoll entrichten müssen, waren aber der völligen Vernichtung und Gefangennahme entronnen.

Die offiziellen Verluste der drei Großverbände in den Ardennen beliefen sich auf:

1. US-Armee: 4 629 Tote, 12 176 Vermißte, 23 152 Verwundete.
3. US-Armee: 3 778 Tote, 8 729 Vermißte, 23 017 Verwundete.
XXX. brit. Korps: 200 Tote, 239 Vermißte, 969 Verwundete.

Das war ein schwerer Verlust, aber er konnte getragen und wieder aufgefüllt werden. Anders sah es bei den deutschen Verbänden aus. Sie hatten zu beklagen:

> 5. Panzerarmee; 6. SS-Panzerarmee und 7. Armee zusammen: 10 749 Tote, 22 388 Vermißte, 35 169 Verwundete. Damit waren von den 250 000 deutschen Soldaten, die zur »Wacht am Rhein« angetreten waren, 68 306 ausgefallen. Das war über ein Viertel.

Eines allerdings hatte diese Offensive als Nebeneffekt bewirkt: Die vorher sehr gespannte Lage bei der HGr. G an der Front in Elsaß-Lothringen und zwischen Saarbrücken und dem Rhein, war nicht mehr bedrohlich. Den Alliierten wurde hier alles Gelände, das sie im Vorfeld des Westwalles erreicht hatten, in schnellen Gegenstößen wieder entrissen.
Dies alles wog jedoch n i c h t jene Entblößung der deutschen Ostfront auf, die sich unmittelbar nach Beginn der russischen Winteroffensive zeigte.

Die Schlacht in den Ardennen, der damit erkaufte teuere Zeitvorteil von sechs Wochen, wurde zum Untergang für die Ostfront. Die letzten deutschen Ardennenkämpfer waren abgekämpft und ausgelaugt, alle Reserven verschlissen. Und dazu wurden nach Ende dieser fehlgeschlagenen Offensive noch die Divisionen der 6. SS-Panzerarmee anstatt nach dem Osten nach Ungarn in Marsch gesetzt.

Hitlers Plan war an der Tatsache gescheitert, daß das deutsche Heer nicht mehr jener in sich geschlossene hochausgerüstete Kampfverband war, als der er sich 1940 dargeboten hatte, als es an gleicher Stelle den Sieg über Frankreich einleitete. Hitler hatte die eigenen Kräfte überschätzt, während er die Kräfte des Westgegners unterschätzte.

An der Ostfront und nicht an der Westfront wäre es auf unbedingtes Halten angekommen. Zeitgewinn wäre nur an der Ostfront möglicherweise zur Rettung geworden. Aus diesem Grunde hätte der Schwerpunkt des gesamten Kampfgeschehens an der Ostfront liegen müssen. Möglicherweise wäre dann Churchills geheimer und von Eisenhower mehrfach durchkreuzter Wunsch in Erfüllung gegangen: daß Montgomery mit der 21. Heeresgruppe weit vor den Russen als Sieger nach Berlin eingezogen wäre und möglicherweise noch die Oder erreicht hätte. D a n n wäre die vorher bereits vereinbarte Demarkationslinie, die 150 Kilometer westlich von Berlin verlief, einer Revision unterzogen worden.

Das ist eine Fülle von wenn und aber, doch zugleich auch eine realistische Darstellung der Situation, wie sie Fuller darlegte:

> »Politisch wäre es vielleicht das Beste gewesen, die Westfront gänzlich aufzugeben und alle Kräfte gegen die UdSSR zu konzentrieren. Dies hätte ganz Deutschland und auch Österreich in die Hände der Westalliierten gebracht und wäre für das Prestige der UdSSR und der Roten Armee ein harter Schlag gewesen.«
> (Siehe Fuller: J. F. Ch.: Der Zweite Weltkrieg 1939 — 1945.)

Wie auch immer: Die Ardennenoffensive war zu Ende. Der Gegner Deutschlands machte nunmehr dort weiter, wo er vor sechs Wochen aufgehört hatte, als er die Festung Aachen und die Hölle des Hürtgenwaldes durchmessen hatte.

> »Wir gingen daran, das falsche Schwein zu schlachten!«

bemerkte Churchill.

— — —

»ECLIPSE« — Ein Geheimdokument des Grauens

Während der Ardennenoffensive war der deutschen Abwehr ein alliiertes Geheimdokument in die Hände gefallen, das die Codebezeichnung »Eclipse — Finsternis« trug. Hier waren auf 70 Seiten Fakten niedergelegt und anhand einer Karte von 50 x 45 Zentimetern illustriert worden, was die einzelnen Bezeichnungen zu bedeuten hatten. Als Hitler dieses Dokument Ende Januar erhielt, hatte er es erst persönlich gelesen, bevor er es einigen seiner Vertrauten zu lesen gab. »Eclipse« wurde zu einer »Geheimen Reichssache«. Auf der Karte war Deutschland in drei große Teile unterteilt. Während im nördlichen und nordwestlichen Teil U.K. (»United Kingdom«) stand, war im Süden in Blockbuchstaben USA eingetragen. Ganz Mittel- und Ostdeutschland aber trug die Bezeichnung USSR. Berlin, die Hauptstadt des Reiches, war ebenfalls in drei Zonen unterteilt. Die Stadt war von einer eigenen Grenzlinie umgeben. Alle Zweifel hinsichtlich der Durchführung der bedingungslosen Kapitulation verflogen damit. Das Memorandum »Eclipse« zeigte der deutschen Führung, w a s beabsichtigt war. Mit dem Wunschdenken bezüglich einer Entzweiung der westlichen mit den östlichen Alliierten war es vorbei. Hier standen die harten Fakten, und im Vorwort mußte Hitler lesen:

> »Um die Deutschland auferlegten Übergabebedingungen durchzuführen, haben die Regierungen der Vereinigten Staaten, der UdSSR und des Vereinigten Königreiches vereinbart, daß Deutschland durch die Streitkräfte der drei Mächte besetzt werden soll.«

Unterzeichnet war dieses brisante Dokument im HQ der 21. Heeresgruppe von GenMaj. Sir Francis de Guingand, dem Stabschef Montgomerys. Dieser Plan ließ Deutschland k e i n e Hoffnung mehr. Wenn das Reich kapitulieren wollte, dann gab es nur noch die bedingungslose Kapitulation, und damit blieb für Deutschland nur noch der eine Weg: bis zum bedingungslosen Untergang zu kämpfen. »Eclipse« beseitigte die letzten Illusionen.

Damit war auch das Warten auf eine Entzweiung der beiden ungleichen Partner, unsinnig geworden. Die Allianz war noch völlig in Takt, und Jalta stellte dies auch unter Beweis.

Auf dieser Karte, die »Eclipse« beilag, verlief die Demarkationslinie zwischen den Anglo-Amerikanern und den Russen von Lübeck bis Wittenberg entlang der Elbe, dann führte sie nach Süden bis in den Raum Eisenach und von dort nach Osten zur tschechischen Grenze. Die Westalliierten würden also nach Erreichen der Elbe ihre Truppen dort stehenlassen.

— — —

Besprechung in Moskau — Planungen

Am 13. 1. 1945 trafen Air Chief Marshal Tedder, GenMaj. Bull und Brig-Gen. Betts in Moskau ein. Sie waren als Koordinierungsteam in die russische Hauptstadt eingeladen worden. Marschall Stalin empfing sie sehr freundlich. Tedder wies die Ermächtigung Eisenhowers vor, die alliierten Pläne vorzutragen. Danach erklärte er in der ersten Sitzung des Koordinierungsstabes, wie der Dreiphasenplan beschaffen war, den der Stab Eisenhowers ausgearbeitet hatte.

1. Absicht: Vernichtung aller deutschen Streitkräfte, die noch westlich des Rheins standen durch drei Großoperationen:
1. Großoperation: Großangriff der 21. Armeegruppe Montgomery, mit dem Ziel der Gewinnung des unteren Rheinlandes von Nijmwegen bis Düsseldorf durch die 1. kan. Armee unter General Crerar, des Reichswaldes und des Roergebietes durch die 9. US-Armee (die damit weiterhin unter dem Kommando der 21. HGr. blieb).
2. Großoperation: Vorstoß der 1. US-Armee unter General Hodges in Richtung Köln-Bonn-Remagen und der 3. Armee in Richtung Koblenz.
3. Großoperation: Angriff der 3. und 7. US-Armee gegen die noch das Saargebiet haltenden deutschen Truppen, mit dem Ziel: Erreichen des Rheins in der Linie Stuttgart-Mainz.
   (Der Kolmarer Sack sollte von der 1. französischen Armee ausgeräumt werden.)

Stalin selbst teilte der Mission mit, daß er — selbst dann, wenn die von ihm am Vortage begonnene Offensive *nicht* durchschlagen sollte — dennoch eine Reihe weiterer Großoperationen durchführen lassen werde, um so viele Kräfte des Gegners wie möglich im Osten festzuhalten. Damit sollte es der deutschen Wehrmacht unmöglich gemacht werden, weitere Truppen aus dem Osten abzuziehen und nach dem Westen zu transportieren, um sie dort zum Einsatz zu bringen. Dieser Koordinierungsstab war von diesem Zeitpunkt an unablässig damit befaßt, die beiden Operationen im Westen und Osten aufeinander abzustimmen. Es ist mit sein Verdienst, daß das Kriegsende nach knapp vier Monaten gekommen war.

Um dieselbe Zeit wurde im Hauptquartier der 21. HGr. die Operation »Veritable« vorbereitet, von der Montgomery glaubte, sie mit General Eisenhower fest vereinbart zu haben. Mit dieser Operation wollte der britische Feldmarschall dem deutschen Gegner das Gesetz des Handelns so schnell wie möglich wieder entreißen. Da dazu die in den Ardennen

und vorher stark geprüften beiden US-Armeen 1 und 3 nicht stark genug waren und ein Durchbruch durch den Westwall von ihnen — immer nach Montgomerys Überzeugung — nicht geschaffen werden konnte, wollte er diesen Auftrag durchführen. Er wollte nördlich des Ruhrgebietes den Rhein erreichen, ihn dort überschreiten und einen großen Brückenkopf einrichten.
Zu diesem Zweck forderte er die Aufstockung der ihm unterstehenden 9. US-Armee auf vier Korps mit 13 Divisionen.
Ein weiteres US-Korps mit drei Divisionen sollte an die britische 2. Armee abgegeben werden. Damit würde dann die 21. britische Heeresgruppe in ihren Reihen über 16 US-Divisionen verfügen. Montgomery berichtete dem Chef des britischen Generalstabes Alan Francis Brooke (später Viscount Alanbrooke), daß Eisenhower über diesen Plan sehr glücklich sei. Feldmarschall Brooke antwortete mit einem Brief vom 15. 1. 1945, daß er einverstanden sei. Er erklärte:

> »Wir sind alle darin einig, daß dieser Stoß im Norden geführt werden muß. Ihr Plan wird, wenn angenommen, die erforderliche Kräfteversammlung an der richtigen Stelle sichern.«

Am nächsten Tag wurde der Plan Montgomerys im SHAEF-Hauptquartier erörtert. Dort wurde empfohlen, die Zahl der amerikanischen Divisionen, die Montgomery unterstellt werden sollten, von 16 auf zwölf zu verringern und den solcherart entstehenden Fehlbedarf dadurch zu decken, daß die 12. Heeresgruppe Bradleys einen Frontabschnitt der 21. Heeresgruppe übernehmen und dadurch »einen kleinen Anteil an den Operationen haben« würde.
Montgomery war damit einverstanden und erklärte den versammelten Generalstabschefs, daß es möglich sein werde, die Operation »Veritable« ungefähr am 10. Februar zu eröffnen, »wenn diesem Plan zugestimmt wird und ich sechs amerikanische Divisionen bis zum 1. Februar bekommen kann.« Die Operationen »Veritable« und »Grenade« — ein Unterstützungsstoß der 9. US-Armee gegen Düsseldorf — »werden zusammen ein formidables Unternehmen sein, und die meisten von uns werden kaum noch zur Ruhe kommen, wenn wir erst angefangen haben.« (Siehe: Montgomery an den CIGS vom 16. 1. 1945. Lord Alanbrooks persönliche Akten.)
Am 18. 1. führte Montgomery noch mit seinem US-Gegenpart, General Bradley, eine Besprechung, die in allen Punkten zu einer Einigung führte.
Allerdings war 48 Stunden später diese völlige Übereinstimmung wieder verschwunden, als Montgomery meldete, daß er am 18. 1. eine Weisung des alliierten Oberkommandierenden, General Eisenhower, erhalten ha-

be, die »von einer Übereinstimmung weit entfernt ist und erkennen läßt, daß Bradley abermals seine eigenen Wege geht. Statt eines festen, klaren und endgültigen Planes herrscht wieder große Unschlüssigkeit und Flickwerk.« (Siehe: Bryant, Arthur: Sieg im Westen 1943 — 1945).)
Der OB, General Eisenhower, hatte vorgeschlagen, eine Menge anderer Aufgaben kleinerer Art zu erfüllen. Und als Kernpunkt seines Protestes nannte Montgomery die Äußerung Eisenhowers,

»daß wir den Rhein nicht — n i c h t — überschreiten sollten, ehe wir an ihm in seiner ganzen Länge von Nijmwegen bis zur Schweiz aufmarschiert sind. Wenn wir nach d i e s e m Plan vorgehen, dann werden wir viel Zeit brauchen, um überhaupt irgendwohin zu kommen.«

In den nächsten Tagen folgten noch eine Reihe von Anforderungen verschiedener US-Kommandostellen für Divisionen, die Montgomery zugeführt werden sollten.
Und zwar sollten beträchtliche Kräfte in den Raum Kolmar und Straßburg geführt werden, was bedeuten würde, daß »Grenade«, der Stoß der 9. US-Armee auf unbestimmte Zeit verschoben werden mußte; da aber beide Operationen voneinander abhängig seien, wäre dann auch »Veritable« geplatzt. Montgomery legte den Finger auf die Wunde der alliierten Zwistigkeiten, als er seinen Bericht an den Generalstabschef der britischen Streitkräfte mit den Worten schloß:

»Ich fürchte, daß die alten Fußangeln von Unentschlossenheit, Schwanken und Weigerung, das militärische Problem sachlich und klar zu beantworten, wieder zum Vorschein kommen . . .
Die eigentliche Schwierigkeit liegt darin, daß es keine Gesamtkontrolle gibt, und jede der drei Heeresgruppen auf ihr eigenes Vorhaben bedacht ist.
Patton erließ heute einen anfeuernden Tagesbefehl an seine 3. Armee, der als nächstes Ziel derselben Köln bezeichnet.
Man muß in diesen Tagen den Sinn für Humor bewahren, sonst würde man verrückt.«
(Siehe: Montgomery an CIGS, 22. 1. 1945.)
Eisenhowers allgemeine Richtlinien für die Fortführung des Kampfes wurden einer sachlichen Kritik unterzogen, und der Generalstabschef des britischen Empire, Marschall Brooke, erklärte dazu:
»Wir mißtrauen Eisenhowers Satz in seinem Bericht zu den speziellen Fragen. Wenn er schreibt, seine Operationen westlich des Rheins müßten so angelegt werden, daß er an den gesamten Stromlauf aufschließen könne, so kann dies wieder als Vorwand dazu benutzt werden, eine konzentrierte und angemessen unterstützte

> Durchbruchsoperation durch einen allgemeinen Angriff auf der ganzen Front zu ersetzen.«

Diesen Einwänden entsprechend lautete der von den britischen Stabschefs verfaßte und den Amerikanern unterbreitete Entwurf einer Weisung an Eisenhower:

> »Alle Mittel, die zu Offensivoperationen verfügbar gemacht werden können, sollten zu einem Hauptstoß zusammengefaßt werden. Dieser Stoß sollte mit größtmöglicher Stärke geführt werden und nach Bereitstellung so vieler frischer Reserveverbände, daß der Angriffsschwung aufrechterhalten werden kann. Zu Nebenoperationen sollten ausschließlich solche Kräfte eingesetzt werden, die zur Nährung des Hauptstoßes nicht verwendet werden können. Nur wenn der Hauptstoß abgefangen wird und die Nebenoperationen vorwärtskommen, sollten diese operativ ausgenutzt werden.
> Wenn taktische Erwägungen es zulassen, sollte dieser Hauptstoß in Anbetracht der überwältigenden Bedeutung, die das Ruhrgebiet für den Feind hat, im Norden geführt werden.
> Die besten Ergebnisse werden erzielt werden, wenn ein Ihnen unmittelbar verantwortlicher Oberbefehlshaber der Landstreitkräfte die operative und koordinierende Befehlsgewalt über alle zu dem Hauptstoß eingesetzten Bodenstreitkräfte erhält.«
> (Siehe Ehrmann, John: History of the Second World War.)

Die amerikanischen Stabschefs akzeptierten die britischen Forderungen, daß der Hauptstoß im Norden geführt werden müsse, brachten aber wieder ihren eigenen Plan eines »Vorstoßes im Süden« ins Gespräch, der zwar nicht mit dem Hauptvorstoß im Norden konkurrieren, aber stark genug sein sollte, deutsche Kräfte zum Schutz des wichtigen Frankfurter Gebietes aufsichzuziehen und für den Fall des Fehlschlages der Hauptanstrengung eine Alternativ-Angriffsrichtung bieten zu können.

Zu einer solchen Nebenoffensive, die Patton gegen den Mittelrhein unternehmen würde, könnten ihm zwölf Divisionen ohne Gefahr für die Hauptoffensive unterstellt werden.
Nach einer nochmaligen Beleuchtung beider Pläne wurde schließlich durch die britischen Stabschefs und Bedell Smith, Eisenhowers Stabschef, die Endfassung erstellt und General Eisenhower telegraphisch übermittelt. Dieser nahm den endgültigen Plan an, indem er an Bedell Smith schrieb:

> »Sie können dem Kombinierten Komitee der Stabschefs versichern, daß ich die Rheinübergänge im Norden in die Hand nehmen will, so-

> bald diese Operation notwendig ist und daß ich damit nicht warten werde, bis wir an den gesamten Stromlauf heran sind.«

Allerdings fügte er noch einen Satz hinzu, der wieder mißtrauisch machte:

> »Ich will im Norden mit äußerst möglicher Stärke und unbedingter Entschlossenheit über den Rhein vorgehen, sobald die Lage im Süden mir erlaubt, dazu die notwendigen Kräfte zu versammeln und die Operation ohne unnötige Risiken auszuführen.«

Damit war auch der britische Plan, General Eisenhower ablösen zu lassen und an seine Stelle Feldmarschall Lord Alexander als Oberkommandierenden in Europa einzusetzen, erledigt, zumal ja durchgesickert war, daß der US-Generalstabschef, General Marshall gesagt hatte, daß er es nie zulassen werde, daß während seiner Amtszeit die Briten ihm einen Oberbefehlshaber aller Bodenstreitkräfte aufhalsen würden. (Siehe Summersby, K.: Eisenhower was my Boss.)

Die Beurteilung Eisenhowers beim britischen Generalstab ebenso wie bei der britischen Generalität wurde aus dem Tagebuch von Feldmarschall Brooke deutlich, der dort unter dem 6. März 1945 festhielt:

> »Ike ist zweifellos eine äußerst anziehende Persönlichkeit, und zugleich, vom strategischen Standpunkt, ein sehr, s e h r begrenzter Kopf. Das zeigt sich bei jeder Unterhaltung mit ihm. Sein Verhältnis zu Monty ist ein ganz unlösbares Problem. Er bemerkt nur die schlechteste Seite Montys und vermag die gute Seite einfach nicht zu sehen.«

Wie auch immer, der Angriff im Norden war beschlossene Sache. Er würde um den 10. Februar herum beginnen, und eines stand für Montgomery fest, er würde diese Offensive gewinnen. Die Kenntnisse von der Stärke der deutschen Verbände im Westen sagte ihm, daß die Deutschen einer so geballten Offensive keinen langen Widerstand entgegensetzen konnten.

GenOberst Johannes von Blaskowitz, OB der HGr. H.

GFM Walter Model, OB der HGr. B.

Das Hotel Quellenhof in Aachen, GefStand des Stadtkommandanten.

US-Truppen gehen durch eine zerbombte Stadt vor.

Die Kräftelage an der Westfront auf deutscher und alliierter Seite

Ab Ende Februar 1945, als das ganze Ausmaß der sowjetischen Winteroffensive klar geworden war, mußten von der Westfront bis in den Februar hinein laufend Truppen abgezogen werden, um sie im Osten gegen die sowjetischen Panzerlawinen einzusetzen.

Der OB West mußte der Ostfront zehn Panzer-Divisionen, sechs Infanterie-Divisionen, zehn Artilleriekorps, acht Werferbrigaden und andere Spezialtruppen zuführen. Dadurch verringerten sich die im Westen stehenden Truppen auf 55 schwache Divisionen, die zum Teil noch von der Ardennenschlacht her ausgeblutet waren. Ihnen standen 85 vollausgestattete und wieder auf den Höchststand gebrachte alliierte Divisionen und eine überwältigende Übermacht an Luftgeschwadern gegenüber.
Insgesamt standen sieben deutsche Armeen an der Westfront. Die 6. SS-PzArmee war herausgezogen worden und frischte auf. Sie sollte allerdings nicht wieder zur Westfront zurückkehren, sondern wurde nach der Auffrischung in den Raum Ungarn transportiert.
Von Süden nach Norden standen die Armeen wie folgt:
Bei der Heeresgruppe G: Die 19. Armee im Raume Kolmar am Oberrhein. Die 1. Armee zwischen Rhein und Mosel.
Bei der Heeresgruppe B: Die 7. und 15. Armee zwischen der Mosel bei Trier und Roermond. Die 5. Panzerarmee befand sich noch in jenen Ausgangsstellungen, die sie auch vor Beginn der Ardennen-Offensive eingenommen hatte.
Bei der Heeresgruppe H: Die 1. Fallschirmjäger-Armee an der Maas und die 25. Armee im holländischen Raum des Niederrheins. Diese Heeresgruppe war unter dem Kommando von Generaloberst Blaskowitz neu aufgestellt worden.
Der Kampf um Kolmar, der bereits am 20. 1. 1945 begonnen hatte, drang zunächst bei der 19. Armee nicht durch. Die angreifende französische 1. Armee war nicht stark genug, diesen Riegel zu knacken. Erst als General Bradley dem XXI. Korps unter GenLt. Devers befahl, Kolmar ebenfalls anzugreifen, fiel diese Stadt am 3. 2. 1945. Der dortige große deutsche Brückenkopf wurde aufgespalten, und die Alliierten erreichten am 9. 2. südlich von Straßburg den Rhein. Die 19. deutsche Armee erlitt hier 22 000 Mann Verluste und verlor darüber hinaus den Großteil ihrer schweren Waffen.
Gleichzeitig damit waren die Vorbereitungen für den Großangriff auf den Rhein abgeschlossen.

Die Alliierten standen nunmehr von Norden nach Süden mit folgenden Großverbänden in der Gesamtfront:

Heeresgruppe Nord:	Generalfeldmarschall Montgomery mit:
1. kan. Armee	GenLt. Crerar
2. brit. Armee	GenLt. Dempsey
9. US-Armee	GenLt. Simpson
1. LL-Armee	GenLt. Brereton

Heeresgruppe Mitte:	General Omar N. Bradley mit:
1. US-Armee	General Hodges
3. US-Armee	General Patton
1. franz. Armee	General Lattre de Tassigny

Feldmarschall Montgomery waren zusätzlich fünf englische und amerikanische Fallschirmjäger-Verbände zugeführt worden, die unter der Bezeichnung 1. Luftlandearmee unter General Brereton zusammengefaßt wurden.
Als am 2. 2. 1945 sicher war, daß der alliierte Großangriff im Norden unmittelbar bevorstand, ließ der OB West, GFM von Rundstedt, alle Kommandeure der nördlichen Rheinfront in sein HQ kommen. Während der Besprechung zeigte sich, daß es über den vermeintlichen Ort des Angriffs einige grundsätzliche Meinungsverschiedenheiten gab. Während GenOberst Blaskowitz vortrug, daß *er* den Angriff der britisch-kanadischen Kräfte bei Venlo erwarte, »wo allein der englisch-kanadischen Armee eine unmittelbare Unterstützung durch die Amerikaner zuteil werden könne, weil da mit deren Vorstoß über die Roer in Richtung Köln jeden Tag gerechnet werden müsse«, war General Schlemm anderer Ansicht. Der OB der 1. Fallschirmjäger-Armee erklärte:

> »Der Gegner wird an der Front im Reichswald angreifen und versuchen, über Kleve auf Wesel vorzustoßen und dort den Rhein zu gewinnen. Dieser Angriff bietet für die Alliierten den Vorteil, daß sie nicht über die Hochwasser führende Maas setzen brauchen. Außerdem umgehen sie mit dieser Stoßrichtung den Westwall, der sich parallel zur Maas aus dem Raume Goch-Geldern nach Aachen hinzieht. Wenn ein Angriff mit dieser Stoßrichtung gelingt, dann ist es unserem Gegner möglich, von der nördlichen Flanke aus die gesamte Front aufzurollen.«

GFM von Rundstedt schloß sich trotz der offenkundigen Richtigkeit der Voraussicht Schlemms der Ansicht von GenOberst Blaskowitz an. Er verfügte, daß die deutschen Reserven nicht im Raum hinter dem Reichswald aufzustellen seien, sondern im Süden des Armeebereiches. Und zwar bestimmte er, daß die 7. FJD ostwärts Venlo und das XXXXVIII.

Pz.Korps mit der 15. PGD und der 116. PD im Raume Viersen-Kempen Aufstellung nehmen sollte.
Teilschuld an dieser konträren Beurteilung der Lage trug nicht zuletzt die Aversion des Generaloberst Blaskowitz gegen die Tatsache, daß in seinem Heeresgruppenbereich eine Luftwaffen-Dienststelle eine Armee befehligte. Diese Aversion sollte sich bitter rächen.

Der Angriff beginnt — Festung Reichswald

Die Panzer-Lehr-Division hatte in den ersten Februartagen den Befehl erhalten, gemeinsam mit der 7. und 8. FJD den erwarteten Großangriff der 21. Heeresgruppe durch den Reichswald auf Kalkar und Goch aufzuhalten. Die Division setzte sich sofort in Bewegung und erreichte mit ihren Spitzen am 6. 2. den neuen Einsatzraum. Hier erst wurde ihr eine neue Panzer-Abteilung mit 60 Panther-Panzern zugeführt. Auch die Panzergrenadier-Regimenter erhielten Nachersatz.
Das noch im Raume Baden in der Auffrischung stehende PzGren-Lehr-Rgt. 901 erreichte über Tondorf und Marienbaum die Ortschaft Üdem und ging im Üdemer Bruch in Stellung. Zwischen Keppeln und Schwashof standen die Panzerjäger, die gemeinsam mit den Fallschirmjägern einen wichtigen Abschnitt hielten.
Am 7. 2. 1945 erhielt der Kdr. der PLD, GenLt. Bayerlein, den Befehl, die Division an seinen Nachfolger Oberst Horst Niemack zu übergeben und selbst das LIII. Korps zu übernehmen, das dann bis Kriegsschluß unter der Bezeichnung Korps Bayerlein bekannt wurde.
Am frühen Morgen des 8. 2. 1945 begann um 5.00 Uhr zwischen Maas und Rhein ein vernichtendes Trommelfeuer aus über 1 000 Geschützen. Fünf Stunden später stürmte das britische XXX. Korps unter GenLt. Horrocks zum Großangriff vor. In diesem Korps standen drei britische und zwei kanadische Divisionen. Ziel des XXX. Korps war der Reichswald und das dahinter liegende Goch.

Da zwei Tage vor Angriffsbeginn durch die Funkaufklärung die allgemeine Angriffsrichtung bekannt war, ließen die deutschen Stellen die Rheindeiche von unterhalb Emmerich bis nach Pannerden durchstechen. Dadurch lief das Hochwasser des Rheins in das linksrheinische Kampfgebiet nördlich der Reichsstraße Nijmwegen-Kleve-Kalkar.
Als sich mit Tagesanbruch der herrschende Bodennebel aufzulösen begann, schossen einige Dutzend Batterien der Alliierten Nebelgranaten. Die ersten Panzer- und motorisierten Infanterieverbände tauchten vor den Stellungen der 84. ID auf, die allein den Reichswald verteidigte und schossen die Infanteristen aus ihren Löchern heraus. Der Kampf im Reichswald weitete sich sehr schnell aus.
Noch in das pausenlose Artilleriefeuer hinein waren die Motorengeräusche der alliierten Bomber- und Jagdbomberverbände zu hören. Dann tauchten als erste die schnellen, ihre Raketen werfenden Jabos auf, warfen im Tiefflug ihre Bomben und schossen aus allen Bordwaffen. Als diese über den Kampfabschnitt hinweggefegt waren, kamen die dichten Pulks der Bomber, die ihre Bombenteppiche warfen.
Ihnen folgten die Feindpanzer. Kampfpanzer und Flammenwerferpanzer zum Ausräuchern der Widerstandsnester schoben sich nach vorn. Einige wenige Pak und Panzerjäger erwiderten dieses massierte Feuer und hielten die Panzer auf. Unter Einsatz der letzten Reserven wurde der Feind gestoppt.
Als sich der Abend niedersenkte, war das Artilleriefeuer der Westalliierten noch immer nicht verstummt. Der Angriff aber war liegengeblieben, und das hatte besondere Gründe, die im folgenden erklärt werden sollen.
General der Fallschirmtruppe Schlemm, der mit seinem Gefechtsstab in Dinxperlo nahe Bocholt untergezogen war, wurde von dem kurz vor 5.00 Uhr losbrechenden Trommelfeuer geweckt. Das dumpfe Trommelfeuer, das aus westlicher Richtung über den Rhein wie ein gigantisches Gewitter herüberscholl, erreichte alle Verbände, die in diesem Bereich lagen.

Im Kübelwagen fuhr General Schlemm zur Front. Den ersten Eindruck von der Wucht dieses Trommelfeuers erhielt er nach wenigen Minuten Fahrt. Voraus wurde die Erde aufgeworfen, und dort peitschten die Einschläge in den Grund, in einer solchen Dichte, daß sich die Ahnung des Generals zur Gewißheit verdichtete: D i e s war die alliierte Offensive, und der Feind hatte sie — genau wie er es vorgesehen hatte — auf den Reichswald westlich Kleve eröffnet. An eine Täuschung, wie ihm einer der Stabsoffiziere einzureden versuchte, glaubte Schlemm nicht. Das w a r die Großoffensive.

Die Aufklärermeldungen hatten Bewegungen im Raume Eindhoven in Richtung Nijmwegen und damit in Richtung Reichswald festgestellt. Sofort ausgeschickte Spähtrupps hatten diese Meldung erhärtet.
An diesem 8. 2. 1945 lehnte sich die Front der 1. Fallschirmjäger-Armee im Norden ostwärts von Millingen an den Rhein an, verlief über Kronenburg zur Maas bis Gennep und folgte dann der Maas über Venlo bis Roermond, an der Mündung der Roer in die Maas.
Hier wiederum schloß sich die an der Roer verlaufende Front der 15. Armee an, während im Norden die 25. Armee die Rheinfront bis zu dessen Mündung verteidigte.
Nach seiner Rückkehr von der Front meldete General Schlemm am Nachmittag des 8. Februar der HGr. H, GenOberst Blaskowitz, daß die alliierte Offensive im Reichswald gegen die Front der 84. ID begonnen habe. Gleichzeitig meldete er, daß er die Reservetruppe der 1. Fallschirmjäger-Armee, die 7. FJD, aus dem Raume ostwärts Venlo alarmiert, auf Lastwagen verladen und in Richtung Gennep in Marsch gesetzt habe. Mit dieser Divsion wolle er, so seine Meldung, im Gegenstoß den Feind so lange stoppen bis weitere Kräfte herangekommen seien, um ihn dann zurückzuwerfen.

Daß dies bei der Besonderheit des XXX. britischen AK nicht so leicht sein würde, denn dieses Korps war auf eine Kampfstärke von 200 000 Mann gebracht worden und hatte damit bereits annähernd Armeestärke, war klar, dennoch wollte es der Fallschirmjäger-General versuchen.
Doch der Stab der HGr. H und insbesondere Generaloberst Blaskowitz waren nicht der gleichen Ansicht, daß dieser Angriff bereits der Generalvorstoß sei. S i e hatten sich ja nicht an Ort und Stelle von der Brisanz dieses Angriffs überzeugt, sondern urteilten »vom grünen Tisch ihres Gefechtsstandes aus«, wie General Schlemm dem Autor mitteilte.
Dort erwartete man den Hauptstoß mit dem Schwerpunkt bei Venlo, und aus diesem Grund befahl Generaloberst Blaskowitz den sofortigen Rücktransport der 7. FJD in ihren Bereitstellungsraum bei Venlo. Der Ic der HGr. H vertrat den Standpunkt, daß vor dem Reichswald nur kanadische Truppen zum Einsatz gekommen seien. Daraus folgerte er messerscharf, daß alle übrigen britischen Divisionen noch nicht in den Kampf eingegriffen hätten.
Generaloberst Schlemm wußte es zwar besser, hatte aber nicht die durchgreifende Befehlsbefugnis. Aus diesem Grunde ergriff er die Kriegslist, die immer wirksam war. Er entschloß sich zwar, die 7. FJD auf halbem Wege zum Ziel anzuhalten, ließ sie aber nicht umkehren, sondern wartete die nächsten Stunden ab. Bei Kevelaer wartete nun diese Division Gewehr bei Fuß auf den Einsatzbefehl, in welcher Richtung

auch immer, während im Reichswald die 84. ID verblutete und jede Hilfe bitter nötig hatte.
Damit hatte Generaloberst Blaskowitz zwar seine Aversion gegen die »Schlipssoldaten der Luftwaffe« zum Ausdruck gebracht, aber ein klägliches Bild seiner Führungskraft geboten, denn am anderen Morgen wurde ihm vom Gegner gezeigt, w e r in diesem Streit Recht hatte und Recht behielt, weil man alle folgenden Aktionen der Alliierten einfach nicht mehr ignorieren konnte.
Am Mittag des 9. 2. 1945 gingen im Stabsquartier der HGr. H die Aussagen von Offizieren von nicht weniger als fünf kanadischen und britischen Divisionen ein, die zeigten, daß Montgomery bereits alles in den Skat geworfen hatte, worüber er in diesem Gesamtabschnitt verfügte.
Abermals forderte General Schlemm die Freigabe der 7. FJD. Diesmal gab es keine Weigerung mehr, denn die Hilferufe aller Einheiten am Rande des Reichswaldes waren derart laut geworden, daß sie bereits das OKH in Berlin erreichten.
Die Division rollte weiter, dem Kampffeld am westlichen Reichswald entgegen.
Auf alliierter Seite waren bis zum Mittag des 9. 2. 1945 nicht nur die 1. kan. Armee unter General Crerar mit unterstellten Teilen der 2. britischen Armee zum Einsatz gekommen, sondern das gesamte XXX. Korps unter Horrocks stand im Reichswald im Einsatz. Fünf Infanterie- Divisionen, drei Panzer-Brigaden und elf Spezialregimenter, darunter einige Kommandos, standen nun im Kampf. Sie hatten Weisung erhalten, den Reichswald so rasch wie möglich zu durchstoßen und Richtung Wesel weiter vorzustoßen.
Im Zusammenwirken mit der Operation »Grenade« — dem Losschlagen der 9. US-Armee am 10. 2. über die Roer auf Köln-Neuß — sollten die westlich des Rheins stehenden deutschen Truppen in einer großangelegten Zangenbewegung eingekesselt und vernichtet werden.
Die 15. ID der Briten stieß als Angriffsspitze am Nordrand des Reichswalds vor und erreichte bis zum 10. 2. um 16.45 Uhr den Westrand von Kleve.
An und für sich hätte nun die Operation »Grenade« angelaufen sein müssen, doch General Simpson hatte zwar am 9. 2. die letzten Staudämme der Roer erobert und stand auf dem Westufer des lange umkämpften Flusses, aber er mußte hier erkennen, daß an ein Überschreiten der Roer nicht zu denken war. Es herrschte Hochwasser. Durch das Öffnen der Urft-Talsperre hatte GFM Model den Unterlauf der Roer zu einer unüberwindlichen Wasser-Barriere gemacht. General Simpson mußte seinem HQ melden, daß ein Überschreiten der Roer nicht vor Ablauf von zwei Wochen möglich sein werde. In der Zwischenzeit sei jeder Angriffs-

versuch sinnlos. Damit mußten die kan. 1. Armee und das britische XXX. Korps den Angriff allein führen.

Am 8. 2. hatte die 84. ID in ihren Stellungen am Westrand des Reichswaldes die ersten Feindangriffe zurückgewiesen. Bis zum Mittag des kommenden Tages kämpfte sie bereits gegen acht Feind-Divisionen. Die Soldaten gruben sich in den Boden ein. Sie legten Minenriegel und schossen aus Panzerfaust und Ofenrohr. Die einzelnen Bataillone schrumpften binnen 48 Stunden zu Kompanien ein. Die beiden durch den Wald führenden Straßen wurden von den Pionieren vermint. US-Panzer und schnelle Mannschaftstransporter flogen hier mit den hochgehenden Tellerminen in die Luft.

Im Zentrum wurde gehalten, dort wurde jedes Panzer-Deckungsloch zu einer Festung der Verteidigung. Im Norden aber kam die 15. britische ID durch.

Durch die Waldschneisen rollten die Panzer im Zentrum immer aufs Neue in Hinterhalte. Einige Paks, ein paar rasch nachgeführte Sturmgeschütze und Panzerfäuste genügten, um diesen Gegner zu stoppen.

General Schlemm tauchte vorn bei den Kämpfern auf. Zwar konnte er Teile der 7. FJD zur Stützung dieser wankenden Front einfügen, doch es war bereits am Abend des 10. 2. klar, daß dieser Gegner nicht gehalten werden konnte.

Nunmehr mußte sich GenOberst Blaskowitz um die Freigabe des XXXXVII. PzK kümmern. Mit den Teilen der 7. und 8. FJD rollten nunmehr auch die 15. PGD und die 116. PD in den Kampfraum. Im anschließenden Abschnitt an der Maas, bei und südlich von Gennep, sicherte das LXXXVI. AK unter GenLt. Straube mit der 180. und 190. ID. Zwischen die 84. ID und die 180. ID wurde das FJR 2 der 2. FJD bei Siebengewald-Hammersum-Asperden eingeschoben. Oberst Vorwerck führte das Regiment. Die beiden anderen Regimenter der 2. FJD befanden sich noch im Befehlsbereich der 25. Armee zwischen Waal und Lek. Vorwärts von Goch und im Raume dieser stark umkämpften Stadt kämpfte das FJR 2 mit letztem Einsatz.

Der Angriffsschwung des Gegners begann zu erlahmen. Sollte auch der Reichswald wieder zu einem solchen Schreckensort werden, wie der Hürtgenwald? Diese bange Frage bewegte die britischen und amerikanischen Befehlshaber in diesen Tagen eines erbitterten Kampfes.

Im Rahmen dieses Großangriffs waren in der Nacht zum 8. 2. 1945 auch Goch und Kleve zerbombt worden. Als General Crerar in einem vorbereitenden Gespräch mit General Horrocks sagte, daß er, Horrocks, jede Unterstützung der Luftwaffe erhalten könne, er brauche dies nur zu sagen und als er anschließend fragte, ob er Kleve bomben solle, um den schnellen Sieg sicherzustellen, erwiderte General Horrocks:

> »Es tat mir um diese schöne Stadt leid, aus der eine der Frauen König Heinrichs VIII. stammte, aber keineswegs deswegen, sondern weil eine Menge Frauen und Kinder in Kleve waren.
> Aber schließlich sagte ich ja, und ich versichere Ihnen: Es freute mich ganz und gar nicht, als die Bomber in der Nacht vor unserem Angriff über unsere Köpfe hinwegflogen.«
> (General Horrocks, Tagebuch.)

Kleve wurde gebombt. Die Kirche Mariä Himmelfahrt war das erste Ziel, das völlig in sich zusammenstürzte. Die Schwanenburg und der Große Markt wurden ein Raub der Sprengbomben-Detonationen. Gressenich wurde zur Gänze dem Erdboden gleichgemacht, Wesel und Düren wurden weiter bombardiert.
Aber die Kämpfe gingen weiter. Die Fallschirmjäger hatten sich in die Verteidigung eingeschoben und kämpften mit einer Tapferkeit ohnegleichen.

> »Nie im Verlaufe des ganzen Krieges hatten feindliche Einheiten erbitterter Widerstand geleistet, als die Fallschirmjäger der Deutschen in der Schlacht um das Rheinland«,

bemerkte Fieldmarshal Montgomery in seinen Erinnerungen.
General Schlemm verlegte seinen GefStand von Dinxperlo in ein Bauerngehöft nahe Xanten, um die Frontkommandeure seiner Schwerpunktabschnitte stets rasch erreichen zu können. Am 13. 2. mußte er den GefStand nach Rheinberg verlegen, da der Aufbau der Südfront den Vorrang hatte.
Am 11. 2. war Kleve nach hartem Kampf gefallen, und die Alliierten hatten von den Trümmern der Stadt Besitz genommen. Persönlich war General Schlemm bei allen Verbänden, wenn diese in Not gerieten. Der Gegner wurde durch die umsichtige Führung des Fallschirmjäger-Generals und durch die unerschütterliche Tapferkeit der 180. und 190. ID unter GenLt. Straube im Reichswald und an den östlichen Rändern desselben gestoppt.
Am 14. 2. erreichten die Alliierten gegenüber von Emmerich das linke Rheinufer. Die deutschen Linien wurden auf Uedem und Keppeln zurückgenommen. Hier lagen vor allem die Männer der 7. FJD und einige Sicherungs-Bataillone. Hier sollte nun das XXX. Korps den endgültigen Durchbruch erzwingen.
Am 17. 2. trafen auch die Verbände der PLD im Raume Uedem ein. Sie gingen im Uedemer Bruch in Stellung.
Ein erster Feindangriff von Teilen des XXX. britischen Korps begann am Morgen des 19. 2. Flammpanzer rollten gegen die Verteidigungsstellungen des FJR 7 der 2. FJD an, das ebenfalls in diesen Raum verlegt wor-

den war und der 15. PGD unterstand. Einzelkämpfer schlichen vor und erledigten die vorgedrungenen Panzer mit Panzerfäusten. Dieser Angriff, der offenbar zu dem Zweck geführt worden war, eine schwache Stelle zu finden, blieb rasch liegen. Aber es war allen Beteiligten klar, daß der Großangriff noch bevorstand.

Am Morgen des 22. 2. 1945 begann der Großangriff des XXX. Korps unter General Horrocks. Etwa 500 britische Panzer rollten gegen die deutschen Stellungen vor. Die wenigen eigenen Pak und Flak, sowie die Panzerjäger der PLD versuchten, diese stählerne Angriffsspitze zu zerschlagen. Die Panzerjäger der PzJägLehrAbt. 130 der PLD rollten in diesen Panzerkeil hinein und schossen einige Feindpanzer ab. Ofw. Stolz und Leutnant Schönrath schossen jeweils drei Feindpanzer ab. Ein kanadischer Major, der mit einer weißen Fahne zu den Panzerjäger kam und sie zum Überlaufen aufforderte, wurde mit einer schönen Empfehlung an General Crerar wieder zurückgeschickt.
Am 23. 2. mußten sich die Teile der PLD im Kampfraum zurückziehen. Sie hatten Befehl erhalten, sich den von Süden und Norden angreifenden Verbänden des LIII. PzK unter ihrem alten Kdr. GenLt. Bayerlein anzuschließen und die bei Glehn stehenden Feindverbände zu vernichten. Dabei ging es von der Großen Lage her gesehen um das Stoppen der 9. und 1. US-Armee, die am Morgen des 23. 2. über die Roer angetreten waren. Dort hatten die Amerikaner mit sieben Divisionen im ersten Treffen die Operation »Grenade« begonnen.
Die schwachen Kräfte der 15. deutschen Armee warfen sich diesem Gegner entgegen, konnten aber nicht verhindern, daß die 363. ID unter GenLt. Dettling nach hartem Kampf aus Jülich hinausgeschossen wurde. Die 1. US-Armee rollte mit Panzern in die Stadt hinein. Lediglich am ostwärtigen Stadtrand konnten sich entschlossene kleine Kampfgruppen der 176. ID halten.
General von Zangen, OB der 15. Armee, versuchte alles, um die Lage zu stabilisieren und einen feindlichen Durchbruch zu verhindern. Er war es, der die 15. PGD und die PLD angefordert hatte, um mit ihnen ein Desaster zu verhindern. Damit waren sie aber der 1. Fallschirmjäger-Armee weggenommen worden. Eine dritte kam wenig später hinzu.
Erst am 27. 2. begann der Angriff der Panzer-Lehr-Division. Er lief sich bereits am ersten Tage fest. Das PzGrenLehrRgt. 901 wurde dezimiert und mußte sich auf Tönisberg zurückziehen. General Bayerlein hatte das LIII. PzK direkt auf Kapellen angesetzt. Diese Stadt fiel am Mittag des 26. 2. Aber unmittelbar darauf wurden die weiter vorstoßenden Panzerverbände von Jagdbombern der Typen Lightning und Typhoon angegriffen und sechs Panzer zusammengebombt. Andere wurden durch na-

hebei einschlagende Bomben beschädigt. Der Angriff blieb liegen, und am Abend des gleichen Tages stießen die Stammgruppen der 5. US-PD des XIII. US-Korps unter GenLt. Gillem in die linke Flanke des LIII. PzK hinein. Das Korps mußte zurückgehen und gab Kapellen wieder auf.
Der Kampf konzentrierte sich nun auf die Ortschaft Schiefbahn, die nur wenige Kilometer von Mönchengladbach entfernt lag.
Ein Regiment der 5. US-PD drang unmittelbar vor der PLD in diese Ortschaft ein und es war nur noch eine Frage von Stunden, bis die gesamte 5. US -PD von hier aus auf Mönchengladbach eindrehte und die Stadt in Besitz nehmen würde, wenn die Amerikaner nicht sofort gestoppt wurden.
Am Abend des 28. Februar stellten sich die Verbände der PLD zum Gegenstoß auf Schiefbahn bereit. Es gelang, die Gegner aus Schiefbahn zu werfen. Bei dem Nachtgefecht gegen die US-Panzer zeichneten sich die Panzerjäger besonders aus. Uffz. Eduard Job von der 3./PzJägLehrAbt. 130 schoß als Richtschütze seines Jagdpanzers hier fünf Feindpanzer ab.
Doch diese Erfolge brachten nur 24 bis 48 Stunden Zeitgewinn. Am 1. 3. nahmen Truppen des XIII. US-Korps Mönchengladbach. Am selben Tage fiel auch Reydt, und einen Tag später erreichten die Truppen des GenLt. Simpson bei Neuß den Rhein. Die Mitte des XIII. Korps erreichte Krefeld und durchfuhr diese Stadt unangefochten.
Am Abend des 3. 3. nahm der linke Flügel der 9. US-Armee nördlich von Venlo Verbindung mit der 1. kan. Armee auf. Damit waren die noch westlich des Rheins kämpfenden 15 deutschen Divisionen in eine Zange geraten. Einer Spitzengruppe der 5. US-PD gelang es — als deutsche Panzer getarnt — bei Oberkassel bis auf wenige Dutzend Meter an die dort über den Rhein führenden Oberkasseler Brücke heranzukommen. Der Spitzenpanzer rollte bereits mitten auf der Brücke, als die Brückenwache ihn als »Feind« erkannte. Sekunden später flog diese Brücke mit Donnergetöse in der Luft. Die bereits hinaufgerollten Feindpanzer stürzten in den Fluß. Der Vorstoß der 9. US-Armee war damit gestoppt.
Während sich das OKH noch immer bemühte, die drei deutschen Divisionen aus dem Raume Uedem-Keppeln herauszuziehen, hatten die Divisionen des XXX. AK unter GenLt. Horrocks am Morgen des 26. 2. bei Keppeln den weiteren Vorstoß wieder aufgenommen. Auf dem Totenhügel vor Keppeln hatten sich Fallschirmjäger und andere Verbände eingegraben. Sie hielten die britische Panzerarmada auf.
200 Bomber griffen den Hügel und die darin eingebuddelten Stellungen an und rissen die Kuppe auseinander. Dann griffen Panzer und Sturminfanterie abermals an. Noch einmal wurde der Angriff unter Abschuß einer Reihe Feindpanzer gestoppt.

Am 27. 2. aber mußten sich die deutschen Fallschirmjäger aus diesen Stellungen zurückziehen, weil sie sonst abgeschnitten worden wären. Der Rückzug in Richtung Kervenheim war noch nicht durchgeführt, als nach dem Fall von Kalkar die Marschorder in Generalrichtung Sonsbeck-Menzelen ausgegeben wurde.
Es waren die Sturmgeschütze der Fallschirm-Sturmgeschütz-Brigade XII, die in dieser Situation immer wieder in den Kampf eingriffen und jene Panzer abschossen, die der 7. FJD den Weg sperren wollten. Seit dem ersten Einsatz aus dem Raum Goch-Gennep heraus hatten die wenigen Sturmgeschütze dieses Verbandes immer wieder in die Kämpfe eingegriffen. In der Frühe des 25. 2. waren sie bis Weeze vorgestoßen und in die Flanke des Panzerfeindes hineingefahren, der sich in Richtung auf den Totenhügel von Keppeln zubewegte. Nach kurzem Duell standen die ersten Sherman-Panzer in Flammen. Es war vor allem der Zug unter Lt. Heinz Deutsch, der hier von sich reden machte.
Von der Übermacht schließlich zum Rückzug gezwungen, befahl Lt. Deutsch seinen drei Geschützen nach wenigen Kilometern, zu wenden. Sie erreichten Kevelaer und stießen von hier aus bis zum Fall der Stadt immer wieder in Richtung Totenhügel vor und in die südlich davor liegengebliebenen feindlichen Panzerpulks hinein.
In den frühen Morgenstunden des 1. März kam es bei Klappermanshof, nahe Kevelaer, zu einem harten Gefecht. Zwei Churchill-Panzer blieben auf der Strecke, die Deutsch auf sein eigenes Konto buchen konnte. Auch die beiden übrigen Geschütze seines Zuges erzielten Erfolge.
Abermals war die feindliche Panzerspitze gestoppt, und am nächsten Tage gingen die Sturmgeschütze noch einmal zur Entlastung der bereits überrollten Fallschirmjäger bei Kevelaer vor. Zwei Sherman und ein Churchill wurden abgeschossen, bevor sich Deutsch mit seinen drei Geschützen über Wetten in Richtung Kapellen absetzen mußte.
Vorsichtig geworden, stieß der Gegner nur zögernd nach. Er hatte vor den schnellen und manövrierfähigen Sturmgeschützen und deren wirkungsvollen Langrohrkanonen Respekt bekommen. Immer wieder stieß Lt. Deutsch aus irgendeinem Versteck heraus vor, richtete den vorrollenden Gegner an und eröffnete das Feuer.
Bis zum 4. März dauerten die Kämpfe um Kapellen. Für den Abschuß von dreizehn Feindpanzern in diesen Gefechten erhielt Heinz Deutsch das EK I und wurde darüber hinaus zum Deutschen Kreuz in Gold eingereicht.
Die Sturmgeschütz-Brigade XII war für die 7. FJD unentbehrlich geworden. Sie wurde in entscheidenden Momenten der Schlüssel zum Entkommen, wenn der Gegner die Verbände wieder einmal überflügelt hatte.

Die Spitzenverbände des LIII. AK erreichten in den ersten Märztagen den Rhein, der von Hitler als letzte Grenze angesehen wurde, die kein einziger deutscher Soldat überschreiten durfte. Das Korps hatte Befehl erhalten, den westlich Wesel und damit westlich des Rheins gelegenen Brückenkopf zu halten. Befehlsstand des LIII. PzK war Rheinfeld, das bereits am 3. 3. von Feindartillerie und US-Panzern beschossen wurde. Die Stabsstelle wurde an den Rhein zurückgedrückt. Am Morgen des 4. 3. wurde GenLt. Bayerlein die Genehmigung zum Überschreiten des Rheins erteilt.

Dieser Führerbefehl war bereits am 1. 3. ergangen. Er lautete, daß »kein Stabsoffizier den Rhein nach Osten überschreiten« durfte. Die einzige Ausnahme von diesem Befehl war ein ausdrücklicher Gegenbefehl des OKW. Der Offizier hatte bei seiner Truppe zu bleiben, um deren Widerstandskraft zu stärken.

Das XXX. britische Korps, das über Marienbaum, Appeldorn und Niedermörmter Ward erreicht hatte, kam mit seiner Panzerlawine bei Xanten zum Stehen. Die Fallschirmjäger richteten sich in den Häusern westlich und nordwestlich von Xanten ein. Die Verteidigungskämpfe um Xanten wurden mit der Parole »Jung Siegfried« geführt. Seit dem frühen 2. 3. 1945 führte hier das Fallschirm-AOK 1 unter General Schlemm. Der gesamte Brückenkopf Wesel unterlag der Befehlsführung durch ihn. Im Befehlsbereich dieses Großverbandes lagen nicht weniger als neun Rheinbrücken. General Schlemm sagte rückblickend zu dieser Situation:

> »Ich war für neun Rheinbrücken verantwortlich, und wenn ich auch nur eine in die Hand des Feindes fallen ließ, dann konnte eine Katastrophe größten Ausmaßes eintreten. Das einfachste wäre eine sofortige Sprengung gewesen. Die kam jedoch nicht in Frage, da noch eine große Menge von Industriematerial und das aus dem Kampfgebiet abgetriebene zahlreiche Vieh über den Fluß geborgen werden mußte.
>
> Für jede dieser Brücken ernannte ich einen tatkräftigen Pionier-Offizier als Kommandanten, der die Sprengung vorbereiten sollte und mit mir in ständiger Funksprechverbindung blieb, damit ich ihn sofort erreichen konnte, wenn dies notwendig sein würde. Trotzdem ging die Sache nicht glatt. Von Süden her strömten Restverbände der 15. Armee in den Brückenkopf ein, die sich — unter Berufung auf Weisungen des Feldmarschalls Model — oftmals meinen Befehlen widersetzten.
>
> Als ich am 3. März in aller Frühe durch Funkspruch die Sprengung der Brücke bei Homberg befahl, versuchte ein Oberst aus dem Bereich der 15. Armee, den Brückenkommandanten an der Sprengung

zu hindern. Erst als ich dem Herrn androhte, daß ich ihn in einer halben Stunde persönlich erschießen würde, konnte die Sprengung durchgeführt werden.
Wenn man nämlich wartet, bis der Feind auf Schußentfernung an die Brücke heran ist, werden sehr leicht die Zündkabel durchschossen. Den übrigen Brückenkommandos führte ich nach diesem Zwischenfall starke Feldgendarmerie-Kommandos zu und erreichte damit, daß alle Brücken zur richtigen Zeit zerstört wurden.«
(Siehe: »In der Reichswaldschlacht« in: Der deutsche Fallschirmjäger 1954; und Brief des Generals Schlemm an den Autor.)

Mit dem Angriff der Amerikaner von Neuß auf Krefeld am 2. 3. 1945 fuhr General Schlemm nach Neuß, wo er die Parteiführung im Abwehrkampf am Südrand der Stadt vermutete, da diese ihm einen diesbezüglichen Vorschlag zur Schonung der Stadt gemacht hatte. Als er am Ort eintraf, stellte er zu seinem Entsetzen fest, daß nicht die Herren der Parteiführung hier in den Schützenlöchern lagen, sondern eine Formation Hitlerjungen, in Stärke von etwa 200 Jungen. Er befahl, sofort die Jungen herauszunehmen. Doch bevor dies geschehen konnte, begann der Angriff, der nicht — wie die Armeeführung dies vermutete — beiderseits an Neuß vorbeistieß, sondern direkt auf den Südteil der Stadt zielte.
Während sich Polizei und Partei rasch absetzten, verteidigten die Hitlerjungen ihre Stellungen. Im Feuer der vorrollenden Panzer wurde diese kleine Einheit völlig aufgerieben. Nur wenige gerieten in Gefangenschaft.
Es wäre den Alliierten aufgrund ihrer ungeheuren materiellen und truppenmäßigen Überlegenheit bereits an diesem 3. 3., spätestens aber am 4. 3. möglich gewesen, bei Wesel das westliche Rheinufer zu erreichen. Doch sie ließen jeden Widerstand erst durch stundenlanges Artilleriefeuer und mit Einsatz von Flammpanzern brechen, ehe sie weiter vorstießen.
Dennoch wurde der Brückenkopf enger und enger zusammengepreßt. Als General Schlemm vorschlug, abgekämpfte Truppen auf das Ostufer des Rheins überzusetzen und eine neue Verteidigungslinie einzurichten, wurde dies kategorisch abgelehnt. Der Brückenkopf Wesel war zur Festung geworden, die mit allen Mitteln zu halten war. Von hier aus wollte Hitler, sobald sich ihm die geringste Chance bot, einen Gegenangriff starten.
Als der Gegner am Abend des 2. 3. von Süden her in die Stadt Krefeld eindrang und mehrere Stoßkeile die Rheinbrücke bei Uerdingen im Handstreich in Besitz zu nehmen trachteten, wurden die letzten nicht kampffähigen Teile der hier stehenden PLD nach Osten über den Fluß

geschoben. Zum Schutz des Brückenzuganges konnte der Kdr. der PzJägLehr-Abt. 130 noch drei Jagdpanzer IV zum Einsatz bringen, die dicht nebeneinander auffuhren und so die Auffahrt sperrten. Diesen Panzerjägern gelang es, die führenden Spitzenpanzer der US-Angriffsgruppe so abzuschießen, daß sie den Weg der nachfolgenden Panzer sperrten.
Die in letzter Sekunde herangekommenen Einheiten der 2. FJD konnten die nachfolgende US-Infanterie stoppen und zurückdrängen.
Das alliierte Artilleriefeuer setzte ein. Der Gegner schoß hier mit Abstandszündern, deren Luftsprengpunkte die Granaten noch vor dem Einschlag zerschellen ließen. Dadurch wollte man verhindern, daß deutsche Pioniere die Brücke zur Sprengung klarmachten.
In der einfallenden Dunkelheit gelang es einem Pionier-Stoßtrupp der Amerikaner unbemerkt an die Brücke heranzukommen und eine Reihe Sprengladungen zu entschärfen und Zündleitungen zu zerschneiden. Damit bestand die Chance, hier einen unzerstörten Übergang in die Hand zu bekommen.
Als die Brücke am Morgen des 3. 3. gesprengt werden sollte, detonierte keine der Sprengladungen. Nun galt es, in letzter Sekunde eine andere Möglichkeit der Vernichtung der Brücke von Uerdingen zu finden.
Einem Offizier der II./PzLehrRgt. 130 gelang es, aus einem Depot jenseits des Flusses einen Lastwagen voll Granaten und vor allem von Fliegerbomben zu beschaffen. Im Feuer der vorgerückten US-Vorhut gelang es, diesen Wagen auf die Brückenmitte zu fahren. Dort wurde er dann von der deutschen Artillerie beschossen. Er geriet bei einem Volltreffer in Brand und schließlich zündeten die Fliegerbomben mit ohrenbetäubendem Getöse. Die Brücke von Uerdingen brach in der Mitte zusammen, und auch der Westbogen stürzte in den Fluß. Damit war in letzter Sekunde der reibungslose Übergang der Amerikaner bei Uerdingen über den Rhein vereitelt.
Die US-Streitkräfte schwenkten nach Norden ein und rollten nun auf Moers zu. Bei Hochfeld gelang es den als Nachhuten zurückbleibenden Panzerjägern und Panzern der PLD insgesamt 24 Feindpanzer abzuschießen. Als sich in der kommenden Nacht der linke Nachbar der PLD auf Homberg absetzte, mußte sich die PLD am Morgen des 4. 3. dieser Bewegung anschließen, wenn sie nicht isoliert werden wollte.
Der Gegner verlegte nun den Schwerpunkt seines Angriffs gegen den Brückenkopf auf die Südwestfront, wo die PLD im Abwehrkampf stand. Durch die schwere Flak, die im Erdeinsatz verwandt wurde, gelang es, vorstoßende Feindpanzer aus großer Distanz abzuschießen.
Am Morgen des 5. 3. setzte das feindliche Artilleriefeuer mit verstärkter Kraft ein und verstummte nicht mehr. Das US IR 137, das mit Panzerun-

terstützung angriff, wurde abgewiesen, drei Panzer blieben auf dem Schlachtfeld zurück und brannten aus. Die PLD wich auf die Linie Rheinberg-Eversael aus und hielt hier bis zum 7. 3. 1945. Sie unterstand seit dem Vortage dem II. Fallschirmkorps. Ihr rechter Nachbar wurde die 116. PD, die wieder einmal mehr im Brennpunkt der Abwehrkämpfe stand.

Der Brückenkopf wurde durch die energischen Angriffe des Gegners von Stunde zu Stunde mehr eingeengt. Die Kampfkraft der PLD schmolz auf ganze zwei Panzer zusammen. Die Kampfstärke dieser Elite-Division belief sich auf 600 Mann. Vom Südrand von Ossenberg bis zum Rhein hielt sie ihren Abschnitt gegen vielfache Übermacht.

Am 6. März hatten englische Truppen die Beobachtungsstelle der 1. Fallschirmjäger-Armee auf dem Bönninghardt im Handstreich in Besitz genommen. Der Brückenkopf auf dem Westufer des Rheins war von ursprünglich 30 Kilometer auf die Hälfte zusammengeschrumpft und wies nur noch eine Tiefe von 12 Kilometern auf. In diesen kleinen Brückenkopf feuerte der Gegner mit allen Waffen pausenlos hinein. Die Verluste wuchsen erschreckend.

General Schlemm meldete der HGr. B, daß der Brückenkopf sofort geräumt werden müsse, wenn überhaupt noch eine Chance der Verteidigung auf dem Ostufer des Flusses gewahrt werden sollte.

Wieder wurde auf den Führerbefehl hingewiesen, der den Rhein und den Brückenkopf westlich von Wesel zur Festung erklärt hatte.

Am 7. 3. schickte das OKW dennoch einen Beobachter in den Brückenkopf, um sich von der Lage dort berichten zu lassen. General Schlemm gab diesem Oberstleutnant i. G. ausgiebige Gelegenheit, einen aufregenden Tag zu verbringen. Am Abend berichtete der Oberstleutnant im FHQ anläßlich der Abendlage über die Situation, und wenig später erhielt General Schlemm die Genehmigung zur Räumung des Brückenkopfes.

Die Räumung wurde sorgfältig vorbereitet. Währenddessen galt es, den Gegner so lange zu halten, bis alle Truppen den Rhein überschritten hatten.

Eine der Nachhuten waren auch die Sturmgeschütze der Fallschirmjäger unter Leutnant Deutsch. Sie hatten bei Alpen am 6. 4. einen Sherman und einen Churchill abgeschossen. Als bei dem Hause Loo ein feindliches Panzerrudel den über den Rhein gehenden Fallschirmjägern in die Flanke fiel, wurde es von den drei Sturmgeschützen von Lt. Deutsch abgewiesen. Dann erhielten auch die Männer von Lt. Deutsch den Rückmarschbefehl über den Fluß.

Die Fallschirmjäger waren hinübergelangt. Am frühen Morgen des 10. März rollten die letzten Sturmgeschütze hinter der Nachhut her. Die Uhr

zeigte 4.00 Uhr an, das war der Zeitpunkt, an dem General Schlemm die Sprengung befehlen wollte. Doch noch immer zogen Männer über den Fluß, die ihre Stellungen bis zuletzt gehalten hatten. Der Pionier-Offizier ließ den Zeitpunkt der Sprengung der Rheinbrücke bei Wesel auf 6.00 Uhr verlegen, und als noch immer Fußtruppen und die letzten Fahrzeuge über den Fluß rollten, überzog er auch diesen Sprengzeitpunkt um eine weitere Stunde. Dann konnte er nicht länger warten, denn es waren feindliche Panzer im Anrollen gemeldet worden.
Genau um 7.10 Uhr des 10. 3. 1945 gab er den Befehl zur Zündung. Gleichzeitig krachten vier der riesigen Sprengladungen auseinander. Die Eisenbahnbrücke von Wesel hob sich von ihren Verankerungen und stürzte dann, in mehrere Teile zerbrochen, in den Fluß und riß einige Nachzügler mit in die Tiefe.
Noch immer warteten auf dem Westufer Hunderte auf Rettung. Sie eröffneten sogar das Feuer auf die eigenen Pioniere, die ihnen diese letzte Rettungschance zunichtegemacht hatten.
Allein im Raum Büderich gingen noch 3 000 deutsche Soldaten in Gefangenschaft. Im Wehrmachtsbericht des 11. 3. 1945 heißt es darüber:

> »Zur Ausnutzung der besseren Verteidigungslinien am rechten Rheinufer haben unsere Truppen den linksrheinischen Brückenkopf Wesel planmäßig und geordnet geräumt.«

Mit dem Rückzug über den Rhein wurde auch das Gebiet ostwärts des Flusses Kampfgebiet. Die 7. FJD richtete sich von Haffen über Diersford bis Bislich zur Verteidigung ein. Die 8. FJD übernahm den Raum Rees, in dem auch der Armee-GefStand eingerichtet wurde. Nördlich Rees schlossen sich Volkssturm-Einheiten an.
Inzwischen war dem Angreifer jedoch an anderer Stelle das Glück hold gewesen.

— — —

Blick auf die unzerstörte Brücke von Remagen.

7.3.1945: Die Ludendorff-Brücke ist in Feindeshand.

Pattons 3. Armee bei Saarlautern an der Saar.

Die 65. US-ID der 3. Armee hat ein Dorf erobert.

Die Brücke von Remagen

Am 5. März 1945 erreichte das VII. US-Korps unter General Collins die Stadt Köln. Die hier über den Rhein führenden Brücken waren sämtlich gesprengt worden und lagen im Strom. Dennoch gelang es den US-Truppen, ganz Köln bis zum 7. 3. zu erobern, ohne allerdings auf das Ostufer des Rheins zu gelangen.
Zur gleichen Zeit stießen das III. und das V. US-Korps nach Süden und Südosten rheinaufwärts, um alle noch in der Eifel stehenden deutschen Verbände aus der Flanke anzugreifen, während die 3. US-Armee diesen Frontabschnitt frontal angriff.
Am frühen Morgen des 7. 3. 1945 erhielt die 9. US-PD unter GenMaj. Leonard den Auftrag, die Ahr bei Ahrweiler und Sinzig im Angriff zu überwinden und sich danach mit der 4. PD der 3. US-Armee zu vereinigen.
Die Kampfgruppe unter Oberstleutnant Engeman, die als Spitzenverband der Hauptkampfgruppe unter Brigadegeneral Hoge durch Remagen rollte, sichtete plötzlich von der Höhe westlich des Rheins aus eine Brücke, die noch nicht zerstört war. Das war die Remagener Ludendorff-Brücke. Engeman meldete über sein Funksprechgerät, und Brigadier Hoge befahl ihm, sofort hinüberzurollen und die Brücke zu sichern.
Die Panzer Engemans rollten nun mitten durch die Stadt und erreichten unangefochten die Brücke. Pioniere sprangen ab und gingen daran, die Sprengkabel zu zerschneiden, die sie finden konnten. Unter dem Feuerschutz eines Zuges Pershingpanzer, die von Lt. Timmermann geführt wurden, rollten die Sturmgruppen über die Brücke, und als erster US-Soldat setzte Sergeant Alex Drabik um 16.00 Uhr seinen Fuß auf das rechte Rheinufer.
Von den Höhen jenseits des Flusses feuerte eine deutsche Flak-Batterie, ohne jedoch das Übersetzen der Kampfgruppe Engeman verhindern zu können. Lt. Timmermann und Lt. Burrows, der sich mit seinen Panzern der ersten Gruppe zugesellt hatte, leisteten ganze Arbeit. Die Panzergrenadiere sicherten auf dem Ostufer den Brückenkopf und nahmen deutsche Soldaten gefangen, die letzten Widerstand versucht hatten.
Eine kleine Sprengladung war inzwischen hochgegangen, die die Brücke erzittern ließ, aber keine sichtbaren Schäden anrichtete. Die Zündung der Hauptleitung hatte versagt.
General Hodges erhielt sofort über Funk Bescheid, daß es gelungen war, eine Rheinbrücke unzerstört in die Hand zu bekommen. Der OB der 1. US-Armee ließ sofort die gesamte 9. PD weiter vorrollen, um einen möglichst großen Brückenkopf auf dem Ostufer zu bilden. Danach ließ er sich mit dem HQ der 12. Heeresgruppe in Namur verbinden. Als sich

General Bradley meldete, der gerade ein Gespräch mit dem SHAEF-Offizier Brigadegeneral Bull führte, vernahm er Hodges' Stimme:
»Wir haben eine Brücke. Bei Remagen, Brad«, rief der OB der 1. US-Armee triumphierend.

»Das haut hin, Courtney«, brüllte Bradley erregt zurück. »Wir werfen so schnell wie möglich alles hinterher, was Beine hat.«

Bradley ließ sich mit dem HQ des Oberkommandierenden, General Eisenhower verbinden, der in Reims saß. Auch Ike führte gerade ein Gespräch mit seinen Korps- und Divisionskommandeuren der Luftlandetruppen, die gerade eine Möglichkeit des Überspringens des Rheins diskutierten, als Bradley ihm diesen Glücksfall meldete. Darüber Eisenhower:

»Ich traute meinen Ohren kaum. Wir beide, Bradley und ich, hatten oft darüber gesprochen, daß so etwas unter besonders günstigen Umständen möglich sein könnte, ohne uns jedoch solchen trügerischen Hoffnungen hinzugeben. Ich brüllte fast in das Telefon hinein: 'Was haben Sie bei der Hand? W a s könnten Sie sofort hinüberschicken?'
Bradley sagte: 'Ich habe über vier Divisionen, aber ich wollte Sie erst vorher anrufen, ob es im Sinne Ihrer Pläne ist, wenn ich sie hinüberschicke.'
Ich antwortete: 'Hören Sie zu, Brad! Wir haben ja eigentlich damit gerechnet, daß viele Divisionen bei Köln festgenagelt sein würden. Nun sind diese aber frei. Bringen Sie also schnellstens mindestens fünf Divisionen über den Fluß und außerdem alles, was sonst noch notwendig ist, damit wir auf alle Fälle halten können.'
Als Bradleys Antwort kam, konnte ich deutlich heraushören, wie sehr er sich freute:
'Genau d a s wollte ich tun, aber wir haben uns dann gefragt, ob sich das mit den Plänen vereinbaren ließe. Das wollte ich nur geklärt haben.'
Dies war einer der Augenblick des Krieges, in denen ich wirklich von Herzen froh war.«

Auf deutscher Seite schlug dieses Debakel wie eine Bombe ein. Unglücklicherweise lag nicht eine einzige Division in der Nähe der Brücke von Remagen, die im sofortigen Antreten den übergesetzten Feind hätte eliminieren können. Es sollten 11 Stunden vergehen, ehe die 11. PD, die gerade bei Köln über den Rhein gegangen war, um den Stoß auf Köln abzufangen, zurückgenommen und in den Raum Remagen umgeleitet werden konnte.
Am nächsten Tag erhielt GFM Kesselring Weisungen aus dem Führer-

hauptquartier, sich sofort dort zu melden. Als er nach dem Grunde dazu fragte, wurde ihm nur ausweichend geantwortet, daß der Führer ihn zu sprechen wünsche.
Gegen Mittag des 9. März traf GFM Kesselring in Berlin ein. Durch GFM Keitel erfuhr er im FHQ, daß er von Hitler bestimmt worden sei, GFM von Rundstedt im Westen abzulösen. Sein Hinweis, daß der italienische Kriegsschauplatz ihn brauche, wurde zwar anerkannt, doch GenOberst Jodl, der ebenfalls bei dieser ersten Unterredung anwesend war, erklärte Kesselring, daß der Führer diesen Einwand nicht akzeptieren werde. Genau so war es denn auch, als Albert Kesselring am Nachmittag des 9. 3. Hitler unter vier Augen sprechen konnte. Dieser erklärte ihm, daß der Fall von Remagen endgültig einen Wechsel in der Führung des Westkriegsschauplatzes erforderlich mache. Er, Kesselring, sei als neuer Oberbefehlshaber West vorgesehen.
Von GFM Kesselring wissen wir mehr über dieses Gespräch.

> »Ohne von Rundstedt einen Vorwurf zu machen, begründete Hitler seine Maßnahmen damit, daß nur ein jüngerer, beweglicherer und im Kampf mit den Truppen der Westmächte erfahrener General, der auch das Vertrauen der Front besitzt, die Lage im Westen vielleicht noch meistern könnte.«
> (Siehe Kesselring, Albert: Soldat bis zum letzten Tag.)

Hitler schilderte Kesselring die Gesamtlage und betonte dazu, daß die Entscheidung in diesem Krieg im Osten liege und daß ein dortiger Zusammenbruch das Ende und den Verlust des Krieges bedeuten würde. Damit hatte er z u s p ä t erkannt, daß alle seine Anstrengungen im Westen letzten Endes nichts erbracht hatten, und nur die Ostfront geschwächt zurückgelassen hatten.

> »In dieser Situation«, führte Hitler gegenüber dem Feldmarschall aus, »handelt es sich einzig und allein darum, die Zeit zu überbrücken, bis die 12. Armee, die gerade aufgestellt wird, und die neuen Düsenjäger und andere völlig neue Waffen in größter Zahl eingesetzt werden können. Großadmiral Dönitz wird sich außerdem bald mit neuen U-Booten bemerkbar machen und uns eine wesentliche Erleichterung verschaffen.«

Der Auftrag, den Hitler GFM Kesselring am Ende dieser Unterredung unter vier Augen erteilte, lautete:

> »Halten! — Halten um j e d e n Preis!«

Der Feldmarschall sollte zunächst nur anonym führen, da sein Name bei den Kämpfen in Italien weiterwirken sollte.
Von Berlin aus fuhr GFM Kesselring ins HQ des OB West nach Ziegen-

berg. Dort wurde er vom Chef des Generalstabes des OB West, General der Kavallerie Westphal, über die Lage unterrichtet. GFM Kesselring hatte Hitler gegenüber ausdrücklich darauf bestanden, daß Westphal, sein früherer Chef des Generalstabes in Italien, auch unter seiner Führung im Westen Chef des Generalstabes bleiben müsse. Hitler hatte diesen unbequemen General ablösen lassen wollen.
Westphal konnte GFM Kesselring die Zahl der im Westen eingesetzten 55 Divisionen und deren Zustand nennen, weil er sie von vielen Fahrten zur Front kannte. Er erklärte dem neuen OB die Situation ungeschminkt:

»Der Oberbefehlshaber West mußte seit dem Losbrechen der sowjetischen Winteroffensive zehn Panzer-Divisionen, sechs Infanterie-Divisionen, zehn Artilleriekorps und acht Werfer-Brigaden an die Ostfront abgeben. Die Infanterie-Divisionen haben nicht einmal 50 Prozent ihrer Sollstärken, und alle Panzer-Divisionen sind besonders schwach an Panzern.«

Als Westphal bemerkte, daß der Feldmarschall etwas überlegen und ungläubig lächelte, fragte er ihn, ob er seiner Lagemeldung etwa keinen Glauben schenke. Kesselring antwortete:

»Nein, der Führer hat mir etwas ganz anderes berichtet.«

Westphal verwies auf die Zustandsberichte und erklärte, daß er um seine sofortige Entlassung bitte, wenn sein Oberbefehlshaber ihm keinen Glauben schenke. Er sei froh, diese Stellung verlassen und ein Frontkommando antreten zu können.

»Das kommt nicht in Frage!«

erwiderte Kesselring. Aber er glaubte seinem Chef des Generalstabes immer noch nicht. Erst in den nächsten Tagen, bei Fahrten zur Truppe mußte er nach Besichtigung verschiedener Divisionen seine Voreingenommenheit gegenüber den Fakten revidieren. (Siehe Kurowski, Franz: Das Vermächtnis — Siegfried Westphal als Generalstabschef dreier Feldmarschälle.)
Bei einer der Frontfahrten, die in den Bereich des alliierten Brückenkopfes bei Remagen führte, traf GFM Kesselring auch mit GFM Model, dem OB der HGr. B zusammen. Als Kesselring seinem Gegenüber Vorwürfe machte, wies Model diese in scharfen Worten zurück. Es war vor allem nicht klug, daß Kesselring die Namen Keitel und Jodl erwähnte, denn nun explodierte Model und erklärte eisig:

»Von diesen Leuten will ich nichts mehr wissen und nichts mehr hören!«

Doch zurück zur Brücke von Remagen. Wie konnte es passieren, daß sie in die Hände des Gegners fiel? Was war mit den Sprengungen, die nicht voll durchschlugen? Wer war der Schuldige an diesem Desaster, das dem Gegner die Schaffung eines riesigen Brückenkopfes auf dem Ostufer des Rheins und damit die Ausgangsposition zum weiteren Vorstoß nach Deutschland hinein verschaffte?

Die deutsche Seite bei Remagen

Am Abend des 6. März 1945 schien es so, als bestünde für die US-Streitkräfte keine Chance mehr, sich irgendeiner Rheinbrücke zu bemächtigen, bevor sie in den Fluß stürzte.
Zu dieser Zeit stand das LXVII. AK unter General Hitzfeld im Raume 60 Kilometer westlich von Remagen im Einsatz, Hitzfeld, der über zwei angeschlagene Divisionen verfügte, sollte einen Angriff gegen die Amerikaner führen, die von Euskirchen her in Richtung Bonn angreifen wollten und bereits mit schnellen Aufklärungsverbänden nach Rheinbach und Remagen unterwegs waren.
Die HGr. B und ebenso das OKH waren der Auffassung, daß der Gegner seinen dortigen Hauptstoß gegen Bonn führen würde und daß die im Raume westlich von Remagen auftauchenden Feindkräfte nur die südliche Flankensicherung dieses Stoßes darstellen könne.
Einen Gegenangriff zu führen, sah sich General Hitzfeld außerstande. Er sah seine wichtigere Aufgabe darin, westlich von Remagen eine neue Front aufzubauen. Die größte Gefahr für ihn und sein Korps ging nicht vom amerikanischen Hauptstoß aus, sondern bestand in der eventuell möglichen Wegnahme der Brücke von Remagen durch schnelle US-Panzerverbände.
Diese Ludendorff-Brücke hatte eine Länge von 325 Metern. Sie erhebt sich auf vier steinernen Pfeilern an der ostwärtigen Rheinseite direkt bei der Erpeler Ley, die der Zug, der aus Westen kommend die Brücke passiert hat, durchfahren muß. Der Tunnel, der durch die Erpeler Ley führt, ist 380 Meter lang.
General Hitzfeld versuchte mehrfach die HGr. B davon zu überzeugen, daß vor allem diese Brücke geschützt werden müsse. Aber GFM Model beharrte auf seinem Befehl des Gegenangriffs über das Ahrtal hinweg.

Eine Stunde nach Mitternacht des 7. 3. unterstellte die HGr. B den Brückenkopf Remagen dem Korps Hitzfeld, ohne den noch immer bestehenden Kampfauftrag aufzuheben.
Bis dahin waren dem Korpsstab die Verhältnisse im Brückenkopf Remagen völlig unbekannt. Darüber hinaus hatte General Hitzfeld keinerlei Nachrichtenverbindung zum Brückenkopf. Da jedoch zur Verteidigung desselben sofort Maßnahmen getroffen werden mußten, entsandte der Kommandierende General einen seiner Offiziere, den Major Scheller, nach Remagen. Der Major erhielt folgende Weisungen durch General Hitzfeld persönlich:

»1. Sofortige Abfahrt nach Remagen. Unterstellung einer Funkstelle in Stärke von acht Mann zur Herstellung der Verbindung mit dem Brückenkopf.
2. Bildung eines engeren Brückenkopfes um Remagen, mit den dort angeblich vorhandenen Kräften, als Kommandant von Remagen. Erweiterung des Brückenkopfes mit den Verbänden, die er dort im Laufe des Tages vorfinden werde.
3. Orientierung über die technischen Brückenverhältnisse mit der Auflage, die Brücke sprengfertig zu machen.
4. Meldung an das Korps über das Veranlaßte.
5. Gegebenenfalls in eigener Verantwortung Erteilung des Sprengbefehls; spätestens wenn der Feind die Westseite der Brücke betritt.«

Das Korps wollte, so wurde Major Scheller erklärt, versuchen, mit dem eigenen rechten Flügel Anlehnung an den Brückenkopf zu suchen.
Scheller wurde ferner eindringlich dahingehend orientiert, daß das Korps bei seinem bevorstehenden Rückzug auf die Brücke von Remagen angewiesen sei, denn sie war die einzige noch stehende Brücke über den Fluß im gesamten Korpsbereich. Dies bedeutete, daß Scheller erst in allerletzter Sekunde sprengen durfte, wenn das Korps die Brücke überschritten hatte.
Es war 2.45 Uhr, als sich Major Scheller von seinen Kameraden verabschiedete. Er sagte noch zum Ia des Korps: »Dies ist ein Ritterkreuz-Auftrag!«
In Remagen stand zu dieser Zeit eine Brückensicherungs-Kompanie unter Führung von Hptm. Willi Bratge. Ferner war eine Pionier-Kompanie dort in Quartiere untergezogen. Diese Kp. wurde von Hptm. Karl Friesenhahn geführt. Letzterer war Brückenkommandeur, während Bratge die Führung des Brückenkopfbereiches übernommen hatte.
An Abwehrwaffen waren in Remagen stationiert: Zwei Züge 2 cm-FlaMW in Vierlings-Lafetten auf der Brücke. Auf dem Kopf der Erpeler

Ley, die das Ostufer überragte, und in Remagen standen ebenfalls 2 cm-FlaMW und einige schwere Geschütze. Die Gesamtstreitmacht bestand in einer schweren und einer leichten Batterie und einem Eisenbahn-Flak-Batl. mit 2 cm-, 3, 7 cm- und 10,5 cm-Geschützen. Eine leichte Flak-Batterie kam hinzu.
Die Einheiten unter Hptm. Bratge waren mit Gewehren, einigen leichten MG und Panzerfäusten ausgestattet. Die Brückensicherungs-Kp. hatte eingangs März eine Stärke von 36 Mann. Hptm. Fiesenhahns Pionier-Kp. war 120 Mann stark. Die Flak hatte eine Kopfzahl von 200 Mann. Hinzu kamen als Flakhelfer 180 Hitlerjungen. Eine Luftwaffen-Raketenbatterie mit 20 Mann Kopfstärke kam hinzu.
Die nahe der Brücke in Bereitschaft liegende Einheit des Volkssturms war 500 Mann stark. Damit verfügte der Brückenkopf über nicht einmal 1 000 Mann mit völlig unzureichenden Waffen. Schwere Waffen zur Abwehr feindlicher Panzerangriffe waren nicht vorhanden.
Als die Sache Anfang März 1945 kritisch wurde, erhielt GenLt. Botsch, Chef des Generalstabes der 15. Armee, den Auftrag, eine Kampfgruppe zu bilden. General Botsch, als alter Truppenkommandeur — er hatte die 18. VGD geführt — meldete der HGr. B, daß er zur Verteidigung von Remagen und zur Brückenkopfbildung eine ganze Division u n d ein verstärktes Regiment benötige. GFM Model sah sich außerstande, ihm die verlangten Truppen zu geben. Er avisierte lediglich ein schweres Flak-Bataillon für die Verteidigung von Remagen.
Da Botsch von der HGr. die Meldung erhalten hatte, daß der Feind zwischen Köln und Bonn auftauchen werde, verlegte er seinen GefStand auf halbem Wege zwischen Bonn und Remagen. An und für sich sollte er den GefStand in Bonn einrichten, aber Botsch als Praktiker zog in Dottendorf, 24 Kilometer nördlich von Remagen, unter, damit er in beiden Richtungen gleich schnell operieren konnte.
Obgleich auch General von Bothmer, der Kampfkommandant von Bonn, diese Gefechsstandswahl kritisierte, war General von Zangen, der OB der 15. Armee, damit einverstanden.
Am Nachmittag des 5. 3. besuchte General Botsch Remagen, wo er erfuhr, daß sich nicht nur das Personal des Reichsarbeitsdienstlagers, sondern auch die in Remagen liegende Luftnachrichten-Kp. zurückgezogen hatte. Einige Flak-Einheiten, die westlich des Rheins stehen sollten, waren auf das Ostufer herübergekommen. GenLt. Botsch hämmerte Hptm. Fiesenhahn und dem Kommandeur des Volkssturm-Batl., Major Möllering, ein, was zu tun sei, falls der Gegner überraschend auftauchen würde. Der General beriet sich noch mit den Verantwortlichen, w i e die Sprengung der Brücke durchzuführen sei. Hptm. Friesenhahn als Pionieroffizier wurde gefragt, unter welchen Umständen er eine Vernich-

tung dieser Brücke garantieren könne. Er erwiderte, daß dies allein davon abhänge, wie lange die HGr. diese Brücke für die Rückführung ihrer Truppen benötige.
Als GenLt. Botsch Remagen verließ, hatte er die feste Überzeugung gewonnen, daß Stadt und Brücke in guten Händen lägen. Er gab am Abend dieses 5. 3. GFM Model einen Telefonbericht über die Situation im Raume Remagen, und als Model ihn direkt fragte, wie er die dortige Situation sehe, sagte Botsch:

> »Sie ist ähnlich jener in Bonn. Ich habe bei beiden Brücken eine Brückensicherungs-Kp. und ein Volkssturm-Bataillon, aber viel zu wenig Flak und keine schwere Waffen.«

Model bat den GenLt. am Telefon zu warten. Er eilte zum Chef des Stabes und forderte vom Flakoffizier der HGr. ein schweres Flak-Bataillon für Remagen an. Dann ging er wieder ans Telefon.

> »Hören Sie, Herr Botsch, nachdem Sie noch ein Flak-Batl. haben und eine weitere Alarm-Kompanie bekommen werden, haben Sie sicher genug?«

General Botsch protestierte:

> »Ich brauche schwere Waffen und ein verstärktes Regiment für Remagen.«

> »Das kann ich Ihnen nicht geben«,

erwiderte der Feldmarschall und legte den Hörer zurück.
Anschließend besprach General Botsch noch die Frage der technischen Vorbereitungen für die Brückensprengungen mit dem Pionier-Kommandeur der Heeresgruppe, General Wirtz.
General Wirtz sagte ihm, daß für den Notfall noch eine drei- bis vierfache Sprengladung der Ostuferseite zur Verfügung stehe. Außerdem seien die gelegten Zündkabel und die Ladungen in Ordnung.
Dies teilte General Botsch später auch den Hauptleuten Bratge und Friesenhahn mit.
Am 6. März erlitt die 15. Armee — wie bereits angerissen — eine schwere Schlappe. Der Armee standen ganze 75 000 Mann zur Verfügung, die sich auf sieben Divisionen verteilten. Hinzu kam die KGr. Botsch.
Es war die 9. US-PD, die am 6. 3. die schwache deutsche Front aufriß und bis zum Abend den Ortsrand von Meckenheim erreichte. Damit stand sie nur noch 18 Kilometer westlich des Rheins. Der Versuch des Armee-OB, General von Zangen, die in der Mitte seiner Abwehrfront aufgerissene Lücke wieder zu schließen, veranlaßte ihn, den Angriffsbefehl für die beiden Divisionen des LXVI. AK unter General Hitzfeld zu geben. Aber auch dies schlug fehl.

Der von General Hitzfeld zum Brückenkopf nach Remagen abkommandierte Major Scheller traf am 7. 3. 1945 dort ein und wies sich Hptm. Bratge gegenüber als neuer Brückenkommandeur aus. Der mitgegebene Funktrupp, der unterwegs hatte auftanken müssen, war durch starkes Feindfeuer am Weiterfahren gehindert worden, so daß Scheller ohne ihn bei Remagen eintraf. Damit war Remagen nach wie vor ohne jede Verbindung zum Korps.
Scheller erfuhr, daß die Sprengleitungen verlegt seien und daß der Sprengstoff für die Hauptsprengung bereits eingebaut sei. Für die Schnellsprengung am Ostufer, die General Wirtz angeordnet hatte, waren durch Hptm. Friesenhahn ebenfalls alle Vorbereitungen getroffen worden. Die Zündkabel waren zu den eingebauten Sprengstoff-Behältern gelegt. Nur der zugesagte Sprengstoff — 500 Kilogramm TNT — sollte noch an diesem 7. 3. geliefert werden.
Allerdings waren, das erfuhr Scheller erst später, nur noch 300 Kilogramm Dolorit vorhanden. Dies wiederum war nur ein Viertel der vorgesehenen Sprengstoffmenge, weil Dolorit bedeutend schwächer ist als TNT.
Während Hptm. Bratge noch Major Scheller einwies, tauchten am Westufer des Stromes, noch vor der Brücke, feindliche Panzer auf. Als Bratge vorschlug, mit den vorhandenen Truppen das rechtsrheinische Ufer zu sichern, antwortete Scheller, daß es seine Aufgabe sei, den linksrheinischen Brückenkopf zu verteidigen.
Er versuchte in der nächsten Stunde, die dazu notwendigen Kräfte zu erhalten. Er hielt jene Kräfte auf, die vor dem anrückenden Gegner über die mit Bohlen belegte Eisenbahnbrücke zurückwichen. Doch die in geschlossenen Einheiten zurückgehenden Truppen waren nicht zu stoppen, da sie für ihre jeweiligen Märsche gültige Marschbefehle vorweisen konnten. Lediglich Einzelgänger konnten festgehalten werden.
Um 12.00 Uhr erteilte Major Scheller den Befehl, die Brücke zur Sprengung fertig zu machen. Unmittelbar darauf wurden feindliche Truppen nur zwei Kilometer westlich von Remagen gemeldet.

Oberleutnant Leonard Engeman, Kampfgruppenführer der Vorausabteilung der 9. PD, hatte am Morgen dieses 7. 3. von General Hoge den Befehl erhalten, mit zehn Meilen Stundengeschwindigkeit in Richtung einer Stadt vorzurollen, die Remagen hieß. Die Panzergrenadier-Kompanie unter Lt. Timmermann und die A-Kompanie des 14. Panzer-Bataillons, unter Hauptmann Soumas, fuhren um 6.30 Uhr los. Sie erhielten bereits nach 1,6 Kilometern Fahrt Feuer aus Fritzdorf. Dieser Widerstand wurde durch massiertes eigenes MG-Feuer gebrochen. Es ging weiter nach Overich.

Hier schoß ein deutsche Landser mit einer Panzerfaust. Das von ihm beschossene Halbkettenfahrzeug geriet sofort in Brand. Ein Zug Panzer, unter Lt. Grimball, zog vor und schoß den Weg frei. Die ersten deutschen Gefangenen wurden gemacht und in Richtung Division zurückgeschickt.
Eine Ortschaft tauchte vor ihnen auf. Aus den Fenstern der ersten Häuser flatterten weiße Bettücher, als »weiße Fahnen«.

»Das sieht nach einer Falle aus«, bemerkte Zugführer Burrows zu Timmermann.

»Aber wir gehen nach Remagen«, entgegnete dieser.

Als sie Niederich erreichten, flohen einige Gruppen Landser eilig zurück. Die nachsetzenden US-Fahrzeuge schossen aus Maschinenwaffen hinterher. Birresdorf wurde erreicht. Bis Remagen waren es nun nur noch eineinhalb Kilometer weit.
Zugführer Lt. Burrows sah, daß Deutsche über die Brücke zurückgingen und meldete dies seinem Kompanieführer mit den Worten: »Das wäre ein Ziel für uns, Leutnant!«

»Okay«, sagte der, »bringt den Werferzug in Stellung. Bereitet Feuer auf die Brücke vor und Meldung über Funk an Oberstleutnant Engeman, er soll seine Tanks vorwerfen und uns Artillerie schicken.«

Die Befehle überstürzten sich nun. Einige Minuten später tauchte der Kommandeur in seinem schnellen Flitzer auf, gefolgt von Major Deevers, dem Kommandeur des 27. Panzergrenadier-Bataillons. Sie sahen nun selber, daß die Brücke noch intakt war und daß noch immer Soldaten und Zivilisten mit Kühen und Pferden über die Brücke nach Osten zogen und dort außer Sicht kamen.

Major Deevers ließ nun die Führer der A- und der C-Kompanie, Timmermann und Lt. William E. McMaster rufen.

»Tim, Mac, Sie machen eine Aufklärung nach Remagen und geben mir sofort Bericht, wie es dort aussieht.«

Mit den beiden genannten Offizieren ging ein Melder die 500 Meter den Hügel hinunter über einen Fußpfad nach Remagen. Sie wurden nicht beschossen. Aber sie sahen die entschlossene Aktivität auf der anderen Seite und das große gähnenden Loch des Tunnels. Dort arbeiteten Pioniere und was die tun würden, das war den Beobachtern klar. Sie eilten zurück und machen Major Deevers Meldung.
Inzwischen war auch Major Ben Cothran, der Operationsoffizier von General Hoge, hier eingetroffen. Er meldete dem Divisionskommandeur über Sprechfunk, daß der Gegner Vorbereitungen zur Sprengung der intakten Brücke betreibe. GenMaj. Hoge antwortete ziemlich außer Atem.

»Tempo, Tempo und nochmals Tempo! Ich denke, es wäre hübsch für uns alle, wenn wir die Brücke unzerstört schnappen könnten. Also hinüber!«.

Die ersten schnellen US-Einheiten stürmten nach Remagen hinein. Gegenüber dem Arbeitsdienstlager lag der deutsche Uffz. Gerhard Rothe mit einer Gruppe der Brückensicherungs-Kp. in Stellung. Als der Angreifer vor dieser Gruppe auftauchte, stürmte Rothe mit seinen Männern hügelabwärts, um die MG-Wagen der Angreifer zu teilen. Doch schon eröffneten die Schnellfeuerwaffen des Gegners das Feuer. Uffz. Rothe lief weiter, um Hptm. Bratge zu melden, daß der Feind nach Remagen eingedrungen sei. Er erhielt einen Schuß ins Bein und kroch weiter. Die Amerikaner setzten ihre Fahrt fort, denn sie wußten, daß es nun hieß schneller zu sein als der Gegner und diese große Chance zu nutzen.
Während dieser Zeit befand sich Major Scheller noch auf dem linksrheinischen Ufer, um die Verteidigung des Brückenkopfes zu organisieren.
Um 14.00 Uhr hatten die ersten Feindpanzer der 9. US-PD die günstigsten Schußpositionen zur Feuereröffnung erreicht und feuerten aus überhöhten Stellungen auf die Brücke herunter. Die ersten Granaten krachten in die Brückenbohlen hinein und rissen sie auseinander, ohne jedoch großen Schaden anzurichten. Damit wollten die Amerikaner verhindern, daß Pioniere der Deutschen weitere Sprengvorbereitungen trafen.
Wenig später rollten diese Panzer nach Remagen hinein. An der Spitze die Kompanie Timmermann. Leutnant Fred Rango, der einigermaßen Deutsch sprach, erfuhr hier von den Zivilisten, die er anrief, daß die Brücke über den Fluß um 16.00 Uhr gesprengt werden sollte. Er meldete dies sofort zurück und erhielt Befehl, es unverzüglich auch Oberst Engeman zu melden.

Es war bereits 14.30 Uhr, als sich Major Scheller und Hptm. Bratge auf das ostwärtige Ufer zurückzogen. Auch der Gefechtsstand des Kampfkommandanten war auf das Ostufer verlegt worden. Und zwar in den Tunnel hinter der Brückenabfahrt.
Genau 45 Minuten vorher war noch ein Artillerie-Kommandeur bei Major Scheller erschienen und hatte diesen gebeten, mit der Sprengung der Brücke noch etwas zu warten, da er mit seiner Artillerie-Abteilung, die jeden Moment eintreffen könne, noch hinüber müsse, um eine neue Abwehrstellung zu beziehen.
Major Scheller stimmte zu, denn seine Hauptaufgabe bestand ja eigentlich nicht in der Sprengung der Brücke sondern darin, dem noch erwarteten LXVI. AK den Rückzug über die Brücke zu sichern.
Bis 14.30 Uhr war jedoch kein Mann dieses Korps mehr über die Brücke

gelangt. Der Strom der zurückgehenden Infanterieverbände war versiegt.
Um 14.35 Uhr zündete Hptm. Friesenhahn die Vorsprengung in Remagen selbst, durch welche die Auffahrtrampe auf die Brücke unpassierbar gemacht werden sollte. Dann zog er sich im Laufschritt mit seinen Pionieren über die Brücke zurück, verfolgt vom MG-Feuer der Amerikaner. Er erreichte wohlbehalten mit seinen Männern den Tunnel am Ostufer. Hier wurde er von Hptm. Bratge bestürmt, nun auch die Hauptsprengung zu zünden. Es war 14.50 Uhr. Hptm. Friesenhahn lehnte die Zündung der Hauptsprengung ab, weil Major Scheller sie sich selber vorbehalten hatte.
Scheller wiederum hatte sich entschlossen, noch etwas zu warten. »Das Korps muß gleich hier eintreffen und sollte noch hinübergelangen, ehe wir die Brücke hochjagen«, meinte er.
Bis 15.20 Uhr war noch immer kein Soldat des LXVI. AK eingetroffen. Nun war auch Scheller so weit. Er befahl die Sprengung. Hptm. Friesenhahn gab die notwendigen Anweisungen, und um 15.40 Uhr wartete alles im Tunnel auf den »Donnerschlag der Hauptsprengung«. Es erfolgte jedoch nur ein schwacher Knall. Die Hauptsprengung hatte versagt. Es war allen unfaßlich, denn noch um 15.00 Uhr waren die Zündkabel ein letztesmal untersucht und völlig für in Ordnung befunden worden.

»Schnellsprengung!« befahl Hptm. Friesenhahn.

Die Pioniere versuchten es nun mit dem Rest des Industrie-Sprengstoffes Dolorit. Aber die daraufhin erfolgende Explosion hob die Brücke lediglich etwas an; unbeschädigt fiel sie auf ihre alten sicheren Lager zurück. Sie blieb stehen. Bei richtig erfolgter Sprengung hätte Major Scheller seine Pflicht hundertprozentig erfüllt. Es war nicht seine Schuld, daß einige Versager passierten.

Der Grund für das Versagen der Hauptsprengung konnte nicht geklärt werden. Einige Zeugen sagten aus, daß die Hauptkabel durch Beschuß zerschlagen worden seien. Auch für die Vermutung, es habe sich hierbei um Sabotage gehandelt, ist kein Beweis gefunden worden. Die Möglichkeit, daß die Hauptsprengleitung durch Artillerie- oder Panzerbeschuß zerstört wurde, ist nicht ausgeschlossen.
In Remagen machten sich die US-Soldaten zum Flußübergang bereit. Sie waren von diesem Sprung über die Brücke nicht sonderlich begeistert, und einige vermuteten sogar, daß die Deutschen eine Schweinerei vorhätten und daß sie erst dann, wenn sich alle auf der Brücke befänden, die Hauptsprengung zünden und sie alle in die Luft blasen würden. Major Deevers befahl Lt. Timmermann, mit seiner Kompanie die Brücke zu überschreiten. Timmermann, ein gebürtiger Deutscher, gab den An-

trittsbefehl, und von der Höhe gegenüber der Erpeler Ley sah General Hoge, der auf schnellstem Wege nach vorn geeilt war, daß die A-Kompanie losfuhr. Als sich die Männer um Timmermann auf der Brückenmitte befanden, hob sich diese etwas an. Stahl kreischte, eine dreckige, dunkle Pulverwolke stob empor. Einige GIs gingen zu Boden, andere bedeckten ihre Gesichter mit den Händen und warteten auf ihr Ende. Aber weiter geschah nichts mehr. Die Brücke blieb stehen.
»Alles mir nach!« brüllte Timmermann. Die Waffen im Arm rannten sie los. Zwei Fahrzeuge rollten voraus. Der Spitzenpanzer unter Lt. Grimball machte mitten auf der Brücke Schießhalt und feuerte auf einen der beiden Brückentürme, aus dem MG-Feuer peitschte. Die Panzergranate schlug unmittelbar unter diesem MG in den Turm. Das MG verstummte. Die Männer rannten weiter. In ihrem Rücken eröffneten die eigenen Sherman das Feuer. Timmermann stürmte einem dunklen Loch entgegen, aus dem noch Abschüsse erfolgten. Auch aus den beiden Brückentürmen schossen noch ein paar Landser, bis sie hinausgeschossen waren.
Major Scheller und Hptm. Bratge, die sich vorn bei den ersten MG-Ständen befanden, sahen die US-Panzer über die Brücke rumpeln. Rechts und links daneben sprangen Gestalten auf und rannten vorwärts. MG-Feuer klatschte gegen die Tunnelwände, einige Salven peitschten in den Tunnel hinein. Frauen und Kinder und Alte, die sich in den Tunnel geflüchtet hatten, begannen zu schreien.
»Hört auf! Hört auf, es ist doch sinnlos!« schrie einer der Männer. Aber Major Scheller befahl Bratge, die Soldaten zum Gegenstoß zu sammeln. Schon detonierten die ersten Panzersprenggranaten im Tunnel. Das Getöse weitete sich zum Chaos aus. Von zwei Leutnants begleitet, eilte Scheller zum Tunneleingang. Er sah, daß der Gegner bereits 17 Panzer über die Brücke geschafft hatte, und auf der Brücke rollten weitere nach.
Als Hptm. Bratge sah, daß die Amerikaner bereits den jenseitigen Tunnelausgang unter Feuer nahmen und daß dort Zivilisten weiße Bettücher schwenkten, gab er den Kampf auf. Major Scheller war nicht mehr zu sehen. Bratge befahl, das Feuer einzustellen und hielt ebenfalls eine weiße Fahne bereit, während sie mit erhobenen Händen und waffenlos den Tunnel verließen.
Das Feindfeuer verstummte ebenfalls, und plötzlich senkte sich Stille über diese Brücke und den Vorplatz. Nur aus dem Tunnel war noch das Wimmern der Verwundeten und das Weinen der Kinder zu hören.
Lediglich von der Höhe der Erpeler Ley schoß noch eine leichte Flak-Batterie, und von der Höhe des Hotels Waldburg wurden MG-Salven hinuntergeschickt, die keine Folgen hatten, weil die Distanz zu weit war.

Ein Zug leichter US-Panzer rollte unter dem Befehl von Lt. Demetri hügelaufwärts und zerschoß das Hotel.
Von seinem vorgeschobenen Gefechtsstand rief Oberst Engeman um 17.00 Uhr General Hoge an und meldete die Eroberung der Brücke von Remagen und daß er mit seiner Kampfgruppe bereits drüben sei und einen ersten Brückenkopf jenseits des Tunnels gebildet habe. GenMaj. Hoge fuhr nach Birresdorf zurück und rief General Leonard an. Der weitere Instanzenweg wurde im Eiltempo absolviert.
Inzwischen hatten Pioniere auch die nicht hochgegangene Hauptsprengstelle unschädlich gemacht. Die Amerikaner hatten damit einen unbeschädigten Rheinübergang gewonnen und schickten sich an, Divisionen, wie sie sie greifen konnten, hinüberzuwerfen, und Generalmajor Bull, der gerade bei General Bradley war, um einige Divisionen für den Angriff der 7. Armee im Saargebiet lockerzumachen, erlebte nun eine kühle Abfuhr.

»Damit, Punk«, meinte der OB der 12. Heeresgruppe, »schwimmen Ihre Felle weg. Nun kann ich keine einzige Division für den Angriff im Saargebiet freimachen.«

»Aber das paßt doch gar nicht in Ihren Plan, Brad!« protestierte GenMj. Bull. »Sie können doch nicht einfach die Divisionen irgendwohin nach Remagen schicken.«

Bradley konnte und durfte, wie Eisenhower wenig später bestätigte. Was aber war mit dem LXVI. AK geschehen, auf dessen Brückenübergang Major Scheller so lange — zu lange — gewartet hatte?
Major Scheller suchte das Korps. Er wollte seine Meldung erstatten, um dadurch schnellstmöglich die Einleitung von Gegenmaßnahmen zu erreichen. In Remagen und ostwärts davon fand er keinerlei Nachrichtenverbindungen vor. Er suchte nach einem Fahrzeug, um damit zu einer funktionierenden Nachrichtenstelle zu kommen, fand aber offenbar keines. (Major Scheller wurde einige Tage später von einem deutschen Standgericht zum Tode verurteilt und erschossen.)
Das LXVI. AK war am Morgen des 7. 3. 1945 von den angreifenden amerikanischen Divisionen weit zurückgeworfen worden. Für ein paar Stunden hatte sich der Korps-Gefechtsstand in Brück befunden, mußte aber am frühen Morgen des 8. 3. nach Degenbach zurückverlegt werden und wurde am 9. 3. nach Bröhl zurückgenommen. Dort wurde er von US-Panzerverbänden überrollt, und selbst der Kommandierende General, General Hitzfeld, mußte sich unter Zurücklassung aller Habe zu Fuß mit seinem Stab zum Rhein durch die Wälder zurückschlagen. Bei Andernach setzte er mit seinem Stab in der Nacht zum 10. 3. über den Fluß und richtete sich bei Altwied ein. Mit Kähnen und Flößen gingen die Truppen

seines Korps über den Fluß. Die offene Brücke bei Remagen hatten Division um Division der US-Truppen angezogen, dort war jedes Herüberkommen für alle Zeit beendet.
Damit war die linksrheinische Front zusammengebrochen.
Als am Morgen des 8. März Hitler der Fall der Ludendorff-Brücke vorgetragen wurde, erlitt dieser einen Tobsuchtsanfall und erklärte, daß hier nur das Versagen eines Offiziers vorliegen könne und man diesen finden, vor Gericht stellen und verurteilen müsse. Er ordnete die Einsetzung eines Fliegenden Standgerichtes an. Dieses wurde noch am selben Tag gebildet. Hitler bestellte General Hübner zu dessen Vorsitzenden. Die Oberstleutnante Penth und Ehrnsperger vom OKH wurden zu Beisitzern berufen.
Zu dieser Zeit waren bereits die US-Truppen der 9. PD, der 9. und 310. ID über die Brücke nachgezogen worden und hatten einen tiefen Brückenkopf gebildet. Pioniere bauten bereits an einer zusätzlichen Pontonbrücke über den Fluß.
Es vergingen neun Stunden des 8. 3., bevor die 11. deutsche PD in den Raum Remagen umgeleitet war.
GFM Kesselring sollte nunmehr diesen starken feindlichen Brückenkopf zum Einsturz bringen. Als neuer OB West schien er Hitler die einzige geeignete Persönlichkeit, das Schicksal im Westen noch einmal zu wenden.

Der Kampf um eine Brücke

Nachdem General der Kavallerie Westphal seinem alten und neuen Oberbefehlshaber Bericht erstattet hatte und dieser sich durch Frontfahrten vom wahren Zustand der als Divisionen bezeichneten Divisionsreste überzeugt hatte, fuhren der GFM und sein Chef des Generalstabes zum HQ der 15. Armee. Dort gab General der Infanterie von Zangen ihnen einen Bericht der Lage beim Kommando der 15. Armee. General von Zangen erstattete dann den Bericht über alle Maßnahmen, die er zur Beseitigung des Brückenkopfes von Remagen ergriffen hatte. Die Annahme über die Stärke des Feindes auf dem Ostufer des Rheins im Remagener Brückenkopf belief sich auf zwei US-ID und eine PD mit unterstellten und nachgeführten Artillerieverbänden.
Der Besuch Kesselrings auf dem Gefechtsstand des Luftwaffenkommandos West am 10. 3. war ebenso unbefriedigend verlaufen wie jener Besuch bei der 15. Armee. General der Flieger Schmidt hatte den Vortrag über die Luftlage gehalten, die einfach katastrophal war.
Noch am Spätnachmittag dieses deprimierenden Tages war GFM Kesselring nach Emmerich gefahren, um auf dem GefStand der 1. Fallschirmjäger-Armee von General der Fallschirmtruppe Schlemm dessen Hiobsbotschaften zu hören. Beide Männer kannten sich aus Italien. General Schlemm trug ungeschminkt vor, was Sache war und daß der Gegner das westliche Rheinufer besetzt halte und mit starken Fliegerkräften seine Angriffe flog.

Anschließend berichtete GenOberst Blaskowitz, der OB der HGr. H, dem OB West über die Lage an seiner Front, und zum Schluß trug General der Infanterie Blumentritt vor, der als OB der 25. Armee noch mit in die erwarteten schweren Kämpfe verwickelt werden würde.
Als GFM Kesselring den Gefechtsstand in Emmerich verließ, war er zuversichtlicher. Diese Truppe und ihre Befehlshaber waren in Ordnung und in der besten Verfassung. Kesselring hatte volles Vertrauen zur Führung der Fallschirmjäger und zu dieser Truppe selber.
Besuche bei der HGr. G in der Rheinpfalz und hier bei der 7. und 1. Armee schlossen sich an. GFM Kesselring stellte sich die Lage in diesem Raum folgendermaßen dar:

> »Starke feindliche Konzentration im Raume Remagen und vor der 1. Armee beiderseits von Saarbrücken. — Anzeichen stärkerer Schwerpunktbildung durch die amerikanische 3. Armee vor dem rechten Flügel der 7. Armee und vor der 1. Fallschirmjäger-Armee. Laufende Angriffe der 1. US-Armee südlich von Trier.«

Die neue Offensive an der Westfront ist am 8.2.45 eröffnet worden.

Goch unter dem Feuer gepanzerter US-Verbände.

Kleve wird am 14.2.45 erobert.

Xanten am 28.2.45: Soldat des I. can. Korps mit deutschen Gefangenen.

Von den übrigen Frontabschnitten sagte der Feldmarschall in seiner präzisen Art:

> »Vernachlässigung der holländischen Front (bei der 25. Armee), des Rheinstreifens vorwärts des Ruhrgebietes (5. Panzerarmee) und der Oberrhein-Front (19. Armee) durch den Feind.
> Feindliche Absichten: Ausnutzen des Zufallserfolges bei Remagen und die Trennung von Nord- und Süddeutschland durch einen schnellen Vorstoß aus dem Brückenkopf Remagen nach Osten und Verbindungsaufnahme mit den Sowjets.
> Ferner: umfassender Angriff auf die westrheinische Bastion der Saarpfalz, um die HGr. G zu vernichten und dadurch den Rheinübergang als Ausgangsbasis für Operationen gegen Süddeutschland zu sichern.
> Ferner: Angriff der Engländer zur Erzwingung des Rheinüberganges bei der Fallschirmjäger-Armee und Bildung eines Brückenkopfes, mit den dann in drei Richtungen gegebenen operativen Möglichkeiten. Hinter der Front Zerfallserscheinungen.«
> (Siehe: Kesselring Albert: Soldat bis zum letzten Tag.)

Als Kesselring am 15. 3. abermals ins FHQ befohlen wurde, teilte er Hitler diese seine Wahrnehmungen ungeschminkt mit. Er erreichte in dieser Besprechung bei Hitler, daß der rechte Flügel der 1. Armee aus dem Westwall zurückgenommen wurde.
Dieser Teil der Armee sollte an der Nahe-Linie zur Verteidigung übergehen. Dadurch hatte GFM Kesselring das Zurückgehen der HGr. G eingeleitet, die stark exponiert stand und dementsprechend gefährdet war.

Verlauf der Operationen

Am Morgen des 9. 3. erschien GFM Model auf dem Korpsgefechtsstand des LIII. Korps in Oberpleis. GenLt. Bayerlein empfing den OB der HGr. B, und wie dies seine Art war, ging GFM Model gleich in medias res.

> »Bayerlein, Ihr Korps ist auf den Brückenkopf Remagen angesetzt. Ich gebe Ihnen 24 Stunden Zeit, die Panzer-Lehr-Division, die 9. und 11. Panzer-Division zu versammeln und zum Angriff bereitzustellen. Am 10. März müssen Ihre Verbände rollen!«

General Bayerlein versuchte zu erreichen, daß er mit allen Verbänden gleichzeitig angreifen konnte. Doch Hitler hatte genauen Befehl erteilt, »sofort und mit jedem verfügbaren Verband« anzugreifen. Dies aber zersplitterte die Stoßkraft des Korps und ließ alle Versuche, den Brückenkopf doch noch zum Einsturz zu bringen, scheitern.
Die Kampfgruppe Hudel, ein Panzerverband unter der Führung von Eichenlaubträger Major Helmut Hudel, übernahm die Führung der am 9. 3. bereitgestellten Kampfgruppe der PLD und rollte dem Brückenkopf entgegen. Sein Verband bestand aus 16 Panzern V, zehn Panzern IV und zehn Jagdpanthern, von denen etwa 20 einsatzbereit waren.
Major Hudel schoß sich durch die ausschwärmenden Feindspähtrupps den Weg in die Ausgangsposition frei. Als er den Bereitstellungsraum Erl noch nicht erreicht hatte, erteilte ihm GenLt. Bayerlein bereits den Befehl, am anderen Morgen um 8.00 Uhr von dort aus anzugreifen.
Seine Aufgabe sei es, den Brückenkopf zu teilen und dann aufzurollen. Daß von der Erfüllung eines solchen Auftrages mit den wenigen Panzern nicht die Rede sein konnte, war auch Bayerlein klar. Aber d a s waren die Befehle, die er erhalten hatte und die er unverändert weitergab.
Es war für die KGr. Hudel schwierig, den Aufmarschraum rechtzeitig zu erreichen. Die Marschstraße war durch alliierte Bombenangriffe beschädigt und überdies voller Truppeneinheiten und zurückeilenden Flüchtlingen.
Der Angriff wurde von GFM Model abgesagt, weil er am hellichten Tage mit der völligen Vernichtung der KGr. Hudel durch Jagdbomber und Artilleriefeuer geendet hätte.
GFM Model befahl die Errichtung eines Einschließungsringes um den Brückenkopf und das Abwarten stärkerer Kräfte, so, wie dies GenLt. Bayerlein am 9. 3. vorgeschlagen hatte.
Damit war die Chance, den Gegner noch im Zustand der Verwirrung anzutreffen, vertan. Wie die einzelnen Kampfgruppen an der Einschließungsfront eintrafen, mußten sie gegen die aus ihrem Brückenkopf vorfühlenden US-Verbände angesetzt werden.
Der Gegner griff hier pausenlos an. Er verstärkte sich mehr und mehr und konnte am 10. 3. Honnef im Norden des Brückenkopfes und am folgenden Tag Linz im Süden desselben in Besitz nehmen. Lediglich nach Osten verwehrte das dichte Waldgebiet, in das einige Bataillone mit Pak, Flak und Panzerfäusten eingesickert waren, dem Gegner ein schnelles Vordringen.

Am Morgen des 11. 3. wurde die KGr. Hudel der 11. PD zur Verfügung gestellt und in Richtung Dattenberg, zum Südflügel des LIII. PzK. verlegt. Hier konnte sie in letzter Minute jenen Pionieren zur Hilfe eilen, die die

Rheinverteidigung übernommen hatten. Der gegen diese Truppen mit Panzern geführte Feindvorstoß nach Süden wurde durch Hudels Panzer gestoppt, die die Spitzenwagen des Gegners abschossen und sich dann an die Verfolgung machten, ehe auch sie gestoppt wurden und sich in die Ausgangsstellungen zurückzogen.
Aus den wenigen Panzern, die zug- und kompanieweise anrollten, wurde unter Einbeziehung der KGr. Hudel die Panzerbrigade Buttlar zusammengestellt, deren Führung Generalmajor Buttlar übernahm.
Dattenberg wurde von der KGr. Hudel gehalten. Südlich dieser Ortschaft verlief die Nahtstelle zum LXVII. AK, und deren 26. VGD hielt an dieser Stelle die Stellungen besetzt.
Als hier der Feind am Morgen des 13. 3. mit starken Panzerkräften angriff, gelang ihm ein tiefer Einbruch in die Front dieser Division. Dieser führte dazu, daß die KGr. Hudel isoliert zu werden drohte. Auch sie mußte nunmehr ihren linken Flügel zurücknehmen.

In der Zwischenzeit, da um den Brückenkopf und den feindlichen Ausbruch aus demselben gekämpft wurde, ließ Hitler die Brücke mit schwerer weitreichender Artillerie unter Feuer nehmen. Aber auch die Artillerie schaffte es nicht, diese solide Brücke zum Einsturz zu bringen. Am Morgen des 17. 3. flogen Bomberkräfte gegen die Brücke. Einer Maschine gelang es, seinen Bombenwurf sehr dicht neben den beschädigten Brückenpfeiler zu setzen. Der Pfeiler brach zusammen, und die Brücke von Remagen stürzte in den Fluß. Doch dieser Erfolg hatte keinerlei Einfluß mehr auf die Fortsetzung der Übersetz-Maßnahmen, denn bis zu diesem Tage hatte sich der Brückenkopf bis zur Reichsautobahn bei Wullscheid ausgedehnt. Im Schutze dieses riesigen Brückenkopfes war es amerikanischen Pionieren gelungen, eine Treadway-Pontonbrücke über den Rhein zu schlagen. Der Korps-Pionierführer Oberst J. Young begann den Bau, nachdem das VII. US-Korps vollständig über die Ludendorffbrücke gegangen war und den Schutz der Korpspioniere voll übernommen hatte. Colonel Young wettete mit General Collins, dem Kommandierenden General des VII. Korps, daß er seine Brücke in weniger als 12 Stunden fertig haben werde. Es ging um ein paar Kisten Champagner, die das Korpskommando noch aus Frankreich mit sich schleppte. Oberst Young gewann diese Wette. In 10 Stunden und 11 Minuten stand die Brücke.

Weitere US-Aktionen im Schatten von Remagen

Die 3. US-Armee unter General Patton, die während der Februarwochen ihre Vorbereitungen zur Vernichtung der deutschen Verbände nördlich der Mosel getroffen hatte, war bereits am 3. März in Trier eingezogen. Starke Brückenköpfe waren über die Kyll hinübergeschafft worden, und zwar durch Verbände des XII. US-Korps unter GenLt. Eddy. Danach trat General Patton mit zwei Panzerkeilen zum Durchbruch an. Er setzte sein VIII. Korps mit der 65, 87, und 89 ID zum Vorstoß nach Nordosten an. Gleichzeitig damit griff sein XII. Korps mit der 26. und 71. ID und der 11. PD entlang dem Nordufer der Mosel an. Die Stoßrichtung war Nordosten. Diese sechs frischen amerikanischen Divisionen hatten Spezialkommandos erhalten, darunter auch Panzerverbände. Ihnen hatte die gegenüberliegende 7. deutsche Armee nicht mehr viel entgegenzusetzen. Sie mußte — soweit sie sich überhaupt aus dem feindlichen Durchbruch zu retten vermochte — zwischen Koblenz und Trier ausweichen. Um den Rücken der südlich von ihr stehenden 1. Armee zu decken, mußte sie am Rhein eine neue Abwehrfront einrichten. Die alliierte Luftwaffe trug durch ihre pausenlosen Angriffe dazu bei, daß die Angriffsziele auch der 3. US-Armee erreicht wurden.
Am 9. 3. erreichte das VIII. US-Korps Andernach und damit den Rhein. Zehn Tage später vereinigten sich beide Korps mit dem Südflügel der 1. US-Armee. Die 5. Panzerarmee der Deutschen konnte nur noch Restverbände über den Rhein zurückschaffen. Damit hatten die Alliierten von Emmerich im Norden bis noch Koblenz im Süden das westliche Rheinufer erreicht. Als einziger Eckpfeiler der Verteidigung stand nur noch die 1. deutsche Armee im westlichen Vorfeld des Flusses, während die Amerikaner den großen Brückenkopf bei Remagen täglich weiter ausweiteten.
Die Nordflanke der 1. Armee der Deutschen wiederum war durch die Angriffe der 2. US-Armee weit aufgerissen worden. Sie konnte nur notdürftig von Truppen der 7. Armee geflickt werden. Dies war die Ausgangslage, von der aus General Eisenhower den Befehl zur Vernichtung der noch im Saargebiet stehenden deutschen Truppen geben konnte. Die Spitzen dieser deutschen Verbände standen noch immer 130 km westlich des Rheins. Sie sollten nunmehr in der dritten Phase des Eisenhowerschen Dreiphasenplanes vernichtet werden. Für den Angriff aus Süden auf die Saarbastion der Deutschen hatte Eisenhower die 7. US-Armee unter GenLt. Patch vorgesehen. Hinzu kamen drei frisch aus den USA kommende Divisionen, die zwar keine Kampferfahrung hatten, dafür aber mehr als hundertprozentig ausgestattet waren. Damit war die Kampfstärke der angreifenden Armee und der Nebentruppen auf 15 Divi-

sionen gebracht worden. Hinzu kam dann noch eine unterstellte französische ID und die 3. algerische Division. Am 15. März, als sich der Brückenkopf bei Remagen konsolidiert hatte, wurde der Angriff gegen die Saartruppen eröffnet. Der Angriff erfolgte im Süden und die dort stehenden Teile der 1. Armee gingen bei Bitsch und Hagenau zurück, um den dahinter liegenden Streifen des Westwalles halten zu können. Die Forderung der Armeeführung, dieser entweder einige frische Divisionen zuzuführen, oder sie aber von ihrem Verteidigungsauftrag zu entbinden und ihr das schrittweise Ausweichen auf den Rhein zu gestatten, war von Hitler verworfen worden. Auch hier handelte es sich nach dem Willen des Führers um eine zu haltende Festung westlich des Rheins.
Die 1. deutsche Armee konnte den Westwall nicht halten. Zwischen Saarbrücken und Zweibrücken erzielte die 7. US-Armee einen tiefen Einbruch. Zur gleichen Zeit trat die 3. US-Armee unter General Patton aus ihrem Brückenkopf Trier nach Süden und Südwesten an. Ihr Ziel war es, die Saarverteidigung zwischen Merzig und Saarbrücken im Rücken zu fassen und abzuschneiden. Zwei weitere Stoßgruppen wurden durch Patton bei Zell und Cochem bereitgestellt, um die Mosel zu überwinden, die schwachen Kräfte der 7. deutschen Armee zu durchbrechen und gemeinsam mit der 7. Armee die Vernichtung aller deutschen Truppen zwischen Mosel und Rhein zu vollenden.
Ununterbrochen erfolgten die Tagesangriffe amerikanischer Fliegerverbände, deren Jabos verheerende Wirkung erzielten, wenn sie im Tiefflug über die deutschen Stellungen und Batterien hinwegflitzten und ihre hochexplosiven Raketenbomben einsetzten.
Pattons Panzerkeile boxten sich nach Ludwigshafen durch, während die 7. US-Armee über die Straße Pirmasens-Landau nach Norden vorprellte. Die beiden deutschen Armeen westlich des Rheins verfügten nur noch über zwei Brückenköpfe und zwei dazugehörende Flußübergänge. Einer lag bei Germersheim, der zweite bei Karlsruhe.
Über diese Übergänge rollten und marschierten die Reste der beiden deutschen Armeen nach Osten. Am 25. März wurden auch die letzten Brückenköpfe vom Gegner genommen, nachdem sich die Reste durchgeschlagen hatten und die Verteidigung derselben als Nachhut über den Fluß ging.
Auf der gesamten Länge Deutschlands hatten die Alliierten den Rhein erreicht.
Neben Remagen war es auch bei Oppenheim gelungen, einen Brückenkopf auf ostrheinischem Ufer zu erreichen. Patton hatte seine 5. PD über den Strom setzen lassen. Das war in den Abendstunden des 22. März geschehen, und Patton rief seinem Oberkommandierenden über Telefon zu:

»Brad, alle Welt soll wissen, daß es die 3. Armee geschafft hat, noch bevor Monty im Norden zum Übergang angetreten ist!«

Im Führerhauptquartier in Berlin wurde am Morgen des 23. 3. die neue Lage besprochen. Hitler bezeichnete diesen zweiten Brückenkopf bei Oppenheim als das Schlimmste, was hätte geschehen können und fragte, was an Panzern bereitstünde, um diesen Brückenkopf zu zerschlagen. Er erfuhr, daß lediglich fünf Tigerpanzer im Sennelager fertig seien. Sie könnten an die Übergangsstelle geworfen werden. Alle übrigen Verbände seien im Kampfeinsatz und könnten nicht herausgezogen werden.
Damit war die vom Stab der 1. Armee gestellte Voraussicht in Erfüllung gegangen. General Förtsch, der OB der 1. Armee, der seit dem 21. 3. alle Truppen in der Rheinpalz befehligte, erhielt am 23. 3. durch GFM Kesselring den Befehl zur Räumung der noch auf westrheinischem Ufer liegenden eigenen Brückenköpfe Speyer, Germersheim und Maxau. Der General führte diese Rückführungsoperation bis zum 25. 3. durch und rettete, was noch zu retten war.
Als Hitler General Förtsch und dessen Stabschef, General Hauser, ablösen lassen wollte, stellte sich der OB West auf die Seite dieser Generale und erklärte Hitler:

»Das Armeeoberkommando 1 unter seinem Oberbefehlshaber, General der Infanterie Förtsch, mit dem Stabschef General Hauser, zeichnete sich in Entschlußfassung und Befehlsführung besonders aus.«

Hitler hörte auf Kesselring, weil er wußte, daß er von diesem »noch niemals belogen worden« war.
Der in der Nacht zum 23. 3. vollzogene Übergang der Amerikaner bei Oppenheim über den Rhein, gab dem Gegner die Möglichkeit, operativ in den Rücken der noch immer westlich des Rheins kämpfenden 1. deutschen Armee zu stoßen und sich darüber hinaus a u c h für neue Operationen nach Mitteldeutschland hinein des Frankfurter Beckens zu versichern.
Wie Remagen praktisch der Abgesang für die HGr. B werden sollte, so würde der Brückenkopf von Oppenheim zum Totenlied für die HGr. G werden.
Am 30. März übernahm General der Infanterie Obstfelder die Führung der 7. deutschen Armee. Ihr fiel die entscheidende Aufgabe zu, das Vorstoßen der 3. US-Armee nach Mitteldeutschland und den Angriff der 7. US-Armee nach Süddeutschland zumindest zu verzögern. Verhindern konnte sie ihn nicht, dafür waren ihre Kräfte zu schwach, fehlte es ihnen an Panzertruppen und Artillerie.

Die 7. deutsche Armee stand zu diesem Zeitpunkt vorwärts Hersfeld bis Fulda und im Spessart. Die 1. deutsche Armee wurde am 30. 3. auf die Stellungen Miltenberg-Eberbach-Heidelberg zurückgedrängt. Dadurch wurde der Ausbau der vorbereiteten Tauberstellung gefährdet.
Beim Brückenkopf Remagen war seit der Vernichtung der Ludendorffbrücke am 17. 3. kein entscheidender Angriff gegen diesen Brückenkopf zu Stande gekommen. Einige örtliche Vorstöße erzielten leichte Erfolge, die aber binnen 24 Stunden vom Gegner wieder wettgemacht wurden. Die aus dem Brückenkopf vorstoßenden US-Truppen erreichten am 17. 3. die Wied, warfen schnelle Truppen hinüber und bildeten bei Waldbreitbach einen weiteren vorgeschobenen Brückenkopf.
Die 3. PGD und die 340. VGD, die ebenfalls auf den Brückenkopf angesetzt worden waren, hielten den Gegner zwar, konnten aber nichts zur Einengung des Brückenkopfes tun. Im Gegenteil: Der Gegner drang am Mittag des 20. März, als gerade die 11. deutsche PD aus der Front herausgezogen wurde, in die deutschen Stellungen ein, durchstieß sie und riß damit den Umklammerungsgürtel auf. Die KGr. Hudel konnte hier nicht mehr eingreifen, weil auch sie am Abend herausgelöst worden war und in Richtung Norden abmarschierte.
Die 5. Panzerarmee, die nunmehr von Generaloberst Harpe geführt wurde, weil General der Panzertruppe von Manteuffel an die Ostfront beordert worden war, konnte ihre Stellungen behaupten.
Als am Morgen des 22. 3. klar wurde, daß sich der Feind anschickte, den Ausbruch zu starten, befahl GFM Model die Versammlung sämtlicher freizumachender Panzerverbände in dem Raum südlich der Sieg. Von dort aus sollten sie durch einen geschlossen geführten Stoß nach Westen das weitere Vordringen des Gegners stoppen. Wieder einmal war es die Betriebsstoffknappheit, die die Ausführung dieses Befehls entscheidend verzögerte.
In der Zwischenzeit war die PLD unter dem Kommando des XII. SS-PzK im Großraum Düsseldorf-Wuppertal aufgefrischt worden. Auch sie wurde im Verlauf des 21. 3. zum Einsatz beim Korps Bayerlein befohlen. Bis zum Abend des 23. 3. erreichten die einsatzbereiten Teile der Division den Raum südlich von Eitorf, mit Divisions-Gefechtsstand in Irlenborn. Dort meldete sich am Abend dieses Tages auch die KGr. Hudel nach Erfüllung ihrer anderweitigen Aufgabe zurück. Sie verfügte nach diesem Zwischeneinsatz nur noch über sechs Panzer. 15 Jagdpanther der PzJägAbt. 654 wurden ihr als Verstärkung unterstellt.

Der Weg zum Ruhrkessel

Am 22. 3. 1945 setzte die 1. US-Armee zu ihren ersten vorfühlenden Angriffen aus dem Remagener Brückenkopf nach Osten an. Diese Angriffe trafen Teile der 15. Armee, die bereits seit Tagen in schwerem Abwehrkampf gestanden hatte. Die gesamte deutsche Artillerie vor dem Brückenkopf litt unter chronischem Munitionsmangel.
Der Abschnitt um Wied ging am ersten Tag des amerikanischen Angriffs verloren. Der Südflügel der 15. Armee wurde in die Linie Dasbach-Bendorf zurückgedrängt.
Am 23. 3. ließen die US-Angriffe zunächst etwas nach. Der Brückenkopf war inzwischen auf eine Breite von 48 Kilometern ausgedehnt worden und reichte von Bonn bis Neuwied. Seine größte Tiefe betrug 16 Kilometer. Die Front verlief in der Linie Siegburg-Breitscheid-Isenberg-Hör-Grenzhausen-Vallendar.
Die HGr. B befahl nunmehr der 15. Armee, die 11. PD und die PLD herauszuziehen und aus den schweren Panzer-Abteilungen 506 und 512 (Königstiger und Tiger), sowie aus der PzJägAbt. 654 eine schwere Panzergruppe zu bilden, die von dem Kampfkommandanten Hptm. Hudel geführt werden sollte, der sich ja bereits als KGr-Führer bewährt hatte. Hudel, als Kommandeur der I./PR 7 mit dem Eichenlaub zum Ritterkreuz des Eisernen Kreuzes ausgezeichnet, galt als einer der erfahrensten und elanvollsten Panzerführer im Kampf und wurde von allen Soldaten der KGr. voll anerkannt.
Bei der 5. Panzerarmee im nördlichen Brückenkopfflügel war es bisher ruhig geblieben. Dort wollte der Gegner offenbar nur halten.
Der OB West berichtete den Armeen seines Befehlsbereiches, daß der Feind beim linken Nachbarn, im Bereich der HGr. Mitte bei Oppenheim, einen weiteren Brückenkopf auf dem Ostufer des Rheins gebildet hatte. Er erteilte der HGr. B den Befehl, die 11. PD sofort nach Frankfurt in Marsch zu setzen, wo sie der HGr. G unterstellt werden sollte. Die Division trat am frühen Morgen des 24. 3. den Marsch nach Süden an.
Am 25. 3. nahm im Brückenkopf-Bereich das Artilleriefeuer beträchtlich zu. Ebenso steigerte sich auch die feindliche Lufttätigkeit. Danach traten die Panzerverbände der Amerikaner in mehreren starken Kampfgruppen zum Durchbruch an. Es kam zunächst zu tiefen Einbrüchen auf der Naht zwischen dem LIII. Korps und dem LXXVI. AK ebenso, wie im Abschnitt des LXVII. AK.

Der sofortige Einsatz der Panzerreserven der PLD und der KGr. Hudel konnte den sich bereits abzeichnenden Durchbruch in Richtung Altenkirchen nicht mehr zum Stehen bringen. Es war das VII. US-Korps, das

hier seinen Vorstoß begann und mit der 1. und 104. ID, die 3. PD als Speerspitze voraus, auf Altenkirchen vorstieß.
Damit war der Gegner nicht — wie vermutet — nach Norden angetreten, sondern hatte den direkten Weg nach Osten eingeschlagen.
Noch immer lautete der Auftrag der Heeresgruppe B, die Rheinfront ebenso wie die Brückenkopf-Front zu halten, obgleich die Feindeinbrüche bei den benachbarten Heeresgruppen eher einen Rückzug auf eine vorbereitete sichere Linie anzeigen, um der Gefahr einer Überflügelung zu entgehen.
Der ebenso beibehaltene Auftrag, vor dem Brückenkopf von Remagen wieder eine geschlossene Front aufzubauen, war nach dem Ausbruch des Gegners aus demselben nicht mehr notwendig. Deshalb befahl GFM Model der 5. PzArmee, ihre 12. VGD und die 176. ID aus der bisherigen Front herauszuziehen, und sie der HGr. B zuzuführen.
Die vor der Front und in der Front der 15. Armee entstandenen Frontlücken sollten von dieser Armee in Gegenstößen wieder geschlossen werden, solcherart sei wieder eine durchgehende Front zu gewinnen. Gelang dies, dann war ein Zeitgewinn erzielt, der den beiden von der 5. PzArmee herbeigerufenen Divisionen die Chance gab, sich in die Lücke der Abwehrfront der 15. Armee zu schieben und die Front endgültig zu schließen.
Noch immer war im Bereich der 5. PzArmee kein Versuch der Alliierten zu bemerken, auch hier den Rheinübergang zu erzwingen.
Die bei der 15. Armee erfolgten tiefen Feindeinbrüche konnten nicht wieder geschlossen werden, zumal den beiden Korps, um die es ging, keine oder nur wenige Artillerieunterstützung gegeben werden konnte, und sie über keine Panzer-Verbände verfügten.
Diese Chance nutzend, stieß der Gegner mit starken Panzerverbänden weiter nach Osten durch. Die Generalrichtung der 1. US-Armee mit dem VII. Korps war der Raum Herborn-Marburg und Gießen an der Lahn. Die beiden deutschen Verbände der 15. Armee, das LXXIV. AK südlich von Altenkirchen und das LXVII. AK nordwestlich von Limburg, wurden durch feindliche Panzerkeile bedroht und waren von diesen teilweise bereits durchstoßen worden.
Das LIII. Korps Bayerlein vermochte nicht, während dieser Kämpfe den Anschluß an das LXXIV. AK zu halten, sondern wurde weiter nach Nordosten zurückgedrängt und stand nunmehr südlich der Sieg.
Währenddessen stürmten die Panzer der 3. US-PD seit dem Morgen des 26. 3. nach Osten. Sie passierten die vorgeschobenen Stellungen ihrer eigenen 1. und 104. ID, rollten darüber hinweg nach vorn und erreichten am Ende dieses Tages einen Geländegewinn von insgesamt 20 Kilometern. Straßensperren, die vor ihnen auftauchten, wurden von der nachge-

zogenen Artillerie oder, wenn diese nicht rechtzeitig herankam, von den Panzern zerschossen und niedergewalzt.
Die HGr. B meldete dem OB West, daß die Remagener Brückenkopffront vom Gegner nach Osten durchbrochen sei und erbat neue Weisungen. Da diese nicht eintrafen, blieb der alte Befehl der Rheinverteidigung noch immer bestehen, obgleich ihn die Ereignisse bereits ad absurdum geführt hatten. Selbständig entschloß sich GFM Model, die 5. PzArmee, die noch am Rhein stand, mit ihren ersten Verbänden herauszuziehen und zu anderer Verwendung umgruppieren.
Der Morgen des 26. 3. sah die Fortsetzung des Angriffs der 1. US-Armee mit dem VII. Korps, das den Raum Altenkirchen gewann. Hier stieß die 3. US-PD auf harten deutschen Widerstand. Deutsche Panzer und Artillerie stoppten den Vorstoß der Amerikaner. Erst als diese wieder ihre Jagdbomberverbände einsetzten, die eine Reihe Panzer und Fahrzeuge abschossen und zerbombten, ging es weiter.
Während das Gros des VII. US-Korps noch westlich von Altenkirchen festlag, waren zwei Panzerkampfgruppen rechts und links an Altenkirchen vorbeigestoßen. Die 104. US-ID, die der 3. PD dicht aufgeschlossen folgte, säuberte die deutschen Widerstandsnester, mit denen sich die vorprellenden Panzer nicht erst aufhielten.
Am 27. 3. war der Durchbruch der Amerikaner vollendete Tatsache. Bis zum Abend dieses Tages gelang es der Divisions-KGr. der 3. US-PD, die Dill zu überqueren und Herborn zu erreichen. Nach dem raschen Auftanken und Aufmunitionieren setzten die einzelnen Kampfgruppen ihren Vorstoß fort. Die Hauptkampfgruppe erreichte Dillenburg.
Die übrigen Divisionen der 1. US-Armee, die nach Nordosten und Südosten vorgestoßen waren, erreichten bis zum Abend dieses Tages ihre gesteckten Ziele.
Während des 28. 3. reichten sich die Spitzenverbände der 1. und 3. US-Armee bei Gießen die Hände. Damit waren sämtliche im Raume zwischen Lahn und Main stehenden Kräften der 15. Armee und der nach Süden anschließenden 1. Armee der HGr. G eingeschlossen.
Nach diesen Erfolgen war der US-Stoßkeil, der aus dem Brückenkopf Remagen angetreten war, bis zu 144 Kilometer weit vorgedrungen. Von der Sieg im Norden bis zum Main im Süden war in diesem Bereich alles in amerikanischer Hand.

Zur gleichen Zeit bewegte sich im Norden die 21. Heeresgruppe unter Feldmarschall Montgomery ebenfalls nach Osten vorwärts. Die 9. US-Armee, immer noch Montgomery unterstellt, bildete im Norden, die 1. US-Armee im Süden jene starken und rasch vorwärtsdringenden Zangenarme, die dazu bestimmt waren, das Ruhrgebiet zu umfahren, weit

im Osten nach innen einzudrehen und die HGr. B der Deutschen einzukesseln und zu vernichten.
(Über den Vorstoß der 21. Heeresgruppe über den Rhein und weiter nach Osten siehe das nächste Kapitel.)
Bereits am 29. 3. erkannte die Führung der HGr. B die Tatsache, daß ihre Einschließung nicht mehr aufzuhalten war. Zwar hielt die 5. PzArmee mit dem XII. SS-Korps noch eine Sicherungslinie entlang der Ruhr, von der Möhnetalsperre bis zur Mündung des Flusses in den Rhein, und daneben auch noch die Rheinfront von Leverkusen bis nach Düsseldorf und Duisburg hinauf. Da sich aber am Südflügel die Lage dramatisch verschlechterte, und auch bekannt wurde, daß der Gegner nach Erreichen von Marburg nach Norden eingedreht war, und damit weit hinter den Truppen am Rhein in deren Rücken einschwenkte, wurde die Lage der am Rhein stehengebliebenen Truppen kritisch.
Die Heeresgruppenführung erfuhr vom OB West, GFM Kesselring, zu dem inzwischen die Fernsprechverbindung wieder funktionierte, daß der Feind mit der 9. US-Armee über Dülmen in Richtung Münster vordringe und daß die 1. US-Armee mit Teilen in Richtung zur Fulda und mit anderen Verbänden in Richtung Kassel eingedreht war. Die 3. US-Armee sei ebenfalls mit starken Verbänden in Richtung Kassel unterwegs. Dennoch habe die Oberste Führung den Antrag des OB West zur Lösung der noch am Rhein stehenden Truppen abgelehnt. Nach dieser Orientierung ging schließlich ein Führerbefehl ein, in dem es hieß:

> »Jedes Absetzen, jede Aufgabe einer Ortschaft ist bei Todesstrafe verboten. In jedem größeren Ort ist ein verantwortlicher Kommandant einzusetzen, der für die Durchführung dieses Befehls verantwortlich ist.«

Der ganze Ruhrkessel war damit zur Festung, zum Festen Platz, erklärt worden, wie später noch eindringlicher bestätigt werden sollte.
Am 29. und 30. 3. griffen die US-Truppen zwischen Marburg im Westen und dem Raum 50 Kilomter südlich von Fritzlar im Osten mit Stoßrichtung Norden an. Das VII. US-Korps bildete die westliche Flanke. Das III. US-Korps trat in der Mitte an, und das XX. US-Korps rollte auf der ostwärtigen Flanke los. Die Stoßrichtungen waren von Westen nach Osten: Winterberg, Korbach, Warburg und Kassel.
Noch befand sich der GefStand der 15. Armee auf dem Biedenkopf, auf dem Nordufer der Lahn. Dieser GefStand war wenig später abgeschnitten, und General von Zangen saß mit seinem ganzen Stab und der großen Armee-Nachrichten-Abteilung in der Falle. Weder zum Korps Flörke unter GenLt. Hermann Flörke noch mit der HGr. B bestand eine Verbindung. General von Zangen befahl:

> »Durchschlagen zur Heeresgruppe B!«

Zunächst jedoch gelang es den Eingekesselten nicht, ihr Waldversteck südwestlich des Biedenkopfes zu verlassen, weil es von US-Truppen nur so wimmelte und sie am Tage sofort erkannt worden wären. Aber hier im Wald konnte nach einigen Versuchen die Funkverbindung zur HGr. B hergestellt werden. Das LXVII. AK, zu dem ebenfalls die Verbindung hergestellt werden konnte, meldete seinen GefStand im Raume Vogelsberg.

Am späten Nachmittag, mit Einfall der Abenddämmerung, erkundete General von Zangen persönlich die Vormarschstraße der Amerikaner. Er stellte fest, daß die US-Kolonnen in großen Abständen zueinander über die Straße rollten und befahl, jeweil mit einem Pulk von fünf bis zehn Fahrzeugen in diese Leerstellen einzuschwenken und mitzufahren.
Er ließ also seine eigene Marschkolonne, die aus etwa 100 Fahrzeugen bestand, in Breidenbach gut gedeckt in Warteposition auffahren, und immer dann, wenn sich zwischen den hier passierenden US-Kolonnen eine Lücke auftat, die groß genug war, rollten aus der Nebenstraße einige Fahrzeuge des Armeestabes in diese Lücke hinein und fuhren mit der Kolonne der Amerikaner mit.
Es war die 3. US-PD, in deren »Schutz« die deutschen Fahrzeuge nun in die Richtung rollten, wo sie ausbrechen und in Sicherheit sein würden. Ostwärts von Wiesenbach drehten die deutschen Fahrzeuge, von einem Posten eingewiesen, der sich beim Herannahen der US-Fahrzeuge hinter einer Mauer in Deckung begab, aus der Feindkolonne heraus und erreichte, nachdem sie versammelt waren nach gefahrvoller Nachtfahrt am 30. 3. vormittags Altenhundem. Hier wurde erneut Funkverbindung mit der HGr. B aufgenommen. Bei diesem Husarenstück wurden lediglich ein Lastwagen und ein Kradmelder vom Gegner geschnappt, alles andere kam durch.
In einer Besprechung am Mittag des 30. 3. in Altenhundem bei GFM Model unterrichtete dieser General von Zangen über den Aufbau der Ostfront des Ruhrkessels. Er erklärte sein Vorhaben, mit dem LIII. Korps Bayerlein über Winterberg nach Osten anzugreifen und auf diese Weise den Feindvorstoß in Richtung Paderborn zu stoppen, die Edertalsperre südlich von Korbach zu erreichen und dort die Verbindung zur 11. Armee herzustellen, die von Kassel aus antreten und ihnen entgegenfahren würde.
Generalfeldmarschall Model ernannte General von Zangen, den OB der 15. Armee, zum Befehlsführenden in der Osthälfte des Ruhrkessels. Er sollte seinen GefStand in Schmallenberg einrichten. Im Westkessel würde die 5. Panzerarmee unter GenOberst Harpe den Befehl übernehmen.

US-Kampfgruppen auf dem Wege nach Winterberg und Paderborn

Das VII. Korps der 1. US-Armee erhielt von GenLt. Hodges am 28. 3. den Befehl, am folgenden Morgen aus seiner Ausgangsstellung bei und nördlich von Marburg direkt nach Norden auf Winterberg anzutreten und mit einem starken Stoßkeil, geführt von der 3. PD, nach Paderborn weiterzufahren.
In vier Kampfgruppen sollte dieser Angriff auf Paderborn durchgeführt werden. Und zwar sollten die bewährten Kommandeure Doan, Hogan, Kane und Welborn jeweils eine Kampfgruppe führen. Unter Führung von Oberstleutnant Richardson und Oberstleutnant Hogan standen die schweren Panzer-Einheiten. Die beiden Kommandeure erhielten am Abend des 28. 3. durch Oberst Howe, dem Chef der Kampfgruppen-Reserve der 3. PD, ihre detaillierten Weisungen, wie sie nach Paderborn vorzugehen hätten, das immerhin gute 150 Kilometer weiter nördlich lag.
Der Chef der Kampfgruppen-Reserve befahl Richardson:

> »Fahren Sie wie der Teufel! Besetzen Sie das Plateau um den Flugplatz von Paderborn. — Und Sie, Hogan, schützen, leicht nach links herausgestaffelt, Richardsons linke Flanke. Die Kampfgruppe unter Oberstleutnant Welborn wird den Schutz Ihrer rechten Flanke übernehmen, Richardson, so daß Sie sich ausschließlich um das Vorwärtskommen kümmern brauchen.«

Von Norden würde ihnen im Raume Paderborn die 2. PD der Armee Simpson die Hand reichen, dies war wenigstens zugesichert worden.
Am Morgen des 29. 3. 1945 um 6.00 Uhr brach die KGr. Richardson auf. Spitzenfahrzeug war ein mit MG ausgestattetes Halbkettenfahrzeug. Einige Jeeps zur Streckenerkundung folgten dicht aufgeschlossen, und mitten unter ihnen rollten drei Sherman, die eventuellen Feindwiderstand zu brechen und Panzersperren zu beseitigen hatten.
Dahinter rumpelte ein Bataillon Panzer mit 17 Sherman und drei schweren Pershing-Panzern mit 9 cm-Kanonen. Aufgesessene Infanterie konnte im Falle eines überraschenden deutschen Angriffs, der beim Durchfahren der vor ihnen liegenden Waldgürtel erwartet wurde, absitzen und den Panzern Sicherung geben, wenn diese von Panzerfaustschützen angegriffen werden sollten.
Als die Spitzengruppe kurz nach Mittag auf eine Panzersperre stieß, rollten die schweren Pershings vor, schossen die Sperre zusammen und walzten sie anschließend flach, daß alle Fahrzeuge durchkommen konnten.

Mit Einfall der Abenddämmerung hatten die Männer der Kampfgruppe Richardson 120 Kilometer zurückgelegt. Das war der absolute Tagesrekord während der gesamten Kriegszeit.
Als die KGr. Richardson Brilon erreichte, erhielt sie über Funk von ihrem DivKdr. GenMaj. Rose Weisung, zuerst diese Stadt vom Feind zu säubern. Aber Oberstleutnant Richardson hielt sich nicht mit solchen Nebensächlichkeiten auf, denn die Karte zeigte ihm, daß sie noch etwa 50 Kilometer bis Paderborn zu fahren hatten.
Auf der Weiterfahrt nach Norden mußte er jedoch — es war inzwischen dunkel geworden — feststellen, daß offenbar einige Einheiten seiner KGr. in Brilon zurückgeblieben waren, denn hinter der Spitzengruppe klaffte eine gewaltige Lücke. Der Spitzenverband rollte allein weiter. Es wurde Nacht, und schließlich mußte der Marsch im Schritt-Tempo fortgesetzt werden. Einweiser mußten die Fahrzeuge verlassen und vor ihnen hergehen und sie einwinken. Auf diese Weise kam eine nachfolgende Kompanie wieder heran, und plötzlich rollte einer der Nachzügler auf den letzten Wagen der Vorausgruppe und demolierte ihn schwer. Dann krachte es ein zweitesmal, und einer der Panzer war auf das Heck des vorauslaufenden aufgefahren. Oberstleutnant Richardson kletterte aus dem Befehlswagen, um dieses Chaos zu entwirren. Dabei erfuhr er, daß diese nachfolgende Kompanie in Brilon eine Sektkellerei »gefunden« hatte und sich nach Versorgung mit dem erfrischenden Zeug unterwegs daran gütlich getan hatte. Es stank aus den Panzern wie in Weinkellern. Eine Einheit schien noch immer in Brilon zu sein, um den »Sekt zu vernichten«. Der KGrFhr. befahl, daß trotz der Abendkühle sofort die Luken der Panzer geöffnet wurden, damit seine Männer wieder einen klaren Kopf bekamen. Dann befahl er seinem Adjutanten, mit einer Gruppe nach Brilon zurückzufahren und »die dort noch saufenden Kerle in den Arsch zu treten und solcherart nach vorn zu befördern.«

Die beiden Kampfgruppen, die den Flankenschutz übernommen hatten und zu denen Funksprechverkehr bestand, waren ebenfalls sehr gut vorwärtsgekommen, wenn sie auch noch etwas zurückgestaffelt lagen. Am nächsten Tag erreichte die KGr. den Rand des Paderborner Raumes. Über die weiteren Kämpfe wird berichtet werden, sobald auch der Vorstoß des nördlichen Zangenarmes geschildert ist.

Der deutsche Ausbruchsversuch aus dem Ruhrkessel

Am Karfreitag, dem 30. 3. 1945, traten fast alle US-Verbände im Bereich der Abwehrfront der HGr. B zum Angriff an. In der Nacht zuvor war GenLt. Bayerlein auf dem GefStand der HGr. B von GFM Model über die Lage instruiert worden. Der GFM erklärte dem Korpskommandeur, daß die Einschließung der im Ruhrgebiet und im Sauerland kämpfenden Verbände der HGr. B unmittelbar bevorstehe, und daß der Gegner aus dem Raum südlich von Marburg nach Norden eingedreht hätte, während die englischen Kräfte und die ihnen unterstellten US-Divisionen bereits auf Münster vorrollten. Alles deutete darauf hin, daß sich diese beiden Zangenarme zwischen Lippstadt und Paderborn, weit ostwärts der HGr. B, treffen und den Kessel schließen würden.
Dazu befahl der GFM:

> »Sie erhalten von mir Auftrag, mit den vorhandenen und einigen noch zugeführten Kräften aus dem Raume Schmallenberg nach Osten südlich der Edertalsperre anzugreifen und sich mit einer von Nordosten angesetzten KGr. (dabei handelte es sich um die SS-Brigade »Westfalen«) zu vereinigen und gemeinsam den Umklammerungsring zu sprengen.«

Als GenLt. Bayerlein am Morgen des 30. 3. um 3.00 Uhr den Heeresgruppen-Gefechtsstand verließ, fuhr er zunächst über Kirchhundem in den Raum Schmallenberg. Den Korpsgefechtsstand ließ er in Milchenbach einrichten. Auf der Weiterfahrt nach Winterberg, traf der Kommandierende General am Straßenkreuz von Gleidorf Teile der aus dem Raume Wuppertal anrollenden KGr. der PLD. Diese KGr. mit dem Stab der II./PLR 130 unter Major Ritgen setzte sich aus Soldaten der PLD zusammen, die aus den inzwischen ebenfalls kampfbereiten rückwärtigen Teilen der PLD zusammengefaßt worden waren. Major Ritgen unterstanden eine PzKp. und ein PzGrenBatl. des PGR 902. Wenig später traf auch die PzJägLehrAbt. 130 mit 18 neuen Panzerjägern IV bei Ritgen ein und wurde in den Kampfverband eingegliedert. Sie war in Bad Driburg ausgeladen worden und bis hierher vorgerollt.
Beim Durchbruch durch Schmallenberg war Major Ritgen von GFM Model angehalten und von diesem direkt in die Lage eingewiesen worden.

> »Feldmarschall Model hatte befohlen, ohne erst die Versammlung aller Kräfte abzuwarten, noch am Abend des 30. 3. von Winterberg aus mit den vorhandenen Truppen nach Osten anzugreifen, um zu-

nächst die Straße Hallenberg-Medebach zu gewinnen und damit eine der drei Hauptverkehrsstraßen des Feindes zu unterbrechen.«
(Siehe Ritgen Helmut: Die Geschichte der Panzer-Lehr-Division 1944-45).

Major Ritgen bildete aus seiner Kampfgruppe drei schwache Angriffsgruppen mit jeweils einer Panzergrenadier-Kp. und unterstellten bzw. zugeordneten Panzern und Panzerjägern. Er erkundete ab 13.00 Uhr das Gelände ostwärts von Winterberg und stellte sich befehlsgemäß dort bereit.
Auf dem GefStand von GenLt. Bayerlein in Milchenbach gab GFM Model nach der Lagemeldung des KommGen. Bayerlein den Angriffsbefehl. Zuerst sollte die Ortschaft Küstelberg genommen werden, um danach die Bereitstellung zum Weiterstoß nach Medebach zu vollziehen.

Um 19.00 Uhr traf GenLt. Bayerlein, vom vorgeschobenen GefStand der PLD kommend, vorn bei der KGr. Ritgen ein, die sich südlich Winterberg bereitgestellt hatte und gab ihr persönlich den Befehl zum Nachtangriff. Inzwischen waren hier 12 weitere Panzerjäger der PzJägLehrAbt. 130 der PLD eingetroffen und hatten die Angriffskräfte verstärkt.
Oberst Horst Niemack, der die PLD in diesem Einsatz führte, rollte mit einer Sturm-Kp. zur Spitze vor und ließ die gesamte PLD antreten. Noch einmal rollte ein Angriff wie in alten Zeiten. Die Panzer erreichten Hesborn und Liesen, südostwärts von Winterberg. Bei Medelon stießen sie auf starke US-Panzerverbände und wurden gestoppt. Als dann weitere Einheiten nachstießen, darunter auch weitere Panzerjäger rollte der Angriff wieder, und Küstelberg fiel der PLD zu.
Das hier einsetzende feindliche Artilleriefeuer traf die Reste der PzJägLehrAbt. 130 voll. Einer der Panzerjäger, der von Uffz. Hans Scholde gefahren wurde, erhielt einen Volltreffer. Die Besatzung bootete aus und verschwand in einem der Keller von Küstelberg. Auch weitere Panzerjäger-Besatzungen, die ihre Wagen verlassen mußten, retteten sich in die Küstelberger und Deifelder Keller.
Als sie nach dem Artillerie-Feuerschlag diese sicheren Deckungen wieder verließen, wurden sie bereits von den im eigenen Feuer weitergefahrenen Amerikanern in Empfang genommen. So geriet auch die Besatzung des Panzerjägers unter Fw. Dückert in Gefangenschaft. Hier der Report eines der Männer, die am Ort des Geschehens dabei waren:

»Ich bin Benno Arndt und war als ObGefr. Fahrer des Panzerjägers von Fw. Dückert. Wir waren in Gefangenschaft geraten. Als wir uns unbeobachtet glaubten, wollten wir das Glück noch einmal wenden. Wir sprangen an unseren Panzerjäger heran und kletterten hinein. Wir, das waren der Funker ObGefr. Adolf Baron und ich, riefen unse-

rem Feldwebel noch zu, ebenfalls aufzuspringen. Doch Dückert wurde von den Amerikanern festgehalten. Wir rollten mit unserem Panzerjäger los. Nach ein paar hundert Metern machten wir wieder kehrt, um unsere gefangenen Kameraden herauszuhauen. Wir nahmen die Amerikaner unter Feuer, daß sie auseinanderstoben und in Deckung gingen. Als wir die Stelle erreichten, wo Dückert das letztemal gewesen war, mußten wir sehen, daß wir auch unseren Kameraden durch unser Feuer tödlich getroffen hatten.
Wir drehten abermals und rauschten los in Richtung zu den eigenen Truppen, die sich durch das Kampfgetöse erkennen liessen.«

Als am 31. 3. das Wetter aufklarte und die Jabos auf der Rollbahn Langenwiese - Schmallenberg ihre neue Rennstrecke einrichteten, stockte der Vorstoß der PLD. Oberst Horst Niemack wurde schwer verwundet und auf Befehl von GFM Model aus dem Kessel herausgeflogen. Auf dem DivGefStand übernahm Oberst Paul von Hauser, der Kdr. des PzGrenLehrRgt. 901, die Führung der verwaisten Division.
Der Angriff hatte Küstelberg, Liesen, Hesborn und Medelon erreicht und diese Ortschaften besetzt. Die Straßenkreuzung nördlich von Hallenberg wurde gesperrt. Dann wurde auch die Durchgangsstraße Medebach-Deifeld zwei Kilometer ostwärts von Küstelberg gesperrt. Der Gegner konnte nun nicht mehr auf dieser Straße weiter vorprellen.
In der Nacht zum 1. 4. 1945 trafen unter der persönlichen Führung von GenMaj. Landau die ersten Truppen der 176. ID im Kampfraum ein und übernahmen den Abschnitt Deifeld.
Der amerikanische Gegenangriff am 1. 4. zwang die PLD zum Ausweichen bis zum Rand des Waldgebietes ostwärts von Winterberg. Medebach, Rhadern und Hillershausen waren die nächsten Stationen. Lightnings schalteten in Tiefangriffen die wenigen verbliebenen Flak-Batterien aus. Westlich von Alt-Astenberg wurde das Gros der Panzer der PLD ebenfalls durch solche Tiefangriffe ausgeschaltet.
Der Ausbruch aus dem Ruhrkessel und der Versuch, den nach Norden vorprellenden Umklammerungsflügel zu durchstoßen und die Spitzenverbände von ihrem Nachschub abzuschneiden, war gescheitert.
In der Nacht zum 2. 4. 1945 wurden die Angriffs-Divisionen — die nur noch Trümmer darstellten — wieder auf Winterberg zurückgenommen.
Am 4. 4. 1945 wurde auch Winterberg geräumt. Der Korps-GefStand der Verbände des LIII. AK wurde nach Lenneplätze verlegt.
Am 5. 4. griffen US-Truppen nördlich von Winterberg die PLD an. Zwischen dem Kahlen Asten, der mit seinen 841 Metern höchsten Erhebung des Sauerlandes, und Silbach tobten heftige Kämpfe. Die Hauptlast dieser Kämpfe lag auf den Schultern des PGR 902. Oberstleutnant Ritter

von Poschinger fiel an der Spitze seines Regimentes. Mit ihm fand auch Oblt. Rasmus, der Chef der 4./PGR 902, die Spitze fuhr, den Tod. Die gesamte 4. Kp. des Regimentes wurde nahezu aufgerieben. Auf dem Gefechtsfeld übernahm Major Klein die Führung des Regimentes. Er führte es über Altena und Hemer in den Raum Iserlohn.
Aus ihren versteckt in den Wäldern des Sauerlandes gelegenen Bereitstellungen sahen die übrig gebliebenen Panzerbesatzungen in den Tagen nach dem 5. 4. 1945, daß stundenlang amerikanische Infanterie-und Panzerverbände an ihnen vorbeizogen. Dieser gewaltigen Streitmacht hatten sie nichts mehr entgegenzusetzen. Die PLD war auf 20 Panzer und Panzerjäger sowie zehn Kettenfahrzeuge zusammengeschmolzen. Das war von der größten und bestausgerüsteten Panzerdivision der Großdeutschen Wehrmacht übrig geblieben.
Am 7. 4. 1945 trafen GenLt. Bayerlein und der OB der Korpsgruppe von Lüttwitz, GendPzTr. Frhr. von Lüttwitz, zusammen. Beide Generale waren sich darüber im Klaren, daß die Lage hoffnungslos sei und jeder weitere Tag des Krieges hier im Westen nur sinnlose Opfer bedeuten würde. Am 9. April ging Werl verloren, und zwei Tage später erreichten die Alliierten Dortmund.

BEI DER 21. HEERESGRUPPE

Vorbereitung zur Operation »Plunder«

Am 2. 3. 1945 gegen 11.00 Uhr hob ein Flugzeug des Typs C-54 der RAF vom Fliegerhorst in Northolt ab und nahm Kurs auf Brüssel. An Bord befanden sich neben dem britischen Generalstabschef Feldmarschall Brooke und Winston Churchill noch Churchills Tochter Mary und Luftmarschall Sir Arthur Coningham. Ziel des Fluges war Coninghams Hauptquartier in Brüssel. Von dort ging es nach dem Mittagessen in zwei Dakotas weiter nach Eindhoven, wo die hohen Gäste von Feldmarschall Montgomery erwartet wurden. Von Montgomerys HQ fuhren sie zum Bahnhof weiter, auf dem Eisenhowers Befehlszug stand, den dieser zum Aufenthalt der Gäste geschickt hatte.
Nach einem Abendessen nahmen alle an einer Stabsbesprechung teil, weil sie Montgomery jeden Abend mit seinen Verbindungsoffizieren abzuhalten pflegten. Montgomery zog das Resümee der Meldung:

> »Die Offensive verläuft ausgezeichnet, und überall machen sich bei den Deutschen Anzeichen des Verfalls bemerkbar.«

Am Vormittag des 3. 3. fuhren Churchill und Brooke in den beiden Rolls Royce des Feldmarschalls Montgomery nach Maastricht ins HQ der 9. US-Armee, deren OB, General Simpson, ihnen nach einer kurzen Ansprache Churchills die Lage vortrug.
Von hier aus ging die Fahrt nach Aachen weiter. Unterwegs wurde am Westwall Halt gemacht, der nach so harten und verlustreichen Kämpfen bei Aachen in britisch-amerikanische Hand gefallen war. Die Gruppe wollte sich einige Bunker und MG-Nester ansehen.
Bei der Abfahrt aus General Simpsons HQ hatte dieser auf diskrete Weise auf die Möglichkeit zur Benutzung des »Waschraumes« hingewiesen. Aber Churchill hatte gefragt, wie weit es noch bis zur Siegfried-Linie sei, und als er erfuhr, daß es nur etwa eine halbe Stunde sein werde, bis sie dieses Ziel erreicht haben würden, antwortete er, daß er die Toilette jetzt nicht brauche. Aber sie würden ja an der Siegfried-Linie Halt machen.

> »Dort angekommen, hielt die Kolonne der 20 bis 30 Wagen, wir stiegen alle feierlich aus und reihten uns die Linie entlang auf. Als die

Photographen herangestürzt waren, um gute Aufnahmepositionen zu ergattern, drehte sich Winston zu ihnen um und sagte:
"Dies ist eine der mit diesem großen Krieg zusammenhängenden Operationen, die bildlich nicht wiedergegeben werden dürfen!"
Um ihnen Gerechtigkeit widerfahren zu lassen, die Photographen befolgten diese Weisung und ließen sich so die Chance entgehen, den großartigsten Schnappschuß des Krieges zu veröffentlichen.
Ich werde nie das kindliche Grinsen der tiefsten Genugtuung vergessen, das sich über Churchills ganzes Gesicht ausbreitete, als er sich im kritischen Augenblick zu ihnen umwandte.«
(Siehe Bryant Arthur: Sieg im Westen.)

Aachen, das die Gruppe daraufhin besichtigte, war schwer versehrt, und es freute die Gruppe sehr, »endlich deutsche Häuser in Trümmern zu sehen, statt französische, italienische, britische und belgische.«
Danach ging es nach Jülich hinein, und am nächsten Morgen wurde die Rundreise zur 1. kanadischen Armee unter General Crerar fortgesetzt. Durch den Reichswald und durch Goch ging es nach Gennep weiter, wo die dort liegende 51. britische ID besichtigt wurde. Winston Churchill war sehr ärgerlich, als er bemerkte, daß man ihn ängstlich abschirmte und nicht näher an die Front heranlassen wollte. Dennoch konnte auch diese Hürde überwunden werden.
Im Reims angekommen wurden sie zu der großen Landwirtschaftsschule nahe dem Bahnhof gefahren, wo sich das HQ von General Eisenhower befand. Eisenhower und Bradley erwarteten ihre Gäste bereits und stellten ihnen im Kartenzimmer die Lage an der großen Karte dar. Zum Abendessen stießen GenMaj Bedell Smith, sowie Spaatz und Tedder hinzu.
Auf dem Rückflug am 6. 3. erklärte Churchill, daß er über die Vorbereitungen und den Beginn des Rheinübergangs dauernd informiert zu werden wünsche, denn er wolle dabei sein, wenn es losgehe.
Am 15. März 1945 war Winston Churchill wieder bei den alliierten Oberbefehlshabern der beiden Heeresgruppen. In dem linksrheinischen Spargeldorf Walbeck trafen Montgomery und Eisenhower mit Churchill zusammen. Nach mehrstündiger Besprechung mit den an der Operation »Plunder« beteiligten Kommandeuren hatte Churchill allen Grund zuversichtlich zu sein. Auf einer Breite von etwa 50 Kilometern standen 29 Divisionen der 21. Heeresgruppe (mit der unterstellten 9. US-Armee) zum Angriff über den Rhein bereit. Jenseits dieses Streifens auf dem Ostufer des Flusses verteidigten nach den Erkenntnissen der Alliierten die 7. FJD und die 84. ID den gleichen Abschnitt. Während die Alliierten insgesamt etwa 300 000 aufboten, standen ihnen etwa 10 000 deutsche Soldaten gegenüber.

Auf dieser Besprechung wurde festgelegt, daß der Angriff von vier Divisionen ausgeführt werden sollte. Ergänzend wurde ein bereits ausgearbeiteter Plan zu einem großangelegten Luftlandeeinsatz — die Operation »Varsity« — vorgelegt. Dieser sollte am Morgen nach dem Übersetzen der vier Divisionen gestartet werden und die deutschen Verteidiger aufsplittern.
Für »Varsity — Einigkeit« wurden die 6. britische Luftlande-Division und die 17. US-Luftlande-Division ausersehen. Angriffsbeginn zu »Plunder« war die Nacht zum 24. 3. 1945.

Der Sprung über den Rhein

Am frühen Morgen des 23. 3. 1945 als General Pattons Jubelruf an Eisenhowers Ohren drang, daß er bei Oppenheim den Rhein bezwungen habe, stand auch die 21. Heeresgruppe Montgomerys zum Sprung über den Rhein bereit. Montys Kräfte setzten sich aus der 1. kanadischen, der 2. britischen und der 9. amerikanischen Armee zusammen. An dieser Stelle sollte kein Brückenkopf gebildet werden, sondern hier wollte Montgomery mit einem Schlage auf einer Frontbreite von 42 bis 48 Kilometern über den Rhein gehen und danach in einer einzigen Lawine nach Osten und Nordosten vorstürmen.
Dazu waren nicht weniger als 250 000 Tonnen Kriegsmaterial und Brückengerät herangeschafft worden und lagen am Abend des 20. 3. auf dem Westufer des Rheins einsatzbereit.
Die Luftlandeoperationen lagen in den Händen des Kdr. der 6. britischen Luftlande-Division, Generalmajor Bols, der mit einem der vorgesehenen Horsas-Segler im Raume Hamminkeln landen würde, um von dort aus den Gesamteinsatz zu führen.

Um 17.00 Uhr des 23. 3. begann das britische Trommelfeuer. 3 480 Geschütze feuerten auf einer Frontbreite von 44 Kilometern. Und während noch das Grollen dieses Feuers andauerte, stach auch die zweite As-Karte der Briten und Amerikaner — ihre Bomberwaffe. Es war genau 18.00 Uhr, als ein weiteres Mal Bomben auf Wesel herunterheulten. Um 21.00 Uhr gab die RAF eine Sondervorstellung, als zehn einzeln fliegende Bomber Wesel nacheinander erreichten und jeweils nur eine Bombe abwarfen. Es waren die schwersten Brocken, die jemals während des Zweiten Weltkrieges geworfen wurden. Jede von ihnen hatte ein Gewicht von etwa 10 000 Kilogramm.
Wesel sollte — das war durch geschickte Feindpropaganda ausgestreut worden — 80 000 deutsche Verteidiger beherbergen. Daß dies eine Utopie war, änderte nichts daran, daß die Alliierten sich diese Stadt besonders vornahmen. So wurde Wesel schließlich die einzige Stadt Deutschlands, die wirklich bis auf das letzte Haus dem Erdboden gleichgemacht wurde.
Damit hatte die Ankündigung von Dr. Joseph Goebbels im Rundfunk, daß Wesel von 80 000 deutschen Soldaten verteidigt würde, ihre Antwort erfahren.
Daß darüber hinaus die alliierten Befehlshaber in Wesel einen der Hauptknotenpunkte der deutschen Verteidigung sahen und bereits im Januar diese Stadt als Hauptübergangspunkt über den Rhein bezeichnet wurde, hatte die alliierte Absicht, diese Stadt auszuräuchern, bestärkt.
Bereits am 1. 2. 1945 griffen zwölf Bomber Wesel im Einzelangriff bei Tage an. Dann ging es Schlag auf Schlag. Am 16. 2. waren es starke Gruppen Lancaster Bomber, die Wesel in 1 100 taktischen Einsätzen bis hinunter zum Fährübergang von Rees bombten
Zwei Tage darauf kamen die Bomber wieder. Bomben gingen auf die Innenstadt nieder. Von der Hauptstraße zum Großen Markt bis hinunter zum Bahnhof. Zwei dichte Bomberpulks warfen ihre Sprengbomben. Danach flog die dritte Welle an. Sie warf Phosphor-Brandbomben und ganze Phosphorkanister. Feurige Lohe regnete vom Himmel herab und ließ alles in Flammen aufgehen.
Das Rathaus lag in Trümmern. Das daneben liegende Standesamt war pulverisiert, und der riesige Gebäudekomplex der Maggi-Werke ein einziges Flammenmeer. Mitten in den Trümmern detonierten die Langzeitzünder-Bomben. Und so ging es weiter, denn am Montag, dem 19. 2., röhrten die Luftschutz-Sirenen ein weiteres Mal. Um 15.00 Uhr fielen die ersten Bomben auf die Eisenbahnbrücke. Die Flak schoß aus allen Rohren, trotz des Schießverbotes des Oberkommandos. Die Batterien im Blumenkamp, bei Lackhausen, Friedrichsfeld und Voerde, die schwere

10,5 cm-Batterie bei Drevenack und die gleiche Batterie in Marienthal schossen auf die erkannten Gegner. Die Spellener Eisenbahngeschütze schossen drei Bomber ab, noch bevor sie den Stadtrand von Wesel erreicht hatten. Sie explodierten in grellroten Feuerbällen.
Und bei dem letzten Bombardement am 23. 3. 1945, das um 16.00 Uhr einsetzte und vor allem das Hafengelände dicht am Rhein traf, wo etwa 650 Soldaten in ihren Stellungen lagen, ging alles in volle Deckung. Am Rheintorbunker toste ein ganzer Katarakt von Bomben herunter, doch der Bunker hielt diesem Bombenhagel stand.
Zwei Stunden später, um 18.00 Uhr flog die zweite Welle an, und als gerade die Bomben fielen, eröffnete die Feindartillerie ihr Feuer.
Im GefStand des Kampfkommandanten von Wesel, GenMaj. Deutsch, — einem massiven Bunker am Nordglacis, der auch die Kreisleitung beherbergte — stand GenMaj. Deutsch an der Lagekarte. Er blickte auf die dicken Angriffspfeile des Gegners, die genau auf Wesel zeigten. Der General hob seine Stimme, um das dumpfe Grummeln der Artillerie-Feuerwalze zu übertönen:

»Meine Herren, 500 Meter vor uns stehen unsere Soldaten in der Abwehrfront am Rhein. Sobald der Angriff der Alliierten beginnt, hoffe ich, Sie alle dort zu sehen. Wer nach dieser Niederlage noch etwas vom Leben erwartet, der möge gehen, wohin er will. Ich werde bei meinen Soldaten sein. Der Befehl, den ich meinen Männern geben mußte, gilt zuerst für mich.«

»Es gibt keine Niederlage, Herr General«, entgegnete der Weseler Kreisleiter. »Wir werden den Feind hier an Deutschlands Strom, wie es der Führer befiehlt, aufhalten.«

»Reden Sie nicht wirr, Herr Kreisleiter! Womit wollen Sie 300 000 Soldaten aufhalten?« fuhr ihn der General an. Dann wandte er sich dem Nachrichtenoffizier zu, der in den Raum gestürzt war und ihm entgegenging.

»Was ist, Holthaus?« fragte er unwirsch.
»Ein Funkspruch vom Gegner, Herr General!«
»Geben Sie her!«

Generalmajor Deutsch nahm das Blatt entgegen und überflog es mit einem schnellen Blick. Dann wandte er sich den Männern zu, die zu dieser letzten Befehlsausgabe gekommen waren.

»Hören Sie, meine Herren. Der Wortlaut dieses Funkspruches wird Sie interessieren: 'Wir verlangen die kampflose Übergabe der Stadt Wesel. Wenn unsere Soldaten den Fluß überschreiten, darf kein Schuß fallen. Ihnen ist ehrenvolle Gefangenschaft und Behandlung nach der Genfer Konvention zugesichert.

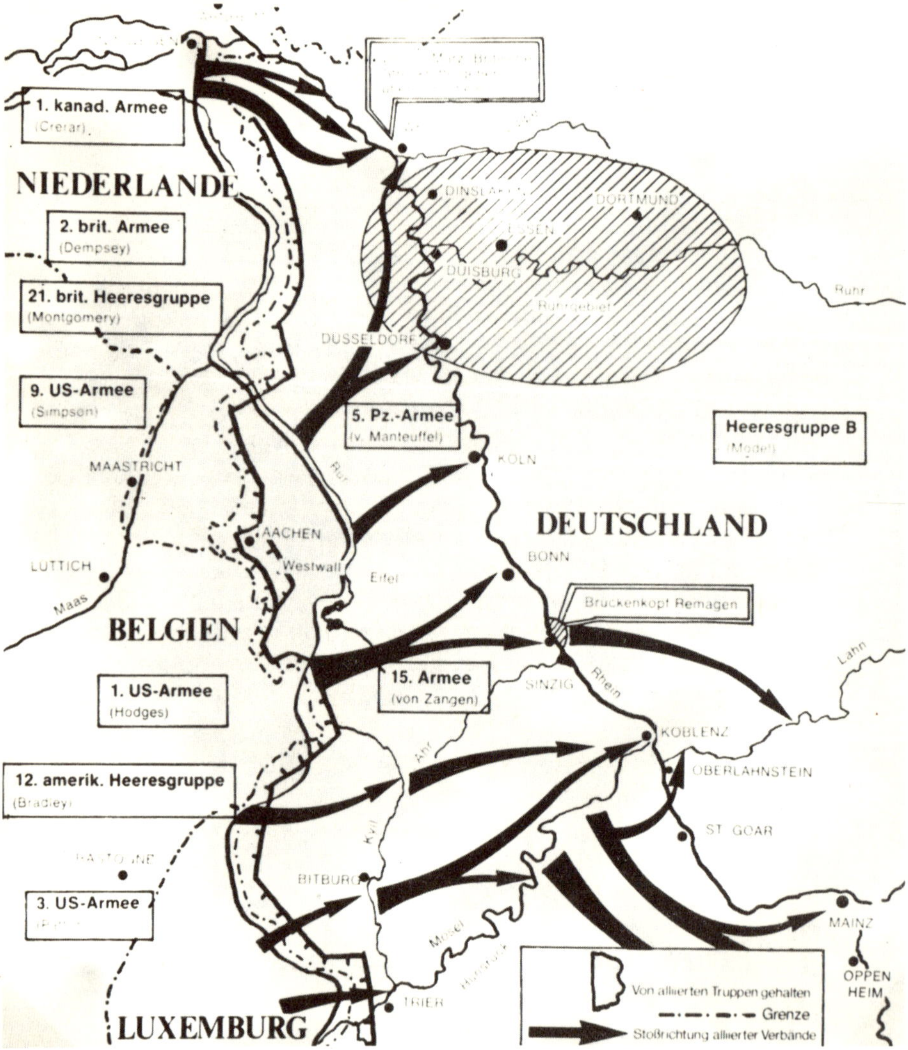

Vor dem Sprung über den Rhein.

Sollte Wesel nicht zur Übergabe bereit sein, werden wir die Stadt weiter verwüsten und ihre Bewohner werden durch Ihre Schuld den Tod finden.«

»Wir sollten diese Kapitulation annehmen, Herr General«, meldete sich einer der Stabsoffiziere.

»Nun, ich weiß, daß kein Mensch mehr in Wesel lebt. Ich weiß, daß die Stadt zu 100 Prozent zerstört ist. Was, frage ich Sie, könnten die Alliierten j e t z t noch schonen? Wo war die Genfer Konvention, als ihre Bomber die Zivilbevölkerung vernichteten? Für uns gibt es nur eine Entscheidung und die heißt: Wesel wird bis zur letzten Patrone verteidigt.«

»Wer dies hier erlebt hat, der braucht nicht auf alliierte Gnade zu rechnen«, pflichtete einer der Offiziere dem General bei. Dieser hatte sich bereits wieder voll in der Hand.

»Rekapitulieren wir die Verteidigungsmaßnahmen. Hauptwiderstandsnest ist der Rheintorbunker. Fallschirmjäger und Flak-Einheiten gruppierten sich darum in den Stellungen und Einmannlöchern. Panzerfäuste lagern im Bunker.
Nördlich davon schließen sich die Fallschirmjäger der 7. Division unter Generalleutnant Erdmann an. Sie verteidigen das Gebiet zwischen Bislich und Bienen. Südlich von Wesel hält die 84. ID, und zwar von Wesel über Flüren bis Voerde. Wie die Baumspähposten melden, haben sich die Alliierten bereitgestellt. Wir werden nach Einfall der Dunkelheit mit dem großangelegten Übersetzversuch rechnen müssen.«

Ein Melder betrat den Befehlsbunker. »Herr General, soeben rollen die ersten Amphibienfahrzeuge zum Rheinufer hinunter.«
Generalmajor Deutsch erhob sich. Er griff nach der Maschinenpistole, die neben ihm auf dem Tisch lag.

»Meine Herren, es ist so weit! Der Stab bleibt hier, um alle Kampfhandlungen zu koordinieren. Sie, Bracke, können mitkommen, wenn Sie wollen.«

»Ich werde mitkommen, Herr General«, antwortete der Divisions-Adjutant der 84. ID, der GenMaj. Deutsch als persönlicher Adjutant zugewiesen worden war.

»Auf, Männer, zum Rheintorbunker!«

Die Soldaten folgten dem General. Und während diese Männer zur Verteidigung des Rheins antraten, hallte in einem unterirdischen Kommandoraum des Kreisleiterbunkers ein einzelner Pistolenschuß. Der Kreisleiter, der bis zuletzt von der heldenhaften und erfolgreichen Verteidigung des Rheins gesprochen hatte, zog es vor, sich selber eine Kugel durch den Kopf zu schießen, anstatt am Rheintorbunker zu kämpfen.

Der Angriff beginnt

Um 17.00 Uhr des 23. 3. 1945 begann das Trommelfeur der alliierten Artillerie, die auf einer Breite von über 40 Kilometern jenseits des Rheins aufmarschiert war. Aus 3 480 Geschützen peitschten die Flammenlanzen der Abschüsse, wölkte Pulverdampf empor. 3 480 Granaten jagten über den Rhein und schlugen auf dem jenseitigen Ufer in die deutschen Stellungen hinein, die durch die VB und Lufterkundung gesichtet und in die Zielkarten eingetragen worden waren.
Wieder einmal erprobten die Alliierten ihre berüchtigte »Creeping barrage« auf die Stellungen der deutschen Rheinabwehr. Bis 17.10 Uhr hatten alle Geschütze den richtigen Salventakt gefunden. Salve um Salve hämmerte in den Boden auf dem Ostufer und dahinter und wühlte ihn um. Dies dauerte bis 18.00 Uhr, dann wurde das Artilleriefeuer durch den Angriff schwerer Bomberverbände abgelöst. Wieder heulten schwere und schwerste Bomben der Erde entgegen. Wesel, von der niederländische Spione der Nederlandse Binnen Strijtmacht, die in der CIC vereinigt waren, gemeldet hatten, daß die Stadt mit 80 000 Soldaten belegt sein werde, mußte ausradiert werden. Da auch Dr. Goebbels verkündet hatte, daß 80 000 deutsche Soldaten das Rheinufer bei Wesel verteidigen würden, hatten die Alliierten keinen Grund, an dieser Angabe zu zweifeln.

Dann trommelten die aufgestellten Geschütze weiter, und um 21.00 Uhr kamen noch einmal zehn Bomber der RAF, um ihre 10 Tonnen-Bomben über Wesel abzuladen. Dann fiel die Artillerie abermals in das Feuer ein, und in der Deckung dieses stählernen Vorhangs gingen die alliierten Angriffstruppen zum Rhein hinunter.
Es war genau 20.30 Uhr, als bei Mehr und Haffen und nahe von Rees die Kampfeinheiten der 51. schottischen Division — die Gordon Highlanders — die »Buffaloes« bestiegen. Immer 40 Soldaten sprangen in diese gepanzerten flachen Fahrzeuge, die nun, nachdem einige Salven Nebelgranaten die Düsternis des Abends zur Finsternis über dem Rhein hatten werden lassen, angeworfen wurden und, schneller und schneller werdend, über den Rhein liefen. Auf ihren Ketten rollten die nächsten Boote durch die Durchstiche der Deiche bis zum Ufer hinunter, schwammen auf und liefen den vorauseilenden Booten hinterher.
Gegenüber von Wesel war es — der Bedeutung der Stadt entsprechend — die 1. britische Commando-Brigade — die Kings Own Scottish Borderers — die wenige Minuten darauf in die Landungsboote stiegen und über den Fluß rauschten.
Noch während die Boote im ersten Drittel des Flusses schwammen, wurde von der Ostseite das Feuer eröffnet. Die Schüsse mußten nach Gehör abgegeben werden. Dennoch gelang es einem Zweizentimeter-Vierling, eines der Landungsboote voll zu treffen. Die Granaten rissen alles fort, was über die Bordwand aufragte, dann hämmerte ihr vierfaches Stakkato in die Bordwände hinein und einige der panzerbrechenden Granaten schlugen durch. Mit einem fürchterlichen Getöse flog eines der Landungsboote in die Luft und ließ nur einen kreisrunden Feuerball zurück, als sich der Qualm verzogen hatte. Die übrigen fuhren weiter, dem Ufer entgegen.

Es war genau 20.59 Uhr, als die ersten Boote der Schotten das rechte Rheinufer erreichten. Ihnen schlug hier nur schwaches MG-Feuer entgegen. Vom anderen Ufer aus hatte bereits vorher das Feuer der alliierten Flak und Pak die erkannten MG-Stellungen der Deutschen zum Schweigen gebracht.
Das 7. Bataillon der Scottish Borderer stieß direkt nach der Landung zwischen Reeserward und Grietherbusch durch. Ein MG, das aus einer Schweigestellung losballerte, wurde mit Handgranaten zum Schweigen gebracht, eine deutsche Stellung überrannt. Schüsse peitschten durch die Nacht. Im Handgranatenkampf wurden die wenigen deutschen Schützenlöcher überwunden.
Eine Stunde später begann das Übersetzen bei Wesel. Hier hatte der erste britische Stoßtrupp, der die nachfolgenden Landungsboote an die

richtigen Plätze lotsen sollte, bereits um 22.15 Uhr das Ostufer unterhalb der Weseler Badeanstalt erreicht. Dieser Stoßtrupp ging seitlich entlang dem Ufer vor, umging die erkannten Stellungen und erreichte die vorgesehenen Landungsplätze, von wo aus sie beim Herannahen der Buffaloes die vereinbarten Lichtsignale gaben, welche die Boote durch den dichten Nebel lotsen sollten.
Südlich davon, im Raume Dinslaken, gingen die Kampftruppen der 9. US-Armee von Emmelsum bis Voerde über den Fluß. Damit waren die Amerikaner um etwa 2 000 Meter weiter nach Süden angesetzt worden, als dies vorher geplant war. Damit lagen auch die Übersetzstellen aller Kampftruppen zwischen Stromkilometer 798 bis 842.
Fallschirmjäger der 8. FJD hielten die Schotten bei Rees auf. Wohl gelang es den Schotten, zwischen Reeser Eyland und dem Nordpfeiler der Landungen beim Hause Pottdeckel einen Brückenkopf zu halten, aber hier kamen sie nicht weiter nach. Die deutschen Fallschirmjäger kämpften mit letztem Einsatz und hielten dem übermächtigen Feinddruck stand. Hier kämpften die wenigen Verbände der 1. Fallschirmjäger-Armee. Ihre vier Fallschirmjäger-Divisionen, die völlig abgekämpft waren und einen Teil ihrer schweren Waffen verloren hatten, standen im Verein mit den drei Divisionsresten der Infanterie Schulter an Schulter. Sie hatten sich in den Boden eingegraben und schossen aus ihren MG 42 in die Angreifer hinein, daß diese sofort nach Landung in den Boden gezwungen wurden.
Den genannten deutschen Divisionen, die keine mehr waren, standen auf der gesamten Frontbreite 29 Divisionen und sieben selbständige Brigaden gegenüber. Von der Artillerie und der Luftwaffe nicht erst zu reden.
Die zwei alliierten Regimenter, die bei Wesel über den Rhein setzten, erreichten bis Mitternacht das Stadtzentrum. Anstatt der 80 000 Soldaten, die sich ihnen hier angeblich entgegenwerfen würden, standen GenMaj. Deutsch ganze 650 zur Verfügung. Davon waren zwei Drittel Landesschützen und Männer aus Sicherungs-Bataillonen. Ein Fallschirmjäger-Stoßtrupp setzte hier dem Vordringen des Gegners härtesten Widerstand entgegen. Hinzu kam noch — Generalmajor Deutsch.
Von seinem Befehlsstand im Hause Galland aus verteidigte er mit seinem Stab, soweit dieser nicht im Befehlsbunker saß. Von britischen Flammenwerferpanzern und Infanterie angegriffen, fiel einer der Männer nach dem anderen. Als sich der Rest schließlich weigerte, in den sicheren Tod zu gehen und darauf drängte, den sinnlos gewordenen Kampf aufzugeben, ging General Deutsch mit seiner MPi im Hüftanschlag über die Fluthgrafenstraße allein gegen die Gegner vor, die sich von dort näherten. Als Einzelschütze lieferte er dem Gegner ein letztes Feuerge-

fecht. Als er das letzte Magazin in die Waffe rammte und den Feuerstoß abgab, der auf eine aufspringende Feindgruppe gerichtet war, wurde er von einem Feuerstoß eines in Stellung gegangenen Feind-MG getroffen und stürzte zu Boden. Der Kampfkommandant von Wesel starb zwei Stunden später in einem vorgeschobenen alliierten Verbandsplatz, wohin man ihn geschafft hatte.

Am Samstagmorgen, dem 24. 3. 1945, um 2.00 Uhr, war Wesel in alliierter Hand. Um 9.00 Uhr stellten britische Truppen bei Friedrichsfeld-Emmelsum die Verbindung zu den Nachbareinheiten der 9. US-Armee her, die noch schneller vorangekommen waren, als die Briten, weil es an dieser Stelle gar keine Rheinverteidigung gegeben hatte.

Der 21. Armeegruppe war es beinahe mühelos gelungen, den Rhein zwischen Voerde und Rees zu bezwingen und auf dem Ostufer des Flusses in Stellung zu gehen.

Die erste Angriffswelle hatte — neben der bereits genannten 51. schottischen Division — noch aus der 15. schottischen Division, der 1. Commando-Brigade und der 30. US-ID bestanden. Letztere war im Raume Friedrichsfeld-Spellen eingesetzt. Im Raume Löhnen-Mehrum-Stapp setzte noch die 79. US-ID über den Rhein.

Der Gegner hatte auf einer Breite von schätzungsweise 50 Kilometern Fuß gefaßt und einen so gewaltigen Brückenkopf errichtet, daß er nie wieder beseitigt werden konnte. Damit war der Kampf im Westen endgültig verloren, und es wäre nun darauf angekommen, sich ganz der russischen Front zuzuwenden.

Am Samstag, dem 24. 3. 1945, begann dann noch die Operation »Varsity«. Es war 9.45 Uhr, als die erste Welle dieser gewaltigen Luftflotte ihr Zielgebiet nördlich von Wesel erreichte. Genau drei Stunden und 10 Minuten nach ihrem Start klinkten die ersten Schleppflugzeuge — die von Flugplätzen in Mittelengland gestartet waren, ihre Lastensegler aus, die in der Weseler Feldmark niedergingen.

Diese Truppen, die von 9.45 bis 11.00 Uhr beinahe pausenlos auf rechtsrheinischem Gebiet niedergingen, wurden in 1 572 Flugzeugen und 1 326 Lastenseglern zum Einsatzgebiet geflogen. Es waren insgesamt 40 000 voll ausgebildete, trainierte und mit allen Waffen ausgerüstete Soldaten, die kämpfende Elite der Westalliierten.

889 Jagdflugzeuge hatten die Luftsicherung dieses Verbandes über deutschem Gebiet übernommen. Weitere 2 153 Jäger und Jagdbomber sicherten das Absprunggebiet und sperrten diesen Raum hermetisch nach Osten ab. Alles war wieder einmal bis auf das kleinste Detail aufeinander abgestimmt.

Während die Masse dieser beiden Luftlande-Divisionen im Raume Ham-

minkeln abgesetzt wurde, landeten zwei Regimenter der 17. Luftlande-Division im Raume Dinslaken, ostwärts der Reichsstraße 8, in der Niederung von Wehofen und Rotbachtal.
Ziel dieser Monster-Luftlandung war es, unmittelbar nachdem die Sturmtruppen den Rhein überwunden hatten, diesen Brückenkopf nach Osten auszuweiten und die dicht an den Rhein angelehnten deutschen Verteidigungslinien von hinten aufzurollen und dadurch die Verteidiger in die Zange zu nehmen und ihnen keine Rückzugsmöglichkeit zu geben.
Dieses Vorhaben gelang. Besonders im Abschnitt Mehr-Hiesfeld, wo sich die deutschen Verteidigungslinien tatsächlich mitten in der Zange befanden und vernichtet wurden.
Die auf dem Ostufer des Rheins liegenden Fallschirmjäger sahen die weißen Watteflocken der Fallschirme zu Tausenden niederschweben. Sie sahen die ausgeklinkten Lastensegler im Steilflug der Erde entgegenflitzen. Ein Teil dieser Segler ging an den Hochspannungsmasten- und Leitungen zu Bruch.
Vor Hamminkeln wurden zwei Segler förmlich auf solchen Masten aufgespießt.
Besonders schwer hatte es die Feldartillerie-Gruppe der 6. britischen Luftlande-Division, die im Raume Hamminkeln-Brünen-Lackhausen zur Landung ansetzte. In 416 Seglern waren Geschütze, Munition und Gerät verladen. Von diesen Seglern kamen nur ganze 88 heil und unbeschädigt herunter. Flak und Gewehr- sowie MG-Feuer hatten alle übrigen abgeschossen.
Zum ersten Male in der Kriegsgeschichte wurde beim Unternehmen »Varsity« die »Curtiss C-46« für den Fallschirmabsprung eingesetzt. In diesen Maschinen waren jeweils 36 Fallschirmjäger mit voller Ausrüstung untergebracht.
Die Lastensegler-Piloten wurden von Oberst Chatterton geführt. Oberst Chatterton hatte die Horsas-Segler eigens für eine solche Luftlandung konstruiert und gebaut. In dem Segler des Oberst flog neben seinem persönlichen Stab auch ein Sonder-Korrespondent der »Sunday Express« diesen Angriff mit. Es war James Wellard. Im Beobachterstand der Führermaschine liegend, fotografierte James Wellard die Szenerie und notierte die ersten Eindrücke von diesem grandiosen Schauspiel. Über Sprechfunk gab er seine Wahrnehmungen durch, und so kamen die Engländer am nächsten Morgen, Sonntag den 25. 3. 1945 in den Genuß aus erster Hand über die größte Luftlandeoperation aller Zeiten zu hören und zu sehen. Hier Wellard's Bericht:

»Es ist 11.00 Uhr morgens, und so weit das Auge aus einer Höhe von 1 200 Fuß nach Osten über den Rhein blicken kann, ist Deutschland

in Flammen und Rauch gehüllt. Was nun am Himmel um mich herum, auf Erden und zu Wasser vor sich geht, gleicht einem futuristischen Gemälde von Armageddon. Für die Deutschen auf dem Ostufer ist dies die letzte Schlacht.
Dieser Tag ist die konzentrierte Wiederholung des D-Tages. Der Himmel ist voller Flugzeuge. Transportmaschinen, zweimotorige amerikanische Dakotas, viermotorige Halifax und unsere neuen »C-46« wohin das Auge blickt. Diese Luftarmada schwärmt in zwei riesigen Kolonnen über den Himmel. Ich sah die erste Welle der Luftlandetruppen einfliegen. Von jeder Maschine löste sich eine Reihe winziger, plötzlich sich ausweitender, aufpustender weißer Bälle, die sich als Fallschirme entpuppten.
Deutsche Flak bekämpfte die erste Welle heftig. Trotz vernichtenden Artillerie- und Jagdbomberfeuers waren noch einige Flak-Batterien einsatzbereit geblieben, und diese kämpften verbissen.
Die schmutziggrauen Explosionswolken der deutschen 8,8 cm-Granaten sprenkelten den Himmel. Rote, gelbe und grüne Leuchtspurfäden zogen sich von der leichten Feindflak zu unseren Maschinen empor.
Plötzlich sehe ich eine Dakota zur Erde niederstürzen. Zwei weitere ziehen lange, dicke Rauchfäden hinter sich her. Eine dieser beiden bricht mit einer aufflackernden Flamme auseinander. Die lodernden Teile taumeln zur Erde herunter. Die andere Maschine kommt noch über den Rhein zurück. Ich sehe — hinterherblickend — wie ihr plötzlich die Kanzel wegfliegt, und die Besatzung aussteigt. Noch immer fliegen mehr und mehr Maschinen an.
Nun nähert sich auch schon die zweite Welle. Ich spähe durch die Glaskanzel meines Beobachtungsplatzes hinüber, sehe riesige Flugzeuge, die jeweils immer z w e i Lastensegler an langen Nylonseilen hinter sich herziehen. Das sind die kleineren, amerikanischen Waco-Segler, die hintereinander und auch nebeneinander fliegen können.
Dann kommen die großen britischen Horsas, die hinter Halifax-Bombern segeln. Sie senken und heben sich im Flug wie schwebende Möwen im Wind. Sie kommen zu Hunderten. Und plötzlich werfen sie, ein völlig unwirkliches Bild, ihre Schleppseile los und schweben kreisend, wie riesige Raubvögel in immer engeren Spiralen der Erde entgegen.
Gottseidank hat die deutsche Flak nun ihr Feuer fast eingestellt. Wir spähen hinunter, ob die Geschützbedienungen vor diesem gewaltigen Spektaktel dieses aus der Luft kommenden Heeres geflohen sind und ihre Stellungen verlassen haben. Aber so ist es nicht! Sie

haben gekämpft und liegen jetzt in ihren zerschossenen, von Raketenbomben zerfetzten Stellungen, selber zerfetzt und tot.
Als wir langsam über den Rhein fliegen, zwischen Xanten und Wesel kreisen, um einem Blick auf das brennende Bislich zu werfen, sehe ich, daß der deutsche Widerstand auf Meilen hinaus zusammengebrochen ist. Wir sehen nur noch eine einzige deutsche Granate auf dem Westufer zwischen Alligator-Booten einschlagen.
Auf dem Ufer des Stromes ist es fast friedlich. Dort wird kein Widerstand mehr geleistet. Unsere Fähren eilen hin und her, um Material und Menschen über den Strom zu schaffen.
Weiter ostwärts sieht es allerdings anders aus. Dort liegen die deutschen Ortschaften unter dicken Rauchpilzen begraben. Unsere Artillerie hat die Dörfer ausgelöscht. Wir fliegen nach Wesel. Diese Stadt ist eingeebnet, sie sieht aus der Luft wie die Asche eines einzigen glühenden Brandes aus. Wenn es noch Deutsche in Wesel geben sollte, müßten sie sich erst ihren Weg aus den Trümmern hinaus graben.
Im Norden geht eine weitere Welle Lastensegler nieder. Meilenweit sind die Felder mit weißen, orangefarbenen und roten Fallschirmen gesprenkelt. Die Lastensegler, welche Munition und Geschütze brachten, gehen steil nieder. Ich sehe, wie sie sich in den Boden bohren und wie sie Bäume rammen und wie reife Früchte auseinanderplatzen. Und alles ist unsagbar phantastisch.«

Das war es, was Winston Churchill miterleben wollte; und trotz aller Abschirmversuche schaffte er es auch.

2.3.45: Die Norfolks der 3.brit. ID in Kervenheim bei Kevelaer.

An einem eigenen abgeschossenen Panzer vorbei stürmt US-Infanterie vor.

Die 90. US-ID marschiert durch den Westwall. Dabei Teile der 6. US-PD.

Lünebach bei Prüm wird am 3.3.45 von der 3. US-Armee erreicht.

Winston Churchill auf dem Ostufer des Rheins

Bevor der Rheinübergang begann, hatte es bereits um den Besuch Churchills an dieser Front einige Korrespondenz gegeben. Churchill hatte zu erkennen gegeben, daß er sich diese »majestätische Operation, die Montgomery im Norden zu eröffnen gedachte, nicht entgehen lassen würde.« (Siehe Bryant, Arthur: a. a. O.)
Nachdem man Churchill daran gehindert hatte, die Truppe vor Beginn von »Overlord« zu besuchen und ihn ebenso erfolgreich aus der Normandie ferngehalten hatte, war er diesmal wild entschlossen, und Feldmarschall Montgomery meinte dazu:

> »Für den Fall, daß sich der PM entschlossen hat, zur Rheinschlacht herüberzukommen, so gibt es — glaube ich — nur eines: nämlich, daß man ihn bittet, sich in meinem Lager aufzuhalten. Ich werde ihn dann im Auge behalten können und erreichen, daß er sich nur dorthin begibt, wo er niemanden stört.«

Am 23. 3. 1945 saß denn auch Winston Churchill im HQ von Feldmarschall Montgomery in Venlo.
Am nächsten Morgen erfuhren die Gäste von Monty, daß die Angriffe über den Rhein bestens vonstatten gegangen seien. Churchill brannte darauf, sich das Schlachtfeld anzusehen und fuhr um 8.45 Uhr mit Generalfeldmarschall Brooke und einem Adjutanten Montgomerys los. 45 Minuten später erreichten sie 2 Kilometer südlich von Xanten einen Beobachtungspunkt, von dem aus der Rhein gut zu überblicken war. An diesem Morgen herrschte jedoch schlechte Sicht. Hier der Bericht aus dem Tagebuch von Feldmarschall Brooke:

> »Wir befanden uns zwischen den Stellungen jener Batterien, die den Angriff über den Rhein unterstützt hatten. Diese Geschütze feuerten immer noch. Sie bekämpften nun jedoch zur Sicherung der nachfolgenden Luftlandungen die deutschen Flakstellungen.
> Die britische 6. und die 17. amerikanische Luftlande-Division sollten etwa gegen 10.00 Uhr erscheinen und etwa drei bis vier Kilometer hinter dem Rhein niedergehen, und zwar noch jenseits des Diersfordter Waldes, der ein Haupthindernis war.
> Die 6. Luftlande-Division startete in Ostengland, während die 17. US-Luftlande-Division aus den Flugplätzen um Paris startete.
> Es war ein wunderbarer Anblick. Der ganze Himmel war von den großen Tragflächen der Transportflugzeuge bedeckt. Sie flogen direkt über uns hinweg über den Rhein. Leider entschwanden sie im Dunst, bevor die Fallschirmjäger absprangen.
> Bevor sie außer Sicht waren, konnte man unter ihnen die deutschen

Flakgranaten explodieren sehen. Kurz darauf kamen die Maschinen mit offenen Luken und herunterhängenden Fallschirmbändern zurück. Ein paar gingen beim Rückflug in Flammen auf, ihre Piloten schwebten an Fallschirmen zur Erde zurück.
Etwa nach einer Stunde ununterbrochenen Stromes der Transporter erschienen erst die Lastensegler und zogen, einer hinter dem anderen, vorüber.

Wir blieben ungefähr zwei Stunden auf diesem Beobachtungspunkt und bestiegen dann zwei gepanzerte Fahrzeuge, jeder eines. So fuhren wir nach Xanten hinein, wo wir uns nach Norden wandten und dann weiter durch Marienbaum zur Nordostecke des Reichswaldes auf eine kleine Hochfläche südlich von Kalkar fuhren. Von dort hatten wir einen guten Ausblick auf den Übergangsabschnitt der 51. ID, deren Kommandeur, Generalmajor T. G. Rennie, am Morgen beim Flußübergang gefallen war.«

Soweit der direkte Bericht. Daß Churchill dies immer noch nicht genügte, schien allen, die ihn kannten, selbstverständlich. Er unternahm zunächst noch einen Flug über der Front, wobei er die Befestigungsanlagen des Westwalles in Augenschein nahm.
Am Abend erhielten Churchill und Feldmarschall Brooke den Bericht von Feldmarschall Montgomery, der ihnen mitteilen konnte, daß alle Operationen einen überwältigenden Erfolg errungen hätten. Im Süden des Übergangsgebietes hatte jede der übersetzenden Divisionen einige Tausend Gefangene gemacht. Die Divisionen selber hatten jeweils nur zwischen 100 und 200 Mann verloren.
Im Nordabschnitt war die Übersetzung und das Gewinnen des Ostuferstreifens schwieriger verlaufen. Die 51. ID hatte schwere Verluste erlitten und bei 600 Mann Verlusten eine gleiche Anzahl an Gefangenen gemacht.
Feldmarschall Brooke notierte denn auch nach dieser Orientierung:

»Wenn ich diesen Tag als Ganzes ansehe, dann bin ich sicher, daß für die Deutschen das Ende nahe ist, und ich wäre nicht überrascht, wenn sie jeden Augenblick einpackten. Ich glaube, daß in wenigen Tagen nördlich und ostwärts des Rheins jede koordinierte Verteidigung aufhören wird und daß wir dann in der Lage sein werden, Montys 8. PD, aus der Luft versorgt, dreist durch Norddeutschland operieren lassen zu können.«

Dies sollte sich allerdings als Wunschdenken herausstellen.
Nach dem Gottesdienst am Palmsonntag in Venlo fuhr die Delegation

des Premierministers und Feldmarschalls mit ihrer Begleitung nach Rheinberg, wo sie im HQ des XVI. US-Korps von General Anderson empfangen und zu Eisenhower, Bradley und Simpson geführt wurden.

Nach dem Essen, das in der Villa eines deutschen Bergwerkdirektors eingenommen wurde, fuhren alle nach Büderich. Am Rheinufer stand ein Haus, von dem aus nach Norden bis Wesel und nach Süden bis zur amerikanischen Pontonbrücke freie Sicht herrschte. Hier prägte Churchill die Worte:

> »Mein lieber General, die Deutschen sind geschlagen. Jetzt haben wir sie! Jetzt sind sie fertig.«

Und Eisenhower, dem diese Worte galten, stimmte durch Kopfnicken zu.
Geben wir an dieser Stelle Winston Churchill das Wort zu den folgenden Ereignissen:

> »Zu unseren Füßen floß der hier etwa 350 Meter breite Rhein. Drüben, auf dem feindlichen Ufer erstreckten sich glatte, ebene Wiesen. Die uns begleitenden Offiziere, die mit uns das gegenüberliegende Ufer eine Weile beäugt hatten, meinten, daß es feindfrei sei. Eisenhower riefen nun andere Geschäfte ab, und Montgomery und ich wollten uns eben seinem Beispiel anschließen, als ich ein in der Nähe anlegendes Infanterie-Landungsboot erblickte. Also sagte ich zu Montgomery:
> 'Wollen wir nicht hinübergehen und sehen, wie es drüben ausschaut?'
> Einigermaßen überrascht hörte ich ihn antworten: 'Warum nicht?' Er zog noch einige Erkundigungen ein, dann setzten wir mit drei oder vier amerikanischen Generalen und einem halben Dutzend amerikanischen Soldaten über den Strom. Wir landeten am anderen Ufer und gingen dort eine halbe Stunde unbelästigt spazieren.«
> (Siehe Churchill, Winston: Der Zweite Weltkrieg)

Danach fuhr diese Gruppe noch zur gesprengten Eisenbahnbrücke nach Wesel und kletterte auf diese hohe Eisenkonstruktion. So erlebten sie das gegenseitige Artilleriefeuer hinüber und herüber aus nächster Nähe mit. Die deutschen Granaten schlugen zuerst etwa 1 500 Meter seitab ein. Als aber eine spätere Salve direkt über ihre Köpfe hinwegheulte und auf dem westlichen Ufer einhieb und einige Granaten sogar in der Nähe des Wagenparks einschlugen, entschloß sich Montgomery, zum Rückzug zu blasen. In zweistündiger Fahrt wurde Montgomerys HQ in Venlo wieder erreicht.
Auf dem Ostufer des Rheins gab es keine zusammenhängende HKL

mehr. Es standen nicht einmal mehr genügende Truppen zu einer dünnen Kampflinie zur Verfügung. Aber die kleinen Kampfgruppen, die sich in Dingden, in Ringenberg und Loikum und vor allem bei Mehrhoog zur Verteidigung eingerichtet hatten, kämpften verbissen gegen die anstürmende zehnfach überlegene Infanterie- und Panzerwelle des Gegners. Als die Briten versuchten, den Ijsseldamm bei Loikum mit Spähwagen zu erreichen, wurden diese vordrängenden Fahrzeuge mit Panzerfäusten vernichtet. 600 Fallschirmjäger und Angehörige der Waffen-SS verteidigten den Damm und traten dann zum Gegenstoß an. Meter um Meter gingen sie vor. Mit Handgranaten und Sprengmitteln, mit Panzerfäusten und MG schlugen sie den Gegner über die kleine und dann auch über die große Ijssel südlich von Loikum zurück.

Am Sonntagmorgen, dem 25. 3., gruben sich die Fallschirmjäger im Hurnhorster Busch ein. Es war genau 10.00 Uhr, als der Gegner sein geballtes Artilleriefeuer auf dieses Wäldchen lenkte. Drei Stunden lang hämmerten Granaten aller Kaliber auf die Löcher der hier eingegrabenen Fallschirmjäger herunter. Um 13.00 Uhr war der Hurnhorster Busch ein einziger Friedhof. 400 tote Fallschirmjäger wurden später aus diesem kleinen Bereich geborgen.
Die im Raum Mehrhoog verteidigenden Fallschirmjäger wurden eingeschlossen, als ein über Mehr hinaus vordringendes Angriffsregiment der Briten mit Unterstützung von Flammpanzern versuchte, die Verbindung zu ihren Fallschirmjägern herzustellen, die südlich Mehrhoog niedergegangen waren.
Wo sich die Fallschirmjäger zu kleinen Widerstandsgruppen zusammenfanden, dort rollten die britischen Flammpanzer heran und spien ihre bis zu 30 Meter langen Flammenfahnen aus. Brennende Gehöfte kennzeichneten diese Verteidigungsstellungen.
Den erbittertsten Widerstand leisteten die Fallschirmjäger der Kampfgruppe Hübner der 7. FJD dem angreifenden Gegner bei und in Bienen. Dreimal schafften es die hier verteidigenden Fallschirmjäger, die angreifenden Kanadier aus Bienen hinauszuwerfen und bis an den Rhein bei Grietherbusch zurückzuwerfen. In diesem Dorf, an der Einmündung der Straße Anholt-Bocholt in die Reichsstraße 8, kämpften die Fallschirmjäger unter Hptm. Hübner mit einer beispiellosen Erbitterung. Vom 24. bis zum 27. 3. hielten sie sich in der Ortschaft.
Die Kanadier verzweifelten bereits, aber sie griffen noch ein viertes Mal an, drangen in die Ortschaft ein, eroberten einige Häuser im Kampf Mann gegen Mann. Als die Lage hoffnungslos wurde, forderte Hptm. Hübner Feuer auf den eigenen Standort an. Aus den Stellungen am Millinger Meer schossen nun Werfer-Einheiten und Feldartillerie-Batterien

nach Bienen hinein und legten die Ortschaft in Trümmer. Unter den Trümmern wurden Freund und Feind begraben.
Am Dienstag, dem 27. 3., war Bienen schließlich in alliierter Hand. Von hier aus drangen die Kanadier weiter auf Praest und Millingen vor und schwenkten dort auf Emmerich ein.
Auch die 51.ID mußte sich ihren weiteren Vorstoß mit Blut und Tränen erkaufen. Im Raume Rees kämpften die deutschen Fallschirmjäger ebenfalls noch bis zum Dienstag. In der Ziegelei von Groin verteidigten zuletzt nur noch zwei Fallschirmjäger. Im Hause Aspeln hatte sich Hptm. Hübner verschanzt. Die Schotten schossen dieses Haus mit Brandgranaten zusammen, um die darin verteidigenden 32 Fallschirmjäger auszuräuchern.
Auch in der Ortschaft Empel hielten die Fallschirmjäger drei Tage aus. Hier erlosch erst am Dienstag der letzte Widerstand. Wenige Stunden darauf zog das Sturmregiment der 51. britischen ID in Isselburg ein. Am 28. traten dann die Briten mit einigen Panzern zum Vorstoß auf Bocholt an, das am nächsten Tag erreicht und kampflos besetzt wurde.
Am 30. März — der Karfreitag des Jahres 1945 — fiel endlich auch Emmerich. Als letzte niederrheinische Ortschaft fiel der Grenzort Elten am 1. Ostertag. Der rechtsrheinische Raum von Emmerich bis Dinslaken war fest in alliierter Hand. Der Angriff des nördlichen Zangenarmes zur Umklammerung des Ruhrgebietes und zur Schließung des Ruhrkessels von Norden konnte beginnen.

Die Übersicht nach dem Sturmangriff über den Rhein

Eine Woche nach dem Rheinübergang der ersten vier Sturm-Divisionen und der Luftlandeverbände hatte die 21. britische Heeresgruppe 20 Divisionen und 1 500 Panzer ostwärts des Rheins versammelt. Lediglich vor dem linken Flügel der 21. HGr. hielt noch die 25. deutsche Armee. Die

Reste der 1. Fallschirmjäger-Armee mußten sich — kräftemäßig weit unterlegen — schrittweise zurückziehen.
Gleichzeitig mit dem Angriff der 21. HGr. über den Rhein hatte General Eisenhower unter Ausnutzung der beiden Brückenköpfe Remagen und Oppenheim mit der 3. und 7. US-Armee zum Durchbruch über den Rhein zwischen Mannheim und Mainz angeregt. Südlich daran anschließend sollte die französische 1. Armee bei Speyer über den Fluß gehen, während (wie bereits dargestellt) die 1. US-Armee aus dem Brückenkopf Remagen nach Osten und schließlich ab Marburg, nach Norden eindrehend, zum Angriff gegen das Ruhrgebiet aus Süden vorgeprellt war.
Das erste angestrebte US-Ziel war in dieser Phase des Kampfes die Gewinnung eines Gesamtbrückenkopfes über den Rhein, von der Neckarmündung bei Heidelberg bis zur Sieg. Dieser Brückenkopf sollte bis nach Hanau, Gießen und Siegen vorgetrieben werden.
Von diesen Operationen unberührt war General Patton, der mit seiner 3. US-Armee den Oppenheimer Rheinübergang realisiert hatte, schon weiter vorgestoßen. Am 24. März hatte er Darmstadt erreicht. Einen Tag später waren seine Panzerspitzen bis Aschaffenburg vorgeprellt. Hier fielen ihnen die unversehrten Mainbrücken in die Hände.
Am 26. 3. erzwang auch die 7. US-Armee bei Worms den Rheinübergang und stellte, nach Norden vorstoßend, bei Darmstadt die Verbindung mit der 3. US-Armee her und erweiterte so den Brückenkopf bis Mannheim.
Am 31. März richtete General Eisenhower eine Proklamation an alle deutschen Truppen und an die Zivilbevölkerung, den Widerstand aufzugeben und sich zu ergeben. In dieser Aufforderung wurde die ganze Hoffnungslosigkeit der Lage dargestellt. Zum Schluß wurde zum Ausdruck gebracht, daß jeder Widerstand das Elend Deutschlands noch vermehren würde.
Folgen wir der Nordzange auf ihrem Wege nach Lippstadt.

Feldmarschall Montgomery berichtet

Am Dienstag, dem 27. März 1945, als die 21. Heeresgruppe den Aufmarschraum für den Ausbruch nach Osten erreicht und sich bereitgestellt hatte, schickte Feldmarschall Montgomery ein Fernschreiben an alle Armee-Oberbefehlshaber, in dem er sie in sein Hauptquartier bat. Mit ihnen besprach er die Lage und die zu führenden Operationen der nächsten Tage. Anschließend sandte er ein weiteres Fernschreiben an den Oberbefehlshaber der Alliierten Streitkräfte, General Eisenhower, in dem er die getroffenen Maßnahmen darlegte. Der Wortlaut dieses Fernschreibens lautete:

> »Heute habe ich die Befehle an die Armeeoberbefehlshaber für den weiteren Vormarsch nach Osten erteilt. Ich beabsichtige, die 9. und die 2. Armee mit aller Kraft zur Elbe vorstoßen zu lassen. Der rechte Flügel der 9. Armee wird direkt auf Magdeburg vorgehen, die britische 2. Armee auf dem linken Flügel erhält Hamburg als Operationsziel.
>
> An der linken Flanke der 2. Armee wird die kanadische 1. Armee zur Säuberung von Nordost- und Westholland sowie des Küstengebietes operieren.
>
> Ich habe die 9. und 2. Armee angewiesen, mit allen Panzer- und mot-Kräften sofort mit äußerster Schnelligkeit und Schlagkraft anzutreten und zur Elbe durchzustoßen. Die Lage scheint günstig, und die Dinge werden vermutlich ins Rollen kommen.
>
> Mein Gefechtsstand wird am Donnerstag, dem 29. März, in den Raum nordwestlich von Bönninghardt verlegt. Den Operationen der Armeen dichtauf folgend, hoffe ich dann, über Wesel, Münster, Wiedenbrück, Herford und Hannover mit meinem Gefechtsstand und Hauptquartier Berlin zu erreichen.«
>
> (Siehe Ryan, Cornelius: Der letzte Kampf.)

Damit entsprach Montgomery der allgemeinen und nach seiner Auffassung immer noch gültigen Übereinkunft, daß B e r l i n das wichtigste Ziel der westlichen Alliierten sei. Immerhin hatte er einen Brief Eisenhowers in Besitz, in dem dieser zweifelsfrei zum Ausdruck gebracht hatte:

> »Meiner Ansicht nach gibt es nicht den geringsten Zweifel, daß wir unsere gemeinsamen Kräfte und Möglichkeiten auf einen schnellen Vorstoß auf Berlin konzentrieren sollten.«

Diese Maxime verfolgte auch Montgomery mit seiner Planung, ohne zu wissen, daß zur gleichen Zeit General Eisenhower bereits im Alleingang eine entgegengesetzte weitere Entwicklung des Krieges in Gang gebracht hatte.

Eisenhowers Geheimdiplomatie

Am Mittwoch, dem 28. März 1945, sandte General Eisenhower ein Telegramm nach Moskau an Generalmajor John R. Deane, den Chef der in Moskau befindlichen Militärmission der USA.
Dieses Telegramm trug die Geheimbezeichnung »SCAF 252« und erhielt eine Botschaft des alliierten Oberbefehlshabers in Europa an Marschall Stalin. Generalmajor Deane wurde angewiesen, diese Botschaft n u r Stalin persönlich zu übergeben. Ferner sollte er auf rasche und umfassende Antwort drängen.
Generalmajor Deane setzte sich unverzüglich mit dem Chef der britischen Militärmission, Admiral Ernest R. Archer, in Verbindung. Beide beschlossen, diese Botschaft dem sowjetischen Regierungschef während jener Besprechung vorzulegen, zu der sie und die Botschafter ihrer Länder am kommenden 29. 3. eingeladen waren.
Da Eisenhower glaubte, die Vollmacht zu haben, direkt mit dem roten Diktator verhandeln zu dürfen (was später stark angezweifelt wurde), wenn es sich um die Koordinierung des gemeinsamen Vorgehens der Truppen in West und Ost handelte, hatte Eisenhower nicht einmal den gemeinsamen Generalstab über seine Schritte in Kenntnis gesetzt. Wohl wissend, daß dann dieser Vorschlag, den er Stalin machte und um dessen Ausführung er auch erfolgreich bemüht blieb, möglicherweise unter den Tisch gefallen wäre.

Eine Kopie, die für Eisenhowers britischen Stellvertreter, Luftmarschall Tedder vorgesehen war, erhielt dieser nicht. Sie wurde in einem Aktenordner »vergessen«.
In dem genannten Telegramm teilte Eisenhower Marschall Stalin mit, daß nunmehr die Operationen im Westen in ein Stadium getreten seien, in welchem es »im Interesse eines baldigen Erfolges von größter Wichtigkeit ist, die sowjetischen Pläne für die Fortsetzung des Kampfes in Erfahrung zu bringen.«
Kernpunkt des Vorschlages von General Eisenhower war die Einkreisung der deutschen Kräfte im Ruhrgebiet. Bis Ende April seien diese Kräfte vernichtet. Sodann beabsichtige er, nach Osten vorzudringen, um sich irgendwo in Deutschland mit den sowjetischen Divisionen zu vereinigen und dadurch die noch verbliebenen Feindkräfte in zwei Hälften aufzuspalten.
Für diese Vereinigung mit den Russen nannte Eisenhower die Linie Erfurt-Leipzig-Dresden. Seine Haupt-Stoßkräfte würde er in diese Richtung einsetzen. Ein zweiter zusätzlicher Vorstoß zur Vereinigung mit den sowjetischen Truppen in Österreich würde im Raume Regensburg-Linz unternommen. Mit diesem Nebenstoß sollte der deutsche Widerstand im Süden des Reiches gebrochen werden. Eisenhowers Botschaft endete mit den Worten:

> »Bevor ich die feste Entscheidung treffe, halte ich es für äußerst wichtig, mich mit Ihnen über den Zeitplan und die Stoßrichtung unserer Operation abzustimmen. Können Sie mir Ihre Absichten mitteilen und mich informieren, wie weit meine Vorschläge mit den von Ihnen vorgesehenen Aktionen übereinstimmen?
> Wenn wir ohne Verzögerung die Vernichtung der deutschen Armeen durchführen wollen, betrachte ich es als unbedingt erforderlich, unsere Aktionen zu koordinieren und eine gute Verbindung zwischen unseren vorrückenden Streitkräfte herzustellen.«
> (Siehe Ryan, Cornelius: a. a. O.)

Unmittelbar darauf ließ Eisenhower erklärende Funksprüche an General Montgomery und an den amerikanischen Chef des Generalstabes, General Marshall, absetzen.
General Montgomery, der keine 48 Stunden vorher die bereits vorgestellten Pläne an Eisenhower weitergegeben hatte, fiel aus allen Wolken, als ihm Eisenhower mitteilte, daß ihm nach der Vereinigung mit der 12. US-Heeresgruppe im Rücken des Ruhrgebietes die bis dahin noch unterstellte 9. US-Armee wieder entzogen und Bradley zugeführt werden müsse. Der Funkspruch endete mit den Worten:

> »Bradley wird für die Säuberung des Ruhrgebietes verantwortlich

sein, darüber hinaus wird er möglichst unverzüglich seinen Hauptstoß auf die Linie Erfurt-Leipzig-Dresden durchführen und die Verbindung mit den Russen herstellen.«

Montgomery erhielt Weisungen, in Richtung zur Elbe durchzustoßen. Dort würde ihm »vielleicht« die 9. Armee taktisch wieder unterstellt werden, um ihm den Flußübergang zu erleichtern.
In seinen nunmehr drei Botschaften hatte General Eisenhower jene Stadt mit keinem Wort erwähnt, die er vorher als Hauptziel des Angriffs auf Deutschland bezeichnet hatte: Berlin.
Als Winston Churchill am 1. 4. 1945 Kenntnis von dem SCAF 252-Papier erhielt, schrieb er sofort an den US-Präsidenten Roosevelt, doch inzwischen waren einige weitere Details und Stalins Antwort bekannt geworden. Und zwar war Stalin bereitwillig auf die Pläne Eisenhowers eingegangen und hatte erwidert, daß dieser Plan völlig den russischen Intentionen entspreche. Und als Kernwort hatte Stalin noch hinzugefügt:

> »Berlin hat seine frühere strategische Bedeutung verloren. Das sowjetische Oberkommando plant daher, in der Richtung Berlin nur Kräfte der zweiten Linie einzusetzen.«

Daß dies ein fauler Trick Stalins war, schien Winston Churchill sofort klar, denn in seinem Schreiben vom 1. 4. 1945 erklärte er:

> »Es ist ganz offenbar, daß die alliierten Armeen im Norden und im Zentrum jetzt rücksichtslos und ohne sich irgendwie ablenken zu lassen, mit der allergrößten Schnelligkeit zur Elbe marschieren müssen.
>
> Bisher zielte unser Vormarsch auf Berlin. Jetzt will General Eisenhower auf Grund seiner Einschätzung des feindlichen Widerstandes, deren großes Gewicht ich durchaus anerkenne, die Vormarschrichtung weiter nach Süden verlagern, um auf Leipzig und vielleicht noch südlicher auf Dresden zu zielen.
> Ich sage ganz offen, daß Berlin immer noch große strategische Bedeutung zukommt. Nichts wird in den noch widerstehenden deutschen Streitkräften solche Verzweiflung hervorrufen, wie der Fall von Berlin. In ihm sähe das deutsche Volk das Fanal seiner Niederlage. Andererseits wird es den Widerstand aller waffentragenden Deutschen anfeuern, solange das deutsche Banner über Berlin weht und sich die Ruinenstadt gegen eine russische Belagerung behauptet.
> Zweifellos werden die russischen Armeen in Wien einmarschieren und ganz Österreich überrennen. Wenn sie dann auch noch Berlin nehmen, müssen die Russen dann nicht den Eindruck gewinnen, zu

unserem gemeinsamen Sieg in überwältigender Weise beigetragen zu haben?

Es ist daher meine Meinung, daß wir vom politischen Standpunkt aus so weit wie nur möglich nach dem Osten Deutschlands vormarschieren und Berlin unbedingt nehmen müssen, sollte es in unserem Zugriff liegen.

Aber auch vom militärischen Standpunkt aus erscheint mir das vernünftig und richtig.«

Dieser Brief wurde vom US-Präsidenten an General Marshall weitergereicht, und dieser entschied, daß der Feldzugsplan Eisenhowers mit den von ihm erteilten Direktiven voll im Einklang stehe. Daß er so sprechen mußte, war klar, denn bereits am Samstag, dem 31. 3. 1945, hatte der US-Generalstab Eisenhower sein volles Vertrauen ausgesprochen. Er hatte lediglich verlangt, daß General Deane die ihm von Eisenhower übersandten Einzelheiten des SHAEF-Planes nicht an die Russen übergeben dürfe. Der US-Generalstab ließ Churchill übermitteln:

»Das einzige Ziel ist der baldige völlige Sieg.«

Dagegen war natürlich von keiner Seite etwas zu sagen.

Zur gleichen Zeit, da Churchill diesen Brief schrieb, hatte Marschall Stalin die Verbindung zu den an der Front stehenden Marschällen Konjew und Schukow aufnehmen lassen und diesen befohlen, sich auf dem schnellsten Wege im Lufttransport nach Moskau zu begeben, und sich am 1. 4. 1945 im Kreml zu melden. Dort sei eine wichtige Besprechung angekündigt.

Die Nordzange stürmt vor

Der nach der Konsolidierung des großen ostrheinischen Brückenkopfes angesetzte Angriff der 21. Heeresgruppe Montgomerys durchstieß die schwachen Kräfte der 1. Fallschirmjäger-Armee. Daraufhin meldete die HGr. H. dem OB West und dem OKW, am 28. 3.1945, daß in Kürze damit zu rechnen sei, daß der Feind tief im Rücken der durchstoßenen 1.

Fallschirmjäger-Armee weit nach Osten vorstoßen könne. Zwar sei die Front vor der HGr. H noch gehalten worden, aber auch hier müsse beim Fehlen aller Reserven mit dem Zusammenbruch der Front gerechnet werden. Dies sei höchstens noch eine Frage von Tagen.
Damit stünden dem Gegner Vorstöße nach Mitteldeutschland ebenso wie nach Bremen und Hamburg offen. In beiden Gebieten würden kampfkräftige Divisionen, die sich behauptet hatten, eingekesselt und vernichtet werden, o h n e daß sie durch andere Kräfte ersetzt werden könnten.
Nur bei sofortiger Aufgabe der beiden genannten Gebiete sei es noch möglich, den feindlichen Durchbruch bei der HGr. B aufzufangen, die Weserverteidigung aufzubauen, die bis dahin noch nicht existierte, und alle Truppen und Materialien aus den Niederlanden zurückzuziehen und für die weitere Verteidigung einzusetzen.
Aus allen genannten Gründen sei nun die HGr. B gefordert, die entsprechenden Befehle so rasch wie möglich zu geben.
Hitler verbot nicht nur diese vorgeschlagenen Aktionen, er verbot auch kategorisch, die Vorlage eines solchen Lageberichtes für alle Zeit.
Am 29. März trat die 9. US-Armee zum Weiterstoß noch Osten an. Ihr nächstes Ziel war Hamm in Westfalen. Dafür wurde das XIX. Korps mit drei Infanterie- und zwei Panzer-Divisionen angesetzt. Nach der Einnahme von Hamm sollte mit Teilkräften dieses sehr starken Korps die rechte Flanke der Armee ostwärts von Datteln gesichert werden.
Die Divisionen des XIX. Korps bahnten sich ihren Weg über die vor ihrem Abschnitt gelandeten Verbände der 17. Luftlande-Division. Sie waren dazu ausersehen, mit den aus Süden kommenden Verbänden der 12. Heeresgruppe Verbindung aufzunehmen.
Die übrigen Divisionen der 9. US-Armee, die sich noch in der Umgruppierung befanden und zum Teil auch erst in die Ausgangsstellung zum Sturm nach Osten vorgeschafft werden mußten, sollten nach vollzogener Bereitstellung als linker Armeeflügel die Verbindung mit der 2. britischen Armee halten. Es waren dies : die 17. LL-Division, die 5. PD und die 84. und 102 ID des XIII. Korps.
Die 2. britische Armee wiederum hatte Auftrag, in nordostwärtiger Richtung auf Münster anzutreten.

Das XVI. Korps wurde beauftragt, mit seinen vier Infanterie-Divisionen den Rücken der beiden vorgehenden Korps zu decken.
Die 8. PD, die mit dem Sonderauftrag unterwegs war, Brückenköpfe über den Dortmund-Ems-Kanal und über den Lippe-Seitenkanal ebenso wie bei Datteln über die Lippe zu errichten, wurde nach Erfüllung dieses Auftrages dem XIX. Korps unterstellt.

Der erste Stoß der US-Divisionen am Beginn dieses Angriffs nach Osten und Nordosten traf das deutsche XXXXVII. PzK. Die 116. PD dieses Korps, das den Feind stoppen sollte, war in der Linie Polsum-Buer zur Verteidigung aufmarschiert. Nordwestlich von Recklinghausen hatte GenMaj. von Waldenburg sein Divisions-HQ eingerichtet. Als hier der Gegner am Mittag des 29. 3. auftauchte, traten die II./PR 16 und das PGR 156 zum Gegenstoß an. Der bereits nach Polsum eingedrungene Gegner wurde im ersten Schlag geworfen. Einige Feindpanzer wurden abgeschossen.
Als GenMaj. von Waldenburg erfuhr, daß der Gegner bereits nördlich der Lippe durchgebrochen war und auf Münster vorging, ließ er sofort alle noch nördlich der Lippe stehenden rückwärtigen Divisionsteile herausziehen und zur Division beordern. Trotz des herrschenden Betriebsstoffmangels gelangen diese Bewegungen. Diese Teile wurden in Richtung Paderborn in Marsch gesetzt, da sich auch für die 116. PD der bereits beginnende Kessel abzuzeichnen begann.
Hamborn und Ruhrort, die von der Division »Hamburg« verteidigt wurden, mußten bereits in der Nacht zum 29. 3. geräumt werden. Die Division zog sich auf den Rhein-Herne-Kanal zurück. Sie richtete sich im Norden und Westen von Oberhausen zur Abwehr des erwarteten Feindangriffs ein.
Die Gefechte um Gladbeck endeten ebenfalls mit der Aufgabe dieser Stadt. Über Kirchhellen und Feldhausen gelangten weitere US-Truppen in den Raum Gladbeck. Hier verteidigten die 190. ID und Volkssturm-Einheiten. Am Abend erhielt die Division den Rückzugsbefehl nach Buer. Dieser Befehl wurde in der Nacht durchgeführt.
Die 2. FJD, die auf dem linken Flügel des LXIII. AK eingesetzt war, stand mit ihrem linken Flügel am Nordoststrand von Bottrop und entlang der Autobahnstraße. Sie erhielt Weisung, sich rechts an die 190. ID anzulehnen, doch der Anschluß konnte nicht mehr hergestellt werden.
Die 8. US-PD hatte inzwischen weiter im Norden Dorsten und Feldhausen erreicht und rollte in diese Ortschaften hinein. Der erste Initialangriff war geschafft, und gegen 21.00 Uhr des 29. 3. rollten die schnellen Vorausgruppen der 2. US-PD, als erster Verband der 9. US-Armee, aus dem Raume Haltern in Richtung Osten. Ihr Fernziel war die Elbe. Die 83. und 95. ID erhielten Weisung, der Panzer-Division zu folgen und die ausgesparten deutschen Widerstandsnester zu überwinden. Nördlich der Lippe gab es keinen deutschen Kampfverband mehr, der in der Lage gewesen wäre, diesen Panzerkeil zu stoppen. Noch weiter im Norden war es die 17. US-LL-Division, die den Raum Dülmen erreichte, während die britischen Divisionen Coesfeld und Ahaus durchrollten.
Die 116. PD der Deutschen wurde von der 8. US-PD angegriffen. Die

Deutschen mußten Polsum aufgeben und auf Marl zurückgehen. Buer und Westerholt, die vom PGR 60 der 116. PD gehalten wurden, gingen verloren. Der Gegner sickerte mühelos durch die weitmaschige Verteidigungslinie der abgekämpften Division hindurch, die zudem auch noch den beiden Nachbar-Divisonen 180 und 190 mit Panzern zur Hilfe eilen mußte, weil dort starke Panzerkräfte angriffen.
Der KommGen. des XXXXVII. PzK erkannte nach den Lagemeldungen und abgehörten Funksprüchen, daß der Gegner nördlich der Lippe in schnellem Tempo nach Osten durchstieß und damit die rechte Flanke und den Rücken des Korps bedrohte. Durch diesen Feindvorstoß riß die Verbindung des Korps zur 1. Fallschirmjäger-Armee ab. Nur über Funk konnte noch miteinander verkehrt werden. Schließlich gingen bei der 116. PD aus dem Rückraum derselben beunruhigende Funksprüche ein, die anzeigten, daß der Gegner bereits in ihrem Rücken operierte und Lüdinghausen und den Raum nördlich von Datteln erreicht habe.
Gen.Maj. von Waldenburg schlug die Herauslösung seiner Division vor, um mit der Verlegung in den Raum Beckum — Lippstadt — Wiedenbrück die drohende Einschließung der HGr. B im Ruhrkessel zu verhindern. Darüber hinaus wollte er mit dieser Verlegung erreichen, daß der 116. PD als einziger motorisierter Truppe im sich bildenden Einschließungsraum der Weg nach Osten auf die Weser offengehalten würde.
Da das Korps sich zunächst noch ablehnend zeigte, schickte die Division selbständig alle nicht zum Kampf einsetzbaren Divisionsteile in der Nacht zum 31. 3 in den Raum nordwestlich Bielefeld zurück. (Siehe Guderian, H.G.: Die Kämpfe der 116. PD in der Zeit vom 24. 3. bis 16. 4. 1945).
Am Abend des 30. 3. ließ GenMaj. von Waldenburg seinen OrdOffz. Major Dunker zu sich bitten und erteilte diesem den Auftrag, aus dem Feldersatz-Bataillon der 116. PD eine Regiments-KGr. zu bilden und mit dieser in den Raum Lippstadt — Beckum — Hamm zu marschieren und dort die beiderseitige Vereinigung der von Süden und Norden aufeinander zustoßenden Feindtruppen so lange zu verhindern, bis die 116. PD den Ruhrkessel verlassen habe.
Major Dunker fuhr sofort mit einem kleinen Stab nach Neheim-Hüsten, dem Standort des Feldersatz-Bataillons, das sich allerdings bereits auf dem Marsch in die Senne befand, wo es sich zur weiteren Verwendung sammeln sollte. Es war 22.05 Uhr, als Major Dunker den DivGefStand verließ. Gegen 5.00 Uhr des 31. 3. traf er in Neheim-Hüsten ein, wo der Stab noch die letzten Abwicklungsarbeiten durchführte. Hptm. Inboden, der BatlFhr. orientierte Major Dunker über die Lage und erklärte, daß das Batl. in Stärke von 2 000 Mann sich seit 48 Stunden auf dem Fußmarsch nach Sennelager befinde. Es sei mit Handfeuerwaffen ausgerüstet. Der

BatlStab befand sich noch vollzählig in Neheim-Hüsten und war voll motorisiert.
Um 8.00 Uhr verließ Major Dunker mit dem alarmierten BatlStab den alten Standort und fuhr nach Werl, wo er erfuhr, daß die südliche Stoßgruppe der Doppelzange bereits von Brilon aus in Richtung Paderborn vorrolle.
Während Major Dunker versuchte, diese RgtKGr. aufzustellen und zur Abwehr im Raume Beckum anzusetzen, stürmten die Divisionen der 21. Heeresgruppe Montgomerys durch das südliche Münsterland und mit einem starken Stoßkeil nach Nordosten auf die Ems vor.
Das britische XXX. Korps unter General Horrocks, dem großen Widersacher der 1. Fallschirmjäger-Armee am Rhein und jenseits des Flußes, ging auf Lingen vor, während das XII. Korps sich Rheine zum nächsten Ziel nahm und Teile des VIII. US-Korps bereits nordwestlich vor Münster standen und dann diese Stadt passierten. Aus südwestlicher Richtung stießen Verbände des XIII. Korps auf Münster zu. Ahlen wurde bereits am 31. 3. von den Panzern der 2. US-PD erreicht und von der 83. US-ID wurde Hamm bedroht.
Überall dort, wo sich deutsche Verbände zu einem entschlossenen Widerstand gruppierten, wurden sie von den rasch vorprellenden US-Panzerverbänden einfach umfahren und der nachfolgenden Infanterie überlassen. Solcherart steigerte sich die Vormarschgeschwindigkeit atemberaubend.
In der Nacht zum 1. 4. 1945 wurden die deutschen Truppen über den Rhein-Herne-Kanal zurückgenommen. Vorhuten standen dicht vorwärts desselben. Die Division »Hamburg« hielt noch immer ihre Stellung westlich und nördlich von Oberhausen, bis in den Raum nordostwärts von Essen. Daran schloß sich die 2. FJD an, deren rechter Flügel wiederum nördlich von Gelsenkirchen Anschluß an die 190. ID fand. (Siehe GenLt. Lackner: Kämpfe der 2. Fallschirmjäger-Division ostwärts des Rheins).
In der Abwehrlinie blieben die genannten Divisionen bis zum 7. 4. 1945 stehen.
Die geplante Schließung des Ruhrkssels durch Truppen der 1. US-Armee aus Süden und jene der 9. US-Armee aus Norden wurde durch den starken deutschen Widerstand südlich von Paderborn verzögert. Dennoch war das Schicksal der HGr. B durch den Befehl des OKW, an der Rheinfront festzuhalten, besiegelt. Es war nur noch eine Frage von Tagen, dann würde diese Heeresgruppe eingekesselt sein, und danach war sie nach Aufbrauchen der letzten Munition am Ende.
In den frühen Morgenstunden des 1. 4. 1945 — es war der 1. Ostertag — rollten die Kampfgruppen der 3. US-PD auf Paderborn zu. Die KGr. Hogan stieß auf Salzkotten vor und besetzte diese Stadt am Morgen des

1. 4. Sie sicherte dieses Gebiet und schickte Stoßtrupps in Richtung Paderborn vor.
Die KGr. Kane wiederum rollte aus ihrem Versammlungsraum im Forst Böddecken nach Nordwesten auf Geseke vor. In Geseke waren jene 75 Panzerfäuste, die der dortige Volkssturm erhalten hatte, vorsorglich versteckt worden. Die einrollenden Panzer der KGr. Kane wurden am Osttor von bettuchschwenkenden Frauen empfangen. Erst auf ihrem Weitermarsch in Richtung Büren wurde einer ihrer Panzer durch eine Achtacht-Flak abgeschossen. Die Besatzung dieser Flak wurde von den Amerikanern erschossen. Ebenso erschossen wurde ein deutscher Offizier, der mit einem Pkw in Richtung Bönninghausen fliehen wollte und ein aus Österreich stammender Soldat der Luftwaffe, der eine Flak am Ortsausgang warnte.
Nach dieser »Säuberung« von Geseke zog dieser Verband weiter in Richtung Störmede. Die halbe Flak-Batterie, die südlich der Reichsstraße stand, und von RAD-Männern bedient wurde, eröffnete das Feuer. Sie wurde von den US-Panzern mit schnellen Schüssen außer Gefecht gesetzt. Die 40 Soldaten, die hier als Flugplatzwache lagen, wurden nach kurzer Beschießung gefangen genommen.
Auf dem Nachtflugplatz von Störmede-Eringerfeld befanden sich keine deutschen Flugzeuge mehr. Diese waren nach dem schweren Luftbombardement am 24. 3. abgezogen worden.
Die KGr. Kane setzte ihren Vorstoß auf Lippstadt von Störmede über Langeneicke und Bökenförde fort.
Gleichzeitig mit diesen von Süden kommenden Kampfgruppen waren nach einem Telefonat zwischen GenLt. Collins, dem Kommandierenden General des VII. US-Korps und GenLt. Simpson, dem OB der 9. US-Armee die Direktiven für die beiderseitigen Spitzenverbände gegeben worden. GenLt. Simpson gab der 2. PD den Befehl, einen direkten Vorstoß gegen Lippstadt zu führen. Dafür setzte der DivKdr. das Kampfkommando B ein. Von diesem Verband wurde in der Nacht zum 1. 4. die wichtige Verkehrskreuzung Beckum kampflos besetzt. In den frühen Morgenstunden rollte das Kampfkommando B durch Beckum. Das PzRgt. 67 dieser Division, als Kerntruppe des Kampfkommandos B, und Teile des IR (mot.) 41 rollten in schneller Fahrt weiter. Diestedde wurde passiert, Waderslos durchrollt. An der Straße Lippstadt-Wiedenbrück wurde eine deutsche Fahrzeugkolonne durchschnitten und zahlreiche Fahrzeuge erbeutet sowie 400 Gefangene gemacht. Von hier aus schwenkten Teile der Kampfgruppe B nach Süden ein und rollten Lippstadt entgegen. Die am Stadtrand stehende deutsche Verteidigung wurde durch die D-Kp. unter Lt. Glass überrascht, die hier 103 Gefangene machte und 30 Lkw erbeutete. Hinzu kamen drei Halbkettenfahrzeuge und acht Pkw. Pan-

Truppen der 3. US-Armee bei Prüm in einem deutschen Unterstand.

Kranenburg wurde bereits am 10.2.45 von britischen Truppen erobert.

US-MG-Trupp unterstützt am Morgen des 24.3.45 die Luftlandung ostwärts des Rheins.

Alliierte Fallschirmjäger nach der Landung.

zerfäuste und Gewehre wurden sichergestellt. Damit war Lippstadt in alliierter Hand. Panzersperren und Straßensperren sollten nunmehr die Deutschen an Angriffen in die Stadt und Ausbrüchen aus derselben hindern.
Die übrigen Verbände der Kampfgruppe B rollten weiter und errichteten entlang der Lippe von Lippstadt bis Herzfeld eine starke Verteidigungslinie. Die fünf nach Süden führenden Lippstädter Straßen wurde geschlossen.
Um 16.09 Uhr trafen die Truppen dieser Kampfgruppe die vordersten Teile der 3. US-PD. Damit war der Kessel um die im Ruhrgebiet eingeschlossene HGr. B geschlossen. (Siehe: After-Action-Report der 2. US-PD)

Der Endkampf im Ruhrkessel — Die Kampfgruppe Albert Ernst

Die Verbände der 5. Panzerarmee unter GenOberst Harpe waren in den ersten Apriltagen zunächst mit den rückwärtigen, nichtkämpfenden Teilen, dann auch mit den Kampf-Divisionen von der Rheinfront zurückgezogen worden und standen am 10. 4. 1945 in einer Linie nordostwärts Köln über Lüdenscheid bis nach Plettenberg im Abwehrkampf. Die Reste der 15. Armee waren auf der Linie Werdohl-Iserlohn-Hemer-Menden zurückgedrückt worden. In dem jetzt nur noch etwa 50 Kilometer langen und bis zu 30 Kilometer tiefen Kessel stauten sich die Kampfverbände der HGr. B mitsamt den rückwärtigen Diensten und Trossen. Der Chef des Generalstabes der HGr. B, Generalmajor Carl Wagener, berichtete über die Situation:

»Vom 12. bis zum 13. 4. rückten sich die Nord-, Süd- und Ostfront der

Heeresgruppe bedenklich nahe. Die letzten Ruhrbrückenköpfe wurden bei der Gruppe von Lüttwitz zurückgenommen. Dortmund wurde geräumt.
Bei der 5. Panzerarmee erfolgte überraschend ein tiefer Panzerdurchbruch von Siegburg bis Burscheid und bei der 15. Armee ein Durchbruch bei Lüdenscheid mit Stoßrichtung Sorpetalsperre.
Am 13. 4. wurde die Ostfront als zerbrochen angesehen. Das LXXXI. AK wurde vermißt. Starke Straßenverstopfungen, Fahrzeugmassierungen, zahllose Versprengte zeigten das Bild der beginnenden Auflösung. Der Kessel hatte nur noch einen Durchmesser von 45 Kilometern. Brot und Munition reichten noch für etwa drei Tage.
Aus dem Wehrmachtsbericht erfuhr die HGr. B etwas über die aussichtslose Lage außerhalb des Ruhrkessels. Hannover, Braunschweig, Magdeburg, Weimar, Jena waren verloren. Die Elbe war vom Gegner erreicht; die Ostfront stand dicht vor Berlin.
Der Zeitpunkt war da, zu dem die Heeresgruppe ohne Rücksicht auf Auftrag und allgemeine Lage einen selbständigen Entschluß, ihren letzten, gemäß ihrer Absicht, die Verantwortung für eine Einstellung des Widerstandes auf keinen Fall den untergeordneten Stellen zu überlassen, fassen muß. Eine amerikanische Aufforderung zur Kapitulation wurde jedoch nicht beantwortet, da ihre 'Bedingungslosigkeit' selbst die Rechte der Genfer Konvention in Frage stellte.

Bei der Prüfung aller Möglichkeiten für das weitere Handeln kam das Oberkommando der HGr. B zu der Lösung, welche die Russen in vielen Kesselschlachten im Osten geübt hatten: Die HGr. B wollte sich auflösen, und zwar auf Befehl und so geordnet wie möglich. Als Stichtag hierfür wurde der 17. April festgelegt. An dem Tag würden Munition und Verpflegung aufgebraucht sein.«

Der Feind änderte am 14. April seine bisher geübte Taktik des langsamen Zurückdrängens der Kesselfront von allen Seiten und trat nunmehr zu entscheidenden Durchbrüchen an. Einer der Durchbrüche zielte entlang der Ruhr westlich von Neheim bis in den Raum nördlich von Iserlohn, und von Süden in Richtung auf Hohenlimburg und Hagen. Dieser Stoß spaltete am 14. 4. den Ruhrkessel in zwei Teile.
GenLt. Bayerlein besuchte am Nachmittag des 12. 4. das Gefangenenlager ostwärts von Hemer, in dem 25 000 alliierte Kriegsgefangene aller Nationen untergebracht waren, die seit Tagen keine Verpflegung mehr erhalten hatten. Der Lagerkommandant erhielt vom LIII. Korps Anweisungen, bei der Landbevölkerung Verpflegung für die Gefangenen zu sammeln.
Als Bayerlein erfuhr, daß die Amerikaner am Nachmittag mit Artillerie in

dieses Lager hineinschossen, fuhr er noch einmal dorthin und sah, daß eines der Zelte durch Volltreffer vernichtet und die 70 Insassen getötet worden waren. Er ließ einen gefangenen US-Major zu sich bitten und bat ihn, zu der 99. US-ID zu fahren und auf den Umstand hinzuweisen, daß sie ihre eigenen Landsleute beschossen.
Dies war übrigens im Korpsabschnitt die erste Verbindungsaufnahme mit dem Gegner.
Während der Lagebesprechung, die GenOberst Harpe, der OB der 5. Panzerarmee, in Siegen führte, erhielt Hauptmann Albert Ernst, Führer einer Tiger-Kompanie der schweren Panzerabteilung 512, dem weitere Waffen zugeführt worden waren, durch den Oberbefehlshaber die Weisung, daß seine KGr. den Rückzug der nunmehr zurückgehenden 5. Panzerarmee zu decken habe.

Die Tiger dieser Abteilung erhielten 12,8 cm-Kanonen mit über acht Metern Rohrlänge. Sie waren unter dem Kommando von Hptm. Scherf in Paderborn bei der Tiger-Ersatzabteilung 500 zu diesem neuen Verband zusammengestellt worden.
Aus dem Raume Döllersheim, wo diese Jagdtiger eingeschossen werden sollten, erhielten sie am 10. 3. 1945 den Befehl, in Eilmärschen gegen den ostrheinischen Brückenkopf der Alliierten bei Remagen anzutreten. Der Angriff schlug fehl, und mit seinen sechs Jagdtigern erhielt Albert Ernst nunmehr den Befehl, den Rückzug zu decken.
Sie schossen die ihnen folgenden Feindpanzer aus über 2 000 Meter Distanz zusammen und rollten dann über Niedernepfen und Obernepfen nach Siegen. Dort wurden sie — wie erwähnt — als Nachhut der 5. Panzerarmee eingesetzt. Bei den Kämpfen um den Ausbruch aus dem Ruhrkessel stießen die Jagdtiger das erste Mal auf Sherman-Panzer. Die gewaltigen 12,8 cm-Panzergranaten zerfetzten diesen Gegner förmlich.
Die KGr. Ernst erhielt nun einen Zug Sturmgeschütze, einige Panzer IV und einen Zug mit vier 3,7 cm-Vierlingsflak. Damit hatte die Kampfgruppe erheblich an Durchschlagskraft gewonnen.
Während Oblt. Rondorf die Jagdtiger-Kp. übernahm, führte Ernst den gesamten Verband, der aus Siegen über Meinerzhagen, Kalte Eiche und Brügge nach Lüdenscheid rollte.
In Altena angekommen, erfuhr Hptm. Ernst, daß er am 8. 4. per Bahn nach Iserlohn verlegen sollte. Einige seiner Panzer rollten im Landmarsch dorthin.
Auf dem Bahnhof Menden-Öge wurde ausgeladen. Mit seinen Jagdtigern rasselte Albert Ernst mitten durch Hagen. Im Walde bei Bührenbruch-Ergste zogen sie unter. Hier erhielt Hptm. Ernst den Befehl, Unna — das am 9. 4. gefallen war — zu entsetzen.

Über die Bundesstraße 233 rollten Panzer und Sturmgeschütze am anderen Morgen los. Bei Langschede ging es, noch im Finstern, über die Ruhr. Einige Bataillone Panzergrenadiere und Infanterie folgten dem Panzerverband. Von der Höhe des Bismarckturmes aus wurden amerikanische Panzerkolonnen gesichtet, die über die B 1 in Richtung Dortmund fuhren. Eine starke Gruppe drehte in die B 233 ein und rollte direkt auf die KGr. Ernst zu. Albert Ernst zog die schweren Waffen auf die Höhe nach. Jagdtiger und Sturmgeschütze entwickelten sich auf dem Kamm in halber Hinterhangstellung in der Breite. Vier Jagdtiger und vier Sturmgeschütze machten Front nach Norden. Die vier Dreisieben Flak wurden, weiter herausgesetzt, in günstige Flankenstellungen gebracht. Wenig später rollte der US-Panzerverband querbeet zu ihnen durch das Gelände heran. Zwischen Kesselbüren, Fremern, Ostbüren und Bausenhagen tasteten sie sich vorwärts, um von hier aus den Sprung ins Herz des Ruhrgebietes hinein zu wagen.
Durch das Scherenfernrohr erkannte Hptm. Ernst, daß die in den Kasernen in Dortmund liegenden Soldaten bereits waffenlos über den Ruhrschnellweg in die Gefangenschaft marschierten. Dort war nichts mehr zu entsetzen.
Als der Gegner nahe genug herangekommen war, befahl Ernst: »Feuer frei nach eigener Maßgabe!«
In diesem sich entwickelnden Gefecht, bei dem die Jagdtiger bereits auf eine Distanz von 4 000 Metern mit durchschlagender Wirkung feuerten, wurde der US-Kampfverband auseinandergewirbelt. Die beiden Shermanpanzer an der Spitze fielen nach den ersten Schüssen aus. Brennend blieben sie auf der Plaine liegen. Andere Waffen gingen in Flammen auf, schwarzer Qualm spiralte aus den Bränden empor. Der amerikanische Vorstoß kam zum Erliegen. In schnellstem Takt wurde geschossen. Oberfeldwebel Totzek schoß mit seinem Jagdtiger allein sechs Shermanpanzer ab. Insgesamt blieben über 40 gepanzerte US-Fahrzeuge hier liegen.
Kurz darauf griffen Jagdbomber die Höhe an. Die ersten Maschinen flogen genau in den Feuervorhang der 16 Flakrohre hinein. Zwei Thunderbolt-Jabos stürzten brennend ab und explodierten mit mächtigen Aufschlagsexplosionen. Die übrigen drehten und verschwanden in westlicher Richtung.
Eine halbe Stunde später tauchten sie abermals auf. Einer der Flak-Vierlinge wurde von einer Raketenbombe getroffen und vernichtet. Die übrigen setzten diesen Kampf bis zum Aufbrauch ihrer Munition fort.
Die Jabos kamen immer wieder. Eine Rakete fiel genau durch das geöffnete Turmluk eines Jagdtigers, in dem Lt. Kubelka saß. Der Tiger wurde mit der gesamten Besatzung vernichtet. Der von Ernst geführte Tiger

wurde lahmgeschossen. Ohne weitere Flakmunition waren sie auf der Höhe verloren, deshalb ließ Hptm. Ernst diesen exponierten Punkt räumen. Der Kampfverband setzte sich ab und erhielt am nächsten Morgen vom LIII. Korps den Befehl, den Flugplatz Deilinghofen weitere 24 Stunden zu halten.
Im Hause Hemer richtete Ernst seinen Gefechtsstand ein. Seine Panzer und Sturmgeschütze waren zu den neuralgischen Punkten gerollt. Die größte Sorge aber machte Ernst ein Gefangenenlager (das von GenLt. Bayerlein besuchte) mit geschätzten 30 000 Gefangenen, darunter überwiegend Russen.
Am Abend des 12. 4., als die Amerikaner hier zögernd vorfühlten, schoß Oblt. Rondorf mit seinem Jagdtiger zwei Sherman aus wiederum etwa 4 000 Meter Distanz ab. Desgleichen meldete Oberfeldwebel Heinecke zwei Panzerabschüsse.
Am Abend dieses 12. 4. wurde Hptm. Ernst ins Bürgermeisteramt Hemer gebeten. Dort erklärte ihm Bürgermeister Renzing, daß er Hemer zur Lazarettstadt erklärt wissen wolle, weil hier viele Verwundete und vor allem Kriegsgefangene lägen. Darauf hatte Hptm. Ernst natürlich keinen Einfluß. Er mußte auf die dafür zuständigen Stellen verweisen.
Am 13. 4. fiel Menden, und noch am Vormittag hämmerten die ersten Granaten in Hemer ein. Ein Stabsarzt des dortigen Lazaretts bat Hptm. Ernst, hier den Kampf einzustellen, nicht nur wegen der Verwundeten, sondern auch unter Hinblick auf die Zigtausenden Gefangenen.

Albert Ernst nahm dieses Wagnis auf sich. Er leitete die Übergabe-Verhandlungen ein. In der Nähe von Haus Hemer traf er mit Major Boyd H. McCune zusammen, dem Adjutanten von Oberstleutnant Kriz, der als Kdr. des IR 394 der 99. US-ID die Kämpfe hier leitete. Er erreichte, daß die 99. ID das Artilleriefeuer einstellte und sicherte zu, daß seine KGr. Hemer verlassen werde.
Nur dadurch, daß sich diese beiden Offiziere untereinander verständigten, unterblieb die weitere Beschießung von Hemer. Die 30 000 Gefangenen, die aus den Lagertoren ins Freie strömten, um sich in der Stadt nach Beute umzusehen, wurden von den Amerikanern ins Lager zurückgedrängt, wobei auch Schüsse fielen, die unter den Gefangenen Opfer forderten. Auf andere Weise wären diese Massen nicht mehr unter Kontrolle zu bringen gewesen, wie Oberst Kriz nach dem Kriege dem ehemaligen Gegner und jetzigen Freund Albert Ernst berichtete.
Die KGr. Ernst zog sich auf der B 7 in Richtung Iserlohn zurück. Die Stadt brannte bereits an einigen Stellen, denn die US-Artillerie hatte in sie hineingeschossen. Auf der Hardt, in Iserlohn und Hohenlimburg richtete sich die KGr. Ernst erneut ein. Als hier am 15. 4. US-Panzerver-

bände vorfühlten, wurden einige Sherman zerschossen. Oblt. Rondorf schoß an diesem Tage allein drei Feindpanzer ab.
Diese entschlossene Verteidigung und die Schlagkraft der KGr. Ernst schufen hier erneut Voraussetzungen zu neuen Verhandlungen, die geführt werden mußten, wenn die riesige Zahl an Flüchtlingen, die Iserlohn beherbergte, nicht zu Opfern dieser letzten Kämpfe werden sollten.
Als sich die US-Artillerie am 15. 4. auf Iserlohn einschoß, fuhr Hptm. Ernst zur Flakkaserne, um General Büchs, den Stadtkommandanten, zu bitten, die Übergabeverhandlungen einzuleiten. Dort wollte man ihn einsperren, aber er erreichte seinen Wagen und fuhr zu seiner Funkstelle zurück. Die Nachrichten, die er dort erhielt, zeigten ihm, daß die Kapitulation bzw. die Selbstauflösung der einzelnen Verbände in vollem Gange war.
Er fuhr, diesmal von zwei Sturmtigern und einem Sturmgeschütz gesichert, ein zweitesmal zur Flakkaserne, um nunmehr nach Kenntnis der Lage durchzusetzen, daß General Büchs kapitulierte. Aber der General war bereits »ausgebüchst«, wie einer der Offiziere erklärte, als der KGrFhr. nach dem Kampfkommandanten fragte.

Albert Ernst handelte nun völlig selbständig. Er fuhr am Morgen des 16. 4. in Richtung Seilersee zu den Amerikanern. Dort verständigte er sich mit dem IR 394. Man war damit einverstanden, daß im Rathaus der Stadt Iserlohn die Übergabeverhandlungen stattfinden sollten.
Zwischen Hptm. Ernst und Oberstleutnant Kriz wurden im Rathaus die Formalitäten erfüllt. Auf dem Schillerplatz fand dann die einzige offizielle Übergabe einer Stadt im gesamten Ruhrkessel statt. Albert Ernst übergab seine Pistole dem amerikanischen Regimentskommandeur. Von diesem erhielt er sie anläßlich eines Besuches in den USA nach dem Kriege wieder zurück. Aber er schenkte sie seinem neugewonnenen Freund, der in Iserlohn sein Gegner gewesen war. Hier jene Worte, die der spätere Chef der Kriz-Davis-Company in Grand Island, USA, über diesen Eindruck der Übergabe in Iserlohn schrieb:

> »Es ist schwer, Ihnen heute, den unauslöschlichen Eindruck zu beschreiben und den Respekt, den ich vor Hauptmann Ernst empfand. Wir gestatteten ihm eine offizielle Übergabe. Dies war die einzige, die ich jemals mitgemacht habe. Die gesamte Kampfphase in Verbindung mit Iserlohn baut sich nach meinen Erinnerungen auf diese tapfere deutsche Einheit auf.«

An Albert Ernst aber schrieb der amerikanische Kommandeur:

> »Die Stadt Iserlohn steht tief in Deiner Schuld. Wenn Du Dich nicht mit Deinen Kameraden ergeben hättest, die Stadt Iserlohn hätte die Konsequenzen zu tragen gehabt. Beginnend von Rommels Wüsten-

kampf bis zur Invasion Europas, spieltest Du, als deutscher Offizier, die größte Rolle in meinem Einsatz ... Dein Bob.«

In den frühen Morgenstunden des 15. 4. 1945 war GenLt. Bayerlein noch einmal bei den Resten der PLD erschienen, um sich von seinen Kameraden zu verabschieden. Er bat Oberst von Hauser, die Division bei der ersten sich ihm bietenden Gelegenheit zu übergeben.
Von Stunde zu Stunde wurde der Ring enger, der sich auch um die PLD legte. Das Korps-HQ bei Rafflingsen wurde von der 7. US-PD bereits beschossen. Noch am selben Tage ergaben sich die Reste der PLD. Es waren noch 2 460 Mann mit acht Panzern und Selbstfahr-Lafetten, 50 gepanzerten Fahrzeugen und einer einzigen einsatzbereiten Batterie 8,8 cm-Flak.
Insgesamt waren noch 20 Divisionen im Ruhrkessel eingeschlossen. GFM Model hatte für alle Entlassungspapiere schreiben lassen. Zur gleichen Zeit, da diese etwa 325 000 Soldaten waffenlos über viele Straßen in die Gefangenschaft marschierten, durchbrach der Wagen des Generalfeldmarschalls mit drei Offizieren und zwei Soldaten bei Ratingen eine amerikanische Fahrzeugkolonne und tauchte in den Wäldern bei Duisburg unter. Generalfeldmarschall Walter Model wollte dieses Ende Deutschlands nicht überleben. Am 21. 4. hallte ein einzelner Pistolenschuß durch den Wald. Generalfeldmarschall Model, der OB der Heeresgruppe B, die im Ruhrkessel untergegangen war, hatte sich selber den Tod gegeben.

Die letzten Anstrengungen im Westen

Obgleich für die Säuberung des Ruhrkessels nicht weniger als 18 alliierte Divisionen eingesetzt wurden, traten alle übrigen Divisionen der Westalliierten sofort zum Weitermarsch auf die Elbe an. In der Westfront klaffte nunmehr eine Lücke von 320 Kilometern Breite. Für GFM Kesselring, dem OB West, bestand nicht die geringste Aussicht, diese Lücke wieder schließen zu können.

In seinem Befehlszug, mit dem er am 3. 4. 1945 von Ohrdruf nach Blankenburg im Harz gefahren war, wo das neue HQ des OB West eingerichtet worden war, versuchte Kesselring zu retten, was zu retten war. Im Wald von Elbingerode bis Drei-Annen-Hohne operierte der Sonderzug. Hitler hatte am 8. April den gesamten Harz zur Festung erklärt, und das AOK 11 unter General der Artillerie Lucht mit der Verteidigung dieser riesigen »Festung« beauftragt. Für die im Entstehen begriffene 12. Armee (über die im folgenden Abschnitt berichtet werden wird) hatte Hitler einen noch eiligeren Auftrag. Diese Armee, die überhaupt noch nicht stand, sollte aus ihrem Versammlungsraum im Harz einen Vorstoß nach Westen unternehmen, die Verbindung zu den im Ruhrkessel stehenden Verbände der HGr. B aufnehmen und ihnen den Rückzugsweg nach Osten freischlagen.

Aufgrund der Lage forderte GFM Kesselring die Zuführung von Truppen der 12. Armee zur 11. Armee in den Harz, um diese »Festung« halten zu können. Aufgrund dieser Anforderung wurde die in der Aufstellung begriffene ID »Potsdam« am 10. 4. 1945 nach Halberstadt verlegt. Das AOK 12 richtete sein HQ in Blankenburg/Harz ein.

Nach der Erklärung des Harzes zur Festung bat Gauleiter und Reichsverteidigungskommissar Jordan GFM Kesselring zu einer dringenden Besprechung in sein Haus in Schierke, um in einem neuerlichen Gespräch die Stellungnahme der Leiter der vier Gaue des Harzes darzulegen.

Bereits in einem ersten Gespräch hatte Jordan dem OB West die Lage dargelegt und die krisenhafte Versorgung selbst der Bevölkerung vor Augen geführt. Kesselring hatte im Gegenzug erklärt, daß die Westfront nur noch aus zerstreuten und zum Teil schlecht ausgerüsteten Verbänden ohne schwere Waffen bestünde und die gesamte Verteidigung von Improvisationen gekennzeichnet werde.

> »Unter diesen Umständen«, so Kesselring, »ist Hinhalten und Zurückgehen meine letzte Strategie und Taktik. Jeder hinhaltend überstandene Tag an der Westfront ist ein Rettungstag für Abertausende Menschen, die vom Osten her vor dem drohenden Zugriff der Sowjets gerettet werden können.«
> (Siehe: Jordan Rudolf: Erlebt und erlitten.)

Jordan hatte den OB West darauf hingewiesen, daß im Falle einer Harzverteidigung den Bewohnern auch dieses Landes ein gnadenloses Bombardement anglo-amerikanischer Terrorflieger drohe, das furchtbare Opfer kosten würde, daß aber andererseits in diesem Gebiet keinerlei Reserven an Versorgungsgütern für die Zivilbevölkerung und für die Wehrmacht zur Verfügung stünden.

Bei der zweiten Besprechung mit den vier Gauleitern erklärte Gauleiter Jordan für diese und alle Parteifunktionäre, daß der Harz nicht verteidigt werden könne, da bei einer längeren Belagerung eine Ernährungskatastrophe eintreten werde. Außerdem sei der Harz leicht zu umgehen und durch konzentrierte Luftangriffe ebenso leicht verwundbar. GFM Kesselring faßte daraufhin den Entschluß, von einer Verteidigung des Harzes abzusehen. Er ließ mehrere Städte und Ortschaften zu Lazarettstädten erklären und dies über Funk dem Gegner mitteilen.
Am 6. 4. 1945 wurden die Befehlsverhältnisse im Westen erneut geändert. Die Befehlsgewalt wurde unter dem Eindruck einer bevorstehenden Spaltung Deutschlands unter einen Oberbefehlshaber Nordwest und einen Oberbefehlshaber Süd geteilt. Als dieser Führerbefehl wirksam wurde, verließ der OB am 8. 4. 1945 den Harz, um als neuer Oberbefehlshaber Süd seinen GefStand in Süddeutschland einzurichten. Zwar blieb auch in der neuen Aufteilung des Reiches in eine Nord- und eine Südhälfte der Harz im Befehlsbereich von GFM Kesselring, doch er stand nunmehr als rechter Flügel nicht mehr im Zentrum des Verteidigungsraumes des OB-Süd.
Am 12. 4. 1945 weilte GFM Kesselring in FHQ, um sich bei Hitler aus erster Hand zu erkundigen. Hitler ließ keinen Zweifel daran, daß er immer noch nicht aufgeben werde. Kesselring jedoch ließ sich nichts vormachen, äußerte offen seine Zweifel und bewies damit mehr Mut, als viele hochgestellte Befehlshaber vor ihm.
Hitler erzählte ihm — ganz im Vertrauen — von einer völlig neuen, hochbrisanten Bombe, die sehr bald einsatzbereit sein werde.

Am 15. 4. 1945 erließ Hitler jenen Befehl, mit dem GFM Kesselring der gesamte Südraum übertragen wurde, während Großadmiral Dönitz die Führung im Nordraum übernahm.
Der Zeitpunkt dieser Spaltung des Reiches in eine Nord- und eine Südhälfte schien tatsächlich unmittelbar bevorzustehen. Bereits am 17. 4. erreichten die Spitzen der amerikanischen Panzerverbände 240 Kilometer ostwärts von Kassel die Elbe. Die 3. US-Armee stieß bereits im Südabschnitt auf die tschechische Grenze und Chemnitz vor. Die 3. US-PD, die zum VII. US-Korps gehörte, erreichte am 14. April nahe Dessau die Elbe.
Durch den Vorstoß der 1. US-Armee in den Harz wurden dort 15 000 Soldaten der Wehrmacht abgeschnitten. Sie hielten sich kämpfend bis zum 21. April.
Über den Ablauf dieser Kämpfe an der Elbe und die Verteidigung der Westalliierten mit ihren russischen Mitstreitern im nächsten Abschnitt mehr.

Im Nordabschnitt der Westfront stieß die 21. Heeresgruppe Montgomerys immer schneller auf Bremen und Hamburg vor. Die 2. britische Armee erreichte am 6. 4. die Weser und stand am 19. 4. ebenfalls an der Elbe, und zwar bei Dannenberg.
Das XX. britische Korps mußte sich durch die bei Rheine in den Kampf eingreifenden Flieger einer Luftwaffen-Kampfgruppe den Weg förmlich freischießen, ehe es über Soltau in die Lüneburger Heide eindringen und von dort bis Harburg vorstoßen konnte.
Die Truppen der 1. Fallschirmjäger-Armee stellten sich bei Lingen zu einem letzten Kampf. Noch einmal kam es hier zu einem erbitterten Duell, das für beide Seiten blutig und verlustreich wurde.
Vor Bremen hielten die deutschen Fallschirmjäger, unterstützt durch die Fallschirm-Sturmgeschütz-Brigade XII, noch bis zum 26. April. Auch hier wurden die Kämpfe erbittert und mit blindem Fanatismus geführt. Der Gegner wurde in diesem schmalen Frontabschnitt immer wieder abgewiesen und verlor eine große Zahl an Panzern. Einzelne Fallschirmjäger-Kampfgruppen kämpften — völlig auf sich allein gestellt — bis zu ihrer völligen Vernichtung.

Die Front um Bremen hielt drei Tage lang den stärksten Angriffen stand. Vergebens flogen Jabos und Bomber Angriffe auf diese Zentren des Widerstandes. Die deutschen Fallschirmjäger krallten sich förmlich in den Boden ein. Sie gaben freiwillig keinen Meter davon preis. Es sah schon so aus, als sei die Kraft der Alliierten ebenfalls total erschöpft.
In dieser Situation befahl Feldmarschall Montgomery, daß die 51. ID unter GenMaj. McMillan südlich Bremen die Weser überschreiten und die deutsche HKL aus dem Rücken angreifen sollte.
Diesen doppelten Angriffen unterlagen die Fallschirmjäger schließlich, die zum letztenmal in der Geschichte des Zweiten Weltkrieges über sich hinausgewachsen waren. Bremen fiel am 26. 4. 1945.
An der Elbe blieben die Verbände der 21. HGr. Montgomerys stehen und begannen mit dem Säubern des Raumes zwischen der Elbe- und Wesermündung.
Mit gleicher Verbissenheit wurde auch im Raume Harburg gekämpft. Es gelang Teilen der 9. deutschen PD und der 15. PGD, die den Südflügel der 1. Fallschirmjäger-Armee gebildet hatten, nach Hamburg auszuweichen und dort eine neue Verteidigungslinie zu errichten.
GFM Busch, der neuernannte Oberbefehlshaber Nordwest, dem die 25. Armee in Holland und die 1. Fallschirmjäger-Armee unterstellt worden war, wurde vom OKW befohlen, mit diesen beiden Armeen und einer neu zu bildenden Armee, die aus Teilen der 1. Fallschirmjäger-Armee und Einsatzgruppen aus allen drei Wehrmachtsteilen zusammengestellt

werden sollte und als Armee Student bezeichnet wurde, alle bisher gehaltenen Gebiete zu behaupten und keinen Meter Boden preiszugeben. Wie sich dies in der Endphase der Kämpfe im Reich auswirkte und welcher Erfolg diesen letzten Maßnahmen beschert waren, sei dem Schlußabschnitt zugeordnet.
Wenden wir uns nunmehr jener Armee zu, von der bereits die Rede war und die nach dem Willen des Führers das Zünglein an der Waage bilden würde: der 12. Armee.

DIE 12. ARMEE ZWISCHEN ELBE UND ODER

»Aus der Notlage geboren, ist die 12. Armee eine Improvisation gewesen. Zu spät aufgestellt, zu spät versammelt, die Divisionen noch unfertig und ungenügend ausgerüstet, so wurde diese Armee zum Einsatz gebracht.
Einige der Divisionen, die zur 12. Armee gehören sollten, erreichten nicht einmal den Versammlungsraum der Armee — sie wurden bereits vorher in Kämpfe verwickelt und zerschlagen.
Über alledem aber steht für die 12. Armee das Wort T r o t z d e m ! Trotzdem kämpfte diese Truppe, so gut sie nur konnte. Sie stellte sich einer hoffnungslosen Übermacht in einem verlustreichen Kampf. Sie wurde geschlagen und durchbrochen. Sie schlug sich wieder frei, gewann Gefechte und kämpfte weiter.
Die Aufträge, die diese Armee bekam, waren meistenteils nicht durchführbar. Trotzdem fand der kluge Führer dieser Armee, General der Panzertruppe Walther Wenck, immer wieder eine brauchbare Lösung aus der taktischen und operativen Verstrickung. Die Wendung aller deutschen Truppen von Westen nach Osten, längst von Generaloberst Guderian proklamiert, wurde viel zu spät eingeleitet.«
(General der Panzertruppe a. D. Maximilian Reichsfreiherr von Edelsheim an den Autor.)

Die Lage und der Aufbau der 12. Armee

Ende März 1945 hatte Hitler dem OKW Befehl erteilt, im Bereich der Elbe, im Raume Dessau und Wittenberge eine neue Armee aufzustellen, die für den Kampf im Westen bestimmt sein sollte.

Diese neue Armee, die zunächst nur auf dem Papier stand, rekrutierte sich einmal aus den jüngsten Jahrgängen der 17- bis 18-jährigen, zum anderen aus dem Personal der vielen Waffen- und RAD-Schulen.
Die Armee erhielt, noch bevor sie stand, folgenden Auftrag:

> »Versammlung im Harz, westlich der Elbe. Angriff nach Westen zum Entsatz der HGr. B. Dadurch Spaltung der westlichen alliierten Streitkräfte und durch weiterführende Operationen Herstellung einer geschlossenen Westfront.«

Da das Oberkommando der HGr. Nord Anfang April 1945 bei der Führung der auf engem Raum in Ostpreußen eingeschlossenen Truppen entbehrlich geworden war, wurde es als Oberkommando der 12. Armee vorgesehen. Es traf allerdings erst zwischen dem 15. und 20. 4. 1945 auf dem Seeweg bei Warnemünde ein.
Damit erschien dieses Oberkommando auf dem Schauplatz seines neuen Wirkens, als die vorher geschilderte Lage bereits überholt und die HGr. B nicht mehr vorhanden war.
Der OB der 12. Armee, General der Panzertruppe Walther Wenck, der sich nach einem erlittenen Autounfall am Chiemsee erholte, erhielt am Vormittag des 6. 4. 1945 einen Anruf aus Berlin, sofort das OKH anzurufen.
General Burgsdorf war am anderen Ende der Leitung. Dieser teilte Wenck mit, daß er sich am nächsten Tage im FHQ bei Hitler melden solle.

> »Der Führer hat Sie zum Oberbefehlshaber der 12. Armee ernannt«, berichtete Burgsdorf.
> »Der 12. Armee?« fragte Wenck zurück. »Was ist das denn für eine Armee, die kenne ich ja nicht!«
> »Alles Nähere erfahren Sie durch den Führer. Sie wird soeben aufgestellt; die 12. Armee meine ich«, fügte Burgsdorf noch hinzu, ehe er auflegte.

Wenck fuhr aus Bayern nach Berlin und stand dort Hitler am 7. 4. 1945 gegenüber. Dazu der General zum Autor:

> »Ich fand Hitler gesundheitlich noch stärker abgefallen als vorher. Sein rechter Arm und die Hand zitterten so stark, daß er sie mit der Linken festhalten mußte. Sein Gesicht hatte eine blasse Tönung angenommen. Innerlich aber schien er mir ruhiger.
> Nach der üblichen Lagebesprechung wandte sich Hitler zu mir:
> 'Herr General Wenck, ich ernenne Sie zum Oberbefehlshaber der 12. Armee.'«

Anschließend fuhr General Wenck nach Dahlem zum OKW. Hier wurde

er von GenOberst Jodl, dem Chef des Wehrmachtsführungsstabes, über die Lage an der Westfront unterrichtet. General Wenck erfuhr, daß die HGr. B im Ruhrgebiet eingeschlossen war, und daß die Front in der Mitte der Westfront weit aufklaffte. Vor allem klafften breite Lücken zwischen dem Harz und den im Ruhrgebiet eingeschlossenen Kräften, durch welche die verbündeten Armeen der Westgegner nach Osten stürmten.
Er erfuhr aber auch etwas, was seine neu zu bildende Armee direkt anging: Divisionen derselben waren bereits, noch unfertig und nicht voll ausgestattet, bei den schweren Kämpfen in Nord- und Süddeutschland eingesetzt worden. Es würde schwer sein, sie zurückzubekommen.
Diese Divisionen, die General der Panzertruppe Wenck in den nächsten Tagen zu Gesicht bekommen sollte und die er führen würde, waren sicherlich das letzte Aufgebot, aber es waren hervorragende Menschen, denen zum Teil erstklassige Offiziere, kriegserfahren und hoch dekoriert, als Kommandeure zur Verfügung standen.

Im Durchschnitt betrugen die Gefechtsstärken dieser Divisionen 10 000 Mann, damit waren sie etwa ein Drittel unterbesetzt. Außer den Sturmgeschütz-Brigaden und einigen Panzern aus den Panzertruppenschulen hatte keine dieser Divisionen schwere Waffen.
Die Panzerjagd-Abteilung 3, die schließlich der ID »Ulrich von Hutten« zugeführt wurde, war einer der wenigen gepanzerten schlagkräftigen Verbände.
Darüber hinaus war nur noch die Panzer-Division »Clausewitz« ausreichend mit gepanzerten Verbänden ausgestattet. In diesem Abschnitt der Kriegsgeschichte und der deutschen Geschichte mußte nach der Überzeugung von Walther Wenck so geführt werden, daß alle Anordnungen einleuchteten. Deshalb stellt der Oberbefehlshaber der 12. Armee alle gegebenen Anweisungen unter das Motto:

»1. Rettung möglichst zahlreicher Menschen, vor allem der Flüchtlinge vor dem russischen Zugriff.
2. Diesen Krieg, der nunmehr fast sechs Jahre dauerte, für das deutsche Volk würdig zu beenden.
Es sollte noch ein Funke von Anständigkeit, von selbstloser Disziplin und selbstlosem Helfen hinübergerettet werden in eine Zeit, die für die Deutschen damals mehr als dunkel erschien.«
(Walther Wenck an den Autor.)

Zehn Divisionen standen insgesamt für die 12. Armee in der Aufstellung, wie GenOberst Jodl dem neuen Armeeoberbefehlshaber darlegte. Sie trugen klangvolle Namen:

Panzer-Division	»Clausewitz«
Panzergrenadier-Division	»Schlageter«
Infanterie-Division	»Potsdam«
Infanterie-Division	»Scharnhorst«
Infanterie-Division	»Ulrich von Hutten«
Infanterie-Division	»Friedrich Ludwig Jahn«
Infanterie-Division	»Theodor Körner«
Infanterie-Division	»Ferdinad von Schill«
Eine Infanterie-Division	in Norddeutschland (Diese kam nicht im Rahmen der 12. Armee zum Einsatz.)
Eine SS-Panzer-Division	in Süddeutschland, bei ihr Teile der SS-Junkerschulen. (Sie wurde bereits vor Beendigung der Aufstellung in Kämpfe verwickelt.)
Die Panzer-Jagdabteilung 3	mit zwei PzKpn. zu jeweils 15 Jagdpanthern und eine SPW-Kp. mit 20 SPW.

General Wenck wurde zugesichert, daß die Reste der 11. Armee ebenfalls ihm unterstellt werden würden. Mit seiner noch nicht bestehenden Armee sollte Wenck aus dem Harz heraus nach Westen antreten, um die eingeschlossene HGr. B unter GFM Model zu befreien.
In Blankenburg im Harz fand General Wenck den angeblich dort auf ihn wartenden Stab nicht, wohl aber die Nachricht, daß er sich nach Dessau zurückgezogen habe und sich in der Pionierschule von Dessau-Rosslau einrichten wollte.
Am 12. 4. 1945 traf dort auch der als Ia der Armee vorgesehene Oberst i. G. Reichhelm ein. Noch am späten Abend dieses Tages meldete die Nachrichten-Abteilung, daß es gelungen sei, mit dem Kampfkommandanten von Magdeburg, GenLt. Raegener, Verbindung aufzunehmen. Dieser habe gemeldet, daß US-Panzer sich bereits am Stadtrand gezeigt hätten. Der erste Angriff sei abgewehrt worden, und der Gegner habe sich nach Süden gewandt und sei zwischen Magdeburg und Barby mit einem Vorauskommando über die Elbe gegangen.
General Wenck setzte sofort Aufklärung gegen Magdeburg an. Diese bestätigten die geschilderte Lage.

Es war die 9. US-Armee unter General Simpson, die bereits am 11. 4. 1945 die Elbe südlich Magdeburg erreicht hatte. Am 12. 4. hatte die 2. US-PD dieser Armee 16 Kilometer weiter flußabwärts einen kleinen

Brückenkopf auf dem Ostufer der Elbe gebildet. Mit seiner 2. PD — genannt »Hell on Wheels — Hölle auf Rädern« — wollte GenMaj. Isaac D. White zum Sturm direkt auf Berlin ansetzen und hatte dazu bereits mit seinem Stabschef, Oberst Brirard P. Johnson einen detaillierten Angriffsplan ausgearbeitet.
Am Morgen dieses 12. 4. 1945 prangte auf fast allen Titelseiten der amerikanischen Zeitungen die Überschrift:

»DIE NEUNTE 57 MEILEN VOR BERLIN!«

Auch Präsident Franklin D. Roosevelt, der sich zur Zeit in Warm Springs aufhielt, las diese Zeile. Wenig später war er tot. Die Befehlshaber der Armee in Deutschland erfuhren vom Tode ihres Präsidenten erst in der kommenden Nacht. Der neue Präsident hieß Truman.

Erster Einsatz der 12. Armee an der Elbe

Die Divisionen der 12. Armee lagen im Großraum südlich von Wittenberge bis nach Grimma ostwärts von Leipzig verstreut. Der Führungsstab Holste, der im Raume Rathenow stand, erhielt Auftrag, mit vorhandenen und selbst zu organisierenden und sich zu unterstellenden Truppen die Elbe in dem angegebenen Abschnitt zu verteidigen.
Die ID »Potsdam« war bei ihrer Aufstellung in die Kämpfe der 11. Armee im Harz verwickelt worden und mit Ausnahme eines schwachen Regimentes, das in die ID »Scharnhorst« eingegliedert worden war, für die 12. Armee nicht verfügbar.

Bei Xanten überschritten Truppen der schottischen 15 ID. den Rhein.

Ein verwundeter Fallschirmjäger wird zurückgebracht.

Bombenterror gegen Dortmund: Die zerstörte Westfahlenhalle.

Am Dortmunder Hauptbahnhof müssen die Toten identifiziert werden.

Die Aufstellung von »Ulrich von Hutten« war an diesem 12. 4. 1945 fast vollendet, während die ID »Friedrich-Ludwig Jahn« am weitesten zurücklag. Der Zeitpunkt ihrer ersten Verwendung konnte General Wenck am 12. 4. noch nicht angegeben werden.
Die Sturmgeschützschule Burg (bei Magdeburg) war eine wesentliche personelle und materielle Ersatzquelle für die 12. Armee. Ihre Verwendung hatte sich General Wenck persönlich vorbehalten. Nachdem er das vorhandene Material, die Waffen und die Soldaten, gesehen hatte, befahl General Wenck die Aufstellung einer teilbeweglichen Division aus der Sturmgeschützschule Burg, mit dem Namen »Ferdinand von Schill«.
Diese Division war im wesentlichen jedoch erst ab dem 24. 4. verwendungsbereits, wenn auch die Sturmgeschütz-Brigade schon vorher zum Einsatz kam.
Über Panzerverbände verfügte die 12. Armee am 12. 4. noch nicht. Erst nach Zuführung der Panzerjagd-Abteilung 3 der ID »Ulrich von Hutten« für die bewegliche Kampfführung westlich von Elbe und Mulde am 17. 4. kam diese ins Spiel.

Als Rückhalt für den besonders gefährdeten Elbeabschnitt bei Magdeburg stand also vorerst nur die Sturmgeschützschule Burg mit ihren schweren Waffen, insbesondere Sturmgeschütze, zur Verfügung.
Am 13. 4. erfolgte die Befehlsübernahme der 12. Armee über den Abschnitt des Kampfkommandanten Magdeburg aufgrund einer Meldung, nach welcher der Feind in den Westteil der Stadt eingedrungen war. Berlin billigte dieselbe. Die 12. Armee mußte nunmehr sofort in die Kämpfe eingreifen, ganz gleich wie weit der Aufstellungsstand vorangeschritten war. Ihr Befehlsbereich reichte von Dömitz bis Leipzig.
GenLt. Martin Unrein, Kdr. der Panzer-Division »Clausewitz«, erhielt, nachdem seine Division erst zum Teil aufgestellt war, am Abend des 10. 4. 1945 den Befehl des OKW, in den Raum hart nördlich Uelzen zu verlegen. Die Division sollte als Eingreifreserve verfügbar sein, sobald der Feind einen Durchbruchsversuch durch die deutsche HKL südlich Uelzen versuchen sollte. Damit wurde die Division der 25. Armee, General Blumentritt, unterstellt. Divisionsgefechtsstand wurde das Arbeitsdienstlager Emmendorf nördlich von Uelzen.
Als GenLt. Unrein in seinem neuen HQ eintraf, stellte sich ihm die Lage folgendermaßen dar:

> »Britische Truppen fühlten vorsichtig, jedoch mit Panzern, aus südwestlicher Richtung auf Uelzen vor. Da die vorhandenen Abwehrkräfte südlich Uelzen nicht ausreichten, andererseits aber dieser wichtige Bahnknotenpunkt gehalten werden sollte, befahl die 25. Ar-

mee am Morgen des 11. 4. 1945 den Einsatz dieser »geliehenen« Division.«

GenLt. Unrein gliederte 20 Panzer, 10 Sturmgeschütze und das SPW-Bataillon mit etwa 80 SPW in die Verteidigungsfront südlich Uelzen ein. Er selbst wurde von General Blumentritt zum Abschnittskommandeur ernannt.
Der Angriff der Alliierten aus Süden und Südwesten auf Uelzen begann am 12. 4. Von seinem GefStand aus sah Martin Unrein die heranrollenden Feindpanzer. Einer der Pulks rollte genau auf die Bereitstellung seiner Panzer und Sturmgeschütze vor.

Mit dem Befehl zum Einsatz rollten die dreißig Kampfwagen gegen den Feind und eröffneten schlagartig das Feuer. Drei Minuten später standen vier britische Panzer brennend auf der Plaine. Die Sturmgeschütze preschten in schneller Fahrt vor, machten Schießhalt und feuerten. Fast jeder ihrer Schüsse wurde ein Treffer. Feindpanzer blieben brennend, mit zerschossenen Ketten und heruntergefetzten Türmen liegen.
Jetzt ließ GenLt. Unrein die SPW »von der Kette«. Diese rollten auf beiden Flanken los, überflügelten die liegengebliebenen feindlichen Angriffsspitzen und fügten dem Gegner große Verluste zu. Das Duell gegen Panzer war binnen weniger Minuten zu Gunsten der deutschen Kampfwagen entschieden. Die englische Panzer-Division hatte das erstemal seit dem Kampf um Xanten wieder schwere Verluste erlitten, wie Gefangenenaussagen ergaben.
Die Engländer griffen Uelzen nicht noch einmal an. In der Folgezeit setzten sie ihren Vorstoß 10 Kilometer westlich von Uelzen in Richtung Bienenbüttel fort.
Am folgenden Tag, es war der 12. 4. 1945, erhielt GenLt. Unrein den Befehl, umzugruppieren; die Panzer und das SPW-Bataillon wurden am 12. 4. aus der Front herausgelöst. Zwei Panzergrenadier-Batl. und die 10 Sturmgeschütze blieben allerdings zurück und wurden der ID unterstellt, die diese Stellungen übernahm.
Am 12. 4. traf auch auf dem GefStand von GenLt. Unrein der Stab des XXXIX. PzK unter GendPzTr. Decker ein. Unrein erfuhr, daß seine Division und zwei weitere noch in Aufstellung begriffene Divisionen dem XXXIX. PzK unterstellt würden und daß dieses wiederum vom OKW Auftrag erhalten habe, aus dem Raum Uelzen sobald wie möglich nach Süden, tief in Flanke und Rücken der 12. US-Heeresgruppe, über Helmstedt vorzustoßen und Verbindung mit der im Harz kämpfenden 11. Armee zu suchen.
General Decker erklärte dazu, daß das Korps nach Überschreiten des

Weser-Elbe-Kanals die Verbindung mit der 11. Armee unter General der Artillerie Lucht im Harz herstellen werde.
GenLt. Unrein trug General Decker vor, daß er nach der vollendeten Aufstellung seiner Division, mit der zum 17. oder 18. 4. gerechnet wurde, über Wittingen und Salzwedel in Richtung Fallersleben und den Elm auf den Harz vorstoßen werde.
Das OKW hielt diesen Zeitpunkt für zu spät und befahl, sofort mit allen verfügbaren Divisionskräften anzutreten.
Die noch südlich Uelzen stehenden Kräfte sollten sich, nachdem sie zuerst die im Raume Hollenstedt stehenden britischen Kräfte vernichtet hatten, nach Süden wenden.
GenLt. Unrein entschloß sich zum Nachtangriff einer starken gepanzerten Kampfgruppe unter Führung eines erfahrenen Hauptmanns. Dieser KGr. wurden 20 Panzer, 10 Sturmgeschütze und 80 SPW zugeteilt.
In der Nacht zum 15. 4. trat sie aus dem Raum nördlich von Uelzen über Osterholz auf Bollensen an. Ihr weitergehendes Ziel lautete: Über Stadensen auf Hollenstedt vorzustoßen.
Wie dieser nächtliche Panzervorstoß geführt wurde, berichtete Fw. Ernst Hollmann, Panzerkommandant in der KGr.

> »Wir rollten rasch über die Straße vorwärts. Einige Aufklärungspanzer führten, und als diese in einem Dorf vor Bollensen auf den Feind stießen, erhielten wir über Funk Nachricht. Unser KGr.-Führer gab den Angriffsbefehl. In einem breiten Keil stießen wir in das Dorf hinein. Die ersten Feindpanzer tauchten schemenhaft sichtbar vor uns auf. Weiter rechts, bei den Sturmgeschützen, peitschten bereits die ersten Abschüsse, und aus dem Dorf antworteten feindliche Panzerkanonen.
> Da tauchte vor uns ein großer massiger Schatten auf: ein Panzer! Der Richtschütze sah ihn mit mir. Er korrigierte etwas und jagte den ersten Schuß hinaus. Drüben knallte der Einschlag. Unsere Granate durchschlug, im richtigen Winkel auftreffend, die Frontpanzerung des Gegners. Sekunden darauf stand dieser Feindpanzer in Flammen.
> Wir rollten weiter, drangen in das Dorf ein. Aus 20 Panzerkanonen und zehn Sturmgeschützrohren schlugen die gelbroten Abschußflammen. Es krachte und dröhnte. Flammen stoben aus Panzern und Häusern empor. Immer mehr Feindpanzer tauchten auf. Sechs oder sieben waren vor uns zu erkennen, die auf meine Kompanie einschwenkten.
> Wir schossen so schnell wir konnten. Ein harter Schlag traf unseren Panzerturm und ließ uns fast taub werden. Doch diese Granate prall-

te ab. Die rechte Seitenschürze hielt dem nächsten Treffer stand. Dann waren wir wieder an der Reihe. Hinter einem niedrigen Gebäude schob sich ein Panzerbug vor. Uffz. Greller, mein Richtschütze, hatte ihn schon im Visier. Er ließ ihn noch etwas weiter herauskommen, und als sich der Turm dieses Panzers in unsere Richtung drehte, schoß Greller.
Unsere Siebenfünf-Granate riß aus dieser kurzen Distanz den Turm des Gegners aus dem Drehkranz. Der nächste Schuß ließ ihn aufbrennen.
'Durchstoßen! — Alles mir nach!' befahl der KGr.-Kdr. über Sprechfunk.
Wir rollten weiter. Ein Zaun krachte unter unseren Ketten auseinander wie eine Streichholzschachtel. Immer noch schossen Panzer auf Panzer, feuerten unsere Sturmgeschütze, von rechts und links auf den Flanken heranrollend, auf den Gegner.
Die Schützenpanzer mit den Panzergrenadieren tauchten eben rechtzeitig auf, um uns vor den angreifenden englischen Infanteristen zu sichern, die unsere Panzer mit Sprengmitteln anzugehen versuchten. Jetzt hämmerten auch MG los. Handgranaten krachten auseinander.
Einige Feindpanzer hatten sich flankierend in einer flachen Mulde versteckt. Ganz überraschend für uns eröffneten sie nun das Feuer auf die Nachbar-Kompanie. Zweimal wurde ich durch die Explosionen geblendet, mit denen Kameradenwagen explodierten. Aber wir kämpften uns durch, erreichten den Ortsausgang und schossen beinahe im Salventakt auf die letzten, nunmehr abdrehenden Feindpanzer.
Der Kampf, der um 3.00 Uhr begonnen hatte, dauerte über Stunden bis zum Hellwerden. Als die Sonne aufging, war von der hier in dem Dorfe Nettelkamp liegenden englischen Panzer-Abteilung nichts mehr übriggeblieben. Die Wracks lagen ausgebrannt und noch immer kokelnd im Dorf, auf den Wiesen und in den Mulden. Nur drei eigene Panzer waren abgeschossen worden. Zwei Sturmgeschütze hatten den Angriff ebenfalls mit der Vernichtung bezahlt. Aber der Gegner hatte in dieser Nacht 41 Panzer und gepanzerte Fahrzeuge verloren. Es war einfach unbeschreiblich, wie uns nach diesem Nachtgefecht zumute war. Unser zusammengewürfelter Haufen hatte einen sehr starken Gegner einfach zerstampft.«

Gegen Morgen war auch der KGr.Fhr. schwer verwundet worden. Für ihn übernahm am Nachmittag des 15. 4. ein Major die Führung derselben. Die Panzergruppe mußte nunmehr in Bollensen sammeln, um dort aufmunitionieren und auftanken zu können. Mit einem Angriff des Gegners

auf Uelzen oder in Richtung Osten war nach dessen Niederlage in der vorangegangenen Nacht nicht mehr zu rechnen.
Am selben Tage, um 17.00 Uhr, trat die KGr. auf Drängen des OKW in Richtung Borgenteich-Schmolau und Reddinghaus zum Angriff nach Süden an. GenLt. Unrein ließ dem KGrFhr. für diesen Weg freie Hand, befahl nur als nächstes Ziel den Raum 15 Kilometer westlich von Gardelegen.
Am Mittag des 16. 4. meldete die PzKGr. über Funk, daß sie am Morgen bereits die Straße Gifhorn-Salzwedel, etwa 2,5 Kilometer nordostwärts von Brome erreicht habe und diese sperre. Einige englische Fahrzeuge seien vernichtet worden. Mit Einbruch der Dunkelheit werde der Vorstoß fortgesetzt. Das Endziel sei das Waldgelände 10 Kilometer südwestlich von Calvörde.
Nach Erhalt dieser Nachricht ließ GenLt. Unrein sofort eine zweite kleinere KGr. zusammenstellen. Sie bestand aus 10 Panzern und Sturmgeschützen, einigen SPW und einer PiKp., sowie Lkws mit einem Versorgungssatz Betriebsstoff für die gesamte Kampfgruppe.
Diese zweite KGr. fuhr mit einem von der ersten KGr. zum Divisionsgefechtsstand durchgekommenen OrdOffz. zur ersten KGr., erreichte sie wohlbehalten und verstärkte dieselbe.
Am 17. 4. erlitt diese verstärkte KGr. im Angriff auf die Übersetzstelle am Weser-Elbe-Kanal schwere Verluste. Starke britische Panzerverbände stellten sich ihr entgegen. Erbitterte Panzerduelle forderten hohe Opfer auf beiden Seiten; mehrere in der Tiefe gestaffelte britische Verteidigungslinien verhinderten den Durchbruch.
Der Panzer von Fw. Ernst Hollmann mit dem Richtschützen Uffz. Greller schoß hier weitere drei Feindpanzer ab, ehe ein Treffer ihm die rechte Kette zerriß. Es gelang Greller noch einen Feindpanzer abzuschießen, ehe ein zweiter Treffer in den Motorraum den Kampfwagen in grelle Flammen hüllte. Fw. Hollmann befahl auszubooten. Es gelang ihnen, im MG-Feuer des Gegners auch den verwundeten Fahrer zu bergen und in Sicherheit zu bringen.
Die deutsche KGr. blieb nach anfänglichen Erfolgen liegen. Erst in den frühen Morgenstunden des 18. 4. erhielt GenLt. Unrein Meldung von den Geschehnissen. Er ließ eine dritte KGr. unter Major Benningsen zusammenstellen, in die sich auch der DivStab eingruppierte. Sie bestand aus 12 Panzern und Sturmgeschützen, die frisch aus der Werkstatt gekommen waren. Eine Kp. der AufklAbt., und die zwei PzGrenBatl., die bisher in Uelzen im Abwehrkampf gestanden hatten, kamen hinzu. Zwei leichte Falk-Abteilungen vervollständigten die Kampfkraft.

Als die beiden PzGrenBatl. am frühen Morgen des 18. 4. nach ihrer Her-

auslösung aus der Front südlich von Uelzen in ihren neuen Versammlungsraum rollten, griffen britische Truppen aus dem Raume Lehmke auf Schlieckau an, durchbrachen die schwachen Sicherungen der dort eingesetzten ID und zwangen die beiden Batl. bei Schlieckau zum Kampf. Damit fielen diese Verstärkungen für die 3. KGr. unter GenLt. Unrein aus, einschließlich der zehn Hetzer-Panzerjäger, die sich dabei befanden. Sie sollten am Abend des 19. 4. als 4. KGr. in allgemeiner Richtung Brome-Fallersleben folgen.
Das OKW verlangte über Funk energisch das sofortige Antreten der 3. KGr., obgleich die für diese KGr. zugesagten Verstärkungen in Gestalt von Artillerie und Flak ebenfalls nicht durchgekommen waren.
Auf diese Weise wurde die bereits einigermaßen starke PD »Clausewitz« verzettelt und kleckerweise eingesetzt und erlebte wenig später in den letzten Kämpfen im Walde südlich von Bergmoor und bei Haselhorst, wo die Spitzenpanzer in eine Paksperre der inzwischen bis hierher vorgestoßenen US-Streitkräfte fuhren, ihr Ende. Zwar konnte Haselhorst in einem letzten verbissen geführten Panzerkampf genommen werden, doch Artillerie und Luftstreitkräfte bereiteten den Männern der 3. und 4. KGr. schwierige Stunden. Zuletzt standen nur noch 10 Offiziere und 60 Soldaten zur Verfügung des DivKdrs. im Raume Appenrode im Elm. Sie gingen in den nächsten Tagen in Gefangenschaft.
Damit war die PD »Clausewitz« gar nicht erst bei der 12. Armee zum Einsatz gelangt.

Kämpfe an der Elbe

Am 12. 4. 1945, um 20.00 Uhr, setzten die ersten amerikanischen Amphibienfahrzeuge über die Elbe. Da das Ufer an dieser Stelle überhaupt nicht besetzt war, wurde von deutscher Seite kein Widerstand geleistet. Gegen Mitternacht hatte Brigadier Hinds, Führer des Kampfkommandos B der 2. US-PD an dieser Stelle, bei der Ortschaft Westerhüsen südlich Magdeburg, zwei Panzergrenadier-Batl. übergesetzt. In den frühen Morgenstunden waren es bereits drei Batl., die auf dem Ostufer der Elbe standen.
GenMaj. White, der DivKdr., teilte der 9. Armee mit:

»Wir sind drüben!«

Als die Pioniere daran gingen, eine Pontonbrücke über den Fluß zu errichten, eröffnete deutsche Artillerie vom Südwestrand von Magdeburg das Feuer und zerschoß diese Brücke, von der bis zum Morgengrauen nur noch Trümmer übrigblieben.
Am Nachmittag des 13. 4. begann weiter südlich ein neuer Brückenschlag, um so schnell wie möglich auch Panzer herüberzubringen und die zwischen Elbenau und Grünwalde in ihrem Brückenkopf liegenden Bataillone zu verstärken.
Genau 25 Kilometer weiter südlich bei Barby erreichten die ersten Einheiten der 83. US-ID unter GenMaj. Macons ebenfalls die Elbe. Hier war es Oberstleutnant Crabill, Kdr. der Infanteristen des Rgt. 331, der alle eintreffenden Männer sofort in die Sturmboote jagte und hinüberbringen ließ. Die ersten Geschütze der DivArt. setzten auf Pontons über den Fluß. Bis zum Abend des 13. 4. war die gesamte 83. ID hinübergelangt, und wenig später war ihre Pionierbrücke fertig, an deren Abfahrt und Auffahrt zu beiden Seiten des Flusses ein Schild angebracht war:

»Truman-Brücke — das Tor nach Berlin!
Eine kleine Aufmerksamkeit der 83. ID!«

Von hier aus wäre es den Amerikanern ein Leichtes gewesen, direkten Weges bis Berlin durchzubrechen. Doch in einem Gespräch über das Wenn und Aber meinte General Bradley, daß der Weiterstoß nach Berlin die US-Truppen 100 000 Mann an Verwundeten und Toten kosten könne und fügte nach einer kleinen Pause hinzu:

»Ein reichlich hoher Preis für ein Prestigeziel, vor allem, wenn man in Betracht zieht, daß wir uns nach Ende der Kämpfe wieder zurückziehen und das Gebiet den Russen überlassen müssen.«

General Eisenhower war mit dieser Antwort auf seine Frage *sehr* zufrieden, weil er ja seit seinem Notenwechsel mit Marschall Stalin ohne-

hin die feste Absicht gehabt hatte, an der Elbe stehenzubleiben. (Siehe: Time vom 29. 9. 1961: How Berlin got behind the curtain — A political decision which the Soldiers did not reverse.)
Die Division »Scharnhorst« erhielt am 13. 4. von der 12. Armee Befehl, ein verstärktes Regiment für das Eingreifen im Raume Magdeburg bereitzuhalten. Gleichzeitig damit wurde vom Kampfkommandanten Magdeburg die Sturmgeschützschule Burg alarmiert. Die kampfkräftigen Teile waren seit dem 10. 4. in die Kampfgruppe Burg unter Führung von Major Alfred Müller umgegliedert worden. Major Müller, der als Kdr. der Sturmgeschütz-Abteilung 191 am 15. 12. 1943 das Eichenlaub zum Ritterkreuz errungen hatte, war als Führer der Sturmartillerieschule Burg für diesen Auftrag prädestiniert. Seine Kampfgruppe wurde am Ostufer der Elbe nördlich Magdeburg gegen die Amerikaner angesetzt.
Die ersten Sturmgeschütze dieser KGr. fuhren am frühen Morgen des 14. 4. einen Angriff auf den Nordostteil des südlich Magdeburg eingerichteten US-Brückenkopfes, der unter dem Kommando von Oberstleutnant Anderson stand. Sieben der eingesetzten Sturmgeschütze erreichten die Infanteriestellungen des Gegners und schossen mit Sprenggranaten und MG hinein. Unangefochten durchstießen sie diese Stellung, weil außer einigen Bazookas keinerlei panzerbrechende Waffen über den Fluß geschafft worden waren.
Die US-Infanteriekompanien ergriffen geschlossen die Flucht. Oberstleutnant Anderson forderte vergebens Artilleriefeuer auf den eigenen Standort an, und als die ersten Granaten dann wirklich über die Elbe hinüberheulten, hatten die Sturmgeschütze diesen Raum bereits durchfahren.
Gleichzeitig mit diesem Angriff rollten auch auf der linken Flanke des deutschen Stoßkeiles einige Panzer vor. Ihnen folgten die Infanteristen der Division »Scharnhorst«. Aus drei Richtungen stürmten deutsche Soldaten einer soeben aufgestellten Division in den Brückenkopf hinein.
Der feindliche Widerstand wurde durch die präzise schießenden Sturmgeschütze gebrochen, die die amerikanischen Stellungen zerschmetterten. Immer mehr Amerikaner gerieten in Gefangenschaft oder wurden in den Fluß gedrückt. Gegen Mittag mußte Brigadegeneral Hinds die Zurücknahme der überlebenden Truppen aus dem dicht zusammengepreßten Brückenkopf auf das Westufer befehlen.
Zum erstenmal auf ihrer Fahrt durch Deutschland war die 2. US-PD, »Hell on Wheels«, zum Rückzug gezwungen worden.
Damit war der eine Brückenkopf südlich Magdeburg beseitigt, und General Wenck ging daran, die Planungen zur Beseitigung des Brückenkopfes bei Barby zu führen. Dieser war allerdings bedeutend größer und hatte schon Artillerie erhalten.

GenMaj. Götz, Kdr. der ID »Scharnhorst«, erhielt Befehl, sofort zur Abriegelung des Brückenkopfes von Barby vorzugehen. Er führte die Division, der zwei Sturmgeschütz-Kpn. unterstellt wurden, in schnellem Tempo heran. Mit Einfall der Abenddämmerung des 14. 4. stießen Infanterie und Sturmgeschütze vor. Sie erreichten die Sicherungslinie der 83. US-ID und drückten diese auf ihr Gros zurück.

Im nächtlichen Feuerkampf erwiesen sich die Sturmgeschütze als überaus durchschlagskräftig. Es gelang ihnen, vorgeschobene MG- und Pak-Stellungen zu vernichten und den Feind dichter an den Fluß zu drücken. Es gelang GenMaj. Götz jedoch nicht, den Feind in den Fluß zu werfen und damit den Brückenkopf zu eliminieren.

Dies aus dem Grunde, weil ihm ein Teil der Division entzogen worden war, um einen auf Dessau gemeldeten Feindvorstoß zu stoppen. Ein weiterer Teil der Division, der noch weiter südlich Magdeburg stand, war ebenfalls nicht verfügbar.

Auch die Division »Ulrich von Hutten« wurde am 14. 4. von der 12. Armee in Marsch gesetzt und bewegte sich aus ihrem Versammlungsort Wittenberg über Gräfenhainichen in den Raum Bitterfeld, westlich der Mulde. Sie hatte den Auftrag, sich dort zu versammeln und Sicherung und Aufklärung nach Nordwesten, Westen und Südwesten zu betreiben. Darüber hinaus sollte sie versuchen, mit noch etwa im Aufklärungsraum stehenden und dort kämpfenden eigenen Verbänden Verbindung aufzunehmen. Der von allen Seiten anrollende Feind sollte möglichst lange westlich der Mulde gehalten werden.

GenLt. Engel, der DivKdr., brachte seine Division in eine Stellung vorwärts der Autobahn Dessau-Leipzig und befahl den Stellungsbau. Allein auf sich gestellt, erwartete diese Division den feindlichen Angriff. Die feindlichen US-Panzerspitzen trafen am 15. April auf die vorgeschobenen Stellungen der Division. Die hier stehenden Pak und Flak schafften es im Verein mit einigen Sturmgeschützen, den Gegner zu stoppen.

Auch an den beiden folgenden Tagen hielt die Division alle Feindangriffe auf. Panzerjäger, Pioniere, Sturmartilleristen und Panzergrenadiere dieser Division schlugen sich hier drei Tage und Nächte vorbildlich. Der Gegner kam trotz starker Artillerie- und Panzerunterstützung nicht durch. Dennoch wurde der deutsche Brückenkopf mehr und mehr zusammengedrückt und schließlich in zwei Teile aufgespalten: in einen Brückenkopf bei Jessnitz und den zweiten bei Bitterfeld. Diese beiden Brückenköpfe sollten auf Befehl der Armee weiter gehalten werden.

Bei Barby führte der Feind am 15. 4. weitere Kräfte über den Fluß, ohne daß dies von den Sturmgeschützen oder der ID »Scharnhorst« verhindert werden konnte. Dennoch war der Angriffsschwung der Amerikaner gestoppt. Dies hatte sowohl Eisenhower, wie auch Bradley in ihrem gemeinsam gefaßten Entschluß, an der Elbe stehenzubleiben, bestärkt. Wäre es der 2. US-PD möglich gewesen, ihren Brückenkopf auf dem Ostufer der Elbe zu halten, eine Pontonbrücke zu errichten und die schweren Waffen hinüberzubringen, dann wären sie vielleicht doch bis Berlin weiter vorgestoßen. Ihnen hätte ab dem 16. 4., dem letzten großen Offensiv-Vorstoß der sowjetischen Kräfte, keinerlei Truppen entgegengeworfen werden können. Nun aber mußte GenMaj. White die Brücke der 83. ID benutzen, wenn er seine Panzer über den Fluß bringen wollte. Zur gleichen Zeit aber, da die ersten Panzer der 2. US-PD über diese Brücke die Elbe überquerten, schickte General Eisenhower aus seinem HQ in Reims einen Funkspruch an den US-Generalstabschef nach Washington, in dem er General Marshall mitteilte, daß der Vorstoß seiner mittleren Streitkräfte mit der Ankunft an der Elbe und der Errichtung der ersten Brückenköpfe über den Fluß abgeschlossen sei. Seine nächste Aufgabe sehe er in der Zerschlagung der deutschen Kräfte in Bayern und in Norddeutschland.

In Bezug auf Berlin erklärte Eisenhower in diesem FT-Spruch:

»Es wäre höchst wünschenswert, einen Vorstoß nach Berlin zu unternehmen, da der Feind möglicherweise Truppen um seine Hauptstadt zusammenzieht, und weil der Fall von Berlin von stärkster Wirkung auf die Kampfmoral des Feindes und die unserer Völker sein würde.«

Aber diese Operation als e r s t e durchzuführen, sah sich Eisenhower nicht im Stande, denn im Mittelabschnitt, dort wo der Sturm auf Berlin seinen Ausgangspunkt hatte, sah er lediglich »eine feste Front an der Elbe« vor, die zu halten sei. Wichtiger erschien ihm das »Aufbrechen der Alpenfestung«, die nichts anderes als eine Fata Morgana war.
Als GenLt. Simpson, der OB der 9. US-Armee, eine Freigabe seiner Truppen zum Weiterstoß auf Berlin forderte, »weil meine Männer, die über den Fluß gingen, von Berlin träumen«, wurde er zu einer Besprechung ins HQ der 12. Heeresgruppe befohlen. Dort erfuhr er von General Bradley das, was dieser ihm nicht so einfach am Telefon sagen wollte:

»Sie müssen an der Elbe stehenbleiben, Simpson! Sie dürfen nicht weiter in Richtung Berlin vorstoßen! Es tut mir leid, Simp, aber es ist nun einmal so.«
»Von wem, zum Teufel, kommen solche Befehle?« fragte der OB der 9. Armee aufgebracht.
»Von Ike«, antwortete Bradley.
»Und w i e soll ich das meinem Stab und den Korpskommandeuren und vor allem der Truppe beibringen, daß sie sich bis hierher um-

sonst abgestrampelt hat, um so schnell wie möglich Berlin zu erreichen?«

Das wußte Bradley auch nicht. Der OB der 9. US-Armee flog in sein HQ zurück, um diese Hiobsbotschaft zu verbreiten.
Wie die Truppe diesen Befehl aufnahm, das hat Brigadegeneral S. L. A. Marshall während der Berlinkrise des Jahres 1961 in einer US-Zeitschrift dargestellt:

»Im April 1945 war ich mit einer Einsatzgruppe bei Barby, etwas unterhalb von Magdeburg, als der Befehl zum Halten kam. Wir hatten den einzigen Brückenkopf auf dem Ostufer der Elbe, nur ganze 88 Kilometer von Berlin entfernt. D i e s e Stadt war seit Wochen unser erklärtes Ziel. Wir hatten gefiebert, es so schnell wie möglich zu erreichen. Die Hauptkampfgruppe wurde von Oberst Crabill mit seinem IR 331 gestellt.
Meine Aufzeichnungen zu dieser Zeit sagen aus:
Wir eroberten den Brückenkopf in einem Gefecht, das gegen Mittag begann. Es wurden nur einige wenige Schüsse gewechselt. Crabill fuhr die Linie der Boote entlang, indem er seinen Leuten gewissermaßen in den Hintern trat und ihnen zurief:
'Versäumt nicht d i e Gelegenheit unseres Lebens! Ihr seid auf dem Wege nach Berlin, Boys! Wir können als erste dorthin kommen! Aber ihr müßt euch verdammt beeilen!
Vertrödelt nicht die Zeit! Ihr braucht keine Stellungen auszubauen. Macht vorwärts, nach Berlin!'
Und das Regiment tat es. Auf diese Weise bekamen wir den Brückenkopf.

Der Feind begann sofort einen starken Gegenangriff mit Infanterie, Artillerie und Panzern. Dieser Druck hielt drei Tage lang an, aber unser Brückenkopf wurde gehalten. Und in der Zeit, als die Kämpfe um Barby noch heftig tobten, kam der Befehl zum Halten.
Mit Captain Robert E. Merrian fuhr ich im Jeep zum HQ von General Raymond McClain, dem Kommandierenden General des XIX. US-Korps, um eine Beurteilung der Lage über diesen Haltebefehl zu hören. Er sagte uns:
'Es ist ganz richtig, daß wir anhalten! Dieses Korps hat sich zu stark ausgedehnt. Das gilt auch für den Rest der gesamten 9. Armee. Wir kämpfen vorne, auf beiden Flanken und im Rücken. Ich glaube nicht, daß wir uns vor den Russen eine große Scheibe von Berlin abschneiden können. Im besten Falle können ein paar Patrouillen in die Stadt eindringen.'«
(Siehe: Marshall S. L. A.: We couldn't have taken Berlin in 1945.)

Diese vom Kommandierenden General des XIX. US-Korps vertretene Ansicht war die Standardausflucht, die von General Bradley ausgestreut worden war, um das scheinbar Sinnlose sinnvoll aussehen zu lassen.
Am Morgen des 16. 4. erfuhr das AOK 12, daß die Sowjets von der Oder her zu ihrem Hauptangriff nach Westen angetreten waren. Sofort wurden Erwägungen über die Sicherung der rückwärtigen Verbindungen angestellt, für den Fall eines sowjetischen Durchbruchs nach Berlin und entsprechende Maßnahmen eingeleitet.
Mit seinem Chef des GenStabes, Oberst i. G. Reichhelm, fuhr General Wenck zu den fünf Divisionen, die nun im Armeebereich versammelt waren, um sich vom Stande der Verwendungsbereitschaft derselben zu überzeugen.
Die Amerikaner stellten an diesem Tage jede weiteren Bemühungen ein, an Elbe oder Mulde weiterzukommen, sehr zur Überraschung der Truppe, der nichts über die Demarkationslinie bekannt war, die zwischen den westlichen und östlichen Alliierten vereinbart worden war.
Aber General Wenck konnte sich diese Zurückhaltung nur erklären, indem er die richtige Vermutung hegte, daß die Elbe eine Art Grenze zwischen Ost und West sein würde. Er ließ bereits am 17. 4. die ersten eigenen Truppen aus der Westfront herausziehen. Mit diesen beabsichtigte er, zunächst eine Sicherungslinie gegenüber dem russischen Feind aufzubauen. General Wenck beabsichtigte, die Armee nach Norden aufschließen zu lassen, dadurch die HGr. Weichsel zu stärken und einen Vorstoß der Sowjets nach Mecklenburg und Holstein zu verhindern.
Am frühen Morgen des 17. 4. griff die Division »Scharnhorst« mit einer Sturmgeschütz-Kp. von Norden und Osten den Feindbrückenkopf bei Barby an. Wieder waren es die Sturmgeschütze, die sich schrittweise vorwärtskämpften. Feindpanzer, die sich aus ihren Bereitstellungen vorschoben, wurden im Duell mit den schnellen Sturmgeschützen ausgeschaltet.
Wenig später griff die Kampfgruppe Burg mit allen Sturmgeschützen an. Aber auch dieser Angriff drang nicht durch, weil der Gegner inzwischen Geschütze und Panzer, Pak und Flak über den Fluß herübergeschafft hatte.
General Wenck beschloß, zur Beseitigung dieses einzigen Brückenkopfes neben der genannten Division auch noch die ID »Theodor Körner« anzusetzen, die noch in Döberitz in der Aufstellung begiffen war. Da diese Division aber erst am 20. 4. zur Verfügung stehen würde, erfolgte eine Verschiebung dieses Angriffs auf den 22. 4. 1945.
Die vorgeschobenen Spähtrupps meldeten am Abend des 17. 4., daß sich der Feind im Brückenkopf nicht weiter verstärke und sich völlig ruhig verhalte. Dennoch war die 12. Armee nach wie vor davon überzeugt,

daß sich der Gegner nach einem neuen Brückenschlag, der gemeldet worden war und nach Heranführung frischer Kräfte zum Weiterstoß nach Osten anschicken werde.
Am 18. 4. blieb es an der Brückenkopffront ruhig. Die Division »Scharnhost« hielt den Druck auf den Brückenkopf der Amerikaner aufrecht.
Der Feinddruck gegen die Muldestellung machte sich, am 19. 4. 1945 beginnend, zunehmend bemerkbar. Bis zum 21. 4. wurden alle örtlichen Versuche des Gegners, Brückenköpfe auf dem Ostufer der Mulde zu bilden, abgewehrt. Ein eigener Brückenkopf bei Eilenburg ging bei einem mit starken Panzerkräften geführten Feindangriff verloren. Die Verteidiger konnten den Panzerfeind überwiegend mit Panzerfäusten stoppen.
Der von der ID »Ulrich von Hutten« gehaltene Brückenkopf Jessnitz-Bitterfeld ging verloren. Hier hatten die jungen Soldaten dieser Division ebenfalls drei Tage und Nächte feindliche Infanterie- und Panzerangriffe gestoppt. Die jungen Grenadiere ließen die US-Panzer bis auf 20 Meter herankommen, ehe sie ihre Panzerfäuste zum sicheren Schuß abfeuerten.
Am 19. 4. erfolgten drei schwere Angriffe nacheinander gegen beide Brückenköpfe. Vielfach wurden die Verteidiger von den angreifenden Panzern in ihren Panzerdeckungslöchern eingewalzt. Jessnitz ging verloren. Die Überlebenden zogen sich über die Mulde zurück.
Am nächsten Tag — es war »Führergeburtstag« — mußten auch die letzten Teile dieser Division, die sich im Brückenkopf Bitterfeld in den Boden gekrallt hatten, der feindlichen Übermacht weichen und auf das Ostufer des Flusses zurückgehen.
Über 30 gepanzerte Fahrzeuge des Gegners lagen brennend oder zerschossen vor diesen beiden Brückenköpfen. Hinter der Mulde richtete sich die Division »Ulrich von Hutten« zur Verteidigung ein.
Auch hier stellte der Gegner im Verlauf des 20. 4. 1945 seine Angriffsbewegungen ein, so daß die Linie Mulde-Freiberger Mulde-Tschoppau einschließlich Chemnitz gehalten werden konnte.
Zwischen der Elbe und der Schwarzen Elster wurde von vorgeschobenen Spähtrupps ein russisches Kavalleriekorps festgestellt, das in breiter Front vorstieß und am 20. 4. die Bahnlinie Riesa-Elsterwerda erreichte und nach Nordwesten hin überschritt. Es näherte sich nunmehr rasch der Straße Mühlberg-Bad Liebenwerda. Von Nordosten her hatten andere russische Verbände die Linie Elsterwerda-Herzberg, die Schwarze Elster, erreicht und versuchten, Übergänge über den Fluß zu erkämpfen.
Die dortige Verteidigungslinie hatte sich jedoch durch einige von GenLt. Scherer aufgefangene Truppenteile der HGr. Schörner verstärkt. Dennoch hatten die Verteidiger Mühe, sich dieser Angriffe zu erwehren.
Dieser russische Vormarsch zur Schwarzen Elster konnte nicht verhin-

dert werden, da keine weiteren Truppen zur Verfügung standen. Deshalb wurde die Zurücknahme der Ostfront des XXXXVIII. PzK auf die Elbe notwendig.
Es waren vor allem Divisionen der 5. sowjetischen Gardearmee, die nördlich von Senftenberg aus dem Verband der sowjetischen Heeresgruppe ausscherten und auf die Schwarze Elster und darüber hinaus auf Torgau an der Elbe vorstießen, während die 3. und 4. Garde-Panzerarmee der 1. Ukrainischen Front in der alten Stoßrichtung weiterstürmten. Doch darüber später mehr, sobald der II. Teil dieses Reports mit dem Kampf im Osten einsetzt.

Kampfgruppe Burg — die spätere Division »Ferdinand von Schill« — im Einsatz

Die Kampfgruppe Burg, die unter Führung von Major Müller durch den Festungskommandanten von Magdeburg zum Gegenangriff gegen die im Kessel südlich Magdeburg stehenden amerikanischen Kräfte angesetzt wurde, stand noch immer mit ihrem linken Flügel an der Autobahn bei Hohenwarthe, während ihr rechter Flügel bei Rogätz hielt.
Neben der Zerschlagung des feindlichen Brückenkopfes südlich von Magdeburg spielten die Sturmgeschütze dieser KGr. bei der Abwehr eines amerikanischen Angriffs bei Zerbst aus dem Brückenkopf Barby heraus, eine entscheidende Rolle.
Über Funk hatte das XIX. US-Korps, GenMaj. McLain, den Stadtkom-

mandanten von Zerbst aufgefordert, sich mit seiner Besatzung zu ergeben. Wenn dies nicht geschehe, werde Zerbst am anderen Morgen durch Luftbombardement dem Erdboden gleichgemacht.
Der Stadtkommandant von Zerbst, ein General dessen Namen nicht eruiert werden konnte, lehnte jede Übergabe von Zerbst ab, da auch diese Stadt ostwärts der Elbe vom Führer zur Festung erklärt worden war.
Am nächsten Morgen sahen die Männer der Sturmgeschütz-Lehr-Brigade Altengrabow, die der Sturmgeschützschule Burg unterstellt worden war, wie am Himmel über der Elbe die ersten Bomberpulks des Gegners auftauchten, aber dann plötzlich abdrehten, denn die amerikanischen Panzerspitzen rollten aus ihrem Brückenkopf heraus und griffen die Front der HGr. an.
Es kam zu einem blutigen Gefecht, in dem die Sturmgeschütze, die seit Jahren an allen Brennpunkten der Ostfront im Einsatz gestanden hatten, den Gegner aufrieben und die angreifenden Panzer bis auf einige wenige, die rasch genug abgedreht hatten, zusammenschossen.
Wieder einmal mehr waren sie auf den Ruf der in ihren Löchern liegenden Infanterie: »Sturmgeschütze vor!« angefahren, hatten das Gefechtsfeld erreicht und das Feuer eröffnet. Sie schlugen den bereits bis zum südwestlichen Stadtrand vorgedrungenen Gegner zurück und schossen die US-Panzer, die diesen Angriff vorreißen und zum Sieg verhelfen sollten, ab. Brennend lagen die Panzer auf dem Gefechtsfeld.
Unmittelbar nach dieser Schlacht aber sah der damalige Adjutant der Lehrbrigade Altengrabow, Oblt. Schuldt, vom Brigade-Gefechtsstand aus, die verschiedenen Angriffswellen der US-Air Force angreifen und ihre Bombenlasten über der schönen Renaissancestadt abladen. Er berichtete dem Autor darüber:

> »Die Stadt fiel — aus der Ferne gesehen — wie ein Kartenhaus zusammen und ging nach den darauf folgenden Brandbomben- und Phosphorkanister-Abwürfen in Flammen auf. Es war ein Bild so vollständiger Vernichtung, daß man es einfach nicht fassen konnte. Dabei erlitt die unschuldige Zivilbevölkerung besonders durch die Brandbombenabwürfe entsetzliche Verluste.
> Unsere Brigade zog sich unmittelbar nach diesem Bombardement zum Flugplatz zurück und wurde kurz darauf in Richtung Belzig in Marsch gesetzt, um von nun an gegen die Sowjets eingesetzt zu werden.«
> (Siehe Schuldt, Dr. jur. Rudolf: Mit der Sturmgeschütz-Lehrbrigade Altengrabow im Einsatz.)

Der Kampfgruppe Müller waren inzwischen derart viele Einheiten zugewiesen worden, daß Major Müller sehr bald selbständig weitere Maß-

nahmen ergreifen mußte, um diese Verbände aufzustocken und neu zu formieren. Einheiten, die im Raume zwischen Magdeburg und Hannover über die Elbe kamen, wurden von dieser KGr. einvernommen und eingegliedert. Binnen weniger Tage hatte diese schließlich Divisionsstärke erreicht. Als die 12. Armee am 20. 4. unmittelbar mit dieser KGr. Verbindung aufnahm, wurde Major Müller gebeten, zum Armeegefechtsstand nach Dessau-Rosslau zu kommen. Dort eingetroffen, gab ihm General Wenck die Mitteilung seiner Beförderung zum Oberstleutnant bekannt und reichte den tapferen Offizier gleichzeitig auch zur Beförderung zum Oberst beim OKH Nord ein.
Außerdem wurde die KGr. Burg zur Division »Ferdinand von Schill« ernannt. Diese ad hoc gebildete Divsion wurde von General Wenck in den Raum Belzig befohlen und dort neben der Division »Theodor Körner« ostwärts Belzig zur Abwehr sowjetischer Angriffe eingesetzt. Damit waren die Aktivitäten der 12. Armee nach Westen endgültig beendet, denn nur schwache Sicherungen blieben an der Elbe zurück, während sich die Armee nunmehr ganz nach Osten wandte, um im Endkampf um das Reich und Berlin zum letzten Einsatz zu gelangen.
Wenden wir uns nunmehr dem Osten Deutschlands zu, wo einige Städte seit vielen Monaten im Feuer russischer Artillerie und sowjetischer Bomberstreitkräfte lagen und sich nicht ergaben.

Eine B 17 der USAAF beim Bombenwurf.

Diese B 17 wurde unmittelbar nach dem Wurf von der Flak abgeschossen.

DER ENDKAMPF IM OSTEN

Die Rote Armee an der Grenze des Reiches

Die deutschen Ostprovinzen lagen bis zum Hochsommer 1944 von jeder Kriegshandlung weit entfernt, wenn man von den bereits sporadisch einsetzenden russischen Luftangriffen absehen will, die allerdings noch keine entscheidenden Dimensionen angenommen hatten.
Die russische Großoffensive »Bagration«, die am 22. 6. 1944 begonnen hatte, war allerdings der Anfang vom Ende dieser Ruhezeit für Ostdeutschland. Nach Ende dieser Operationen der Roten Armee standen deren Truppen an der Grenze des Reiches, und es war nur noch eine Frage von Wochen, bis der nächste Ansturm deutschen Boden erreichen mußte, zumal ja bereits ein großer Teil von Ostpolen in russische Hand gefallen war.
Damit konnte die Rote Armee auf eine aktive Teilnahme polnischer Verbände zählen, wie wir sie bespielsweise auch in Kolberg im Winter und Frühjahr 1945 finden werden.
Das polnische Komitee der Nationalen Befreiung hatte unmittelbar nach der »Befreiung« des Landes durch die Russen in diesem befreiten Teil die Regierung übernommen und mit dem sowjetischen Befehlshaber ein Abkommen geschlossen, wonach sich Polen verpflichtete, alle mögliche militärische Hilfe bei der Bekämpfung der Deutschen zu leisten. (Siehe dazu: Ausländische Dokumente zur Oder-Neiße-Linie im Osthandbuch H. 6.)
Die polnischen Streitkräfte, die seit 1943 in der Roten Armee dienten, erhielten Zuzug von Freiwilligen und Aushebungen und von den in Ostpolen agiernden Partisanen, wodurch die Präsenz der polnischen Truppen deutlich verstärkt wurde.
Seit Juli 1944 waren deutscherseits alle arbeitsfähigen Männer in Ostpreußen zum Bau des Ostwalles aufgerufen worden. Hinzu kamen ausländische Arbeitskräfte, die in der Landwirtschaft arbeiteten. In vierwöchigen Kommandos gingen diese in »Schippkolonnen« an der östlichen Grenze und hinter der Narew-Front zum Bau von Panzergräben, Schützenlöchern und Bunkern an die Arbeit. Der Oberbefehl über diese von der Memel bis nach Warschau reichenden Schanzarbeiten lag in den

Operation »Bagration«. Der Anfang vom Ende im Osten.

Händen des Gauleiters und Reichsverteidigungskommissars von Ostpreußen, Erich Koch.
Auch im Generalgouvernement und im Warthegau kam es zu den gleichen Schanzarbeiten. Hier wurden zwei Linien errichtet, die hintereinander gestaffelt von Leslau nach Wielun und in der zweiten Reihe von Kolmar nach Lissa verliefen.
Entlang der alten schlesisch-polnischen Grenze wurden im Rahmen der Operation »Berthold« ebenfalls Befestigungsanlagen errichtet und Teile der schlesischen Bevölkerung zu diesen Arbeiten herangezogen. (Siehe dazu auch: Kaps, J.: Die Tragödie Schlesiens 1945 - 1946.)
Im ostwärts der Weichsel gelegenen Reichsgau Danzig-Westpreußen und im Bereich der Pommern- und Obra-Stellung geschah Ähnliches.
Alle Arbeiten an diesen Verteidigungsbauten standen unter der Aufsicht der Reichsverteidigungskommissare, und die Militärbefehlshaber hatten nur bedingt beratende Funktionen. Dies zeigte sich in der oftmals unbrauchbaren Art der Anlagen.
Daß zu allem Übel auch noch die Truppen fehlten, um diese Bauten zu besetzen und gegen einen feindlichen Angriff zu halten, läßt alles Wirken um diese letzten Schutzwälle im Osten des Reiches sinnlos erscheinen.
Der entscheidende Fehler aber, der für Hunderttausende, ja Millionen deutscher Menschen zum Verhängnis wurde, war die Haltung der Reichsverteidigungskommissare und Gauleiter zur Frage der Evakuierung der Zivilbevölkerung aus dem Kampfgebiet. Räumungspläne waren bei den Parteidienststellen durch die Tatsache nicht akut, daß die Propaganda seit Wochen darum bemüht war, den in den in Frage kommenden Reichsgebieten wohnenden Menschen vorgaukeln, daß alle sicher seien und daß der Feind zurückgeworfen werde, daß sich Deutschlands Lage binnen kurzem wenden werde.
Wer in dieser Situation von Rückzug, von Evakuierung sprach, der dokumentierte, daß er nicht an diese Verheißungen glaubte und war Kandidat einer raschen Verhaftung.

Die russischen Truppen und ihre Situation

Zwischen Narew und Karpathen standen Mitte ~~August~~ August 1944 die Truppen der 1. und 2. Weißrussischen Front und der 1. und 4. Ukrainischen Front.

Während die 1. Weißrussische Front, die von Minsk über den Dnjepr bis zur Weichsel vorgestoßen war und erhebliche Verluste erlitten hatte und demzufolge zunächst nicht weiter vorstoßen konnten, liegenblieb, trat die 2. Weißrussische Front am 11. 8. bereits auf die Festung Ossowetz an der Straße Lyck-Bialystok an. General Sacharow gelang es, bis Ende August auf einer Frontbreite von über 150 Kilometern den Narew zu erreichen, der die Südgrenze Ostpreußens schützte. Damit war die Zangenbewegung gegen Ostpreußen eingeleitet, die zur Abschnürung dieser deutschen Provinz führte.

Die 1. und 4. Ukrainische Front unter Marschall Konjew hatte inzwischen den von Rokssowskij genommenen Brückenkopf Sandomir auf dem westlichen Weichselufer übernommen. Er war auf der Straße nach Krakau bis Debica, 132 Kilometer von Krakau entfernt, vorgestoßen und hatte dort die Wisloka überwunden.

Ende August sah es so aus, als wollte der gesamte Mittelteil der russischen Westfront stehenbleiben und es den beiden Flügeln überlassen, nun ihrerseits auszuholen und ähnliche Erfolge wie die mittleren Heeresgruppen zu erzielen.

Der OB der Leningrader Front, Marschall Goworow und die Oberbefehlshaber seiner 1., 2. und 3. Baltischen Front Bagramjan, Eremenko und Maslenikow griffen nunmehr von Osten und Südosten her mit 100 Divisionen an. Diese Fußtruppen wurden von 4 Panzerkorps und 28 Panzerbrigaden mit insgesamt 2 800 Sturmgeschützen und Panzern unterstützt.

Der in diesem Raum führende deutsche Oberbefehlshaber, Generaloberst Schörner, verfügte über etwa 30 Großverbände.

Die Schlacht im Baltikum begann am 11. 8. 1944. Bis zum 13. 8. stürmten die Truppen von General Maslenikow durch Pskow, durchbrachen die Auffangstellungen der 18. deutschen Armee westlich des Peipussees und eroberten am 25. 8. die Universitätsstadt Dorpat.

Gleichzeitig mit diesen Operationen gelang es General Eremenko, die Dwina hinunterrollend und die 16. Armee zum Rückzug zwingend, Kreuzburg zu erreichen.

General Bagramjan gewann bereits am 1. 8. Tukkum an der Rigaer Bucht und unterbrach mit diesem Durchbruch die Verbindungslinie zwischen der HGr. Nord und der HGr. Mitte. Am 8. 8. erreichten seine gepanzerten Spitzenverbände die Ortschaft Rossienai, 68 Kilometer von

der ostpreußischen Grenze entfernt. Von hier aus führte eine gute Straße nach Tilsit.
Die unter dem Kommando von Generaloberst Raus stehende 3. deutsche Panzerarmee wurde diesem russischen Stoßkeil in die linke Flanke angesetzt. Diese Armee trat am 16. 8. aus dem Raum 80 Kilometer nordostwärts Memel an und konnte am 20. 8. die Verbindung mit der 16. Armee wieder aufnehmen. Dieser Erfolg verschaffte GenOberst Schörner genügend Luft, um die vom OKW befohlenen Rückzugsbewegungen einzuleiten.
Bis zum 18. 9. herrschte an dieser nördlichen Front Ruhe, dann nahmen die Generale Maslenikow und Bagramjan auf beiden Seiten der Dwina ihre Angriffe wieder auf. Der Vorstoß ging trotz des Einsatzes des III. SS-PzK unter SS-General Steiner zügig vorwärts. Am 24. 9. hatte die russische Leningrader Front ganz Estland, einschließlich der Häfen Reval, Baltischport, Hapsal und Pernau erobert. Dennoch war es der deutschen 18. Armee gelungen, über See Kurland mit dem Gros ihrer Truppen zu erreichen.
Die russischen Angriffe gingen weiter. Die baltischen Inseln fielen den Angreifern zu. Sworbe konnte sich bis zum 23. 11. behaupten, und die spätere Räumung dieser Halbinsel, die den Westausgang des Golfes von Riga bildete, gelang ohne größere Verluste.
Am 10. 10. 1944 war es dann wieder soweit. Der Oberbefehlshaber der 1. Baltischen Front konnte nach Moskau melden, daß die Trennung der HGr. Nord von der HGr. Mitte diesmal für immer erreicht sei.
Im Brückenkopf Kurland behaupteten sich die 16. und 18.deutsche Armee, trotz der mit überwältigender Panzerübermacht geführten russischen Angriffe bis zum Tage der Kapitulation.
Als General Bagramjan die Ostseeküste erreicht hatte und damit Kurland mit den beiden deutschen Armeen abgeschnitten war, hatte General Tschernjakowskij beiderseits der Straße Insterburg-Kowno die Bereitstellung zum Angriff nach Ostpreußen hinein beendet. Er ließ am 16. 10. die Offensive durch ein massives Artilleriefeuer einleiten, zu dem er insgesamt 75 Batterien aller Kaliber auf jeden Kilometer Angriffsbreite zusammengezogen hatte.

Als das Trommelfeuer verstummte, gingen hier auf einer Breite von 140 Kilometern die 39., 5., 26. und 31. Sowjetarmee zum Angriff über. Sie wurden durch die Panzer der 11. Garde-Panzerarmee unterstützt.

Die 4. deutsche Armee unter General Hossbach, die auf einer Breite von 350 Kilometern mit 15 Infanterie-Divisionen verteidigungsbereit stand,

konnten nicht überall standhalten. Beim XXVI. AK unter GenLt. Matzky gelang den Russen ein tiefer Einbruch. Der Grenzbahnhof Wirballen fiel am 19. 10. in die Hand der Angreifer. Damit stieß die Rote Armee hier, im Raume Eydtkuhnen auf deutsches Reichsgebiet vor. Von hier aus drangen die gepanzerten schnellen Verbände in Richtung Rominter Heide vor. Die ersten kleinen deutschen Städte Wirballen, Eydtkuhnen, Stallupönen, Pillupöhnen, Rominten und Goldap gingen mit etwa 400 Dörfern Ostpreußens an die Rote Armee verloren.
Die Panzerdivision »Großdeutschland« mußte seine Truppen auf das linke Memelufer beiderseits Tilsit zurücknehmen und verlor dabei während der Übergangskämpfe 2 000 Mann.
Am 20. 10. ließ General Tschernjakowskij die Panzer der 11. Garde-Panzerarmee antreten und rollte damit quer über die Rominte nach Großwaltersdorf. Am Abend des folgenden Tages standen sie nach einem Vorstoß über rund 20 Kilometern im Raume Nemmersdorf am Westufer der Angerapp. Es sah so aus, als sollte dem Feind der Durchbruch gelingen.
Doch die Truppen des XXVI. und XXVII. AK hielten trotz starker Feindeinbrüche stand. General Hossbach gelang es, aus den nicht angegriffenen Abschnitten seiner überdehnten Front einige Divisionen herauszuziehen und mit ihnen die so entstandene Lücke zu schließen.
Das OKH hatte die 5. PD und die PzDiv. »HG« herangelotst. Beide Divisionen griffen im Gegenstoß auf Gumbinnen, 12 Kilometer nordostwärts von Nemmersdorf, an. Von Lötzen her rollte eine starke Panzerbrigade heran, und da das XXVI. AK bei Schloßberg und Ebenrode unerschütterlich hielt, und die Truppen Tschernjakowskijs stoppten, geriet die 11. Garde-Panzerarmee in eine Zange. Sie wurde im entschlossenen Stoß auf das rechte Ufer der Rominte zurückgeworfen.

Die Tragödie von Nemmersdorf

Im Zuge dieser Operationen wurde auch die Stadt Nemmersdorf zurückgewonnen. Was die deutschen Soldaten hier vorfanden, spottete jeder Beschreibung.
Die deutschen Panzerfahrer sahen in der Verfolgung des Gegners immer wieder erschütternde Bilder. An Scheunenwände genagelte Menschen, hingestreckte Frauen und Kinder, Chaos, wohin sie blickten.
Die Spitzen der russischen Truppen hatten am 20. 10. Nemmersdorf südlich von Gumbinnen erobert. Als die deutschen Truppen wenige Tage später in diese Ortschaft zurückkehrten, fanden sie also die Bewohner zum Teil grausam ermordet vor. Als Hitler davon erfuhr, ließ er sofort den Kriegsgerichtsrat Paul Groch dorthin aufbrechen. In seiner Begleitung waren Stabsarzt Dr. Werner Rose und ein Bildberichterstatter. Wenige Tage später traf eine Ärztekommission in Nemmersdorf ein.
Zugleich wurde Major Hinrichs vom Generalstab des Heeres beauftragt, an Ort und Stelle das notwendige Beweismaterial zu sammeln. Der in Nemmersdorf mit seinen Kameraden zu Aufklärungsarbeiten eingesetzte Volkssturmmann K. P. aus Königsberg in Ostpreußen berichtete Major Hinrichs folgendes:

> »Meine Volkssturm-Kompanie erhielt den Befehl, in Nemmersdorf aufzuräumen. Bereits kurz vor der Ortschaft, Richtung Sodehnen-Nemmersdorf, fanden wir zerstörtes Flüchtlingsgepäck. In Nemmersdorf selbst fanden wir den geschlossenen Flüchtlingstreck. Alle Wagen waren durch russische Panzer völlig zerstört worden und lagen am Straßenrand oder im Graben. Das Gepäck war geplündert, zerschlagen oder zerrissen, also vollständig vernichtet. Dieser Flüchtlingstreck war aus der Gegend Ebenrode und Gumbinnen. Dies stellte ich beim Aufräumen fest. Im Straßengraben fand ich ein Männerjackett. Aus der Brusttasche ragte ein Stück weißes Papier hervor. Es war ein Briefumschlag mit der Aufschrift: 'Schmiedemeister Grohnwald, Gumbinnen'.
> Am Dorfrand in Richtung Sodehnen-Nemmersdorf steht auf der linken Straßenseite ein großes Gasthaus, der "Weiße Krug". Rechts davon geht eine Straße ab, die zu den umliegenden Gehöften führt. An dem ersten Gehöft, auf der linken Straßenseite, stand ein Leiterwagen. An diesen waren vier nackte Frauen in gekreuzigter Stellung durch die Hände angenagelt.
> Hinter dem "Weißen Krug", in Richtung Gumbinnen, ist ein freier Platz mit einem Denkmal des Unbekannten Soldaten. Hinter diesem freien Platz steht ein weiteres großes Gasthaus, der "Rote Krug". An

diesem Gasthaus stand entlang der Straße eine Scheune. An beiden Scheunentüren war je eine nackte Frau in gekreuzigter Stellung durch die Hände genagelt.

Weiter fanden wir dann in den Wohnungen insgesamt 72 Frauen, Kinder und einen alten Mann von 74 Jahren, die sämtlich tot waren. Fast alle waren sie bestialisch ermordet, bis auf einige wenige, die nur Genickschüsse aufwiesen. Unter den Toten befanden sich auch Kinder im Windelalter, denen mit einem harten Gegenstand der Schädel zertrümmert war.

In einer Stube fanden wir auf einem Sofa in sitzender Stellung eine alte Frau von 84 Jahren, die total erblindet war. Ihr war mit einer Axt oder einem Spaten der halbe Kopf von oben her zum Halse hinunter weggespalten.

Diese Leichen mußten wir auf den Dorffriedhof tragen, wo sie liegenblieben, weil eine ausländische Ärzte-Kommission sich zur Besichtigung der Leichen angemeldet hatte. So lagen diese Leichen dann drei Tage, ohne daß die Kommission erschien. Inzwischen war aus Insterburg eine Krankenschwester erschienen, die in Nemmersdorf beheimatet war. Sie suchte nach ihren noch in der Ortschaft gebliebenen Eltern und fand sie auch. Beide waren ermordet, der 74-jährige Mann, der erwähnt worden ist, war ihr Vater. Sie stellte dann fest, daß alle diese Toten Nemmersdorfer waren.

Am 4. Tage wurden die Leichen in zwei Gräbern beigesetzt. Erst am nächsten Tage erschien dann die Ärzte-Kommission, und die Gräber mußten noch einmal geöffnet werden. Einstimmig wurde von dieser internationalen Kommission festgestellt, daß sämtliche Frauen, darunter auch Mädchen von 8 bis 12 Jahren und selbst die alte blinde Frau von 84 Jahren, vergewaltigt worden waren.«

(Dieser Bericht wurde in einer protokollierten Aussage von Dr. Heinrich Amberger aus Gumbinnen, dem Internationalen Militärgerichtshof in Nürnberg vorgelegt, der über diese Anschuldigungen hinweg einfach zur Tagesordnung überging.)

(Siehe dazu: Dokumente der Vertreibung der Deutschen aus Ost-Mitteleuropa I, Die Vertreibung der deutschen Bevölkerung aus den Gebieten östlich der Oder-Neiße, Band 1.)

Wie es der Bevölkerung von Tilsit während dieser Zeit erging, sei an einem anderen Dokument in Stichworten dargelegt.

»Mit einem Male hieß es: 'Die feindlichen Truppen stehen vor Tilsit. Aber die Stadt wird gehalten. Die Front stand noch 20 Kilometer von uns entfernt. Erst am 25. 10. erhielten wir den Räumungsbefehl. Am 1. 11. fuhren wir aus unserem Gehöft fort. Wir ließen alles stehen

und liegen, in der Hoffnung doch wieder zurückkehren zu können. Für uns begann ein Leidensweg. Unser Dorf Großroden wurde nach dem Kreise Braunsberg evakuiert. Woppen hieß das Dorf, in das wir kamen. Die Russen waren unterdessen bis kurz vor Weihnachten vor Tilsit gehalten worden. Dann brach die Rote Armee mit aller Gewalt durch, und in Woppen kamen Flüchtlinge an, die bereits zwei bis drei Tage unter den Russen gewesen waren, ehe sie wieder von deutschen Truppen befreit wurden. Sie erzählten uns furchtbarste Greueltaten und flüchteten weiter in panischer Angst. Wir waren in größter Aufregung. Mein Mann wollte nicht weiterfahren.
Die Front kam aber immer näher, unsere Truppen gingen zurück. Die Russen standen angeblich bereits in Paulen, einem Dorf nur 5 Kilometer vor Woppen. Gleich hinter unserem Gehöft bauten die eigenen Truppen eine Artilleriestellung auf.
Am Abend des 20. 1. 1945 begann der Kampf zu toben. Wir saßen zusammengekauert in einer Ecke. Geschosse schlugen überall ein. In der Nacht stürmten unsere Soldaten ins Haus und sagten, wir sollten jetzt aufbrechen, wenn wir den Russen nicht in die Hände fallen wollten. Wir brachen um 1.00 Uhr auf und fuhren ins Ungewisse. Auf der Straße standen die Trecks, denn die Wehrmachtskolonnen gingen vor. Dann aber wurde der Russe noch einmal gehalten, und wir gingen vorwärts, in Richtung Frisches Haff. An der See angekommen, durften wir 24 Stunden ausruhen. So konnten wir sehen, was sich auf dem Haffeis abspielte. Die Eisdecke war noch nicht so stark, daß sie schwerste Lasten tragen konnte. Wir sahen eingebrochene Wagen, die noch aus dem Eis ragten. Ich sah mit eigenen Augen, wie Reihen von Wagen einbrachen. Als wir dies alles gesehen hatten, weigerten wir uns, auf das Eis zu fahren. Aber es kam Befehl, daß der Damm in einer Stunde gesprengt würde und damit das Dorf bald unter Wasser stehen werde. Also waren wir gezwungen, 'raufzufahren.
Es hieß, wir brauchten nicht lange auf dem Eis zu bleiben. Wir sollten nach Kahlberg hinüberfahren, das wären nur 8 Kilometer, dann seien wir in Sicherheit. Doch das war nicht an dem. Wir fuhren bereits fünf Stunden, und noch immer war kein Strand zu sehen. Nach einer weiteren Stunde wurden wir von Fliegern angegriffen. Ein furchtbares Drama spielte sich ab. Die Bomben schlugen riesige Löcher, und ganze Reihen von Wagen gingen unter. Wir warteten sehnsüchtig auf den Tod, aber hier sollte es noch nicht sein.

Wir Überlebenden fuhren nach diesem Angriff der Russen weiter. Die ganze Nacht hindurch rollten unsere Wagen über brüchiges Eis,

bis wir endlich Land erreichten. Wir atmeten auf, dann aber erfuhren wir, daß wir in einem zweiten Kessel steckten.
Bis zum 8. März 1945 fuhren wir in diesem zweiten Kessel hin und her. Am 9. März wurden wir dann von den Russen überrannt. Die Pferde wurden uns weggenommen, wir wurden ausgeplündert, die Frauen vergewaltigt und verschleppt. Mein Mann wurde gleich mitgenommen. Ich habe bis heute keine Nachricht von ihm.«
(Siehe: Dokumentation der Vertreibung der Deutschen aus Ost-Mitteleuropa I.)

Der russische Durchbruchsversuch hatte sich festgelaufen, und bereits am 25. Oktober 1944 verkündete General Tschernjakowskij vor der sowjetischen Presse, man dürfe von seinen Truppen keine schnellen Fortschritte mehr erwarten.
Goldap, das von der Roten Armee erobert worden war, wurde von den Truppen des Generals Hossbach zurückgewonnen. Am 29. 10. aber drangen russische Panzerkolonnen abermals in diese Stadt ein und zerschossen sie völlig.
In der Nacht zum 3. 11. griff die 5. PD der Deutschen aus Norden und die 50. ID aus Süden an und warfen die 31. Sowjetarmee in der Rominter Heide so weit zurück, daß das russische Oberkommando am 5. 11. 1944 ihre Großoffensive in Ostpreußen als gescheitert ansehen mußte. Der Feind hatte insgesamt in diesem Großeinsatz mit einer Reihe verlustreicher Schlachten 1 000 Panzer und 300 Geschütze verloren, ein Aderlaß, den auch er sich nicht leisten konnte. Am 5. 11. 1944 war auch Goldap wieder zurückgewonnen worden.
Die Angerapp-Linie hatte gehalten, und die deutschen Panzer-Einheiten mit Tigern und Panthern und einigen wenigen Königstigern schlugen die feindlichen Panzerfronten zusammen.
Aus russischer Sicht war der »Achte Schlag« wie diese Kämpfe im Herbst und Winter 1944 im Norden der Ostfront genannt wurden, erfolgreich verlaufen. Das offizielle Geschichtswerk der Sowjetunion mit dem Titel »Die wichtigsten Operationen des Großen Vaterländischen Krieges 1941 - 1945« weiß über den Abschnitt, dessen Details nach wie vor nicht eindeutig geklärt sind, folgenden Gesamttenor zu berichten:

»Die Kampfhandlungen in den Operationen des Achten Schlages wurden in schwierigem Wald- und Sumpfgebiet durchgeführt. Trotzdem überwanden unsere Truppen die feindliche Verteidigung und griffen zügig an, wobei sie alle notwendigen Umgruppierungen schnell durchführten. Die Aufspaltung der Front des Gegners an der Nordgrenze von Ostpreußen wurde erreicht, weil die Hauptstoßrichtung auf Anweisung des Hauptquartiers des Oberkommandos

rechtzeitig geändert und die Truppen schnell in die neue Richtung umgruppiert wurden. Dazu kam, daß es die geschaffenen starken Stoßgruppierungen erlaubten, die Wucht des Schlages während der gesamten Operation aus der Tiefe zu verstärken.
Die Kampfhandlungen im Baltikum vermitteln große Erfahrungen in der Organisation des Zusammenwirkens zwischen Land- und Seestreitkräften, in der Vorbereitung der Durchführung der Seelandungen von Truppen, um in den Rücken des Gegners zu stoßen ...
Die Zerschlagung der deutsch-faschistischen Truppe im Baltikum war eine der größten Niederlagen der Faschisten und brachte die Sowjetarmee dem endgültigen Sieg über das faschistische Deutschland näher. Die Sowjetarmee demonstrierte erneut vor der ganzen Welt die unbesiegbare Kraft der Sowjetunion und die hohe Kampfmoral und Kampfmeisterschaft und Kriegskunst ihrer Streitkräfte.«
(Siehe Shilin, P. A.: Die wichtigsten Operationen des Großen Vaterländischen Krieges 1941 - 1945.)

Diese ersten Erfahrungen mit dem auf deutschem Boden vordringenden Gegner zeigten, daß der russsische Angreifer nicht die geringste Rücksicht auf die Zivilbevölkerung nahm, sondern — von seinen höchsten Stellen durch Befehl, Aufrufe und Propaganda dazu ermunterte, Beute zu machen — »zügellos und brutal plünderte, die Frauen vergewaltigte und nach Belieben Zivilisten erschoß. Er trieb Tausende in provisorischen Lagern zusammen und verschleppte sie von dort aus nach Osten.«

D i e s alles ließ die Bewohner der von der Roten Armee bedrohten deutschen Landesteile die Flucht ergreifen.
Daß das Beutemachen von der Obersten sowjetischen Führung nicht nur toleriert, sondern ausdrücklich genehmigt worden sein muß, geht aus der Tatsache hervor, daß die Soldaten der Roten Armee in dieser Phase des Kampfes auf deutschem Boden in jeweils unbegrenzter Zahl 30-Kilogramm-Pakete nach Hause schicken durften. Nach dem Inhalt dieser Pakete wurde nicht gefragt, und es besteht nicht der leiseste Zweifel, w a s in diesen Paketen war, die von der Front nach Rußland abgingen. Selbst in einem Werk wie Kriegstagebücher Band 2 1943 - 1945 wurden von dem Verfasser Konstantin Simonow einige Paradebeispiele dieser Heimschickaktion dargestellt.

»Die ostdeutsche Bevölkerung macht sich auf die Flucht, obwohl von Januar bis März 1945 in allen ostdeutschen Provinzen

strengster Winter herrschte, der unterwegs Erfrierungen auf der eisglatten Straße und härteste Strapazen befürchten ließ.
Vielerorts war die Chance des Entkommens äußerst gering, da die russischen Panzer schneller waren als die Flüchtlingstrecks und überdies ständig die Gefahr bestand, eingeschlossen zu werden oder auf offener Straße in die Kampfhandlungen hineinzugeraten.
Die hohe Zahl der Verzweiflungstaten und Selbstmorde in jener Zeit und bereits vor dem Eintreffen der russischen Truppen verdeutlicht die verzweifelte Notlage der ostdeutschen Bevölkerung in ihrer Furcht vor den Gefahren der Flucht und der unermeßlichen Leiden, die von der Roten Armee drohten.
Obwohl die Flüchtenden, als sie sich auf die Flucht begaben, zweifellos nicht absehen konnten, was ihnen im einzelnen unter russischer Herrschaft bevorstand, so hat sich doch später an den vielfältigen schrecklichen Erfahrungen derjenigen, die zurückgeblieben waren, oder denen die Flucht mißlang, eindeutig erwiesen, daß die Flucht im Rahmen des Gesamtschicksals der ostdeutschen Bevölkerung nach 1945 das geringere Übel war. Unzählige Menschen sind vor Schlimmerem bewahrt geblieben, denn die Verluste, die während der Flucht entstanden, reichten — so schmerzlich sie waren — n i c h t an die viel höheren Verluste und Schädigungen heran, die als Folge der russisch-polnischen Herrschaft über Ostdeutschland für diejenigen entstanden, die in diesen Gebieten zurückgeblieben waren.«
(Siehe: Dokumentation der Vertreibung der Deutschen aus Ost-Mitteleuropa I, Seite 25 E und 26 E.)

DIE GROSSE OFFENSIVE

Planungen der Roten Armee

Die von der Roten Armee geplante »strategische Offensive mit fünf Fronten gegen Deutschland« sollte auf einer Angriffslinie geführt werden, die von der Ostsee bis zu den Karpaten reichte. Es waren von der STAWKA zwei zeitlich getrennt beginnende, jedoch zusammenhängende Operationen geplant.
Die erste Operation richtete sich gegen Ostpreußen, die zweite gegen den Abschnitt zwischen Weichsel und Oder. Durch diese beiden Operationen sollten die deutschen Truppenverbände in Ostpreußen ebenso wie in Polen zerschlagen werden. Der Weg nach Westen sollte freigekämpft und die Oder als Sprungbrett zum weiteren Vorstoß auf Berlin erreicht werden.
Um dieses weitgesteckte Ziel zu erreichen, setzte Marschall Stalin nach einer intensiven Beratung im STAWKA folgende Verbände ein:
Zur Vernichtung der deutschen Kräfte in Ostpreußen: Die 3. Belorussische Front unter Armeegeneral Tschernjachowskij und die 2. Belorussische Front unter Marschall Rokossowskij.
Darüber hinaus sollten diese Operationen den rechten Flügel der im Raume Polen eingesetzten sowjetischen Fronten schützen.
Die 1. Belorussische Front unter Marschall Schukow und die 1. Ukrainische Front unter Marschall Konjew erhielten Weisungen, Polen freizukämpfen, den Angriff auf die Oder vorzutragen und das Sprungbrett zum letzten Angriff auf Berlin zu erreichen und zu sichern.
Der rechte Flügel der 4. Ukrainischen Front unter Armeegeneral Petrow erhielt Befehle, diesen Angriff zu unterstützen.
Darüber hinaus war vorgesehen, im polnischen Kampfraum auf einer Breite von 490 Kilometern zwischen Jaslo und Warschau durchzubrechen, die gesamte Front aufzuspalten und die einzelnen deutschen Verbände zu isolieren, sie nach der vollzogenen Überflügelung einzuschließen und zu vernichten.
Zu diesen Planungen gab es eine Reihe detaillierter Befehle und Weisungen.
Am 12. 1. 1945 begann die Winteroffensive der Roten Armee aus dem Brückenkopf Sandomierz. Noch am Vormittag des Angriffstages gelang

Aus den Weichsel-Brückenköpfen zur Oder und Neiße Januar - März 1945.

es den Sturmverbänden der 1. Ukrainischen Front, die deutsche HKL vor dem Brückenkopf auf der gesamten Breite zu durchbrechen. Am Nachmittag wurde bereits die zweite deutsche Verteidigungslinie erreicht. Als der Tag zu Ende ging, war auch diese auf einer Breite von 35 Kilometern durchbrochen worden. Die Spitzenverbände der Roten Armee hatten am ersten Angriffstag bis zu 20 Kilometer nach Westen Raum gewonnen.
Die hier verteidigenden Truppen des deutschen XXVI. PzK wichen nach Nordwesten in Richtung Kielce aus. Diese Stadt wurde am 15. 1. 1945 von der Roten Armee in Besitz genommen.
Die auf dem linken Flügel des Angriffsstreifens vorstoßenden sowjetischen Truppen erreichten nach Zuführung der zweiten Angriffsgruppe am 14. 1. 1945 Krakau. Am folgenden Tage waren auch in diesem Raum die deutschen Hauptkräfte zerschlagen.
Nördlich der 1. Ukrainischen Front, noch in ihren Bereitstellungen auf das Angriffssignal wartend, stand die 1. Belorussische Front. Sie trat erst am 14. 1. 1945 zum Angriff aus dem Brückenkopf Magnuszow an. Diese Front hatte sehr starke Verbände erhalten, denn sie sollte drei Angriffe durchführen. Erstens: Vorstoß in Richtung Kutno, um die dort sehr starken deutschen Verteidigungslinien zu durchbrechen. Dazu waren in diesem sowjetischen Brückenkopf auf dem Westufer der Weichsel die 61. Armee unter General Below, die 5. Stoßarmee unter General Bersarin und die 8. Gardearmee unter GenOberst Tschuikow bereitgestellt worden.
Nachdem es diesen Verbänden gelungen war, die deutsche Verteidigung zu durchbrechen, wurde ein Teil von ihnen in Richtung Nordwesten auf Blonie gegen Flanke und Rücken der Warschauer Gruppierung der Deutschen angesetzt, um diese zu zerschlagen und Warschau im Zusammenwirken mit dem rechten Flügel dieser Front zu befreien.
Auf dem Ostufer der Weichsel wurde darüber hinaus die 2. Garde-Panzerarmee bereitgestellt, die von General Bogdanow geführt wurde. Daneben standen die 1. Garde-Panzerarmee unter Generaloberst Katukow und die 3. Stoßarmee unter General Dimonjak bereit, die den ersten Erfolg der Truppen der vorderen Welle in dieser Richtung erweitern und weiter durchstoßen sollten.
Auch hier wurde die deutsche Front am ersten Angriffstage durchbrochen. Ein 30 Kilometer breiter und 12 Kilometer tiefer Einbruch in die deutschen Stellungen riß die ersten vordersten deutschen Verbände, die in der HKL lagen, in den Untergang hinein.
Aus dem Brückenkopf von Pulawy, südlich der Bahnlinie nach Krakau, wurde der zweite Großangriff mit den Truppen der 69. Sowjetarmee unter General Kolpaktschi und der 33. Armee unter General Zwetajew in

Richtung Radom-Lodz geführt. Ein Teil dieser Truppen wurde aus der Ausgangsposition vom rechten Flügel dieser Angriffsgruppierung nach Nordwesten geführt, mit Stoßrichtung auf Szydlowiec, mit dem Ziel, die deutschen Kräfte zwischen Radom und Kielce zu vernichten. Dies im Zusammenwirken mit der 1. Ukrainischen Front.
Die dritte Stoßgruppe wurde auf dem rechten Flügel dieses Angriffsstreifens von den Truppen der 47. Armee unter General Perchorowitsch und von der 1. polnischen Armee unter General Poplawski gebildet. Ihr Ziel war Warschau, das durch ein weites Umgehungsmanöver, mit anschließendem direkten Angriff eines Teilverbandes aus Westen auf die polnische Hauptstadt, befreit werden sollte.
Die Vorplanung der Roten Armee sah vor, daß die 1. Belorussische Front zwischen dem 10. und 12. Tag der Offensive den Abschnitt Gabin-Lodz erreicht haben sollte, um sodann im Angriff über Kutno direkt auf Posen vorzuprellen. Von dort aus waren es nur noch etwa 150 Kilometer bis nach Küstrin an der Oder.
Die 1. Ukrainische Front, die auf Radom vorstieß, erreichte am 10. Tag der Offensive den Raum Piotrkow-Tschenstochau-Miechow. Nunmehr wurde den Hauptkräften dieser Front der Weiterstoß auf Breslau befohlen, während ein Teilverband nach Nordwesten, auf Szydlowiec abgedreht wurde. Damit sollte von diesem Teilverband u n d einem Südverband der 1. Belorussischen Front eine Zangenbewegung gegen die noch im Raume Kielce-Radom stehenden deutschen Truppen durchgeführt werden, mit dem Ziel, diese einzuschließen und zu vernichten.
Diese Winteroffensive war ursprünglich auf den 20. 1. 1945 festgelegt worden. Durch die Intervention von Winston Churchill vom 6. 1. 1945 war sie auf den 12. und 14. 1. 1945 vorgezogen worden.

Rechts: Major Helmut Hudel kämpfte mit seiner KGr.. im Ruhrkessel.

Unten: Hauptmann Albert Ernst, Führer der Jagdtiger-KGr. bei Paderborn.

Jagdtiger der KGr. Ernst bei Iserlohn.

Übergabe von Paderborn: Panzerfäuste werden abgegeben.

Ein Jagdtiger rollt zum Marktplatz von Iserlohn.

Zur Übergabe angetreten.

Hauptmann Ernst meldet Oberstleutnant Kriz.

Die Durchführung der Operationen

Bei der 1. Ukrainischen Front wurde die deutsche HKL am ersten Kampftage auf der gesamten Breite durchbrochen. Am Nachmittag war bereits die zweite Verteidigungslinie erreicht, und am Ende dieses Tages bestand in der deutschen HKL gegenüber Sandomierz eine Lücke von 35 km Breite und 15 bis 20 km Tiefe. Kielce wurde in der Verfolgung des XXVI. deutschen PzK am nächsten Tage erreicht und am 14. 1. stießen die frisch zugeführten Truppen der zweiten Welle nach Krakau hinein. Am 15. 1. waren die Hauptkräfte der deutschen Wehrmacht in diesem Bereich zerschlagen.

Die nördlich der 1. Ukrainischen Front stehenden Verbände der 1. Belorussischen Front, die am 14. 1. zum Sturmangriff angetreten waren, durchbrachen am ersten Tage ebenfalls die deutsche HKL und erzielten gegenüber Magnuszow einen Einbruch von 30 km Breite und 12 km Tiefe, während der Einbruch bei Pulawy 25 km breit und 18 km tief war. Die hier herangeführten deutschen Reserven wurden aufgerieben, noch bevor die sowjetischen Hauptkräfte in den Kampf eingetreten waren. Am zweiten Kampftage wurde hier der Einbruch durch die neuen Kräfte zu einem 120 km breiten Durchbruch und in 30 km Tiefe bei Magnuszow und in 50 km Tiefe bei Pulawy ausgeweitet.

Die beweglichen Truppen dieser Front, die bis dahin in ihren Bereitstellungsräumen den Befehl zum Angriff noch nicht erhalten hatten, wurden am Nachmittag des 15. 1. und am Vormittag des 16. 1. nachgeführt.

Der rechte Flügel dieser Front aber eröffnete erst am 15. 1. den Angriff. Diese Truppen überwanden nördlich von Warschau die Weichsel und erreichten am zweiten Angriffstage mit ihren schnellen Sturmspitzen die Straße Warschau — Modlin, die überschritten wurde.

Entlang dem Südufer der Weichsel vorrollend, bedrohten sie die noch in Warschau haltenden deutschen Kräfte durch eine aus Norden erfolgende Umfasssung.

Die polnische Armee nutzte diese ersten Erfolge der Hauptangriffe aus und trat am 16. 1. aus ihrem bis dahin erreichten Bereitstellungsraum südostwärts von Warschau an und stieß nach Nordwesten vor.

Als die Hauptkräfte der schnellen Gruppe dieser Front am 17. 1. den Raum Sochaczew erreichten, war den deutschen Kräften in Warschau der Rückzugsweg abgeschnitten.

Am Morgen des 17. 1. erreichten die schnellen Spitzengruppen der 1. polnischen Armee den nördlichen und südostwärtigen Stadtrand ihrer Hauptstadt. Nach schweren Kämpfen wurde Warschau am Abend dieses Tages erobert.

Die 1. Belorussische Front drang zügig weiter vor. Ihr nächstes Ziel war Tomaszow. Das deutsche XXXXII. AK, das sich der dadurch drohenden Umklammerung zu entziehen versuchte, wurde aufgerieben. Am Abend des 17. 1. war die gesamte Weichselfront auf einer Breite von fast 500 Kilometern aufgerissen. Vom HQ der Roten Armee erhielten die Oberbefehlshaber der 1. Ukrainischen und der 1. Belorussischen Front Befehl, sofort bis zur Oder vorzustoßen, die herankommenden deutschen Reserven zu zerschlagen und ihnen die Möglichkeit zu nehmen, sich in vorbereiteten Stellungen festzusetzen.

Gleichzeitig damit erhielt Marschall Konjew Befehl, mit seinem Vorstoß auf Breslau im Vorbeirollen zugleich auch Krakau zu befreien.

Vom 20. bis zum 22. 1. 1945 gelang der 1. Belorussischen Front ein Geländegewinn von 120 bis 130 km. Am 25. 1. erreichten die Spitzenverbände dieser Front die deutschen Grenzbefestigungen und schlossen in Posen etwa 60 000 deutsche Soldaten ein. Die Hauptstreitmacht der 1. Belorussischen Front aber stürmte in Richtung Küstrin weiter vor.

Marschall Schukow setzte nun alles darein, so rasch wie möglich an die Oder zu kommen und auf deren Westufer Brückenköpfe zu errichten.

Am 31. 1. 1945 erreichten seine schnellen Verbände, die ohne Sicherungen nach rechts oder links vorgestoßen waren und das Ausschalten deutscher Widerstandsnester der nachfolgenden Truppe überlassen hatten, nördlich von Küstrin die Oder und setzten — die Gunst der Stunde nutzend — sofort über den Fluß.

Bis zum Abend des 3. 2. 1945 war der gesamte rechte Uferstreifen der Oder von Zehden nach Süden in sowjetischer Hand. Lediglich bei Küstrin und Frankfurt/Oder wurden auf dem Ostufer deutsche Brückenköpfe gehalten.

Nördlich und südlich von Küstrin bildeten die Truppen der 1. Belorussischen Front ihrerseits auf dem Westufer der Oder Brückenköpfe. Damit war dieser Abschnitt der Offensive erfolgreich durchgeführt und beendet worden. Die 1. Belorussische Front hatte das ihr gesteckte Fernziel — die Oder — erreicht.

In Richtung Breslau rollend, erreichte die 1. Ukrainische Front am Abend des 19. 1. 1945 im Zentrum des Angriffsstreifens deutsches Grenzgebiet. Hier versteifte sich der Widerstand der deutschen Truppen. In Gegenangriffen wurde versucht, diesen Vorstoß zum Stehen zu bringen.

Als die am linken Flügel vorgehenden russischen Verbände liegenblieben, drehte Marschall Konjew am 21. 1. einen starken Panzerverband, der im Zentrum der Front auf Breslau vorrollte, aus dem Raume Namslau nach Süden. Der Verband erhielt den strikten Befehl, entlang dem Ostufer der Oder nach Süden vorzuprellen und jene deutsche Kräfte-

gruppe, die den Stoß seines linken Flügels aufhielt, im Rücken zu packen und zu vernichten.
Dadurch wurden schließlich die hier verteidigenden deutschen Truppen zurückgeworfen, so daß der linke Flügel der 1. Ukrainischen Front am 22. 1. als erste sowjetische Großtruppe die Oder erreichte. Bis zum 25. 1. standen alle sowjetischen Truppen an diesem Fluß. Von Köbeln im Norden bis nach Oppeln im Süden war diese Wasserbarriere erreicht. Einige Brückenköpfe wurden über den Fluß hinübergeworfen und im Laufe der nächsten Wochen ausgeweitet, um nach einer Erholungspause als Aufmarsch- und Absprunggebiet zum Sturmangriff auf Berlin zu dienen.
Um Krakau wurde jedoch noch gekämpft. Die hier stehende 17. deutsche Armee wurde von der linken Flanke der 1. Ukrainischen und von der rechten Flanke der 4. Ukrainischen Front auf beiden Seiten tief umfaßt und mußte auf Krakau zurückgenommen werden. Nunmehr zog sie sich, nachdem erneut die totale Überflügelung drohte, über den Unterlauf der Dunajec in südostwärtiger Richtung auf Tarnow zurück.
Am 19.1. fiel dann Krakau, die alte Hauptstadt Polens, in die Hand der Sowjets. Da sich die Truppen der 1. Ukrainischen Front rasch auf Breslau vorschoben, mußten die deutschen Kräfte den noch von ihnen gehaltenen Raum südostwärts Krakau aufgeben, um nicht eingeschlossen zu werden.
Am 17.1. trat die Rote Armee dann auch aus dem Raume Miechow mit ihren Reservetruppen und Kavallerieverbänden nach Nordwesten in Richtung Tarnowskij Gory an. Zwei Tage später durchbrachen sie die deutsche HKL an der Warthe und erreichten mit ihrem rechten Angriffskeil bis zum 23.1. bei Oppeln die Oder. Der linke Keil dieser Verbände stieß auch vor und erreichte den Raum Beuthen.
Die deutschen Truppen zogen sich aus dieser halben Umklammerung zurück. Am 28.1. fiel Kattowitz. 24 Stunden darauf befand sich kein einziger deutscher Soldat mehr im schlesischen Industriegebiet. Bis zum 30.1.1945 wurde von allen Sowjetverbänden des linken Flügels der Offensivtruppen ebenfalls die Oder erreicht.

Der sowjetische Angriff auf Ostpreußen

Gleichzeitig mit diesen Operationen, deren Bewegungen in groben Zügen dargestellt wurden, eröffnete die Rote Armee mit der 3. Belorussischen Front im Norden und der nach Süden daran anschließenden 2. Belorussischen Front den Angriff auf Ostpreußen. Ziel dieses Angriffs war die Abtrennung von ganz Ostpreußen und die Einkesselung der in diesem Raum stehenden deutschen Truppen. Darüber hinaus sollte durch einen direkten Stoß in Richtung Königsberg der ostpreußische Kessel in zwei Hälften aufgesplittert werden.
Die 3. Belorussische Front erhielt Weisungen, den Hauptstoß aus dem Raum nördlich der masurischen Seen zu führen und die im Raume Tilsit stehenden deutschen Verbände zu schlagen.
Die 2. Belorussische Front sollte mit ihren Hauptkräften aus dem Raum nördlich von Warschau auf Mlawa-Marienburg angreifen und so rasch wie möglich das Frische Haff erreichen. Damit wären sämtliche in Ostpreußen kämpfenden deutschen Truppen abgeschnitten.
Ein südlicher Keil dieser Front sollte in Richtung Plonsk und Bielsk vorstoßen. Sein Ziel war es, bei Modlin die Weichsel zu überwinden und dann rasch die gesteckten Ziele zu erreichen.
Bei der 3. Belorussischen Front wurde der Angriff am 13.1.1945 eröffnet. Am 14.1. trat dann auch die 2. Belorussische Front an.
Aus dem Raume Pillkallen stürmten die schnellen Divisionen der Roten Armee nach einem starken Artillerie-Feuerschlag vor und durchstießen die deutsche HKL bis zum Abend in einer Tiefe von sieben bis zwei Kilometern. Zwischen Pillkallen und Gumbinnen wurde die deutsche HKL schwer erschüttert.
In Gegenangriffen wurden die Verbände der Roten Armee am zweiten Tag gestoppt und mehrfach in Bedrängnis gebracht. Fünf Tage dauerte dieser Kampf, ehe es den Truppen der 3. Belorussischen Front gelang, die tiefgestaffelten Verteidigungslinien zu durchstoßen und auf einer Breite von 60 km einen Einbruch zu erzielen, der im Zentrum des Durchbruchs 45 km tief vorankam.

Gumbinnen fiel erst am 21.1.1945. Am nächsten Tage wurde Insterburg von der Roten Armee erobert, nachdem die nördliche Stoßgruppe der Front das bereits lange eingeschlossene Tilsit überwunden hatte. Damit waren der Roten Armee wichtige Verkehrsknotenpunkte zugefallen, und der Weg nach Königsberg geöffnet worden.
Die 2. Belorussische Front hatte ihre Hauptangriffe aus den beiden Weichselbrückenköpfen Rozan und Serok angetreten. Am frühen Morgen des 14.1. war hier zunächst, wie an allen übrigen Fronten, ein star-

ker russischer Feuerüberfall auf die deutsche HKL gelegt worden, bevor die Verbände antraten und in die deutschen Verteidigungslinien in einer Tiefe von vier bis acht km einbrachen. Bis zum 18.1. war die hier aufgebaute deutsche Abwehrfront auf einer Breite von 100 Kilometern und in einer Tiefe von 40 Kilometern durchbrochen. Die deutschen Truppen zogen sich nach Westen zurück.

Beide Fronten stießen in den nächsten Tagen energisch weiter vor. Die 3. Belorussische Front überwand den Deime-Abschnitt und stand am 26.1. in der Linie ostwärts Königsberg — Friedland — Rastenburg.

Die 2. Belorussische Front wiederum umging den Raum Mlawa. Modlin wurde von der südlichen Angriffsgruppe genommen. Am 21.1. erreichte der rechte Flügel dieser Front die ostpreußische Grenze und stieß nach Deutschland vor.

Auf Elbing einschwenkend, versuchte diese Front (die deutsche Entsprechung dieser Bezeichnung war Heeresgruppe), auf direktem Wege das Frische Haff zu erreichen. Am 26.1.1945 wurden Elbing und Tolkemit genommen. Die Einschließung der Ostpreußenfront war damit vollzogen. Die Verbände des linken Flügels dieser Front stießen nach Nordwesten zur Weichsel vor, erreichten diesen Fluß am Abend des 26.1. im Raume Grudziadz und bildeten auf dessen Westufer einen Brückenkopf.

Die Stadt Thorn wurde umgangen und von Norden und Osten blockiert.

Bis Ende Januar waren die deutschen Kräfte in Ostpreußen in drei Gruppen aufgesplittert. Im südwestlichen Heilsberger Kessel, im Königsberger Kessel und im Kessel auf Samland.

Am 8.2.1945 erhielt die 2. Belorussische Front den Auftrag ihres Oberkommandos, westlich der Weichsel einen neuen Angriff zu eröffnen und bis zum 20.2. die Linie Weichselmündung Dirschau — Berent — Rummelsburg — Neustettin zu erreichen, um anschließend mit einer ihr neu zugeführten Angriffsarmee den Angriff fortzuführen. Dabei sollten dann Danzig und Gotenhafen erobert werden. Gelänge dies, wäre das gesamte Küstengebiet in sowjetischer Hand und die Seetransporte aus dem Reich und ins Reich wären unterbunden.

Zur gleichen Zeit kämpften die Verbände der 3. Belorussischen Front im Großraum Heilsberg vergeblich gegen die hier verteidigenden deutschen Verbände, deren Vernichtung bereits eingeplant war. Armeegeneral Tschernjachowskij, der Oberbefehlshaber der 3. Belorussischen Front wurde am 18.2. bei Mehlsack tödlich verwundet. Am 20.2. übernahm Sowjetmarschall Wassilewski die Führung der Front.

Diese beiden sowjetischen Fronten kamen in den nächsten Wochen nicht weiter. In diesem Raum tobten die Kämpfe hin und her. Erst am 13.3.1945 begann bei Heilsberg der neue Feindangriff, mit dem Ziel, die deutsche Verteidigung aufzuspalten und zu vernichten.

Bis zum 19.3.1945 wurden die Verteidiger diese Raumes auf ein Gebiet von 20 x 10 km auf dem Küstenstreifen zusammengedrückt. Bomber und Schlachtflieger der Roten Luftarmeen standen ununterbrochen im Einsatz. Am 29.3. war diese deutsche Verteidigungsgruppe vernichtet. Etwa 50.000 deutsche Soldaten gingen in die Gefangenschaft. Die Zahl der Gefallenen und Vermißten lag höher.
Nunmehr sollte die 3. Belorussische Front zum Angriff auf Königsberg antreten, während ein Teil der Streitkräfte dieser Front auf der Halbinsel des Samlandes im Kampf stand.

Die Operationen der Roten Armee in Ostpommern

Während die Fronten des sowjetischen Mittelabschnittes, deren Vorgehen hier skizziert wurde, noch immer an der Oder standen, begann die Rote Armee mit den Kräften der 1. und 2. Belorussischen Front den Angriff gegen Ostpommern, der in nördlicher Richtung auf die Ostsee zielte.
Aus den Aufmarschräumen Graudenz — Kulm — Zempelburg stießen die gepanzerten Truppen der 2. Belorussischen Front vor. Die schnellen Verbände der 1. Belorussischen Front wiederum richteten ihre Angriffe gegen Schneidemühl, Deutsch-Krone und Arnswalde. Sie mußten auch noch einen starken Gegenangriff bei Stargard abwehren.
Diese Kämpfe begannen am 10.2. und endeten am 23.2.1945. Vom 24.2. bis zum 4.3. erreichten beide Fronten die Ostsee und vom 5.3. bis zum 13.3. wurden jene deutschen Verbände verfolgt, die sich in Richtung Gotenhafen und Danzig zurückzogen. Ein kleiner Keil dieser Stoßgruppe drang auch nach Westen, in Richtung zum Stettinger Haff vor.
Der Endkampf dieser Operationen begann am 14.3.1945 und war eine Woche später, am 20.3., abgeschlossen. Die deutsche HGr. Weichsel, die hier im schwersten Abwehrkampf stand, wurde zerschlagen.
Die 1. polnische Armee hatte sich dieser Operation angeschlossen und drang auf Kolberg vor.
Nach dieser knappen Darstellung des Kampfverlaufes auf russischer Seite sind eine Reihe von Städten und Plätzen genannt worden, die als Feste Plätze und Festungen in die Kriegsgeschichte eingegangen sind. Im Folgenden soll ihre Verteidigung und ihr Untergang nach oftmals wochenlangen Kämpfen dargestellt werden, um darüber hinaus Opfer und Verluste der Zivilbevölkerung in diesen Festungen ermessen zu können.

DIE LETZTEN BASTIONEN IM OSTEN

Der Opfergang von Elbing

Am 20. Januar 1945, dem achten Tag der Schlacht um Ostpreußen, griff die 2. Belorussische Front im Norden in Richtung Königsberg an. Die Absichten dieser beiden Fronten waren der deutschen Verteidigung klar: Die Heeresgruppe Mitte sollte eingekesselt und zerschlagen werden. Und wenn die 4. deutsche Armee in der Mitte dieser Abwehrfront, die nicht angegriffen wurde, einfach stehenblieb, wo sie sich befand, dann war auch sie sehr bald verloren.

Generaloberst Reinhardt, der dieses sowjetische Ziel genau erkannte, suchte Hitler von dieser drohenden Gefahr zu überzeugen. Er forderte telefonisch die Zurücknahme der 4. Armee auf die Masurische Seenplatte. Hitler lehnte dies ab und sicherte die Zuführung von Reservekräften aus Dänemark und Kurland zu.

Am Abend des 20.1.1945 bat GenOberst Reinhardt Hitler noch einmal ans Telefon. Er schilderte die Lage in aller Eindringlichkeit und erreichte, daß Hitler endlich die Genehmigung zur Zurücknahme der 4. Armee in die Seenstellung erteilte. Sie kam allerdings für die Ereignisse in Ostpreußen um entscheidende 48 Stunden zu spät.

Die sowjetische Durchbruchsschlacht, wie sie im vorangegangenen Abschnitt angedeutet wurde, kam sehr schnell voran. Am 21.1.1945 erzielten die roten Sturmtruppen bei der 2. Armee einen Durchbruch und standen damit nur noch 70 km vor dem Frischen Haff.

Bei der 3. PzArmee drang der Gegner in Forst Eichwald ein. Feindliche Truppenspitzen erreichten den Nahbereich des Kurischen Haffs.

Elbing und Insterburg waren auf das äußerste bedroht. Dichte Flüchtlingsströme versuchten aus den Kreisen Wehlau und Insterburg ebenso wie aus Elbing zu entkommen. Alle Straßen wurden von ihnen verstopft. Aber wie dies in Wahrheit aussah, das kann sich niemand vorstellen, der nicht dabei war, oder Augenzeugenberichte darüber zu Gesicht bekommt. Hier ist einer dieser Berichte aus Elbing. Er wurde von niemandem Geringeren als dem derzeitigen Oberbürgermeister von Elbing, Dr. Hans Leeser, niedergeschrieben:

> »Als Aufnahmekreis für die aus Elbing zu evakuierenden Bürger war der Kreis Neustadt in Westpreußen vorgesehen, da die ganze Räu-

mung unter dem Gesichtspunkt einer Widerstandslinie an der Weichsel geplant wurde, so daß lediglich eine Räumung des Gebietes ostwärts der Weichsel vorgesehen war.«

Anläßlich einer Besprechung in Danzig, zu der die Vertreter Ostpreußens und Pommerns eingeladen waren, hatte Regierungspräsident Huth, der Stellvertreter des Reichsstatthalters in Danzig, versucht, eine Abstimmung der zu treffenden Maßnahmen zu erzielen. Von Ostpreußen erschien niemand. Dafür schrieb der Regierungspräsident Dargel aus Königsberg einen Brief:

»Es ist nicht beabsichtigt, die Provinz Ostpreußen zu räumen. Daher halte ich eine Teilnahme an der gemeinsamen Besprechung für überflüssig. Wenn aber die Absicht besteht, die Bewohner des Reichsgaues Danzig-Westpreußen nach Ostpreußen zu überführen, bin ich zu Verhandlungen bereit.«

Im Spätsommer 1944 wurde in Elbing versucht, die luftkriegsempfindlichen Teile der Innenstadt zu räumen. Die dort vorhandenen beiden Schulen wurden geschlossen und Frauen und Kindern ebenso wie Nichtberufstätigen nahegelegt, die Stadt zu verlassen. Trotz der bedrohlichen Lage hatte diese Maßnahme nur einen ganz geringen Erfolg. Nachdem die Front in Ostpreußen Ende Oktober 1944 zum Stillstand gekommen war und bis Ende des Jahres ohne wesentliche Kämpfe war, kehrte zu Weihnachten ein Teil der freiwillig evakuierten Menschen wieder zurück.«

Soweit der direkte Bericht.

Mit Beginn der sowjetischen Winteroffensive war die Bevölkerung von Elbing naturgemäß in größter Unruhe, was nun geschehen werde. Gelang es, diese starken russischen Angriffskräfte vor Erreichen dieser Stadt zu stoppen?

Freiwillig fuhren viele Familien nun wieder nach Westen. Da aber diese Züge aus Königsberg kamen und dort bereits vollgepackt wurden, war ein geregelter Abfluß nicht möglich. Ab dem 15. 1. 1945 rollten die ersten Züge der Flüchtlingstrecks auch durch Elbing.

Die Anforderungen des Elbinger Oberbürgermeisters, Sonderzüge und Autobusse für Elbings Evakuierungsmaßnahmen zur Verfügung zu stellen, konnten von Danzig aus nicht erfüllt werden.

Am Samstag, dem 20. 1. 1945 erschien der Kommandeur der Elbinger Schutzpolizei im Oberbürgermeisteramt. Major Schmidt teilte dem Oberbürgermeister mit, daß er soeben Befehl erhalten habe, sich auf den Einsatz feindlicher Luftlandetruppen im Gebiet der Weichselniederung einzurichten.

Falls diese Meldung zutreffend gewesen wäre, hätten diese Landungen

den Fluchtweg aller Elbinger nach Westen abgeschnitten. Doch Luftlandungen erfolgten nicht.
Als der Elbinger Kreisleiter seine Gauleitung bat, die Genehmigung zur Ausrufung der Räumungsstufe I zu geben, lehnte diese ab. Dennoch wurde gewissermaßen unter der Hand allen Nachfragenden der Rat erteilt, die Stadt so schnell wie möglich zu verlassen.
Hier wieder Oberbürgermeister Dr. Leeser:

> »Am 20. 1. 1945 teilte mir die Lagerführerin eines weiblichen RAD-Lagers mit, daß sie Befehl erhalten habe, mit ihren Maiden sofort Elbing auf dem Fußwege zu verlassen. Am selben Abend kam eine Anordnung des Reichsstatthalters, daß am Sonntag wegen Strommangels sämtliche Betriebe stillgelegt werden sollten. In dieser Zeit kursierten die unglaublichsten Gerüchte, teils positiver und teils negativer Art, in Elbing und beunruhigten die Bevölkerung.
> Am Sonntag, dem 21. 1. 1945 rief mich der Gaustabsleiter des Volkssturms, der bekannte Ritterkreuzträger und U-Boot-Kommandant, Kapitän zur See Hartmann, an und teſte mir mit, daß zu irgendeiner Beunruhigung der Bevölkerung Elbings kein Anlaß bestehe. Die militärische Lage würde sich in den nächsten Tagen grundlegend ändern. Er komme gerade von einer Besprechung aus Marienburg, wo der Reichsführer SS erklärt habe, er sei nunmehr der neue Befehlshaber der Heeresgruppe Weichsel, und in wenigen Tagen würde alles wieder in Ordnung kommen.«

Kapitän zur See Hartmann, einer der hervorragendsten deutschen Soldaten war — wie so viele andere vor und nach ihm — von den Parolen Himmlers geblufft worden. Selbst der Gauleiter Forster, der bei dieser Besprechung auf der Marienburg anwesend gewesen war, sagte zu Himmlers Versprechungen dort:

> »Der Himmler hat uns fürchterlich belogen. Auf einer großen Karte operierte er mit Panzerarmeen, so daß wir den Eindruck gewinnen mußten, daß sich die Lage in Kürze tatsächlich wenden müße. Hinterher stellte sich heraus, daß diese Panzerarmeen überhaupt nicht vorhanden waren.« (Siehe: Leeser, Dr. Hans in: Dokumentation der Vertreibung der Deutschen aus Ost-Mitteleuropa, Bd. I).

Als am Montag, dem 22. 1. 1945, der stellvertretende Leiter des Landwirtschaftsamtes Danzig/Westpreußen, Oberregierungsrat Dr. Koch, in Elbing erschien, um über die Versorgung des Brückenkopfes »Elbing« für zwei Monate mit dem Oberbürgermeister der Stadt zu sprechen, kam so etwas wie Zuversicht auf. Wer sprach schon über eine so lange Verteidigung, wenn er nicht davon überzeugt war, daß die Front auch hielt?

Es stellte sich heraus, daß die Versorgungslage der Stadt völlig ausreichend war, wenn man noch einige Tonnen Salz in die Stadt schicken werde.
Die Gauleitung in Danzig habe, so Oberregierungsrat Dr. Koch, eine Genehmigung zur Räumung von Elbing abgelehnt.
Am Dienstag, dem 23. 1. erhielt der Oberbürgermeister einen Anruf von der Kreisleitung, daß diese soeben einen Anruf von Gauleiter Forster erhalten habe, mit dem Hinweis, daß sich die Lage stabilisiert habe. Es bestünde keine Gefahr für Elbing. Eine Räumung sei nicht notwendig.
Zwei Stunden später wurde dies von Major Altermann, dem Ia des Wehrmachtskommandanten von Elbing bestätigt.
Die Trecks aber rollten nach wie vor durch Elbing und waren mehr und mehr auch von Wehrmachtskolonnen durchsetzt. Es war ein Ratsherr der Stadt, der seinem Oberbürgermeister am Nachmittag die Mitteilung machte, daß die Russen nach Preußisch-Holland eingefallen seien. Diese Stadt lag ganze 20 km von Elbing entfernt. Die Nachricht wurde dem Ratsherren vom Leiter der NSKK-Motorschule in Preußisch-Holland per Telefon durchgegeben.
Eine Nachfrage des Oberbürgermeisters an den Ia des Wehrmachtskommandanten, Major Altermann, erbrachte die Zusicherung, daß diese Nachricht falsch sei. Der Kommandant habe noch gegen Mittag ein Einsatz-Bataillon nach Preußisch-Holland in Marsch gesetzt. Es sei gut angekommen.
Während Dr. Leeser dieses Gespräch führte, hörte er durch den Apparat plötzlich die Stimme von Oberst Schöpffer, dem Wehrmachtskommandanten von Elbing. Dieser sagte mit erhobener Stimme zu Major Altermann:

> »Hören Sie, Altermann, bei Pomehrendorf sind russische Panzer gemeldet!«

Oberbürgermeister Dr. Leeser legte den Hörer auf die Gabel zurück. Pomehrendorf lag nur noch 8 (!) km von Elbing entfernt.

Um 17.00 Uhr krachten in Elbing die ersten Schüsse aus russischen Panzerkanonen. Ein russischer Panzerpulk hatte sich aus dem Gros der Voraustruppe gelöst und rollte, aus den Kanonen und MG feuernd, durch die Stadt. Dr. Leeser sah, wie die Panzer am Rathaus vorbeirollten. Einige machten Schießhalt und schossen in die Häuser hinein.
Oberst Schöpffer ließ sofort die Panzerbekämpfungstrupps antreten. Sie stellten sich den russsischen Panzern entgegen. Nun peitschten auch durch Elbing die knallenden Abschüsse der »Panzerkanone des kleinen Obergefreiten« und rissen die Feindpanzer in Stücke.

Es gelang diesen entschlossenen Panzerbekämpfungstrupps, den Gegner zu vernichten.
Das Durcheinander in Elbing hatte sich nach diesem ersten Einfall russischer Truppen zum Chaos verstärkt. Noch fuhren ja die Straßenbahnen, die Kinos spielten und alles schien »friedlich«. Und nun das!
Alle Bunker waren überfüllt. Eine regellose, ungezügelte Flucht aus Elbing setzte ein, noch bevor der Kreisobmann der DAF dem Oberbürgermeister mitteilte, daß die Gauleitung Räumungsstufe III befohlen habe. Dies bedeutete: die Gesamträumung der Stadt! Auch die Behörden sollten so schnell wie möglich räumen. Der Oberbürgermeister ließ die Angestellten und Beamten des Rates der Stadt, die im Rathaus geblieben waren, mit einem Lastwagen der Feuerwehr aus der Stadt schaffen.
Um Mitternacht wurde dann der Oberbürgermeister vom Kreisleiter angerufen. Dieser teilte Dr. Leeser mit, daß er soeben vom Gauleiter Bescheid erhalten habe, daß jeder Behördenleiter, der Elbing verließe, erschossen werde. Die sofortigen Versuche des Oberbürgermeisters, diese Behördenleiter noch zu erreichen, war vergeblich, denn diese hatten natürlich auch nach dem ausgegebenen Räumungsbefehl III. Stufe die Stadt inzwischen verlassen.
Oberbürgermeister Dr. Leeser blieb mit Oberverwaltungsrat Bergs und den Stadtamtmännern Moots, Quandt und Schröter in Elbing zurück.
Da in den beiden folgenden Tagen die russischen Panzerspitzen nicht weiter vordrangen, gelang es, die auf dem Elbinger Bahnhof stehenden Personen- und Güterzüge als Flüchtlingszüge einzusetzen. Die Haffuferbahn und die im Elbinger Hafen liegenden Passagierschiffe wurden für den gleichen Zweck eingespannt. Endlich schickte man auch aus Danzig, nach endlosen Bitten, eine Kolonne Lastwagen.
Als es dann der Roten Armee am Donnerstag, dem 25. 1. gelang, die Bahnlinie Elbing-Marienburg zu unterbrechen, lief nichts mehr. Im Laufe der kommenden Nacht stießen diese Feindverbände bis zur Straße Elbing-Danzig vor und sperrten diese ebenfalls.
Am späten Nachmittag des 25. 1. wurde durch die Marine gemeldet, daß die in Elbing liegenden, noch unfertigen, aber schwimm- und fahrfähigen Torpedoboote abgeschleppt würden. Sie könnten etwa 2 000 Menschen mitnehmen.
So sammelten sich in den Abendstunden etwa 3 000 Personen an den Kais des Elbing-Flusses. Leider konnten nur 400 Personen mitgenommen werden.
Als die übrigen noch auf ein Wunder warteten, setzte starkes russisches Feindfeuer ein. Unter der Beschießungsartillerie befanden sich auch »Stalinorgeln«, deren Raketengeschosse in den Hafen hineinschlugen und unter den Wartenden schwere Verluste hervorriefen.

In der Nacht zum 26. 1. setzte schließlich massiertes Artilleriefeuer ein. Brände entstanden in der Stadt. Sie wurden von entschlossenen Feuerwehrmännern und freiwilligen Helfern gelöscht. Dann fiel die Stromversorgung aus, als das E-Werk getroffen wurde. Die Flammen breiteten sich mehr und mehr aus und binnen 48 Stunden brannte Elbing an allen Enden. Ein Teil der Innenstadt wurde ein Raub der Flammen.

Am Sonntag, dem 28. 1. 1945, ließ dieses starke Feindfeuer nach. Oberst Schoepffer, der Nachricht erhalten hatte, daß die 4. Armee zum Entsatz von Elbing heranrolle, und daß die 7. PD bereits von Westen her gegen den Einschließungsring antrete, sah die Stunde der Befreiung der Stadt bereits gekommen.

Der Stadtkommandant fuhr im Befehlswagen zum Rathaus und bat Oberbürgermeister Dr. Leeser, mit ihm zum westlichen Stadtrand zu fahren und die Spitzengruppe der Befreier zu begrüßen.

In einem Wagen der Polizei fuhren sie mit einigen anderen Herren in Richtung Westen. Am Rande von Grubenhagen stießen sie auf die Spitze der 7. PD. Diese Truppe wurde als Befreiter von Elbing begeistert und erleichtert zugleich begrüßt.

Als sie zu einem RgtGefStand der 7. PD fahren wollten und durch Grubenhagen in Richtung Autobahnüberführung rollten, erhielt die Kolonne starkes russisches Feuer aus dem Lager Wansau. Sie mußten umkehren und erreichten über die Nogat wieder Elbing. Der Beschuß hatte derweil stark zugenommen. Die Omnibusfabrik Büssing stand in hellen Flammen.

Nach dem Gas- und Elektrizitätswerk fiel schließlich auch die zentrale Wasserversorgung aus. Zum Wasserholen standen nur einige Brunnen zur Verfügung. Das meiste Wasser mußte durch Schneeschmelzen gewonnen werden.

Da mit dem Ausfall der Wasserversorgung auch die Kanalisation stillgelegt worden war, gab es in der ganzen Stadt Gestank und Gefahrenquellen für Seuchen. Da auch die zivilen Ärzte die Stadt verlasssen hatten und nur der Luftschutzarzt Dr. Tschirner zurückgeblieben war, der sich im wahrsten Sinne des Wortes aufopferte, war die Versorgung der Kranken und Verwundeten zu einem schweren Problem geworden, zumal ja auch die Apotheken geschlossen waren. Hier war es eine freiwillige polnische Apothekerin, die die wichtigsten Medikamente, die man im Rathaus sichergestellt hatte, ausgab.

Grubenhagen wurde am 26. und 27. 1. von Soldaten der Roten Armee besetzt. Auch hier war es, wie eine Frau berichtete, zu Ausschreitungen bis hin zu Vergewaltigungen gekommen.

Die 4. Armee hatte es nicht geschafft, Elbing zu erreichen und zu entsetzen. Die Panzer der 7. PD kämpften noch immer mit einigen wenigen

Wagen am Stadtrand von Elbing und schossen die russischen Panzer, die nur zögernd vorfühlten, ab. Allerdings war diese Division in verschiedene Kampfgruppen auseinandergerissen und an verschiedenen Plätzen eingesetzt, so daß sie nicht geschlossen antreten konnten.
Aus der Geschichte dieser bekanntesten Panzer-Division der Deutschen Wehrmacht seien einige Zeilen zitiert, die dies verdeutlichen:

»Am 24. 1. 1945 steht die Division in schweren Abwehr- und Rückzugskämpfen ostwärts von Graudenz, am 25. 1. im Raume Marienwerder. Am 26. 1. überqueren die Räderteile der Division die Weichsel über die Eisbrücke bei Marienwerder, während die Kettenfahrzeuge über Graudenz ausholen müssen.
Die Versammlung der Division auf dem westlichen Weichselufer verzögert sich nicht unerheblich, da die Kettenteile mangels Betriebsstoff vorerst bei Krebs, westlich von Marienwerder festliegen. Infolgedessen erreicht die Division, weit auseinandergezogen, erst am 27. 1. Dirschau, wo die Marschgruppen alsbald ostwärts der Stadt in den Kampf geworfen werden müssen. Sie stehen bei Lichtenau, nordostwärts von Dirschau, im Einsatz. Andere Teile bei Einlage, westlich bei Lichtenau, nordostwärts von Dirschau. Wieder andere Teile kämpfen bei Einlage, westlich der Nogat an der Straße Elbing-Danzig, etwa zehn Kilometer westlich von Elbing, um in Richtung Elbing anzugreifen, dem die Einschließung droht.
Die Division ist mit ihrer Masse in den nächsten Tagen Eingreifreserve und tritt als solche am 9./10. 2. 1945 mit ihren gepanzerten Teilen zu einem Gegenstoß nach Norden auf das inzwischen eingeschlossene Elbing an. Dieser Angriff dringt jedoch nicht durch, die Verbindungsaufnahme mit der eingeschlossenen Besatzung von Elbing gelingt nicht, die Besatzung vermag aber in der Nacht zum 11. 2. 1945 teilweise nach Westen aus der Festung auszubrechen und wird von der Division aufgenommen.« (Siehe: Manteuffel, Hasso von: Die 7. Panzer-Division im Zweiten Weltkrieg 1939 - 1945).

Doch zurück zu Elbing und zur Leidenszeit dieser Stadt, die zur Festung erklärt worden war.
Am 30. 1 .1945 stießen russische Panzerverbände ein weiteresmal über die Reichsstraße vor und drangen in die Ortschaft Grubenhagen ein. Damit war Elbing zum zweitenmal eingeschlossen. Wenden wir uns nunmehr aus dem zivilen Sektor (der später noch einmal dargestellt werden soll) den militärischen Ereignissen der Stadt und der Verteidigung derselben zu.
Mit dem Stichwort »1.600« erließ Oberst Eberhard Schoepffer, der Kommandant von Elbing am 23. 1. 1945 den Alarmbefehl für die Stadt, deren Wichtigkeit durch die dort gelegene Schichau-Werft gegeben war, in der

noch einige Torpedoboots-Neubauten lagen, die noch fertiggestellt werden sollten.
Drei Tage vorher hatten die von Oberst Schoepffer ausgeschickten Spähtrupps die Meldung mitgebracht, daß Osterode brenne.
Bei starkem Frost und starkem Nordoststurm mußten die Geschütze in Stellung gebracht werden. Aus Richtung von Preußisch-Holland und Braunsberg zogen lange Flüchtlingstrecks durch die Straßen der Stadt. Die Königsberger Straße, die durch Elbing führte, war Tag und Nacht von dichten Wagenkolonnen befahren. Diese Enge entgleiste an der einzigen Brücke über den Elbingfluß zu einem Chaos. Hier warfen die Flüchtlinge alles fort, was sie am schnellen Weiterkommen hinderte. Hier waren die Straßenränder übersät mit Betten und Koffern, mit Kisten, Büroschränken und Schreibmaschinen, Kleidung und anderen Dingen. Erst als die Stadt am 25. 1. 1945 von ihren Rückzugswegen abgeschnitten war, legte sich dieses Chaos etwas.
Bis zum Abend des 26. 1. trafen weitere kleine Gruppen Flüchtlinge, Versprengte Wehrmachtsangehörige und kleine Truppenverbände in Elbing ein. Alles was Wehrmachtsuniform trug, wurde von Oberst Schoepffer vereinnahmt. So auch ein Bataillon des berühmten Jäger-Regiments 83 aus Brieg, das von Hptm. Homburg und Oblt. Eisenblätter geführt wurde. Hinzu kam noch ein Schwadron dieses Regiments unter Rittmeister Graf Finckenstein.
Hptm. Heinrich Homburg hatte dieses II./JägRgt. 83 im Sommer während der Kämpfe seiner 28. JägDiv. so erfolgreich geführt, daß er am 25. 7. 1944 mit dem Ritterkreuz ausgezeichnet worden war. Diese Kämpfer stellten eine hochwillkommene Ergänzung zur Verteidigungskraft von Elbing dar.
Als am Abend des ersten Alarmtages sieben russsische Panzer, mitten unter den Flüchtlingskolonnen getarnt mitfahrend, in die Stadt eindrangen, eröffneten sie dort das Feuer aus MG und Panzerkanonen. Zwei dieser Panzer wurden direkt am Stadteingang durch Panzerfaustschützen erledigt. Die übrigen fünf rollten weiter und erreichten über die Ziesenstraße das Bollwerk nahe der Mudrakaserne, wo auch sie abgeschossen wurden.
Oberst Schoepffer stellte eine Vielzahl an Panzervernichtungstrupps auf und ließ sie an den neuralgischen Stellen der Stadt und vor allem an den Ein- und Ausfallstraßen in Stellung gehen.
Die Versuche, durch Schanzarbeiten bessere Deckungslöcher und Stellungen zu gewinnen, scheiterten am tiefgefrorenen Boden.
Die von Oberst Schoepffer bezogene Verteidigungslinie verlief im Nordosten auf der Linie Mudraskaserne — Lärchenwald — Gut Freiwalde — Vogelsang.
Am 25. 1. 1945 griffen hier russische Verbände an. Doch der Hauptstoß

kam aus Südosten, aus dem Raum Preußisch-Holland. Alle Angriffe wurden abgewiesen. Nur südlich des Drauensees konnten die Russen über Rückfort hinaus an Boden gewinnen. Ihr Stoß auf Fichthorst schlug durch, und damit war die Bahnlinie nach Westen in Richtung Danzig gesperrt.

Zwischen der Elbing und der Nogat drangen russische Sturmtruppen vor und nahmen die schneisenartigen Querwege nacheinander in Besitz. Als sie das Dorf Zeyer erreichten, war Elbing völlig eingeschlossen.

Im Norden, aus Richtung Tolkemit und Trunz, kamen nur einige Stoßtrupps auf Elbing vor. Ein aus Trunz entkommener Flüchtling berichtete auf dem Oberbürgermeisteramt in einer eidesstattlichen Befragung, daß die Frau des Lehrers Horst und die Gemeindeschwester der dortigen Krankenstation für ausländische Arbeiter von den mongolischen Truppen grausam mißhandelt worden seien und schließlich ihrem Leben mit Gift ein Ende bereitet hätten.

Damit wurde schließlich dem letzten Zivilisten in Elbing klar, was auf ihn wartete, wenn erst die Russen in die Stadt eingedrungen sein würden.

Der russische Panzerangriff am Mittag des 26. 1. erfolgte ganz überraschend. Hier zeigten sich US-Shermanpanzer, die den Russen auf den nördlichen Seewegen in den PQ-Geleitzügen gebracht worden waren. Diese Panzerbesatzungen trugen deutsche Uniformen und waren mit deutschen Soldbüchern ausgestattet, die erbeutet worden waren.

Dennoch wurde der Kampf rechtzeitig aufgenommen. Die wenigen Pak und Flak an der Festungsfront eröffneten das Feuer und schossen die ersten Feindpanzer ab. Einem dichten Panzerpulk von 16 Panzern gelang ein Einbruch in die deutsche HKL. Hier wurden sie von Panzerfaustschützen angegangen. Zwei dieser Panzer wurden von amputierten Männern der in Elbing liegenden Genesendenkompanie abgeschossen, die sich freiwillig gemeldet hatten.

Das Getöse des Kampfes zog sich einige Stunden hin. Als die letzten Feindpanzer abdrehten, standen 42 abgeschossene Panzer der Roten Armee brennend und zerschossen vor der Verteidigungslinie im Norden.

Die Rote Armee stellte hier die Angriffe mit Panzern ein. Sie zog eine Reihe schwerer Artillerie-Batterien und weitere Belagerungsverbände an Elbing heran.

In der folgenden Nacht gelang es drei kleineren Haffdampfern, bis unter die Halskrause beladen, den Hafen zu verlassen. Am Bollwerk gerieten sie in russisches Feuer, das allerdings keine Schäden verursachte. Alle drei Schiffe kamen unversehrt in Danzig an.

Als die Rote Armee am 27. 1. abermals mit starken Kräften angriff, gelang ihr ein Durchbruch. Auf der Haffstraße, mit Panzern vorstürmend, gelang ihnen der Einbruch in die Stadt. Die Mudrakaserne wurde im

Handstreich genommen. Einige Panzer stießen bis zum Ziesenpark vor und setzten sich dort fest. Unterstützt wurden sie von einigen Pak und etwa zwei Kpn. Rotarmisten. Die Brauerei Englischbrunnen wurde von diesen besetzt und gehalten.
Oberst Schoepffer setzte in den frühen Morgenstunden einen Gegenstoß an. Dieser drang trotz gewaltigen Feuers von außen und heftiger Abwehr der beiden Russen-Kompanien, denen die Mudrakaserne wieder entrissen werden konnte, durch. Dennoch: dieser Einbruch in die Stadt konnte nicht zur Gänze ausgebügelt werden.
In der Flakstellung im Lärchenwald erschoß sich in dieser Nacht der Batteriechef, ein Hauptmann, auf seinem Gefechtsstand.
Aus ihren Stellungen am Englischbrunnen versuchten die Russen 48 Stunden später noch vor Sonnenaufgang einen Ausbruch, da ihre Lage infolge des Verpflegungsmangels aussichtslos zu werden schien und Entsatztruppen nicht herangekommen waren, um dieses Kontingent freizuschlagen.
Der Ausbruch nach Norden traf auf die Abriegelung. In einem mörderischen Feuer der deutschen MG 42 brach er völlig zusammen. Die Russen wurden restlos aufgerieben.
Inzwischen waren auf Befehl von Oberst Schoepffer die in Elbing befindlichen Urlauber und Versprengten zur Urlaub-Kpn. zusammengefaßt, um die Verluste auszugleichen, die die Verteidigung während dieser harten Kämpfe erlitten hatte.
Am 28. 1. zeigte sich ein neuer russischer Angriff durch ein mehrere Stunden andauerndes Trommelfeuer der Artillerie an. Schwere Geschütze, darunter eine Batterie Salvengeschütze, »Stalinorgeln«, schossen in die Stadt hinein. Dann berannten die Russen den im Nordosten gelegenen äußeren Stadtbezirk. Sie wurden unter schweren eigenen Verlusten abgewiesen. Mit Panzerfäusten gelang es, die den Angriff führenden Russenpanzer abzuschießen. Dennoch mußten die Stellungen schrittweise aus der vorderen Linie Stolzenmorgen — Pulvermühle — Danziger Kaserne zurückgenommen werden.
Daß trotz dieser schwierigen Lage immer noch Verbindung zur 7. PD bestand, galt in der Festung als Hoffnungsfunke, daß es dieser berühmten Division, die doch von einem Rommel in Frankreich und dann von einem von Manteuffel in Rußland geführt worden war, gelingen mußte, Elbing wieder freizuschlagen. Daß diese Division ebenfalls nur noch ein Torso mit einer Vielzahl von Aufgaben war, von denen die Freischlagung von Elbing nicht einmal die vordringlichste im Sinne der Planungen der Obersten Führung war, wußten die Menschen nicht.
Dennoch war das Ausharren der Teile der 7. PD am Westufer der Nogat, nur sechs Kilometer vom Stadtrand von Elbing entfernt, eine große Er-

Die 8. US-PD in Dorsten.

Iserlohn am Tage der Kapitulation.

29.3.45 Gefangene Deutsche ostwärts des Rheins.

Straßenkampf in Arnheim am 14.4.45

leichterung für die Verteidigung und ermöglichte es Oberst Schoepffer, in den dunklen Nächten Verwundetentransporte dorthin in Marsch zu setzen, um so den Verwundeten, deren Pflege und Versorgung in der Stadt nicht mehr möglich war, noch eine Chance zu geben.
In Größenordnungen von etwa 1 000 gehfähigen Verwundeten, gingen diese Transporte, die nur jeweils von einer MG-Gruppe, einmal nur von einem MG-Trupp, gesichert werden konnten, in Richtung 7. PD. Zu aller Freude und zur großen Überraschung der Skeptiker glückten diese Rücktransporte.
Bis zum 3. 2. 1945 bestand noch die Telefonverbindung mit Danzig. Offenbar wurde sie von den Russen nicht unterbrochen, weil sie abgehört wurde und man dadurch wichtige Erkenntnisse über den Zustand in der Stadt erlangen wollte.

Über diese Leitung gelangte ein Fernspruch des Reichführers SS, Heinrich Himmler, in die Festung, in dem dieser den Befehl des Führers an die Verteidiger von Elbing weitergab:

> »Die deutsche Stadt Elbing ist als Brücke vom Westen nach dem Osten um jeden Preis zu halten!«

Am 30. 1. 1945 wurde abermals Panzeralarm gemeldet. Es waren zwei T 34, die nach Elbing hineinrollten. Aber diese Panzer schossen nicht. Die Kommandanten versuchten über Sprechfunk, der in Braunsberg eingebaut worden war, mit den Verteidigern in Kontakt zu kommen. Als dies nicht gelang, rollten sie so in die Stadt.
Es waren Beutepanzer eines aus zwölf Panzern bestehenden deutschen Eingreifverbandes, die aus Braunsberg nach Elbing durchbrechen sollten, um die Stadt zu unterstützen. Zehn der erbeuteten T 34 waren unterwegs von russischen Panzern abgeschossen worden, als der Trick bekannt wurde und man dann auch die aufgemalten Balkenkreuze sah, die diese Panzer als Feinde auswiesen.
Die Kämpfe um die Marienburger Vorstadt auf dem Westufer der Elbing waren verlustreich. Die Vorstadt Elbing mußte nach hartem Häuser-Nachtkampf am 1. 2. 1945 aufgegeben werden. Russische Truppen setzten sich in den Häusern fest. Damit waren die Mauern der Kasernen zur HKL geworden. Hier rannten russische Sturmtruppen in den nächsten Tagen immer wieder an, schossen Feindpanzer Löcher in die Mauern und zerschlugen die erkannten MG-Nester. Am Abend des 6. 2. mußten die Kasernen geräumt werden.
Damit verlief die Verteidigungslinie im Norden entlang der Grünstraße zum Jahnkrankenhaus. Oberst Schoepffer hatte seinen GefStand im Gymnasium eingerichtet, das in der Königsberger Straße lag. Die Russen schossen nun beinahe pausenlos aus Hunderten Geschützen aller

Kaliber und aus ihren »Katjuschas« auf die sich regende Verteidigung und wahllos in die Häuser. Elbing war Festung und wurde dementsprechend behandelt.
Um 12.30 Uhr dieses 6. 2. 1945 verstummte plötzlich der Gefechtslärm, und wenige Minuten darauf kam ein alter Mann über die Königsberger Straße herunter auf das Gymnasium zu. Er schwenkte ein weißes Tuch über dem Kopf und wurde am Gymnasium in Empfang genommen und zu Oberst Schoepffer geführt. Diesem übergab er die Aufforderung der russischen Kommandos zur Übergabe der Stadt.
Oberst Schoepffer schrieb nur drei Worte und seine Unterschrift darunter. Diese Worte waren: »Zur Kenntnis genommen.« Der alte Mann ging den selben Weg wieder zurück, um den Russen die Antwort des Festungskommandanten zu überbringen.
Eine Stunde später begann der russische Angriff, der diesmal von starken Panzerkräften begleitet und unterstützt wurde. Die Sturmtruppen drangen in die Schichauwerft ein und nahmen sie nach kurzer Gegenwehr der dort stehenden Marineangehörigen, die dieser Panzerlawine nichts entgegenzusetzten hatten, in Besitz. Die dort als Bewachung stehende Polizei wurde über den Haffufer-Bahnhof bis zur Ziesestraße zurückgedrängt.
Von der Werft aus hatten die Russen nun etwa noch 600 m bis zum Gef-Stand der Stadtverteidigung im Gymnasium zurückzulegen. Der Verteidigungsring um das Gymnasium hatte an der breitesten Stelle eine Gesamtausdehnung von 1 200 Metern.
Als der Gegner auf der Ziesestraße im Bereich der kleinen Kapelle an der Zigarettenfabrik einen Durchstoß versuchte, wurde dieser von einer entschlossenen Kampfgruppe unter einem Oblt. im Stabe des Festungskommandanten abgeriegelt. Der Oblt. wurde dabei verwundet.
Er wurde in den Keller des Gymnasiums geschafft und dort versorgt. In diesem Keller herrschte ein Gewimmel von verwundeten Soldaten, Kranken und Zivilisten, darunter viele junge Frauen mit Kindern.
Aus allen Richtungen hallte das trockene Abschußgeräusch der Panzerkanonen. Dazwischen die scheckernden Geräusche der MG und immer wieder dumpfe Explosionen.
Auf einem Pferdefuhrwerk wurde eine Gruppe Verwundeter in die Heinrich von Plauen-Schule gefahren, wo das Lazarett eingerichtet worden war.
48 Stunden lang schossen russische Artillerie und gepanzerte Verbände auf Elbing ein. In den Kellern der Heinrich von Plauen-Schule lagen über 2 000 Verwundete. Sie konnten nur unvollständig versorgt und nur unzureichend verpflegt werden. Medikamente gab es bis auf jene Reste für die schwersten Fälle nicht mehr.

Zwischen den Verwundeten hockten und lagen Zivilisten, die sich hierher geflüchtet hatten. Im einzigen Behandlungsraum dieses Lazaretts waren vier Ärzte ununterbrochen tätig und immer wieder wurden neue Schwerverwundete hineingetragen, die sofort versorgt werden mußten, wenn sie nicht sterben sollten.
Stalinorgel-Batterien, die der Gegner nach der Ablehnung des Übergabe-Angebotes herangeschafft hatte, schossen im Salventakt in die Stadt hinein. Ihre jeweils 16 Raketengeschosse heulten auf die Häuser im Stadtkern herunter und setzten sie in Brand.
Oberst Schoepffer gab am 8. 2. in einer Befehlsausgabe den Ausbruchsversuch bekannt. Elbing war am Ende. Man mußte das Lazarett den Russen übergeben, wenn überhaupt noch jemand gerettet werden sollte. Als am späten Abend des 9. 2. 1945 der Ausbruch begann, ging es in einer langen Reihe, die Verwundeten in der Mitte, durch Höfe und Hinterhöfe entlang der erkundeten Wegestrecke, bis zur Brauerei Englischbrunnen. Dort warteten die Pioniere, die aus einem großen Lastkahn eine Fähre gebaut hatten, und brachten die Ankommenden über die Elbing. Es ging der Reihe nach, und bis 5.00 Uhr waren alle 2 000 Männer, Verwundete und Unverwundete, hinübergeschafft.
Damit war die erste Position erreicht, von der aus dann in einem Durchbruchsgefecht ein nach Westen herausgestaffeltes Dorf angegriffen und die dort sitzenden Russsen überwältigt werden sollten.
Als die dort stehenden Soldaten der 7. deutschen PD das Hurragebrüll hörten, waren sie der Annahme, daß hier Russen angriffen. Die Artillerie eröffnete das Feuer. Als dieser Irrtum erkannt worden war, hatten bereits einige Hundert deutsche Soldaten durch deutsches Abwehrfeuer den Tod gefunden.
Und in dem Augenblick, als jene Zivilisten, die den Soldaten auf den Fersen gefolgt waren, den Lauf zur rettenden deutschen Seite antraten, eröffneten auch die Russen — durch das deutsche Artilleriefeuer aufgeschreckt, ihrerseits das Feuer. Die einschlagenden Granaten der Russen hieben genau in die dichten Pulks der fliehenden Zivilisten hinein. Dennoch gelang es annähernd 1 000 Menschen, den Weg in die Freiheit zu finden. Von diesem Zeitpunkt an hielten die Russen den Ausbruchsstreifen unter starkem Artilleriefeuer, so daß niemand mehr durchkam. Die Russen drangen am Morgen dieses 10. 2. 1945 nach Elbing ein. Das Abwehrfeuer war verstummt. Ihnen fielen die noch in der Heinrich von Plauen-Schule liegenden 2 400 Verwundeten in die Hände. Sie sind »dies darf als sicher gelten, eines jämmerlichen Todes gestorben.« (Siehe: Dokumentation der Vertreibung der Deutschen aus Ost-Mitteleuropa, Bd. 1).
Elbing war gefallen, und damit fielen auch die in der Stadt zurückgeblie-

benen Deutschen in die Hände des Siegers. Was diese mit ihnen machen würden, das hatte Frau E. O. aus Elbing, die bereits am 29. 1. 1945 in russische Gefangenschaft geraten war, für die oftgenannte Dokumentation der Vertreibung der Deutschen aus Ost-Mitteleuropa zu Protokoll gegeben.

»Morgens um 6.30 Uhr am 29. 1. 1945 geriet ich in russische Gefangenschaft. Bei meiner ersten Begegnung mit russischen Soldaten wurden mir meine Stiefel und mein Mantel ausgezogen. In meinem Kinderwagen hatte ich meine 15 Monate alte Tochter Christa; meinen siebeneinhalb Jahre alten Sohn Horst führte ich an der Hand. Auf der ganzen Richthofenstraße wurden Männer und Frauen zusammengetrieben. Ein Zug von etwa 1 500 Menschen wurde jetzt in die Bahnhofshalle gejagt und blieb dort unter dem Beschuß der russischen Artillerie bis 15.00 Uhr. Hier wurden wir gemustert, nach Alter und Geschlecht aussortiert. Man riß uns die Münder auf und schaute sich die Zähne an. Die Männer wurden alle abtransportiert. Man hat sie nie wiedergesehen.
Übrig blieben Frauen und junge Mädchen ab 15 Jahren. Hier begann schon die Vergewaltigung der weiblichen Jugend. Auf offenem Bahnhofplatz sah ich wie die 15 Jahre alte H. N. aus Elbing-Trettinkenhof von russischen Soldaten vergewaltigt wurde. Die Mutter dieser H. N. verteidigte ihre Tochter, weil die russischen Soldaten sie immer wieder gebrauchten und besiegelte ihr Leben für den Mut und den Kampf nach Tagen mit ihrem eigenen Tode. Die Mutter heißt M.N. Bei dieser Musterung wurden uns alle Wertsachen, Trauringe, Uhren, Sparbücher und Wertpapiere abgenommen.
Nach geraumer Zeit wurden wir in Richtung Tannenberger Allee abgeführt und in Behelfsheimen untergebracht. Der Krieg tobte weiter. Über die Tannenberger Allee marschierten russische Nachschubeinheiten, die vorübergehend in der Nähe dieser Behelfsheime untergebracht wurden. Wir wurden jetzt noch einmal gemustert und nach Alter sortiert. Ich war damals 39 Jahre alt. Ein Zimmer von diesen Behelfsheimen war für die Vergewaltigungen reserviert, die nun erfolgen sollten. Zuerst kamen die jungen Frauen dran, ich erst gegen Morgen, und wurde von drei russischen Soldaten gebraucht.
Diese Vergewaltigungen wiederholten sich täglich zweimal, jedesmal durch mehrere Soldaten, bis zum 7. Tage. Der siebte Tag war mein schrecklichster. Ich wurde abends geholt und morgens entlassen. Ich wurde am Geschlecht stark aufgerissen und hatte armstarke Geschwulste an beiden Seiten der Oberschenkel bis an die Knie. Ich konnte nicht mehr laufen und nicht liegen.
Dann folgten noch drei Tage, wie jene vom ersten bis zum sechsten.

Dann waren wir nach Ansicht der russischen Soldaten fertig und wurden nackt aus diesem Höllenraum hinausgejagt. Andere Frauen traten an unsere Stelle.
Diese Scheußlichkeiten wurden im Beisein von zehn Frauen und oft auch im Beisein der eigenen Kinder durchgeführt.
Danach mußten wir bis zur Unkenntlichkeit gemarterten Frauen uns sammeln und wurden auf den Todesmarsch zur 21 km entfernten Stadt Preußisch-Holland geschickt. Wir hatten keine Schuhe mehr an den Füßen, und es war starker Winter. Ich nahm ein Kind auf den Arm, das andere an die Hand.
Auf diesem Todesmarsch warfen die Russen laufend kleine eiergroße Sprengkörper in den Zug. Ich mußte zusehen, wie Herr Kilian aus Elbing-Trettinkenhof tödlich verletzt wurde, desgleichen die Tochter des Beamten Herrn Neumann, die an einer solchen Kopfverletzung starb. Die Getroffenen mußten liegenbleiben und der gesamte Zug darüber hinweglaufen. Wer dann noch nicht tot war, der bekam von einem Trupp russischer Soldaten, die dem Zug folgten, einen Genickschuß.
Ich kann bestätigen, daß das Ehepaar Jordan aus Elbing nach zwei Tagen Hin- und Hermarsch Elbing-Preußisch-Holland nicht mehr weiterlaufen konnte. Sie setzten sich an den Straßenrand und am nächsten Tag, als wir zurückmarschierten, überzeugte ich mich davon, daß dieses Ehepaar durch Genickschuß von seinen Leiden erlöst war.

Essen gab es nicht, w i r s o l l t e n k a p u t t g e h e n , d a s war der Zweck dieses Hin- und Hermarsches. Dieser Marsch wurde 14 Tage lang durchgeführt. Von 800 Frauen, Kindern und Greisen waren bei der Auflösung des Zuges kaum noch 200 am Leben. Die Toten lagen am Straßenrand oder im Straßengraben.
Die von Russen bis dahin getriebenen Menschen flohen nach der Auflösung des Zuges in alle Richtungen. Die russische Armee zog nach Norden und Nordwesten in Richtung Danzig ab.«

Soweit der Bericht aus Elbing, dessen zurückgebliebene Bewohner ein schreckliches Schicksal erlitten. Dies hätte allerdings die Parteiführung in Danzig aufmerksam machen, und den rechtzeitigen Abtransport der Zivilisten, aus diesem gefährdeten Raum, veranlassen müssen. Wie aber sah es damit aus?

Die schwere Panzerabteilung 511 kommt

Nachdem der Roten Armee am 22. 1. 1945 mit den Durchstoß ihrer Panzerverbände bei Elbing und dem Erreichen von Tolkemit drei Tage später die Abschnürung von Ostpreußen gelungen war, erfolgte am 25. 1. 1945 eine Umbenennung der deutschen Heeresgruppen. Die HGr. A wurde HGr. Mitte, die HGr. Mitte erhielt die neue Bezeichnung HGr. Nord, und die HGr. Nord wurde in HGr. Kurland umbenannt.
Mit seiner nunmehrigen HGr. Nord mußte GenOberst Reinhardt in den nächsten Tagen schwierige Krisenlagen meistern. Angesichts der Katastrophenmeldungen aus diesem Bereich gelang es GenOberst Heinz Guderian, der seit dem 21. 7. 1944 mit der Wahrnehmung der Geschäfte des Generalstabchefs des Heeres beauftragt worden war, Hitler den Entschluß abzuringen, das XXVIII. AK, das zur 3. PzArmee gehörte, im Brückenkopf Memel für den Einsatz in Ostpreußen freizugeben.
Als erste Einheit dieses Armeekorps erhielt die schwere Panzer-Abteilung 502, die inzwischen bereits in schwere Panzer-Abteilung 511 umbenannt worden war, den Befehl zur Verlegung nach Ostpreußen.
Auf dem Eisenbahn-Fährschiff »Deutschland« erreichten die ersten zehn Tiger am 24. 1. 1945 die Reede von Pillau. Einige weitere kleine Einheiten und das Schwesternschiff der »Deutschland«, die »Preußen-Saßnitz«, brachten die Reste der Abteilung herüber.
Die kleine KGr. unter Lt. Nienstedt wurde unmittelbar nach dem Ausladen in Richtung Deimestellung in Marsch gesetzt. Die Stadt Labiau, die passiert wurde, brannte lichterloh. Die 2. Kp. geführt von Lt. Rinke, wurde in einem Vorort von Labiau auf einer kleinen Bahnstation entladen und fuhr am nächsten Morgen, dem 25. 1. 1945, bei eisiger Kälte ihren ersten Angriff nach Nordosten. Es gelang den wenigen Tigerpanzern mit Teilen der AA 240 der 58. ID den Anschluß an die Front zu gewinnen. Der einzeln nachfolgende Tiger von Uffz. Carpaneto erkannte im Rücken der eigenen Kompanie einen feindlichen Panzerverband und griff diesen selbständig an. Es waren überschwere Josef Stalin II-Panzer und die neuen T 34/85. In einem dramatischen Panzerduell gelang es Carpaneto 15 Feindpanzer abzuschießen und damit den gesamten sowjetischen Verband zu vernichten.
Dennoch war auch hier die Front nicht zu halten. Es ging in Richtung Neuhausen zurück. Beim Rückzug dorthin fiel Uffz. Carpaneto am 26. 1. 1945 durch das Panzerbüchsengeschoß eines russischen Panzervernichtungstrupps. (Alfredo Carpaneto, einer der besten Tigerkommandanten, erhielt am 28. 3. 1945 für diesen unvergleichlichen Einsatz gegen überschwere Feindpanzer das Ritterkreuz).

Als die Panzer in der Nacht zum 27. 1. 1945 ihre Stellungen bei Neuhausen erreichten, hörten die entsetzt lauschenden Besatzungen aus der vom Feind in Besitz genommenen Ortschaft die fürchterlichen Schreie und das Wimmern geschändeter Frauen. Dazwischen fielen einzelne Schüsse.
Machtlos mußten die Panzermänner dieses Inferno mit anhören. Sie konnten nicht sofort angreifen, wie sie dies wollten, weil sie völlig verschossen waren und teilweise auch auftanken mußten. Die ganze Nacht hindurch wurde fieberhaft geschuftet. Dann rollten die Panzer los. Vor dem Dorf Prawten angekommen, wurden auch hier einzelne Schüsse und Schreie gehört.
Mit dem ersten Büchsenlicht eröffneten die Panzer das Feuer auf die erkannten und bereits angerichteten Feindpanzer. Einige Tiger rollten um das Dorf herum und schossen in die Luft. Sie konnten und wollten nicht in die Häuser hineinschießen, in denen sie noch deutsche Zivilisten vermuteten.
Der Gegner floh; wo er sich auch zeigte, wurde er niedergemacht. Alle hier stehenden russischen Panzer gingen in Flammen auf.
Die hilfesuchenden Menschen wurden auf die Panzer gepackt und nach Neuhausen gefahren. In Neuhausen wie in Prawten stellten die Männer der sPzAbt. 511 Dinge fest, die j e d e Diskussion um den Sinn der Fortführung eines aussichtslos gewordenen Kampfes verstummen ließen. Hier sahen die Soldaten alles, was ein eindringender Russenfeind zu »leisten« im Stande war. Hier war alles ganz einfach geworden: damit dieses Schänden und Pfählen und Morden nicht auch in anderen Dörfern geschah, m u ß t e n sie weiterkämpfen: bis zur letzten Panzergranate.
Wie es um die Ausbruchsversuche auf der alten Reichsstraße 1 Königsberg-Elbing bestellt war, das wird ebenfalls aus der Abteilungsgeschichte deutlich.
Die schwere Panzerabteilung 505, die am 30. 1. 1945 gemeinsam mit der 5. PD einen Ausbruchsversuch auf die Reichsstraße 1 Königsberg-Elbing unternahmen, weil Königsberg aufgegeben werden sollte, kam nicht durch. Am Mittag stand fest, daß dieser Versuch gescheitert war und danach war auch von der Aufgabe von Königsberg nicht mehr die Rede.
Am Abend des 6. 2. 1945 wurde Ofw. Göring mit drei Tigern der sPzAbt. 511 zum Einsatz an die Reichsstraße 1 befohlen. Diese kleine KGr. stand dann noch bis zum 15. 2. am Frischen Haff im Einsatz und half hier der schwer ringenden Infanterie. Sie stürmte vor, wenn die Stoßverbände der Roten Armee in die HKL eingedrungen waren und schlug sie wieder hinaus. Eine Reihe reparierter Tiger kamen nach und nach hinzu. Diese

wurden zu kleinen Kampfgruppen von zwei bis drei Wagen zusammengefaßt. In einer der dunklen Nächte gelang es Fw. Kerscher und Lt. Rinke, zehn durchgebrochene Feindpanzer, darunter wieder überschwere JS II und KW 85, abzuschießen. Fw. Köstler beteiligte sich mit einem dritten Tiger am Erfolg in dieser Nacht.

Neben der sPzAbt. 511 war es die Sturmgeschütz-Brigade 190 unter Führung von Major Kröhne, die hier binnen eines Monats des Abwehrkampfes in Ostpreußen 104 Feindpanzer abschoß. Die sPzAbt. 507 unter Hptm. Schöck, und nach dessen Verwundung am ersten Einsatztage unter Oblt. Wirsching, schoß binnen dreier Kampftage hier 136 Feindpanzer ab und wurde im Wehrmachtsbericht genannt. Aber auch diese sPzAbt. mußte mit der 7. ID, der sie zugewiesen worden war, über Grudusk und Mlawa nach Graudenz zurückweichen.

Die Panzergrenadier-Division »Großdeutschland« kämpfte am 22. 1. 1945 gegen dichte Panzerrudel der Sowjets, die im Vorrollen auf Allenstein begriffen waren. Dann hatte auch sie keinen Treibstoff und keine Munition mehr, und Allenstein ging verloren.

Am 23. 1. stand die Rote Armee vor Thorn und schnitt noch an diesem Tage die Verbindung der HGr. Mitte mit dem Reich ab. Ostpreußen war abgeschnürt. Die 2. Belorussische Front hatte das von ihr angestrebte Ziel erreicht. Von nun an konnten Truppen und Flüchtlinge nur noch über See nach dem Westen geschafft werden.

Da die 2. deutsche Armee durch diesen russischen Stoßkeil von der Heeresgruppe getrennt worden war, trat sie am 24. 1. 1945 unter das Kommando der neugebildeten HGr. Weichsel.

Nachdem der Kampf um Elbing, wie im Vorkapitel dargestellt, zu Ende gegangen war, schien die Sache aussichtslos geworden und nur noch eine Frage der Zeit, wann auch Danzig dieses Schicksal teilen würde. Doch bevor Danzigs schwere Wochen in die Erinnerung zurückgerufen werden sollen, ist es notwendig, das Schicksal der HGr. Nord kurz zu beleuchten, um den Fortgang des Endkampfes um Deutschland zu erhellen.

Die Heeresgruppe Nord im Abwehrkampf

Am 27. 1. 1945 hatte GenOberst Dr. Lothar Rendulic in Zinten die Führung der HGr. Nord übernommen. Um diese Zeit stand die zur HGr. gehörende 4. Armee unter General der Infanterie Müller mit dem Rücken zum Haff in der Linie Braunsberg-Wormditt-Heilsberg-Bartenstein-Domnau-Brandenburg. Die 24 Divisionen dieser Armee wurden von etwa 100 sowjetischen Divisionen angegriffen, denen eine Reihe selbständiger Panzerbrigaden zur Verfügung standen, die unter der 2. und 3. Belorussischen Front zusammengefaßt waren.
Der Abwehrkampf der HGr. Nord spitzte sich Anfang Februar dramatisch zu. Die PGD »GD« kämpfte opfervoll bei Waldburg. Unmittelbar vorher war es ihr gelungen, den Weg nach Königsberg hinein — das völlig eingeschlossen war — freizukämpfen. Gemeinsam mit der aus Königsberg ausfallenden 5. PD gelang es dieser Division, eine schmale Schneise freizuschlagen und dort eine Haffstraße zu schützen, die von den Pionieren errichtet wurde. Aus der Geschichte über den Einsatz der PGD »GD« während der Abwehrschlachten und Rückzugskämpfe vom 15. bis zum 31. 1. 1945 und zum Angriff dieser Division zur Wiederherstellung der Verbindung nach Königsberg ragen die Verteidigungskämpfe bei Jäksheim am 30. und 31. 1. 1945 besonders hervor.
Die Kämpfe im Dohnaschen Schloß, das einige Male seinen Besitzer wechselte, gestalteten sich dramatisch, vor allem in jenen Situationen, da deutsche Soldaten und Rotarmisten gleichzeitig im Schloß saßen.
Der Antrag der HGr. Nord, die Besatzung von Königsberg j e t z t ausbrechen zu lassen, da eine Ausbruchsstraße freigekämpft war, wurde von Hitler verweigert. Am 8. 2. 1945 ging Frauenburg verloren, aber am 19. 2. 1945 gelang es den im Samland stehenden Truppen, die Verbindung zwischen Pillau und Königsberg herzustellen.
Anfang März war der Heiligenbeiler Kessel, der von der 4. Armee gehalten wurde, durch deren schrittweises Zurückgehen vor den starken russischen Panzerangriffen zu einem schmalen und flachen Schlauch zusammengepreßt worden, von dem aus immer noch eine Landverbindung nach Königsberg lief. Der Kessel befand sich vom Haff westlich Braunsberg beginnend und vom Schnittpunkt Heiligenberg 14 km nach Süden, sowie 20 km nach Osten verlaufend, von dort wieder zum Haff nach Heide Maulen, 9 km ostwärts von Brandenburg, führend.
Am 12. 3. 1945 übernahm GenOberst Weiß, der in Tilsit geboren worden war, die Führung der HGr. Nord, während GenOberst Dr. Rendulic den Befehl über alle Truppen im Kurlandkessel übernahm.
Am darauffolgenden Tage begann der sowjetische Großangriff gegen den Kessel von Heiligenbeil mit einem bisher noch nicht erlebten Trom-

melfeuer aus Salvengeschützen und schweren Artillerie-Batterien. Schlachtflieger griffen in riesigen Formationen unmittelbar darauf auf der gesamten Frontbreite mit Bombenwurf und Bordwaffenfeuer an. Es gelang der Roten Armee dennoch nicht, die deutsche Abwehrfront zu durchbrechen.
Im Schwerpunkt Brandenburg stand wieder einmal mehr die PGD »GD«. Ihre Tiger-Abteilung kämpfte die in die HKL eingedrungenen Feindpanzer nieder. Zwei dieser Tiger überstanden diese Duelle, die einer Vielzahl an Russenpanzern das Ende brachten. Dennoch gingen auch hier Wermten, Waltersdorf, Rehfeld, Königsdorf und einige andere Ortschaften verloren. Braunsberg fiel am 20. 3. 1945.

Am 21. 3. begann erneut das russische Trommelfeuer. Heiligenbeil wurde zur HKL. Die Stadt, durch russische Schlachtflieger und Bomberverbände mit Phosphorbomben belegt, ging in Flammen auf und brannte völlig nieder. Der Endkampf setzte am Bahnhof ein. Hier lagen sich Deutsche und Russen auf etwa 100 Meter Distanz gegenüber. Am 24. 3. mußte Heiligenbeil aufgegeben werden. Deutsch-Bahnau ging am 25. 3. verloren, Rosenberg wurde von der Roten Armee besetzt und fiel damit für die Übersetz-Bewegungen aus. Bei Bulga und Kahlholz setzten die Verbände der 4. Armee über, nachdem Hitler am 25. 3. diesen Rückzug genehmigt hatte.
Bis zum Ablegen des letzten Schiffes am Morgen des 29. 3. 1945 hielt die PGD »Großdeutschland« und schaffte damit für die Reste der 4. Armee die Chance eines Entkommens. Das Gros dieser Armee aber war auf den Schlachtfeldern der vergangenen Wochen verblutet.

Der Ausfall aus Königsberg

Als am Abend des 30. 1. 1945 GenOberst Dr. Rendulic der 4. Armee die Weiterführung ihres Durchbruchs nach Westen untersagte, tat er dies in der Absicht, das Heilsberg Dreieck zu halten. Dabei handelte es sich um eine alte Stellung aus der Vorkriegszeit, die auch Königsberg gegen Angriffe aus Süden und Südosten schützen würde. Diese Stellungen wollte er nach Norden verlängern, mit dem Ergebnis, daß in einem weiten Halbkreis um Königsberg herum ein großer Brückenkopf entstand, der sich im Rücken an das Frische und das Kurische Haff anlehnte. Die 4. Armee sollte die Verbindung mit Elbing aufrechterhalten und den südlichen Teil dieses Brückenkopfes bis zum Pregel besetzen und sichern. Zu dieser entscheidenden Maßnahme kam es durch die sich überstürzenden Ereignisse jedoch nicht mehr.
Die Rote Armee war südlich des Pregel über Friedland nach Westen vorgestoßen und hatte die schwachen Nachhuten der 4. Armee einfach zur Seite gefegt. Im Raume Heilsberg trafen sich die 2. und 3. Belorussische Front, nachdem die südliche Stoßgruppe der 2. Belorussischen Front über Lötzen und Rastenburg in die zurückgehende 4. Armee hineingestoßen war. Beiderseits Wormditt war die 4. Armee von Süden angegriffen worden. Dabei wurde ihr Westflügel über Preußisch-Holland und Elbing umfaßt. Die 4. Armee wurde im weiteren Verlauf der Kämpfe von Königsberg ebenso wie vom Ostflügel der 2. Armee bei Elbing abgedrängt. Sie erlebte, über Heiligenbeil und Balga, der letzten Halbinsel vor der See, zurückgedrückt, ihr Ende. Etwa 5 000 Mann, die Hälfte von ihnen verwundet, entkamen dieser Vernichtungsoffensive der Roten Armee.
Nördlich des Pregel hatte die 3. PzArmee Ende Januar nicht mehr die Höhe von Königsberg halten können. Die Russen erreichten die Ostfront der zur Festung erklärten Stadt und blieb dort stehen, weil sie Königsberg in eine waffenstarrende Festung verwandelt wähnten.
Die Rote Armee verlegte den Angriffsschwerpunkt ins Samland, mit der Absicht, zunächst dieses zu erobern.
Königsberg aber war von seinen Landverbindungen nach Westen abgeschnitten, und Pillau wurde nächstes Ziel der Roten Amee, weil dort der Nachschub für die HGr. Nord angelandet wurde.

Die 3. PzArmee im Samland versuchte dessen westlichen Teil unter Anlehnung an den unteren Pregel und die Ostseeküste zu halten. Dazu flossen ihr einige Kräfte zu, so eine Division, die aus dem eingeschlossenen Memel ausgebrochen war, über die Kurische Nehrung marschiert war und die russischen Sperrstellungen bei Kranz durchbrach.

Bis Mitte Februar wurde die 3. PzArmee auf einem bis zu 20 km breiten Streifen entlang der Küste zurückgedrängt und wies bei Fischhausen mit letzter Kraft die einander folgenden russischen Angriffe ab, mit denen die Russen in diese Landzunge eindringen wollten, um das an deren Ende liegende Pillau in Besitz zu bringen.
Die Lage in der Festung Königsberg stellte sich am 27. 1. 1945 folgendermaßen dar: Die auf die Stadt zielenden sowjetischen Sturmverbände hatten Königsberg im Abstand von etwa 2 000 m von Süden über Osten nach Norden im Halbkreis umfaßt. Sie standen von Norden, bei Karmitten hart nördlich der Stadt am Fuchsberg, hart ostwärts des Bäckerberges im Nordosten, vorwärts Dossitten und Arnau im Osten, bei Gutenfeld im Südosten und bei Wickbold-Ludwigswalde im Süden.
Von Süden aus in umgekehrter Richtung wurde Königsberg von folgenden Verbänden verteidigt: Von der 5. PD, der 561. VGD, der 367. ID und der 548. VGD. Weit im Norden, gegenüber dem bei Karmitten stehenden Feind, sicherte die 551. VGD.
Am 25. 1. 1945 war GenLt. Schittnig mit dem Stab der 1. ID mit der Verteidigung von Königsberg beauftragt worden. Aber bereits am Morgen des 28. 1. wurde diese Kommandierung wieder rückgängig gemacht, und General der Infanterie Lasch zum »Befehlshaber der Befestigungen bei Königsberg und der Festung Königsberg« ernannt.
Auf seinem Befehlsstand in Moditten erschien am Vormittag des 28. 1. GenOberst Dr. Rendulic, der neue OB der HGr. Nord. Er erklärte General Lasch, daß der Führer entschieden habe, daß er, Lasch, die Festung Königsberg zu übernehmen habe. GenLt. Schittnig träte als z.b.V. zu seinem Stabe. Damit waren nach einem mehrmaligen Führungswechsel die endgültigen Weichen des Kampfes um Königsberg gestellt.
In der Nacht zum 29. 1. erfolgte ein russischer Panzerangriff aus Norden beiderseits der Straße Cranz-Königsberg. Das GR 947 der 367. ID, geführt von Major Schaper, und die PzJägAbt. dieser Division unter dem Kommando von Major Hartmann, wehrten diesen Angriff ab, bei dem die Rote Armee 30 Panzer verlor, die größtenteils durch die Panzerjäger, aber auch durch Panzerfaustschützen vernichtet wurden.
Der Gegner stellte nunmehr in diesem Abschnitt die Angriffe ein. Die Reichsstraße konnte nun in Höhe des Fuchsberges gesichert werden.
Bis zum 29. 1. 1945 hatte die Rote Armee dann Königsberg eingeschlossen, nachdem ihre Verbände im Südwesten bei Heide-Waldburg und Haffstrom an das Frische Haff gelangt waren und im Norden über die Reichsstraße 1 hinweg bis Metgethen vorstießen.
Die nördlich von Königsberg zurückgehende 548. VGD setzte sich auf Fischhausen ab. Dort bildete sie zum Schutz von Pillau einen Brückenkopf.

Metgethen wurde in der Nacht zum 30. 1. im Handstreich von lautlos in die Ortschaft eindringenden sowjetischen Sturmtruppen genommen. In dieser Nacht erreichte die Rote Armee die Reichsstraße 131 nach Pillau und stieß von dort noch in dieser Nacht bis an den Königsberger Seekanal vor.
Am Abend des 8. 2. 1945 wurde der Stab der 3. PzArmee nach Pommern verschifft. Die Truppen im Samland und in Königsberg wurden nun vom XXVIII. AK als neue »Armeeabteilung Samland« geführt.
Die HGr. Nord trug sich mit der Absicht, nach Freikämpfen des Westens des Samlandes durch diese neugeschaffene »Armeeabteilung Samland«, mit einem Angriff von Westen nach Osten und durch den gleichzeitig damit anlaufenden Gegenangriff aus der Festung nach Westen die Verbindung mit Königsberg wiederherzustellen.

Der Angriff aus Königsberg wurde von General Lasch mit der 1. ID, der 5. PD, der 561. VGD und den noch in der Festung befindlichen Resten der sPzAbt. 505 und einiger Wagen der sPzAbt. 511 geplant und vorbereitet. Von der Gegenseite standen zum Durchbruch nach Königsberg die 58. und 93. ID und die 548. VGD zur Verfügung.
Um 5.30 Uhr des 19. 2. 1945 begann der beiderseitige Angriff. Die Divisionen, die in Richtung Königsberg vorgingen, hatten starken Feindwiderstand zu überwinden. Bei den Höhen von Galtgarben wogte der Kampf einige Tage hin und her, bevor sich der Gegner hier zurückzog. Aber am 20. 2. 1945 trafen sich die beiden Angriffsgruppen.
Aus der Festung waren die 1. (ostpreußische) ID, eine Elite-Division, und die 5. PD bis nach Metgethen vorgestürmt und gewannen diese Ortschaft zurück. Die 5. PD stieß darüberhinaus bis nach Seerappen vor. In den darauffolgenden Tagen wurde die Bahnlinie nach Pillau wieder freigekämpft.
Der Gegner wich nach Norden aus.
Wie dieser Angriff vonstatten ging, und was die Befreier in Metgethen vorfanden, das sei im folgenden Teilabschnitt dargelegt.

Ausfall und Gegenangriff

»Unser Angriff« berichtete Oberfeldwebel Göring, Panzerkommandant eines Tigers der sPzAbt. 511, »führte aus Königsberg über Metgethen mit dem Ziel, den Flugplatz von Seerappen zu gewinnen. Hier sollte die Vereinigung mit den Samlandtruppen erfolgen, unter anderem auch mit der im Schwerpunkt eingesetzten sPzAbt. 511. Mein Tiger war in Königsberg zurückgeblieben, so daß ich von der Abteilung getrennt war.
Ich sollte mit meinem Tiger als erster die Minengasse durchfahren. Hinter mir kamen vier weitere Tiger. Vor unserer KGr. aber sollte ein T 34 mit deutscher Besatzung in russischen Uniformen fahren. Sein Kommandant, ein Feldwebel, sprach perfekt russisch.
Zur X-Zeit rollte der T 34 los. Ohne zu schießen fuhr er vor. Während sein Kommandant auf russisch die erreichten Spähposten des Iwan aufforderte zurückzugehen, weil ihm die Deutschen auf den Fersen säßen, rollten die Tiger hinterher. Die Russen rannten, teilweise im Unterzeug aus den Betten gesprungen, los.
In kurzen, aber erbitterten Nahgefechten wurde die gesamte feindliche Pakfront von rückwärts aufgerollt und vernichtet. Die Tiger rollten auf Anhieb bis zur russischen Artilleriefront durch.
Ohne jeden Panzerausfall erreichen wir die HKL des Feindes. Trosse und Artillerie waren vor uns auf der Flucht. In Metgethen sahen wir, erschüttert und von wilder Wut erfüllt, was die Russen dort seit Ende Januar angerichtet hatten. Auf dem Bahnhof stand noch ein Flüchtlingszug, den sie dort überrascht hatten, Frauen und Mädchen waren darin vergewaltigt und dann bestialisch ermordet worden. In einem Bombentrichter nahebei fanden wir 32 ermordete Frauen, die ebenfalls bestialisch zugerichtet worden waren.
Die Soldaten, die hier hielten, schrieben an die Seitenteile der Bahnwagen: »RACHE FÜR METGETHEN!«

Von nun an ging der Kampf gnadenlos weiter. Wo jetzt die Panzer auf russische Truppen stießen, wurden diese niedergemacht, ohne auch nur einen zu schonen.
In der Morgendämmerung des 20. 2. wurde der Kampf fortgesetzt. Der Gegner hatte sich inzwischen verstärkt. Dennoch erreichten wir den Flugplatz Seerappen. Allerdings war der geplante und auf allen Seiten gesicherte Korridor nicht geschaffen worden. Drei Kilometer weiter nördlich zogen wir auf dem Gutshof Regitten unter. Der Gegner griff hier aus der Flanke an. Die Schlacht stand auf des Messers Schneide.

Dieser Gutshof, mit dem Mühlenberg — in der Karte als Höhe 28 eingetragen - beherrschte das Gelände weithin und auch den Gabelpunkt Seerappen.
Bereits in der kommenden Nacht griffen die Russen uns hier an. Dreimal nacheinander wurde er, mit blutigen Verlusten für ihn, abgewiesen. Im Laufe der folgenden Tage wechselte der Gutshof sechsmal seinen Besitzer. Diese entscheidende Höhenstellung durfte unter keinen Umständen verlorengehen.
Am Nachmittag des 21. 2. setzte die Rote Armee Schlachtflieger und Bomber hier ein. Beim Ausbruch aus der Festung Königsberg hatten wir russische Signalmunition erbeutet. Diese setzten wir nun ein und schossen ununterbrochen Weiß. Der Gegner fiel darauf herein und lud seine Bomben jenseits der Höhenstellung ab.
Die Hoffnungen, mit unseren alten Kameraden, vor allem der 2. Kp., zusammenzutreffen, erfüllten sich leider nicht, denn diese standen bei Medenau in erbitterten Panzergefechten. Erst am 26. 2. konnten wir unsere Heimkehr zum Haufen feiern.«

So weit der direkte Bericht von Ofw Göring, der uns einen Überblick über die Detailkampfhandlungen gibt.
Auf der Samlandseite verlief dieser Angriff ungleich schwieriger. Dort standen die Tiger in der motorisierten KGr. unter Major Frey. Zu dieser KGr. gehörten neben den zehn Tigern der sPzAbt. 511 noch die AA 240 und Teile der PzJägAbt. 158 der 58. ID. Diese KGr. sollte erst antreten, sobald es der Infanterie gelungen war, den Höhenrücken zwischen Wischehnen und Kragau in Besitz zu bringen.
Die Grenadiere blieben jedoch vor dieser stark befestigten und mit vielen MG-Nestern gespickten Höhe liegen. Nur dem II./GR 154 gelang es, sich über Kragau nach Mosehnen durchzukämpfen. Hier stand es dann, allein auf sich gestellt, gegen einen überlegenen Feind und wurde durch rasch herangeführte Reserven des Gegners eingeschlossen und bis auf den letzten Mann vernichtet. Unter den Toten auch der Batl.Kdr. Major Schindel.
Inzwischen war den Russen die Bereitstellung der Tiger aufgefallen. Aus 36 Granatwerfern eröffneten sie das Feuer auf die deutsche Panzerversammlung. Diese auf dem Hinterhang stehenden schweren Werfer konnten von den Tigerkanonen nicht erreicht werden. Mit schwierigen Ausweichmanövern versuchten die Panzerkommandanten, diesem Einschlaghagel auf engstem Raum zu entkommen.
Schließlich aber wurde es Uffz. Supper von der 2./sPzAbt. 511 doch zuviel des Unguten. Ohne Befehl dazu erhalten zu haben, rollte er mit seinem Tiger in schnellstem Karacho über die Höhe und bis vor den Gutshof, aus dessen Bereich das Feuer kam. Supper feuerte auf die ersten

sichtbar werdenden Gegner. Panzer gingen in Flammen auf, Werfer wurden durch Volltreffer durch die Luft gewirbelt. Dennoch wäre es bald um den Uffz. geschehen gewesen, wenn nicht auch Fw. Albert Kerscher, einer der Ritterkreuzträger dieser Abteilung, und die anderen ihm sofort nachgefolgt wären.
Ohne anzuhalten, rollten die Tiger weiter, schossen alles zusammen, was ihnen vor die Rohre kam und überrollten das gesamte vom Feind gehaltene Gut. Am Hinterhang angekommen, schoß Supper die hier aufgestellten Werfer der Reihe nach zusammen. Ein ohrenbetäubendes Krachen erfüllte die Luft, und immer wieder gingen Munitionsstapel hoch. Die anderen Panzer kamen hinzu. Keiner der hier stehenden 36 Werfer entging seinem Schicksal.
Die Tiger hatten einen grandiosen Erfolg erzielt. Uffz. Supper wurde zum Ritterkreuz eingereicht, das er leider nicht mehr erhielt.
Hier auf dem Gutshof offenbarte sich wieder einmal ein grausiges Schicksal. Die Panzermänner fanden die Frau des Gutsbesitzers, die erschlagen an einem der Fensterkreuze hing. Der Besitzer und seine Tochter wurden mit schrecklichen Verstümmelungen tot aufgefunden. Mehrere Hofangehörige hatten das gleiche Schicksal erlitten.
Teile der 58. ID kämpften sich in der Nacht weiter durch das Höhengelände ostwärts von Kragau durch. Im Laufe des 20. 2. begann auch der Vorstoß auf Groß-Medenau. Stundenlang dauerte der Kampf um diese Ortschaft. Erst nachdem die Tiger eine starke feindliche Paksperre durchbrochen und die dort liegende Infanterie und die Pakbedienung mit Sprenggranaten vernichtet hatten, konnte Groß-Medenau genommen werden.
Auch hier fanden die Panzermänner erschlagene und verstümmelte Zivilisten vor. Sie lagen hier, vom Säugling bis zum Greis, am Rande der Dorfstraße aufgereiht und in den Häusern und Gärten, daß es einen grauste.
Dies hier war k e i n e Propaganda Goebbelsscher Art, die hätte der Reichspropagandaminister in ihrer ganzen Bestialität nicht formulieren können. Dies hier war schlimmer als alles vorher Gehörte.
Schließlich gelang es, eine schmale Landverbindung zwischen Königsberg und dem Samland herzustellen. Hier wurden die Tiger immer wieder in kleinen KGr. eingesetzt, um die Landverbindung abzuschirmen und Unterbrechungen wieder auszubügeln. Hieraus entwickelten sich Einsätze, die zu den härtesten des gesamten Zweiten Weltkrieges zählten.
Beim Gut Sickenhöfen war Fw. Kerscher erfolgreich. In einem ersten Gefecht gegen drei Feindpanzer konnte er diese Gegner abschießen. Danach vernichtete er zwei weitere T 34 und schließlich ein Geschütz

Köln und die zerstörte Rheinbrücke.

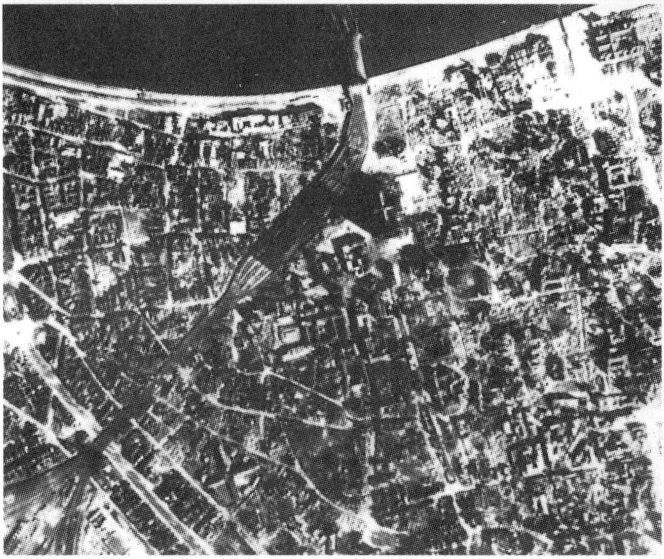

Der Kölner Dom wurde ebenfalls getroffen.

Oberst Alfred Druschel kämpfte mit seinem S.G. 4 im Westen; er fiel am 1.1.1945

Hauptmann Gerhard Stüdemann führte die III./SG 77 im Osten.

Feldwebel Hermann Bix, Panzerkommandant im Kampf um Danzig

SS-Obergruppenführer Matthias Kleinheisterkamp führte ostwärts Berlin das XI. SS-PzK.

vom Kaliber 17,2 cm. Dann wurde er in die Deckung einer Mulde hinuntergezwungen, weil von der Höhe eine Reihe Feindpak das Feuer auf ihn eröffnete. Allein kam er nicht mehr heil aus dieser Mulde heraus, das schien sicher.
Lt. Rinke, der diese Bedrohung rechtzeitig erkannt hatte, rollte nun mit vier Tigern und einigen inzwischen eingetroffenen SPW auf die pakgespickte Höhe zu, während die übrigen Tiger ihr Schnellfeuer auf diese Pak eröffneten und sie mitsamt der Bedienung mit Sprenggranaten in volle Deckung zwangen.
Die Tiger erreichten die Höhe. Sie rollten zur Seite hin auseinander und eröffneten das Feuer auf die Pak. Alle Pak, die hier standen, wurden von Rinke und seinen Tigern zusammengeschossen. Kerscher sicherte nunmehr die linke Flanke dieser KGr.. Danach wurde im entschlossenen Weiterrollen das Gut Sickenhöfen zurückerobert. (Lt. Adolf Rinke erhielt am 17. 4. 1945 das Ritterkreuz).
Die nächsten Tage waren angefüllt mit weiteren Einsätzen. Kerschers Tiger wurde als nächstes einmal von der eigenen Pak abgeschossen, wobei glücklicherweise keine Verluste zu beklagen waren. Dann schoß ihn eine russische Pak lahm.
Als zwei Feindpanzer in der Nacht die eigene Sicherungslinie durchbrachen, wurde Uffz. Baresch geweckt. Er rollte mit seinem aufmunitionierten Bereitschaftstiger los. Er sah die Auspuff-Flammen, die ihm den Weg wiesen. In einem letzten schnellen Sprung auf deren rechter Flanke nach vorn kam er in eine günstige Schußposition. Zwei kurz nacheinander hinausgejagte Granaten schlugen beide T 34 zusammen.
Sie hatten es geschafft! Mit nur wenigen eigenen Verbänden waren Teile zweier Sowjetarmeen geschlagen worden. Der Wehrmachtsbericht des 26. 2. 1945 meldete dieses Ereignis, und im Divisions-Tagebuch der 58. ID wurde der Einsatz der Tiger besonders gewürdigt. Dort hieß es:

> »Die Abteilung, die während der schweren Kämpfe um die Wiederherstellung der Landverbindung zur Festung Königsberg der Division unterstellt war, hat an den Erfolgen, welche die Division erringen konnte, wesentlichen Anteil.
> Der hervorragende Ruf, den sich die Abteilung bereits in früheren Einsätzen bei der Division erworben hat, ist erneut gefestigt worden.
> gez. Siewert, GenLt.«

Königsberg war zunächst durch diesen befreienden Schlag von der bedrohenden Gefahr der kurz bevorstehenden Vernichtung bewahrt worden. In den nächsten Wochen breitete sich hier eine trügerische Ruhe aus, während an anderen Frontabschnitten der Ostfront hektische und dramatische Kämpfe tobten.
Nun waren allerdings der Festung die 1. ID und die 5. PD entzogen, die

nach dem Freischlagen der Verbindung nach draußen nicht mehr in die Festung zurückkehrten. Dafür wurde die 548. VGD unter GenLt. Sudau in die Festung gelegt. Vergeblich protestierte General Lasch gegen eine solche Schwächung und gegen die »Ausplünderung« von Königsberg, der daneben nicht weniger als 72 Flak entzogen wurden, überwiegend die schweren 8,8 cm-Kanonen, die als Panzerabwehr entscheidende Wirkung erzielten.
Als alle Proteste beim OKH und selbst beim OKW nichts fruchteten, bat General Lasch Ende März den neuen OB der HGr. Nord, GenOberst Weiß, um die Entbindung von diesem Posten. Dem konnte der OB der HGr. Nord nicht zustimmen.
30 sowjetische Schützendivisionen hatten sich mittlerweile um Königsberg und die in der Stadt verteidigenden vier eigenen, abgekämpften Divisionen herumgeschoben. Das Verhältnis an Panzern war 100 zu 1. Die Rote Armee führte nun starke Artillerieverbände heran. Die überwiegend schweren Geschütze sollten diese deutsche Festung sturmreif schießen.
Durch einige Stoßtrupp-Unternehmungen, bei denen Gefangene eingebracht wurden, erkannte die Führung in der Festung, daß der sowjetische Großangriff zwischen dem 5. und 7. 4. 1945 erfolgen würde.
Dieser erwartete Angriff setzte am 6. 4. 1945 ein. 30 sowjetische Schützen-Divisionen, unterstützt von zwei Luftflotten und Artillerie in Stärke von 1 000 Rohren, einschließlich Raketenwerfern, schleuderten Verderben nach Königsberg hinein. Sämtliche Nachrichtenverbindungen wurden durch dieses massierte Trommelfeuer zerstört.
Danach griffen mehrere Schützen-Divisionen, von Panzerverbänden unterstützt, Charlottenburg an, wo die 548. VGD verteidigte. Auch beim anschließenden GR 1143 der 561. VGD erzielte der Feind tiefe Einbrüche. Nach Einsatz aller Reserven beantragte General Lasch bei der Armee die sofortige Zuführung der 5. PD, die ja ursprünglich zu den Verteidigungskräften von Königsberg gehört hatte. Sie sollte die verlorengegangenen Stellungen mit geballter Feuerkraft ihrer Panzer zurückgewinnen.
Am 7. 4. setzte die Rote Armee ihre Angriffe fort. Bei Amalienau und Juditten wurde der Einbruch des Vortages erweitert. Als gerade der Ia des Festungskommandanten mit der 5. PD Verbindung aufgenommen hatte, erfolgte ein neuer russischer Einbruch und zwar an der Front der 1. ID, die links an die 561 VGD anschloß. Die Unterstellung der 5. PD, die so gut wie sicher war, wurde wieder rückgängig gemacht. Sie sollte nunmehr, der veränderten Lage entsprechend, bei der 561. VGD und bei der 1. ID antreten und den dort eingebrochenen Gegner vernichten.
Im Süden der Stadt gelang es den Verbänden der Roten Armee, bei der 69. ID bis zur Mündung des Pregel durchzustoßen. General Lasch bean-

tragte nunmehr den Ausbruch der gesamten Festungsbesatzung nach Westen. Auch dieser Antrag wurde von der Armee abgelehnt.
Am Abend des 7. 4. verlief die HKL im Südabschnitt Königsbergs bei der Reichsstraße-Hauptbahnhof-Habersberger-Friedländer Straße bis zur Alten Wiesenschanze.
Um den befürchteten Pregelübergang der Feindverbände im Abschnitt der 69. ID zu verhindern, verlegte General Lasch Teile der 61. ID in diesen Raum. Diese kamen jedoch zu spät. Bis zum Abend des 7. 4. 1945 bestand nunmehr nur noch eine sehr schmale freie Verbindung zum Westen.
Am frühen Morgen des 8. 4. setzten russische Sturmtruppen von Süden her über den Pregel. Damit war der Einschließungsring um Königsberg wieder völlig dicht. Im Verlauf des 8. 4. setzte sich die 61. ID auf die Stadt hin ab.
Der Stellvertretende Gauleiter, Großherr, der sich noch in Königsberg befand, beantragte bei Gauleiter Koch, der in Neutief zum Absetzen nach Westen bereitstand, notwendige militärische Kräfte zum Ausbruch nach Westen. Das »Feigenblatt« dieser Flucht des Gauleiters, zunächst nach Neutief, bestand in dessen vorgeblichem Bemühen um die noch zu rettende Zivilbevölkerung, um die er sich in keiner Weise ausreichend gekümmert hatte, als noch Zeit zu dieser Rettung war.
General Lasch schlug Gauleiter Koch vor, mit allen Kräften auszubrechen, weil ihm dies der sicherste Weg schien, die Kampfkraft der Truppe für die weitere Verteidigung in einer abgesetzten Stellung einsetzen zu können. Aber auch die Armeeführung, an die er sich wandte, entschied: »Die Festung Königsberg ist zu halten.«
Lediglich Stoßtrupps — und Gruppen, erhielten die Genehmigung mit wichtigen Akten durchzubrechen und die Verbindung zur im Westen der Stadt stehenden 561. VGD aufzunehmen. Diese Division sollte in Verbindung mit der 5. PD von Westen her angreifen, um den Durchbruch dieser Stoßtrupps zu erleichtern. Dazu wurde von der Armee zusätzlich befohlen:
»Die 5. PD darf in diesem Gegenstoß den Ortsrand von Juditten nicht überschreiten.« Das bedeutete, daß sie nicht nach Königsberg zurück durfte.
Um diesem Ausbruchsversuch wenigstens eine geringe Erfolgschance zu geben, setzte General Lasch den Stab der 61. ID unter GenLt. Sperl mit allen an der Königsberger Ostfront entbehrlichen Bataillonen, Teilen der 548. VGD unter GenLt. Sudau und Teilen der Artillerie der 367. ID zum Ausbruch an.
Dieser Ausbruch begann nach einer mehrstündigen Verspätung am 9. 4. 1945 um 2.00 Uhr und lief sich sehr bald in der dichten Mauer der Bela-

gerungstruppen fest. GenLt. Sudau fiel im Kampf, GenLt. Sperl wurde verwundet und der stellvertretende Gauleiter Großherr, der mit seiner Begleitung inmitten der Ausbrechenden tapfer gekämpft hatte, fand ebenfalls den Tod. Alle Truppenteile, die sich wieder vom Feind zu lösen vermochten, fluteten nach Königsberg zurück. Es gab eben keinen Ausbruch mit Teilkräften. Wenn ein Ausbruch gestartet wurde, dann mußte er mit allen Kräften, und nicht am frühen Morgen sondern noch vor Mitternacht, gestartet werden, um den Vorteil der Ortskenntnis im Finstern zu nutzen.

Der 9. 4. 1945 brachte denn auch für Königsberg das Ende. Es gab nun keine Hauptkampflinie mehr, in der verteidigt werden konnte. General Lasch faßte den bitteren Entschluß, zu kapitulieren. In einem Funkspruch an das OKH meldete er um 17. 30 Uhr den Abschluß des Kampfes um Königsberg. Die sowjetische Führung versprach in der offiziellen Kapitulationsurkunde, Sorge für die Zivilbevölkerung und vor allem auch für die Verwundeten zu tragen und diese bestmöglich zu versorgen. Den kriegsgefangenen deutschen Soldaten wurde eine würdige Behandlung zugesichert.

Das Gegenteil dessen war allerdings nach Unterzeichnung der Urkunde und Entwaffnung der Soldaten der Fall. Die Rote Armee gab - wie dies im Mittelalter oftmals geübt wurde - die Stadt nach dem bitter erfochtenen Sieg 48 Stunden zur Plünderung frei.

Der sowjetische Wehrmachtsbericht meldete am 10. 4. 1945: »Truppen der 3. Belorussischen Front haben am 9. April die Festung Königsberg erobert.«

General Lasch wurde durch ein von Hitler eingesetztes Kriegsgericht in Abwesenheit zum Tode verurteilt. Er hatte es vorgezogen, mit seinen Soldaten in die Gefangenschaft zu gehen und ihr Los zu teilen. Er kehrte 1955 aus der UdSSR zurück.

Das Ende in Ostpreußen war nach dem Falle von Königsberg nur noch eine Frage von Tagen, oder wenigen Wochen. General Müller wurde abgesetzt. Sein Nachfolger in Ostpreußen wurde General der Panzertruppe Dietrich von Saucken, der den Befehl über die auf Hela und in der Weichselmündung zusammengedrängte 2. Armee gehabt hatte und nun als neuer und letzter Oberbefehlshaber von Ostpreußen, die Verbände im Samland führen sollte. Diese Verbände erhielten die hochtrabende Bezeichnung »Armee Ostpreußen«.

Bliebe noch nachzutragen, was aus Gauleiter Koch geworden ist, der ja immer wieder zum Widerstand aufgerufen hatte und die sichere Verteidigung der Festung Königsberg gewährleisten und ihren Entsatz herbeiführen wollte.

Gauleiter Koch wußte seit einigen Stunden, daß Königsberg gefallen

war. Es war ihm über Funk von einer vertrauten FT-Stelle übermittelt worden. Er saß in Neutief auf der Nehrung in verhältnismäßiger Sicherheit und meldete dem OKW nach Berlin, daß General Lasch ein Verräter und Saboteur sei, und das OKW erklärte zwei Tage später:
»Die Festung wurde Königsberg nach mehrtägigen starken Angriffen durch den Festungskommandanten, General der Infanterie Lasch, den Bolschewisten übergeben. General Lasch wurde wegen feiger Übergabe an den Feind durch das Kriegsgericht zum Tode durch den Strang verurteilt. Seine Sippe wurde haftbar gemacht.«
Vergeblich setzte sich der Vorgesetzte von General Lasch, General der Infanterie Friedrich-Wilhelm Müller, einer der höchstdekorierten Offiziere des Heeres, für General Lasch ein.
Gauleiter Schwede-Coburg für Pommern und Gauleiter Albert Forster für Danzig/Westpreußen versuchten, sich abzusetzen. Der eine beanspruchte ein schnelles Schiff, der andere bemächtigte sich des Dampfers »Adler«. Erich Koch traf auf dem Eisbrecher »Ostpreußen« in Saßnitz ein und brachte gleich seinen 100-köpfigen Stab mit, einschließlich seiner SS-Wache und dem Schweizer Küchenchef. Sie alle waren mit Zivilzeug und gefälschten Papieren angekommen und tauchten unter. Forster setzte sich ebenso heimlich ab und wurde erst Jahre nach dem Kriege in Hamburg gefaßt. Was aber geschah mit den Zivilisten, deren Rücktransport sie einfach ignoriert hatten? Was geschah mit ihnen in Königsberg, als die 48-stündige Plünderungswelle über sie hinwegrollte?

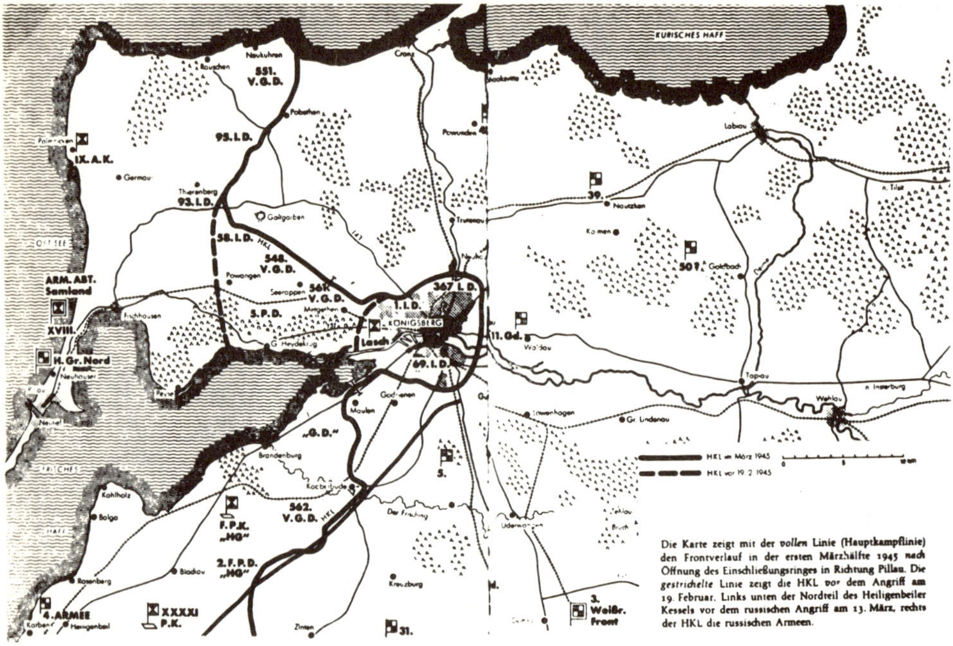

Ostpreußen Februar - März 1945 und die Festung Königsberg am 6.4.1945.

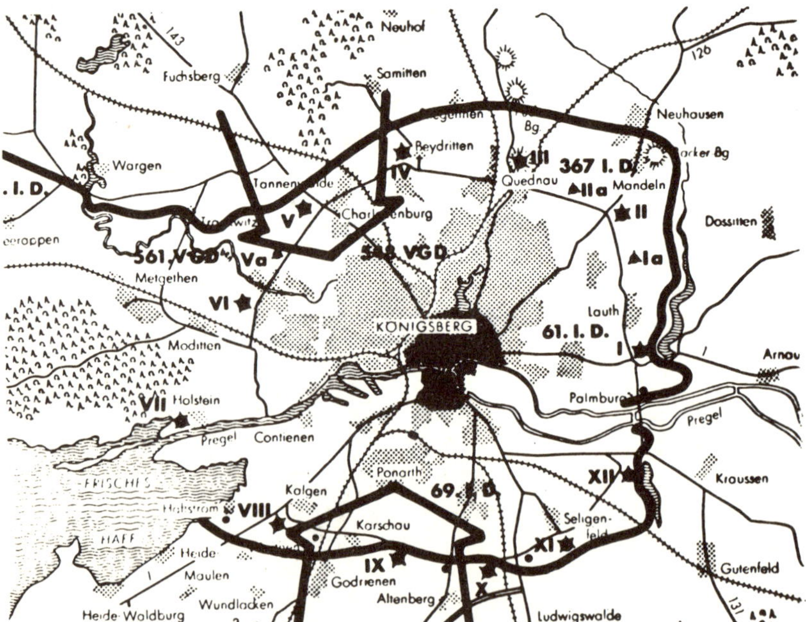

Königsberger Bürger berichten

»Am 24. 2. 1945 forderte man uns auf, Königsberg zu verlassen. Auf dem Trommelplatz sollten wir ungeachtet der Fliegergefahr mit einem kleinen Handgepäck binnen dreier Stunden sammeln und mit dorthin kommenden Autos zum Hafenbecken IV gebracht werden. Wir gingen zum Sammelplatz. Unsere Habe und Häuser blieben hinter uns zurück. Leider mußten wir auch unsere jüngste Tochter, die als Medizinerin auf dem Hauptverbandsplatz eingesetzt war, schweren Herzens zurücklassen.
Sie konnte aus Pflichtgefühl die nicht mehr transportierfähigen Schwerverwundeten nicht verlassen. Bitter war der Trennungsschmerz, denn was ihrer harrte, konnten wir uns denken.
Im Hafen angelangt wurden wir auf Kohleschleppkähnen verladen. Beim Dunkelwerden brachte uns ein Schlepper nach Pillau. Dort warteten bereits Tausende auf den Abtransport über See. Auf einem gebrechlichen Viehtransportdampfer wurden wir verstaut. Infolge des hohen Seegangs konnte die Abfahrt dieses Dampfers erst am zweiten Tag erfolgen. Er wurde von einem Torpedeoboot und zwei Minensuchern geleitet.
Es ging in Richtung Neufahrwasser und gegen 2.00 Uhr erreichten wir das Ziel und dankten Gott, daß wir wieder festen Boden unter den Füßen hatten.« (Siehe Aussage Eduard Schwarz, Kreisbürodirektor a. D. aus Königsberg).
Diesen Gruppen, die noch vor der völligen Einschließung der Festung hinausgelangen konnten, standen jene anderen gegenüber, die in der Festung bleiben mußten. Sie ließen die Luftangriffe und Beschießungen über sich ergehen und warteten auf das Unsägliche, das eintreten würde, sobald die Rote Armee die Festung erstürmt hatte.
Darüber berichtete die Hausfrau aus Königsberg A. F. in jener Schrift, die im Auftrage der deutschen Bundesregierung von bekannten Historikern erstellt wurde und in der Dokumente der Vertreibung enthalten sind.
»Ich wohnte am Oberteich. Unsere Straße war durch den ersten Luftangriff im August 1944 bereits ziemlich in Mitleidenschaft gezogen worden. Unser Haus, ein Doppelhaus mit jeweils zwei Familien als Mieter, war verschont geblieben und stand zwischen den ausgebrannten Ruinen. Die Einwohner waren alle fort, und ich habe ohne Furcht ein paar Tage im Keller geschlafen. Der Kriegslärm kam immer näher. In einer Nacht erfolgte ein besonders starker Beschuß. Mit einem Male ein furchtbarer Krach. Ich überzeugte mich, ob unser Haus etwas abbekom-

men hatte. Dies war nicht der Fall. Am anderen Morgen stellte ich fest, daß der andere Eingang des Doppelhauses durch Einschlagen eines schweren Geschosses mitsamt dem Treppenhaus abgerissen war. Jetzt entschloß ich mich doch, die angebotene Gastfreundschaft von Herrn Dr. K. anzunehmen und siedelte in dessen Haus über, das wunderbare Kellerräume hatte, in denen bereits mehrere Personen Unterkunft gefunden hatten. Unser ganzes Leben spielte sich in diesen Kellerräumen ab.
Der Ring um Königsberg schloß sich immer enger. Die große Zahl an Zivilbevölkerung in der Stadt war mannigfachen Gefahren ausgesetzt. Die Partei entschloß sich nunmehr zur Zwangsevakuierung und zwar mit allen Mitteln. Die sich weigerten, wurden mit Gewalt gezwungen. Diese Aktion in letzter Minute hat vielen Bürgern der Stadt das Leben gekostet. In den kleinen Fischerdörfern am Frischen Haff zusammengeballt, harrten die Menschen auf den Weitertransport, der nur schleppend unter großen Schwierigkeiten und Gefahren durchgeführt werden konnte. Diese Menschenmassen waren jedem Fliegerangriff mit Bordwaffenbeschuß ausgesetzt. Furchtbar war ihr Elend.
In der Stadt wurden noch immer Laufgräben ausgehoben und die Keller in den Ruinen zur Verteidigung ausgeräumt. Die täglichen Besorgungen wurden immer gefährlicher, je mehr der Beschuß zunahm.
Immer energischer wurde die Evakuierung durchgeführt. Die Menschen wollten nun nicht mehr raus, weil ein weiterer Abtransport ins Reich unmöglich geworden war. Sie hielten sich tagelang versteckt, um nur nicht erfaßt und abtransportiert zu werden. Die Versicherung unseres Ortsgruppenleiters, daß man nur unser Bestes wolle und daß ich bestimmt zu meinen Kindern ins Reich gelangen werde, konnte mich nicht überzeugen. Ich konnte meinen Entschluß, Königsberg nicht zu verlassen, schließlich durchsetzen.

Der Kampf um Königsberg wurde immer dramatischer. Tag und Nacht erfolgten russische Fliegerangriffe. Die Sirenen gingen nicht mehr. Am Brummen der Flugzeugmotoren konnten wir aber die nahenden Bomberformationen schon erkennen. Am Tage kamen Aufklärer und Schlachtflieger, die in die Fenster der Wohnungen hineinschossen.
Ende März 1945 mußte Dr. K. uns verlassen. Er hatte Befehl, mit seiner Praxis nach F. zu übersiedeln. Der Abschied von ihm und seiner Frau fiel uns nicht leicht.
Am selben Abend wurde auch mein Haus durch Bomben zerstört. Die Versuche, aus den Trümmern etwas zu bergen, waren vergeblich.
In den letzten Tagen wurden vom Feind auch Flugblätter abgeworfen, in denen man uns die Zusammenführung unserer Familien versprach. Die

Soldaten wurden aufgefordert, die Waffen niederzulegen und sich gefangen zu geben.
In der Nacht zum 8. 4. 1945 kam ein Parteibefehl, daß sich die Zivilbevölkerung sofort in Richtung Westen, nach Juditten zu begeben habe. Viele von uns sind diesen Weg auch gegangen, der in meinen Augen einem Selbstmord gleichkam, denn der Feind war von Westen aus im Anmarsch auf die Stadt.
Mit Frau Sch. blieb ich zurück. In unserer Straße war kein anderer Mensch mehr. Wir gingen zur Ortsgruppe, die in gutgesicherten Bunkern in Ruinen untergebracht war. Dort befanden sich auch die Volkssturmmänner.
Der Ortsgruppenleiter wollte uns zuerst nicht aufnehmen, aber in der Hauptverkehrsstraße war die Hölle los. Das ununterbrochene Dröhnen der Stalinorgeln, das Sausen der Granaten und die schmetternden Einschläge, die in der Luft befindlichen Flieger, ihre Bombenwürfe und das Bordwaffenfeuer waren grauenerregend.
Schließlich zog es der Ortsgruppenleiter mit seinen Männern vor, zu verschwinden. Der Volkssturm und der stellvertretende Ortsgruppenleiter, der es abgelehnt hatte, ebenfalls zu verschwinden, blieben zurück. Es war Sonntag, der 8. April 1945.

Am nächsten Tage, es war der 9. 4. 1945, mein Hochzeitstag, erschienen bei uns die ersten Russen. Wie viele es waren, kann ich nicht sagen. Wir hatten unter uns Frauen auch eine Lettin, die den Russen erklären konnte, daß wir keine Flintenweiber waren, die sich dem Volkssturm angeschlossen hatten.
Als wir auf die Straße kamen, wurde aus den gegenüberliegenden Ruinen noch geschossen. Doch dieses letzte Abwehrfeuer verstummte sehr rasch. Wir wurden abgeführt, und auf dem Wege zu unseren Wohnungen hörten wir bereits »Urri, Urri!«-Geschrei. Ein Russe kam auf uns zu, führte uns in eine Seitenstraße und verlangte unsere Uhren, die wir aber schon nicht mehr hatten.
In unsere Straße durften wir nicht hinein. Ein Bekannter, der mit uns war, führte uns ein paar Häuser weiter, wo er wohnte. Dort gingen wir hinein. Die Frauen kochten im Keller das Mittagessen, während die Männer oben geblieben waren.
Das Mittagessen aßen wir oben im Wohnzimmer gemeinsam. Als wir gerade fertig waren, erschienen mehrere Russen und forderten uns auf, mitzukommen. In einer Villa wurden wir gesammelt. Hier sah die Sache schon bedrohlicher aus. Wir hörten von den ersten Vergewaltigungen. Ein alter Herr, den wir kannten, sollte erschossen worden sein.
Endlich hieß es: »Alle raus!«

Der Weg in ein schweres Schicksal begann. Die erste Nacht verbrachten wir in einer zerstörten Kaserne. Als es am nächsten Tag durch den Fritzener Forst ging, sahen wir am Wegrand erschöpfte Menschen, ihrem Schicksal überlassen, sitzen oder liegen. Wir durften ihnen nicht helfen. Es ging immer weiter, bis wir T. erreichten, wo bereits viele Deutsche zusammengetrieben waren. Hier erfolgte die erste Registrierung und die Durchsuchung unseres Gepäcks.

Die nächste Nacht verbrachten wir in einer Ortschaft, die voller Russen war. Hier war es furchtbar für uns Frauen und Mädchen gleich jeden Alters. Was sich hier ereignete, kann nur derjenige erfassen, der Gleiches erlebt hat. Ich war froh, daß ich meine Tochter nicht bei mir hatte. Die Verzweiflungsschreie der Kinder, der Mütter oder Eltern gellen mir noch heute in den Ohren. Unsere Männer standen diesen Gewalttaten machtlos gegenüber.

Am nächsten Morgen ging es weiter. Es sah nur so aus, als würden wir nach Königsberg zurückgeführt. Endlich war es soweit. Man führte uns zu einem Kasernenkomplex in eine große Halle, die bereits gedrängt voller Menschen war.

Hier sahen wir Frauen und Mädchen, von uns getrennt, zusammenstehen, die einem besonderen Schicksal entgegengingen. Eine Mutter, von mehreren kleinen Kindern umgeben, war keine Seltenheit.

Nach einigen Stunden wurden wir aus der Halle herausgeholt und lagen nun vor dem Kasernentor auf der Straße. Königsberg hatte inzwischen kapituliert. Am Abend konnten wir in die leerstehenden teilweise zerstörten Wohnungen einziehen.

Hier bekamen wir den ersten Besuch von russischen Soldaten. Hilfeschreie gellten von Wohnung zu Wohnung, von Zimmer zu Zimmer und versetzten uns in Angst und Schrecken. Es kam vor, daß eine junge Mutter einfach mitgenommen wurde, ohne Rücksicht darauf, daß das Kind allein zurückblieb.«

Das war das Schicksal, das die in Königsberg zurückgebliebenen Zivilisten erwartete, deren Leiden auch nach Kriegsschluß weitergingen.

Bereits Wochen vorher hatte sich das Schicksal einer Stadt entschieden, die gerade durch einen Film gleichen Namens in aller Munde war: Kolberg.

Die Festung Kolberg

Kolberg wurde bereits im November 1944 als Festung ausersehen. Die Planungen sahen vor, daß drei Verteidigungsringe eingerichtet werden sollten, von denen der Ausbau der Stadtrandsiedlung Anfang Februar 1945 durch das Stellvertretende Generalkommando des LI. AK befohlen wurde.
Am 26. 1. 1945 wurde der Festungsstab Kolberg aufgestellt und von diesem ein Panzergraben und Infanteriestellungen in Angriff genommen. Diese vorgesehenen Stellungsbauten waren am 1. 3. 1945 mit dem Eintreffen des Festungskommandanten, Oberst Fritz Fullriede, teilweise nicht einmal begonnen. Lediglich ein Teil des Panzergrabens und der Infanteriestellungen, sowie 16 behelfsmäßige Stellungen für 28 cm-Nebelwerfer waren ausgebaut worden.
Die Angriffe der 1. und 2. Belorussischen Front nach Ostpommern in nördlicher Richtung zur Ostseeküste, die am 10. 2. 1943 begannen, endeten am 4. 3. 1945 mit dem Erreichen der Ostseeküste durch beide Heeresgruppen.
Die Hauptstreitmacht wandte sich in der Verfolgung der auf Gdingen und Danzig zurückweichenden deutschen Truppen nach Osten, während ein kleinerer Keil in Richtung Westen zum Stettiner Haff vordrang. Darunter befand sich auch die 1. polnische Armee, die sich diesen Operationen angeschlossen hatte.

Diese Truppe stieß über Kauenburg und Stolp in Richtung Kolberg vor. Als Oberst Fritz Fullriede, der als Führer einer Kampfgruppe im Großraum Tunesien das Ritterkreuz errungen hatte, und als Kommandeur des PGR 200 der 90. Panzergrenadier-Division - der ehemaligen 90. Leichten Afrika-Division - auf dem italienischen Kriegsschauplatz gekämpft hatte, die Nachricht erhielt, daß er als Verteidiger von Kolberg auftreten solle, war er erstaunt.
Hitler, so wurde im FHQ verkündet, wünschte angesichts der geschichtlichen Erinnerungen an den Kampf Kolbergs gegen Napoleon eine Neuauflage dieser Kämpfe bis zum bitteren Ende. Er hatte Kolberg zur Festung ernannt und hoffte, daß Fritz Fullriede sich der großen Namen seiner Vorgänger in der Verteidigung der Stadt, Gneisenau und Nettelbeck, würdig erweisen sollte.
Fritz Fullriede aber hatte ein anderes Ziel, wie er dem Autor mit seinem Bericht über die Verteidigung der Stadt vor Jahren bereits schrieb. Für ihn hatte der Abwehrkampf nur so lange einen Sinn, bis die in der Stadt

eingeschlossenen Flüchtlinge und die Bevölkerung über See gerettet waren. Er erklärte auch seinen Soldaten:
»Sie verteidigen nicht diese Stadt Kolberg, sondern die Bevölkerung und alle in der Stadt lebenden Menschen. D i e s ist Ihre Aufgabe!«
Als er am 1. 3. 1945 in Kolberg eintraf, um den erkrankten bisherigen Festungskommandanten abzulösen, fand er noch den SS-Oberführer Bertling, der alle nichtmilitärischen Dienststellen in der Stadt führte und den SA-Standartenführer Pfeiffer, den Kommandeur des Kolberger Volkssturms, vor. Der Oberbürgermeister der Stadt, Generalmajor a. D. Krapp und der Kreisleiter Gerriels waren ebenfalls noch in der Stadt. Und noch eine Persönlichkeit soll hier nicht vergessen werden, der neben einer Reihe von Negativfiguren unermüdlich um die Versorgung der Flüchtlinge bemüht war: Der Zivilbeauftragte der Kolberger Ärzte, Dr. Brand.
Oberst Fullriede fand an Verteidigungskräften in Kolberg vor: das I. Batl. des Feldausbildungs-Regimentes des Pz. AOK 3, mit allen Regimentseinheiten und dem Regimentsstab, ein Volkssturm-Bataillon, das nur teilweise ausreichend bewaffnet war, einen Volkssturm-Werferzug und Teile des Flak-Batl. Heinzel.
Am 2. 3. trafen acht Leichte Feldhaubitzen 17 ohne Bedienung in Kolberg ein. Die dazu notwendigen Protzen fehlten ebenfalls, doch sie konnten aus dem Gerätelager Kolberg beschafft werden.
Am 3. 3. 1945 zog das Festungs-MG-Batl. 51 ein, und am 4. 3. folgte als letzte kampffähige Gruppe der Panzerzug Römig.

Seit Ende Januar 1945 hatte ein ununterbrochener Flüchtlingsstrom in Richtung Westen auf Kolberg eingesetzt. Dadurch war die Zahl der Einwohner der Stadt von 35. 000 auf 85. 000 gestiegen. Der Abfluß dieser Flüchtlinge in Richtung Stettin geschah nur sehr schleppend, so daß sich die aus Köslin und Belgard kommenden Züge vor der Stadt stauten. Die Anrufe und telegraphischen Anfragen an die Bahnverwaltung von Stettin ergaben, daß dort die Züge nicht mehr angenommen werden könnten. So standen bei Beginn der Einschließung der Stadt Kolberg 22 Flüchtlingszüge, in denen auch Verwundete waren und Material aller Art transportiert wurde, auf der freien Strecke von Belgard nach Kolberg.
Oberst Fullriede erstes Zusammentreffen mit der Parteiführung der Stadt fand am 1. 3. statt. Der Oberst forderte die sofortige Abschiebung der Zivilbevölkerung nach Westen. Diese Forderung war ohne Ergebnis. Ebenso negativ verliefen seine Forderungen vom 2. und 3. 3.. Am Abend des 3. 3. um 20.00 Uhr wurde der Kreisleiter durch den Festungskommandanten per Befehl aufgefordert, die Flüchtlinge zum unverzüglichen Verlassen Kolbergs zu bringen, da zu dieser Zeit ein Abfließen der Trecks über die Strandstraße nach Gribow noch möglich war.

Die Meldung der KGr. Kettau vom Abend des 3. 3. 1945 alarmierte die Festungsbesatzung. Fullriede schickte am frühen Morgen des 4. 3. einen Spähtrupp los, der gegen 4.00 Uhr bei Rossenthin erstmals auf den Feind stieß. Um 5.00 Uhr erreichten feindliche Panzerspitzen und Infanterieverbände, teilweise auf den Panzern aufgesessen, Sellnow. Damit war Kolberg von der Wasserversorgung aus dem Wasserwerk Koppendicks-Grund abgeschnitten. Gegen 7.00 Uhr erreichten schnelle Spitzentruppen der Roten Armee den Stadtrand von Gelder-Vorstadt.
Die Amtsleiter und Parteiführer wurden um 2.30 Uhr des 4. 3. ins Rathaus gerufen. Sie sollten dort die Geheimsachen verbrennen. Ein Finanzwachtmeister hatte per Zufall die Meldung eines Offiziers abgehört, daß der Feind an der Hohen Bergschanze stehe.
Russische Panzerverbände griffen am Morgen des 4. 3. Kolberg aus Süden an. Sie wurden an der Gelder-Vorstadt durch zwei Achtacht-Flak und sechs Werfer sowie Einheiten des Festungs-MG-Batl. 51 abgewiesen.
Der Feind zog sich nach Karlsberg zurück und wartete das Herankommen weiterer starker Panzerkräfte ab. Diese kamen jedoch nicht heran, sondern drei Divisionen der polnischen 1. Armee: die 1. , 3. und 4. ID. Erste Spitzengruppen, von Panzern angeführt, rollten entlang der Treptower- und Körliner-Straße in Richtung Stadt vor. Die schweren 28 cm-Werfer, Flak und einige Panzervernichtungstrupps wehrten diese Versuche, durch Handstreich in die Stadt einzudringen, ab.
Da die von Köslin und Belgard nach Kolberg führenden Straßen noch immer frei waren, strömten auch in diesen Tagen weitere Flüchtlingstrecks nach Kolberg hinein. Sie mußten sofort auf dem ebenfalls noch freien Strandweg nach Gribow weitergeleitet werden. Da jedoch auch hier einige feindliche Panzer vorfühlten, war dies ein gefährliches Unterfangen, das nur durch die Panzervernichtungstrupps, die per Fahrrad bis hierher fuhren, gesichert werden konnte.
Oberst Fullriede entschloß sich am Abend des 5. 3. zu einem Gegenstoß aus der Festung, mit dem Ziel durch Vorgehen beiderseits der Straßen: Treptower-Straße auf Neu-Werder und Neu-Geldern, sowie auf der Straße nach Karlsberg, die Fluchtstrecke für die Flüchtlinge über Straße und Bahn noch einmal freizuschlagen.

Der Angriff begann am Morgen des 6. 3. 1945 um 6.00 Uhr und erreichte 35 Minuten darauf bereits den Südrand von Neu-Geldern. Mittags war er bis Neu-Werder vorangekommen und griff nun auch nach Karlsberg. Doch diese Stadt konnte gegen die sich ihnen hier entgegenstellenden starken Panzerkräfte der Roten Armee nicht genommen werden.

Damit blieb die Treptower Straße und die Bahnlinie nach Treptow unter Feindbeschuß.
Die Straße nach Gribow hingegen und über Gribow nach Westen konnte durch das Zurückdrängen des Gegners offengehalten werden.
Doch bereits am nächsten Tage gelang es den Feindtruppen, westlich und ostwärts der Stadt bis zur See durchzustoßen. Damit war Kolberg endgültig eingeschlossen.
Um 15.35 Uhr ging beim Kampfkommandanten der Stadt ein Funkspruch des OKH ein, der das weitere Freikämpfen einer Fluchtstraße für die Zivilbevölkerung verbot. In diesem FT-Spruch wurde Fullriede befohlen, die eigenen Kräfte zusammenzuhalten, um den Abtransport der Bevölkerung über See zu sichern.
Am Abend dieses Tages stießen russische Panzerrudel bis in die Gelder-Vorstadt vor. Hier riegelte das Batl. Hempel, das aus Versprengten zusammengestellt worden war, den Feindeinbruch ab. Eine Kp. hielt an der Stettiner Straße den russischen Panzervorstoß mit Panzerfaustschützen auf. Die hier liegenden Kasernen blieben in eigener Hand. Trotz sehr hoher Verluste gelang es diesem Sturmkeil mit einigen Panzern und nachfolgender Infanterie bis an die Ecke der Camminer Straße - Treptower Straße vorzudringen und sich in den dort stehenden Häusern zu verschanzen.
Rügenwalde und Stolpmünde fielen am 7. und 8. 3. 1945. Im Hafen von Kolberg organisierte FKpt. Kolbe die Einschiffung der Flüchtlinge. Diese wurden in kleinen Booten und Schiffen zu den auf der Reede liegenden Flüchtlingsschiffen hinübergeschafft. Die 2. 877 BRT große »Westpreußen«, der Westindienfahrer »Heinz Horn« mit 3. 994 BRT, und die 4. 592 BRT große »Nordenham« nahmen Flüchtlinge auf, bis kein Viertelmeter Platz mehr vorhanden war. Hinzu kam die 10. 000 BRT große »Winrich von Kniprode«, der Hamburg-Amerika-Linie. An den beiden vorhergehenden Tagen waren von anderen Schiffen 9. 500 Flüchtlinge über See abtransportiert worden.
Mit dem begleitenden U-Jäger UJ 119 war FKpt. Kolbe am 9. 3. wieder nach Kolberg zurückgekehrt, um im Auftrage des Admirals Westliche Ostsee die weiteren Evakuierungsfahrten zu leiten.
Noch befanden sich etwa 40. 000 Flüchtlinge in der Stadt. Der Feind hatte am 8. 3. seinen Angriffsschwerpunkt in die Lauenburger Vorstadt verlegt. Unter starkem Feuerschutz bewegten sich hier Panzer- und Infanterie-Verbände vorwärts.
Über die Persantewiesen rollten die Feindpanzer entlang der Körliner Straße gegen die Panzersperren am Stadteingang vor. Die Panzersperre fiel ihnen nach einigen vergeblichen Anläufen zu, ohne daß sie auch nur einen Meter darüber hinausgekommen wären.

Inzwischen waren rund um Kolberg 20 schwere Batterien aufgestellt worden. Hinzu kamen Salvengeschütze und Granatwerfer-Einheiten. Aus Ihnen ergoß sich ein Feuerhagel über die Stadt. Hafengelände und Bahnhofsviertel wurden bevorzugte Ziele. Hinzu kamen die erkannten deutschen Verteidigungsstellungen. Sowohl die Truppe, als auch die Zivilbevölkerung erlitt schwere Verluste.
Am 9. 3. gelang der Roten Armee ein Einbruch in die Lauenburger Vorstadt. Angriffe und Gegenstöße tosten am Georgenfriedhof und im Raume des Gasanstalt.
Das Volkssturm-Bataillon Pfeiffer wies mit bemerkenswertem Elan einen starken Angriff gegen die von ihm gehaltene Westverteidigung ab. Unter der Führung von Lt. Hempel wurde ein Gegenstoß an der Treptower Straße geführt. Der hier eingesickerte Feind wurde geworfen, die Häuser freigekämpft und 24 schwere Waffen erbeutet.
Die Schiffsartillerie der hier zur Sicherung eingesetzten deutschen Zerstörer und Torpedoboote unterstützte in diesem Abschnitt der Abwehrkämpfe die Verteidigung. Der Feind erlitt schwere Verluste, vor allem an Panzern.
Die Angriffe der 1. polnischen Armee, die sich mehr und mehr im Kampf um Kolberg eingeschaltet hatte, konzentrierten sich am 10. 3. 1945 auf den Ost- und Südostteil der Stadt. Hier verliefen die Bahnlinien nach Köslin und Körlin. Der Einbruch in die Lauenburger Vorstadt vom Vortage wurde nach Zufuhr frischer Panzerverbände erweitert. Es gelang dem Panzerfeind mit aufgesessener Infanterie zur Waldenfels-Kaserne vorzudringen und in diese einzudringen und die schwachen Kräfte darin zu überwinden.
Da die Georgenkirche vom Feind als Richtpunkt für seine Artillerie und schließlich auch als B-Stelle benutzt wurde, ging ein Stoßtrupp in der Nacht zum 11. 3. gegen diese Kirche vor und setzte den Turm in Brand. Im Westen und beim Batl. Hempel im Südwesten griff der Feind ständig an und wurde immer wieder im Nahkampf geworfen. Von den sieben Brücken über die Persante und den Holzgraben waren bereits vier gesprengt worden.
Die Fesselungsangriffe an der gesamten Einschließungsfront nahmen am 11. 3. 1945 einen verlustreichen Verlauf, in dem die Rotarmisten und polnischen Soldaten jedoch nur in die ersten Häuser eindringen konnten. Die begleitenden Panzer wurden abgeschossen. Da aber eigene Pak nicht zu Verfügung stand und die wenigen Panzer der Panzer-KGr. Beyer teilweise fahruntüchtig waren und als Geschütze in die Stellungen geschleppt werden mußten, konnten die sowjetischen Panzer und Sturmgeschütze überschwerer Bauart an die verteidigten Häuser heranfahren und diese im Punktfeuer ausschalten.

Nach einem schweren Feuerschlag am Morgen des 12. 3. begann ein neuer Feindangriff auf die Lauenburger Vorstadt. Vom Georgenfriedhof aus gelang dem Feind ein Einbruch nach Norden bis über die Kösliner Chaussee. Drei Gegenangriffe blieben im Feuer dieses starken Feindes liegen. Die Ostfront Kolbergs mußte mit Einfall der Dunkelheit auf eine neue Linie entlang der Wallstraße zurückgenommen werden. Dahinter wurde in der Nacht eine zweite Verteidigungslinie aufgebaut. Im Westen und Südwesten konnten an diesem Tage sechs weitere Feindangriffe, die von Panzern unterstützt wurden, abgeschlagen werden. In der Zwischenzeit hatte auch die Kriegsmarine in den Kampf um Kolberg eingegriffen und eine Reihe Erfolge erzielt, die es der Verteidigung ermöglichten, weiter auszuhalten. Hier ihr Report.

Kriegsmarine im Einsatz

Beginnend mit dem 9. 2. 1945 setzten die Schweren Kreuzer »Lützow« und »Admiral Scheer«, unterstützt und gesichert durch die Zerstörer Z 34, Z 38 und die Torpedoboote T 8, T 23, T 28, T 33, T 35 und T 36 die Beschießung der sowjetischen Stellungen im Samland fort, die sie seit geraumer Zeit begonnen hatten.
Nach dem 26. 2. 1945 aber - dem Beginn des russischen Angriffs auf Hinterpommern - wurde eine neue KGr. zur Deckung des deutschen

General der Infanterie Hermann Recknagel, KommGen. des XXXXII. AK, fiel im Abwehrkampf im Osten am 23.1.45

General der Panzertruppe Walter K. Nehring, letzter OB der 1. Panzerarmee.

General der Infanterie Hermann Niehoff, der Verteidiger von Breslau.

Generalleutnant Dr. Karl Mauss, letzter Kdr. der 7.PD, der Elbig befreien wollte.

Die 5. US-PD der 9. Armee 12 Meilen westlich der Elbe.

Russische Truppen der 1. Ukrainischen Front in Gleiwitz.

Oberst Stern, Kommandant des französischen Offiziers-Gefangenenlagers von Soest, geht in die Gefangenschaft.

7000 deutsche Soldaten der HGr. B bei Iserlohn in Gefangenschaft geraten.

Truppen der 17. US-LL-Division am 27.3.45 ostwärts Wesel.

1.4.45: Lippstadt ist erreicht.

Brückenkopfes gegenüber Wollin eingesetzt. Sie bestand aus »Admiral Scheer«, Z 38 unter KKpt. Frhr. von Lyncker, Z 31 unter KKpt. Paul, »Paul Jacobi« und T 36. Dem vereinten Feuer dieser Kampfgruppe war es am 9. 3. zu verdanken, daß dieser Brückenkopf gehalten werden konnte.
Ab dem 11. 3. aber standen die beiden Zerstörer Z 34 und Z 43, sowie das Torpedoboot T 33 fast ständig vor Kolberg und nahmen die sowjetischen Stellungen unter Feuer. Immer wieder - wenn sie Munition ergänzen mußten, übernahmen sie - wie die Marine-Fährpräme, Siebelfähren und andere Boote - Flüchtlinge aus der heftig umkämpften Stadt. Dies geschah in der Art, daß die kleinen Einheiten aus Kolberg an den Zerstörern längsseits gingen und die Menschen an die Zerstörer abgaben.
So hatten die Zerstörer, allen voran Z 34 unter KKpt. Hetz, auch am 11. 3. 1945 wieder Verwundete und Flüchtlinge übernommen. In Feuerlee von Z 34, das noch immer mit seinen 15 cm-Geschützen auf die sowjetischen Stellungen schoß, wurden an diesem Tage 800 (!) Flüchtlinge und 120 Verwundete übernommen, mit denen der Zerstörer nach Swinemünde zurücklief.

Während dieser Einschiffung griffen zuerst vier IL-2-Schlachtflieger der Russen an. Ihnen folgten Boston-Hochbomber. Aber auch diesmal konnte Z 34 den Bombeneinschlägen entgehen.
Mit 920 Menschen an Bord lief dieser Zerstörer nach Swinemünde zurück und geriet dort, in Höhe der Ansteuerungstonne, in einen Fliegeralarm.
Diesmal war es ein Großangriff der USAAF mit 700 B 17- und B 24-Bombern, die 1. 435 Tonnen Bomben auf Swinemünde warfen. In seinem Report darüber berichtete KKpt. Hetz:
»Als ich gegen 11.00 Uhr die Swinemünder Ansteuerungstonne erreichte, und mich kurz darauf innerhalb der Molen befand, wurde auf allen Signalstationen Fliegeralarm angezeigt. Die UKW-Welle meldete große Bomberverbände im konzentrischen Anflug auf Swinemünde.
Auf der Brücke herrschte Totenstille. Über den tiefliegenden Wolken hörte man schon das dumpfe Dröhnen zahlreicher schwerer Bomber. Zum Umkehren war es zu spät. Aus dem Hafen setzte eine panikartige Flucht von Fahrzeugen aller Art ein, die mit Höchstfahrt an uns vorbeirauschten, um noch rechtzeitig vor Beginn dieses Angriffes die rettende See zu erreichen.
Uns blieb zunächst keine andere Wahl, als weiterzulaufen, wenn mich auch der Gedanke an die vielen Menschen unter Deck zu einer vorschnellen Aktion verleiten möchte. Aber mein Entschluß steht fest: Wir werden bis zur Badeanstalt, wo das Fahrwasser breiter ist, durchlaufen und dort versuchen, so schnell wie möglich kehrt zu machen. Hoffent-

lich lassen die Flieger dazu noch Zeit.« (Siehe Bericht von Kpt. z. S. a. D. Hetz an den Verfasser).
Z 34 sah die auslaufenden Dampfer und kleinen Kolcher an sich vorbei passieren. Immer dichter gelangte dieser Zerstörer an den Punkt heran, an dem Hetz ihn drehen und wieder auslaufen lassen wollte. Was sich in dem Kommandanten abspielte, das beschrieb er folgendermaßen:
»Jetzt werden die Minuten bis zum Drehpunkt zur Ewigkeit. Jeder auf der Brücke sieht geradeaus, um nicht dem Kameraden in die Augen blicken zu müssen. Endlich kann ich die erlösenden Kommandos geben. In diesem Moment bestätigt sich wieder einmal, daß nichts umsonst ist, was man einmal eingeübt hat. Die unzähligen An- und Ablegemanöver auf der Swine in Friedenszeiten gaben mir nun die Sicherheit, den Zerstörer mit wenigen Maschinen- und Ruderbefehlen auf Gegenkurs zu bringen.
Mit 15 Knoten Fahrt wurde wieder ausgelaufen. Eben hatten wir den Leuchtturm passiert, da rauschte auch schon der Bombenteppich auf Stadt und Hafen Swinemünde herunter. Gerade in unserem Drehpunkt, den wir soeben verlassen haben, steht die hohe weiße Wand eines schweren Bombenteppichs. Allmählich löst sich die lähmende Spannung an Bord und als wir die Molen auslaufend wieder passiert hatten, erschienen an Deck zwei Flüchtlingskinder, die sich an den Händen hielten und fröhlich lachten. Dieses Lachen war wohl der glücklichste Augenblick seit langer Zeit.«
Am Morgen des 13. 3. konnte Z 34 seine Verwundeten und Flüchtlinge in Swinemünde von Bord geben.
Über den weiteren Einsatz dieser wenigen deutschen Kriegsschiffeinheiten bei der Belagerung und beim Durchbruch aus Kolberg später mehr. Zunächst jedoch zurück zum Festungskommandanten und zu den Geschehnissen ab dem 13. 3. 1945.

Die letzten sieben Tage

Am 13. 3. 1945 griff der Feind im Westen an der Maikuhle ebenso wie abermals in der Gelder-Vorstadt und im Osten an der Waldenfelsschanze an. Der Angriff an der Maikuhle stieß auf Volkssturmmänner, die ihn abweisen konnten. In der Gelder-Vorstadt kämpfte nach wie vor das Batl. Hempel, das im Nahkampf Mann gegen Mann den Gegner warf. Im Ostteil der Stadt aber gelang den russischen Truppen ein tiefer Einbruch. Er konnte die verzweifelt verteidigte Gasanstalt in Besitz nehmen und sich auch in dem Lokschuppen festsetzen, nachdem die Verteidiger hier mit Panzern hinausgeschossen worden waren.
Im Gegenstoß, zu dem zwei Panzer einsatzbereit gemacht werden konnten, die direkt auf die Ziele losrollten und die ihnen folgenden Verteidiger mit nach vorn rissen, konnte dieser Einbruch abgeriegelt werden. Der in der Maikuhle beispielhaft verteidigende Volkssturm, der hohe Verluste erlitten hatte, mußte am Ende dieses ereignisreichen 13. 3. in eine verkürzte Linie zurückgenommen werden.

Mit Tagesanbruch des 14. 3. eröffneten die Belagerer ein aus allen Richtungen einsetzendes Trommelfeuer mit allen zur Verfügung stehenden Waffen. Neben der Artillerie und den Salvengeschützen beteiligten sich auch Panzer und Pak in direktem Beschuß an dieser Sturmreifschießung von Kolberg.
Danach griff die Rote Armee, mit allem was sie hatte, an. Dieser Angriff führte zu tiefen Einbrüchen an der Maikuhle. Die Kasernen der Gelder-Vorstadt wurden von der Roten Armee erobert. Aus der Lauenburger Vorstadt drang ein Panzerkeil in die Innenstadt ein. Das Gleisdreieck westlich des bereits in Feindbesitz befindlichen Lokschuppens, sah russische Sturmtruppen, die von hier aus vorstoßen wollten. Sie wurden abgeriegelt. Der Feind sickerte an mehreren Stellen durch die aufklaffenden Lücken und setzte sich in einigen Häusern fest. Gegen 14.00 Uhr aber waren alle Einbrüche abgeriegelt und die Front, wenn auch notdürftig, wieder hergestellt.
Es war 15.30 Uhr, als ein offener Funkspruch des OB der 1. polnischen Armee in Kolberg eintraf, der Oberst Fullriede zur Übergabe aufforderte. Fritz Fullriede nahm diesen Spruch zur Kenntnis, was er aber auch im offenen Funkverkehr dem Gegner mitteilte.

Um 16.00 Uhr erfolgte eine zweite Aufforderung, die Waffen zu strecken. Diesmal sparte sich Oberst Fullriede die Antwort.
Danach eröffnete die Feindartillerie ein weiteresmal das Feuer, um erst nach Einfall der Dunkelheit zum Großangriff gegen die Waldenfelsschanze anzutreten. Die Panzer, die diesen Angriff flankierten, und jenes kleine Rudel, das ihn anführte, wurden durch Panzerfaustschützen abgeschossen. Die Brände stachen mit gelben Flammenlanzen durch die Finsternis. Explosionen grollten. Dann stießen Angreifer und Verteidiger aufeinander. 150 Minuten dauerte hier der Nahkampf, ehe der Gegner diesen Angriff einstellte und den Rückzug antrat. Hunderte Toter ließ er vor der Waldenfelsschanze zurück.
Der Einbruch am Gleisdreieck mit anschließendem Vordringen bis zum Ostbahnhof in der Nacht zum 15. 3. konnte erst am Rande des Ostbahnhofes gestoppt werden. Er konnte jedoch trotz sofortigen Gegenstoßes nicht mehr bereinigt werden.
Die Besatzung von Kolberg war am Abend dieses Tages auf einem schmalen Streifen am Strand und Hafen zusammengedrückt worden. Als hier noch das Alarmbataillon Kell, das I. /Festungs-Rgt. 5, auf der Reede eintraf, ließ Oberst Fullriede es nicht mehr entladen, da sich für dieses Bataillon keine weitere Verteidigungsmöglichkeit bot. Doch bevor dieser Befehl die auf Reede liegenden Schiffe erreichte, waren bereits zwei Kompanien ausgeschifft worden. Da diese Truppe nicht an Nahkämpfe gewöhnt war, wie sie in Kolberg geführt wurden, erlitt sie starke Verluste, ohne die gewünschte Entlastung zu bringen.
Aus dem Raume nördlich des Bahnhofes griffen diese beiden Kompanien in Richtung Innenstadt an. Gleichzeitig mit ihnen ging eine schnell zusammengesetzte Kampfgruppe aus der Linie der Gradierstraße nach Osten vor, um den über den Adolf-Hitler-Platz vorgestoßenen Feind zu werfen und die verlorengegangene Luisenstraße zurückzugewinnen.
Das Bahnhofsgelände konnte dem Gegner entrissen werden. Beim Adolf-Hitler-Platz konnte nur der Nord- und Westrand zurückgewonnen werden, während der Süd- und Ostrand in der Hand der Angreifer blieb. Diese nun erreichte und gehaltene Kampflinie sicherte das Einschiffen der letzten Frauen und Kinder, die von den schnellen Booten zu den wieder auf der Reede erschienenen Schiffen hinübergebracht und an Bord genommen wurden. Noch vor Tagesanbruch des 16. 3. liefen diese Schiffe aus und erreichten unangefochten Swinemünde.
Am 16. 3. eröffnete der Feind wieder ein starkes Trommelfeuer auf die Innenstadt, die noch von Fullriedes Soldaten gehalten wurde. Die letzten Verteidigungsstellungen und die letzten Häuser wurden in Brand geschossen. Aber noch einmal konnte der darauf folgende feindliche Panzerangriff abgewehrt werden, wenn die Polen auch einige Häuserblocks

erstürmten. Am Mittag dieses Tages wurde die 3. Kp. des Batl. Kell gelandet und mit ihm in Richtung Moltkestraße eine neue Widerstandslinie errichtet.
In der Nacht zum 17. 3. ließ Oberst Fullriede alle Eisenbahner, OT-Arbeiter und männliche Zivilpersonen, sowie die Unbewaffneten abtransportieren.
Bei diesen Abtransport- und Beschießungsaufgaben waren auch wieder Z 34 und Z 43 dabei. Beide Zerstörer hatten nach der Rückkehr aus Swinemünde die Reede von Kolberg wieder erreicht und eröffneten das Feuer auf die russischen Artilleriestellungen. In direktem Beschuß wurden die erkannten Batterien vernichtet. Das sowjetische Artilleriefeuer, das auf die Reede gerichtet war, verstummte.
Am 16. 3. begann dann das Einschiffen der letzten Männer in der Stadt, die nicht bis zur letzten Verteidigungsphase in Kolberg bleiben mußten. Keines der ablaufenden Schiffe war nicht bis auf den letzten Platz gefüllt. Die MFP mußten 750 Menschen mitnehmen. An Bord von Z 34 wurden 250 Schwerverwundete untergebracht. Außerdem nahmen Z 34 und Z 43 sowie T 33 insgesamt 3 750 Flüchtlinge und Soldaten an Bord. Alle wurden nach Swinemünde geschafft.
Damit hatte Oberst Fritz Fullriede seinen Auftrag erfüllt, der ihm am 7. 3. 1945 gegeben worden war. Der Auftrag für jede Festungsbesatzung, starke Feinverbände zu binden, konnte nun nur noch bis zum 18. 3. erfüllt werden. Bis dahin war die Restbesatzung auf einem Gelände von 1800 mal 400 Meter zusammengedrückt worden und stand teilweise ungedeckt auf dem Strandstreifen.
Am Nachmittag des 17. 3. hatte sich Oberst Fullriede dazu entschlossen die Kampfbesatzung von Kolberg in der kommenden Nacht bis auf kampfstarke Sicherungen über See abzutransportieren und damit zu erhalten.

Noch vor Beginn dieser letzten Absetzbewegung erfolgte am späten Abend des 17. 3. ein Feindangriff gegen die Waldenfelsschanze, die diesmal verlorenging. Damit konnte der Feind mit seinen dort auffahrenden Pak und Panzern den gesamten Strandstreifen ostwärts der Persante, die Hafenausfahrt und die Feuerstellung der letzten eigenen Artillerie, unter Feuer nehmen und beherrschen. Da aber die Absetzbewegungen der deutschen Resttruppen unter starkem russischem Feuer erfolgten, konnte der Gegner - durch seine eigene Artillerie daran gehindert, nicht nachstoßen.
Die letzten Sicherungen lösten sich kämpfend vom Feind und sprangen in die bereitliegenden letzten Boote, die vorher schon alle übrigen Kämpfer zu den auf Reede liegenden Schiffen geschafft hatten.

Am Morgen des 18. 3. 1945 waren Strand und Mole von Kolberg von eigenen Truppen geräumt.
Oberst Fritz Fullriede hatte nahezu 75 000 Menschen aus der eingeschlossenen Stadt evakuieren lassen. Seine Truppe war bis zum letzten Mann aus der eingeschlossenen Festung hinausgelangt. Mit der letzten Jolle und als letzter Mann seines Kommandos war er um 6.30 Uhr des 18. 3. 1945 an Bord von Z 43 gekommen.
Auf eigene Verantwortung und ohne Ermächtigung durch das OKH handelnd, war es Fritz Fullriede, dem Mitstreiter von GFM Erwin Rommel in Afrika gelungen, das schier Unmögliche möglich zu machen.
Und entgegen den Befürchtungen aller führenden Offiziere im FHQ wurde der Oberst nicht etwa degradiert oder zum Tode verurteilt, sondern erhielt am 23. 3. 1945 aus der Hand Hitlers das Eichenlaub zum Ritterkreuz des Eisernen Kreuzes.
Am 3. 5. 1945 übernahm Fritz Fullriede noch die 3. Marine-Infanterie-Division als Kommandeur. Als Führer der KGr. Enderle kapitulierte er am 2. 5. 1945 und wurde von seinem Gegner als Kriegsgefangener auf Ehrenwort entlassen. Am 4. 12. 1945 wurde Fritz Fullriede als »Kriegsverbrecher« verhaftet und am 16. 4. 1946 an Holland ausgeliefert. Erst drei Jahre später wurde er von den Holländern freigelassen. Seine Unschuld war erwiesen, aber das änderte nichts an der Tatsache, daß man ihm drei Jahre seines Lebens gestohlen hatte.
Geben wir Fritz Fullriede zum Geschehen um Kolberg das letzte Wort. Er sagte in seinem Bericht an das OKH darüber zum Schluß:
»Dem Feind fiel eine völlig niedergebrannte, verwüstete Stadt in die Hand. Der Dom ist ausgebrannt, schwerbeschädigte Ruinen, sämtliche Persante- und Holzgrabenbrücken sind gesprengt. Der Bahnhof mit seinen Gleisanlagen ist zerstört. Die Verladeeinrichtungen am Hafen sind für lange Zeit unbrauchbar. Dies ist der Gewinn, den der Feind mit sehr hohen Verlusten erkauft hat. Aber zugleich auch der Preis, um den es gelang, 75 000 Menschen dem Reich zu erhalten.«
(Nach dem Bericht des Hafenkommandanten von Kolberg, FKpt. Kolbe wurden 70 915 Menschen aus der eingeschlossenen Stadt herausgebracht. Hinzu kommen die Soldaten, so daß die Zahl von 75 000 Geretteten in etwa zutreffend sein dürfte).
Dies hatte Fritz Fullriede mit etwa 3 300 Soldaten erreicht, von denen etwa 2 200 Mann kämpfende Truppe waren.

Die zurückbleiben mußten

»Am 18. 3. 1945 früh kamen die ersten polnischen Soldaten in den Keller und forderten mit vorgehaltener MPi die Herausgabe von Uhren, Ringen und sonstigen Wertsachen. Dann forderten die Polen uns auf, den Keller zu verlassen. Man sagte uns, wir sollten in den noch nicht zerstörten Häusern untergebracht werden.
Aber es kam dann doch anders. Schwer beladen mit drei Koffern, Mantel und Pelz verließ ich den Keller. Wir durften nicht auf direktem Wege auf die Straße, sondern erreichten durch Mauerdurchbrüche und Kellerlöcher die Viktoriastraße. Dieser Weg dauerte eine ganze Stunde. Von hier aus wurden wir auf Umwegen durch die zertrümmerte Stadt zur Waldenfelskaserne getrieben. Am Kaiserplatz, Ecke Friedrichstraße, wurden wir von polnischen Soldaten gefilzt. Sie entrissen mir meinen großen Koffer.
In der Waldenfelskaserne wurden mir im Stabsgebäude die langen Stiefel ausgezogen.
Am späten Nachmittag wurden wir in Richtung Belgarder Chaussee abgeführt. Es sollte nach Damgard gehen. Es stand jedoch für mich fest, daß das Ziel unserer Gruppe die Gefangenschaft sein würde.« (Siehe W. G. aus Kolberg, in: Dokumentation der Vertreibung der Deutschen aus Ost-Mitteleuropa, Bd. 1 S. 245-46).
Wie Herr W. G. dies voraussah, so geschah es auch. Die Deutschen wurden mit mehreren Zwischenaufenthalten ins Lager Posen transportiert; von dort kehrten die Überlebenden in November 1945 in das völlig ausgeplünderte Kolberg zurück, in dem viele Frauen und Kinder, die irgendwo aufgelesen worden waren, ihr Ende fanden.

***

VORSTOSS AUF DANZIG UND GOTENHAFEN

Die Abwehrkämpfe der 2. Armee

Gegen die in Ostpreußen verteidigende 2. Armee setzte das russische Oberkommando nicht weniger als zehn kampfkräftige Armeen ein. Unter diesen Truppen befanden sich einige Panzer-Armeen der ersten Welle, kampferprobt und besessen, Deutschland den Garaus zu machen.
Marschall Rokossowskij, Oberbefehlshaber der 2. Belorussischen Front, führte diese Truppen ebenso rigoros wie sicher. Immerhin standen ihm auch starke Luftstreitkräfte zur Sturmreifbombung der Widerstandszentren zur Verfügung.
Der rechte Flügel der 2. Armee versuchte, mit den Divisionen des XXIII. und XXVII. AK und des VII. PzK. den Vorstoß der Roten Armee in diesem Raum zu stoppen, oder wenigstens zu verlangsamen.
Am 27. 1. 1945 erreichten die Truppen der 2. Belorussischen Front Dirschau. Dort war soeben die 7. PD eingetroffen, die am Vortage mit ihren Räderteilen bei Marienwerder die Weichsel überschritten hatte und gegen den Feind antrat, während die Kettenfahrzeuge die Eisbrücke nicht passieren konnten, sondern über Graudenz ausholen mußten, wo sie eine passierbare Brücke vorfanden.
Andere Teile der 7. PD rollten nach Einlage, einer Ortschaft westlich der Nogat, an der Straße Elbing - Danzig, 10 km westlich von Elbing. (Siehe Abschnitt Festung Elbing).
Zwar griffen diese schwachen Teile Elbing von Westen an, konnten aber gegen die russische Übermacht an Panzerfahrzeugen nichts ausrichten. Die 7. PD wurde wieder zurückgedrückt, ohne Elbing entsetzen zu können.
In der Nacht zum 11. 2. gelang es der Divisionsspitze jedoch, die aus El-

bing zurückstürmenden und auf die vordersten Teile dieser Division ausbrechenden Einheiten aufzunehmen.
Ähnlich der 7. PD wurde auch die 4. PD, die im Kurlandkessel im Einsatz stand, dort herausgezogen und in der Nacht zum 22. 1. 1945 auf dem Transportschiff »Preußen« verladen und im Geleitzug nach Danzig geschafft. Diese Division mußte das schwere Material in Kurland zurücklassen und den dort weiterkämpfenden deutschen Verbänden übergeben. Unterwegs gab es U-Boot-Alarm. Die Geleitfahrzeuge warfen Schreckwasserbomben, um diesen Gegner zu verjagen.
Auf der Danziger Hafenmole empfing diese Männer ein schauerliches Bild. Hier wurden soeben Menschen aus einem Flüchtlingszug aus Elbing ausgeladen. Verzweifelte Mütter waren zu sehen, achtzig erfrorene Kinder waren das Fazit dieser Evakuierungsmaßnahme mit ungenügender Sicherung.
Die Stadt Danzig war mit Flüchtlingen vollgestopft. Es erfolgten Bombenangriffe. Flüchtlingstrecks zogen an den Soldaten vorbei nach Süden. Die Weichselstraße auf dem Westufer führte durch tiefe Schneeverwehungen nach Neuenburg. Zur Linken von Danzig befand sich offenes ungeschütztes Land. Sobald die russischen Panzerspitzen hier eintrafen, würden sie einfach durchrollen und dann war auch Danzig, wo noch immer Flüchtlingstransporte abgefertigt wurden, ebenfalls verloren.
Graudenz und Bromberg waren bereits eingeschlossen. Im Südosten kämpften die Divisionen der 2. Armee einen verzweifelten Kampf. Weit auseinandergedehnt versuchten sie jene Stoßkeile zu halten, die einmal nach Westen auf Berlin, dann aber auch nach Norden, gegen Westpreußen und Pommern rollten.

Generaloberst Weiß, der OB dieser Armee, versuchte, deren Reste in Richtung Danzig zurückzuführen. Aber für die halbe Armee gab es keinen Treibstoff mehr. Panzer und Sturmgeschütze, dringend notwendig zur Bekämpfung feindlicher Panzerverbände, mußten mehrfach gesprengt werden, um nicht kampflos in die Hände des Gegners zu fallen.
In der vorgeschobenen schwachen Front nach Süden an der Straße Schwetz - Tuchel kämpften die Männer der PzAA 4. Sie hatten sich jenes starken Flügels der 2. Belorussischen Front zu erwehren, der zum Flankenschutz der großen sowjetischen Angriffsbewegungen nach Norden auf Schneidemühl hier anbrandete. Feindpanzer stießen entlang der Kohlenbahn Oberschlesien - Gotenhafen nach Norden durch. Auf der Straße Schwetz - Tuchel drehten sie nach Westen. Hier stand die Sperrbrigade 1 unter Oberst Georg von Unold, der wenig später die 227. ID übernehmen sollte, als deren Kommandeur er fiel. (RK am 20. 3. 1945).
Die 4. PD verteidigte, in kleine Verbände aufgeteilt, den gesamten Raum

zwischen Tuchel und Kamin. Es waren die schnellen »Luchs-Spähtrupps«, die jede Meldung über Feindbewegung sofort über Funk weiterleiteten.
Es gelang der Divisionsführung, für das Panzer-Regiment in Konitz eine neue Panther-Ausstattung zu erhalten. Die I. /PR 35 der 4. PD erhielt sechs neue Jagdpanther, die für eine Sturmgeschütz-Brigade vorgesehen waren. Sechs Kommandanten und Besatzungen stiegen in diesen Jagdpanther um, der ein Jagdpanzer V war, mit einer Achtacht-Pak L 71, eine der gefährlichsten Panzerkanonen.
Vor Tuchel griff die 4. PD mit ihren neuen Panzern nach Süden an. Der Angriff gewann im harten Schlagabtausch rasch an Boden, lief sich aber dann plötzlich in einer tiefgestaffelten russischen Bereitstellung zum Angriff nach Norden fest.
Rechts von der 4. PD traten die Russen zum Angriff auf Konitz an. Die AA 4 wurde auf den rechten Flügel der Armee hinübergeführt, um die dort stehenden Infanterie-Verbände zu unterstützen. Bei Kamin und Großzirkwitz traten die schnellen Aufklärungspanzer zum Gegenstoß an, schlugen die eingebrochenen Feindgruppen zusammen und waren plötzlich selbst eingeschlossen. Die Aufklärer wurden zur Division zurückbefohlen, und rollten in Richtung Konitz, das auch von russischen Panzergruppen angestrebt wurde. Diese Bewegungen gestalteten sich zu einem tödlichen Rennen, da die AA 4 auf diesem Wege nach Tuchel daran vorbeimußten.
Als die AA 4 im Raume Konitz eintraf, sah sie bereits die Flammen in der Stadt emporlodern. Die Russen hatten das Rennen gewonnen.
Während nun die AA 4 mit großer Fahrt von Konitz auf Tuchel zurollte, um dort in den Endkampf einzugreifen, stürmten die Verbände der 7. PD unter GenMaj. Dr. Mauss von Osten gegen Konitz vor. Es gelang ihr, aus dem ostpreußischen Einschließungsring auszubrechen.
In Tuchel aber entbrannte der Panzerkampf. Starke Panzerverbände des Gegners drückten schrittweise nach Norden. In Kelpin angekommen, standen die Achtrad-Kanonenwagen der AA 4 mit ihren 7,5 cm-Stummelkanonen bereits im Kampf. Hier griffen auch die Sturmgeschütze der PzJägAbt. der Division in den Kampf ein. Hier war auch die Zeit des Fw. Hermann Bix gekommen.
Bix hatte einen der genannten schweren Panzerjäger erhalten. Mit fünf dieser Wagen stand er als Zugführer bei Preußisch-Stargard im Einsatz, das von den Russen genommen worden war.

Als hier russische Panzer weiter vorstießen, schossen die fünf deutschen Panzerjäger mit ihren Langrohrkanonen den feindlichen Panzerpulk zusammen. Als sie sich verschossen hatten, befahl Bix ihnen, sich

etwas abzusetzen. Er blieb allein vorn bei den Grenadieren, denn er hatte noch genügend Munition.
Wenig später sichtete er Feindpanzer unbekannter Herkunft, die er schließlich, als sie sich bis auf 1. 200 Meter genähert hatten, als US-Panzer erkannte, die den Russen über den nördlichen Seeweg Reykjavik - Murmansk zugeführt worden waren.
Er eröffnete das Feuer. Die ersten aufmunionierten Panzerjäger stießen wieder zu ihm vor. Schuß um Schuß jagten sie aus ihren Kanonen. Die Angreifer drehten und als sie auf der rechten Flanke wieder in Sicht kamen, wurden sie erneut anvisiert, und Bix konnte abermals zwei dieser Panzer abschießen. Dann meldete sein Richtschütze, daß er nur noch fünf Spreng- und 20 Kopfgranaten habe.
Plötzlich entdeckte Bix am Vorderhang eine Bewegung und sah durch seine »Schere«, daß die Russen dort zwei Pak in Stellung brachten.
Er ließ den Jagdpanzer herumrucken und mit dem ersten Schuß wirbelte beim Gegner Stoff und Holz empor. Die Russen hatten dort nur zwei Attrappen in Stellung gebracht.
Nun griffen die Russen mit einem dichten Rudel T 34 an. Bix und seine Männer zogen sich ein paar Dutzend Meter weiter zurück, wo sie hinter Weidenbüschen Deckung fanden. Sie ließen die T 34 bis auf 800 Meter herankommen, ehe sie das Feuer eröffneten. Das Panzerduell begann. Zehn Minuten lang waren die aufzuckenden Abschußblitze, die krachenden Treffer und Explosionen zu hören. Die Straße voraus, über welche die Russen gekommen waren, stand dicht in schwarzen Rauch gehüllt, aus dem die Abschußflammen der russischen Panzerkanonen hinausgrellten.
Feindpanzer fuhren sich fest, wurden anvisiert und abgeschossen. Als sich der Gegner hier zurückzog, standen elf abgeschossene Panzer auf der Straße und dem Feld seitlich davon.
Plötzlich tauchte eine russische Lastwagenkolonne auf der Straße auf. Die letzten Sprenggranaten wurden verschossen, und als sie zurückrollten, stießen sie auf einen T 34, der weit außen auf der Flanke durchgebrochen war. Aus 80 m Distanz wurde er abgeschossen.
An diesem Tage hatte Hermann Bix mit seinem Panzerjäger insgesamt 16 Feindpanzer abgeschossen. Er war damit der erfolgreichste Panzerkommandant der Abteilung. Lt. Tautorus, sein KpChef, hatte ebenfalls einige Feindpanzer vernichtet.
Als Kleschau gefallen war, erhielt das PR 35 Auftrag, den Gegenstoß auf diese Stadt zu unterstützen. In kleinen Kampfgruppen von jeweils zwei bis drei Wagen gegliedert, fuhren sie diesem starken Panzerfeld entgegen. Mit drei Panzerjägern verabschiedete sich Fw. Bix von Lt. Tautorus. Er sollte einem Major der Grenadiere helfen, einen Gegenstoß durchzuziehen und den dort eingebrochenen Gegner zu werfen.

Als er unterwegs war, erhielt er einen FT-Spruch, daß 20 Feindpanzer auf der Hauptstraße nach Danzig vorrollten und daß er, Bix, sie zu stoppen habe. Dies geschah, und am Abend erhielt Hermann Bix mit seinen drei Wagen Befehl, ein auf dem Gut unterhalb des Totenkopfes eingeschlossenes Volksgrenadier-Bataillon zu entsetzen, das von Feindgruppen mit Panzern angegriffen wurde.
Im beginnenden Schneetreiben rollten die Panzerjäger bei Einfall der Abenddämmerung los. Flüchtlingstrecks zwangen sie von der Straße herunter. Sie erreichten die Stelle, wo die beiden Einweiser auf sie warteten, und Bix bootete aus und ging mit diesen durch die sowjetische Umklammerung zum Gut.
Der Kommandeur dieses Bataillons zeigte ihm an der Karte, wo die Feindpanzer standen. Wenig später eilte Bix zu seinen Panzerjägern zurück und rollte mit diesen zum Totenkopfhügel hinauf. Dort hatten sie einen guten Überblick über die feindliche Panzerbereitstellung; sobald es am folgenden Morgen etwas hell wurde, waren die Panzer einzeln zu erkennen.
Sie fanden oben auf dem Hügel noch eine Flakstellung mit vier leichten FlaMW. Bix wies nach einer kurzen Besprechung mit dem Flak-Oberleutnant seine Panzerjäger ein und erklärte ihnen die jeweiligen Schießabschnitte.
Als es völlig hell geworden war eröffneten sie das Feuer auf die Panzer, von denen jeder Panzerjäger einen anvisiert hatte.
Nach der zweiten Salve standen bereits drei Feindpanzer in Flammen. Aus den Deckungen rollten weitere T 34 heraus und fuhren unten vor dem Gutshof durcheinander. Sie rollten in den Park hinein, rammten Bäume und versuchten, zum Hinterhang zu entkommen. Dort aber wurden sie von dem dritten Panzerjäger voll erwischt.
Das Panzerduell dauerte 20 Minuten, dann war der Gegner vernichtet, oder geflohen. Die Grenadiere rannten jubelnd ins Freie.
19 abgeschossene Feindpanzer wurden gezählt. Im Schußbereich von Fw Bix Panzerjäger standen elf zerschossene T 34 und KW I. Die übrigen waren von den Kommandanten Schafferts und Igel abgeschossen worden.
Am nächsten Tag zogen sich die Panzerjäger und Panzer der 4. PD in Richtung Danzig zurück.
Als Mitte März Bütow gefallen war und die Rote Armee bei Stolp den Durchbruch an die Ostsee geschafft hatte, war Danzig Brückenkopf und Festung geworden. Die Aufgabe für die Divisionsreste der 2. Armee und auch für die 4. PD lautete: »Den Ring um Danzig zu halten, denn Hunderttausende von Flüchtlingen müssen noch über die See nach dem Westen evakuiert werden.« Auch Gotenhafen mußte gehalten werden.

Dorthin zogen die Truppenteile der 4. PD, nachdem Karthaus eines Nachts geräumt werden mußte und im Rückzug an Seefeld vorbei, das voller Russen steckte, der Raum von Gotenhafen erreicht wurde.
Währenddessen verteidigten die Reste der 2. Armee sich mit großer Entschlossenheit gegen die überwältigende Masse russischer Angreifer.
In Danzig selbst wurde ununterbrochen, bei Tag und Nacht auf die Schiffe verladen, während immer wieder neue schwere Bombenangriffe der sowjetischen Fliegerkräfte auf die Stadt niederschmetterten.
Vor Leesen, im Weichbild von Danzig, stand die AA 4 mit den Panzergrenadieren des Rgt. 12 im Abwehrkampf. Die hier stehenden drei Pak schossen sechs angreifende Feindpanzer ab, ehe sie selbst ausgeschaltet wurden. Über Emmaus gingen diese Männer in den Stadtteil Schidlitz am Fuße der Danziger Zitadelle zurück.
Immer wieder fielen Bomben auf die Stadt. Die Festungsflak von Gotenhafen und Danzig und die in der Danziger Bucht auf- und abstehenden schweren Artillerieträger zerschossen russische Panzerbereitstellungen bei Kölln. Täglich schossen die wenigen Königstiger und Jagdpanther 80 bis 90 Feindpanzer ab. Aber der Kampf trat auch hier in sein Endstadium.
Am Morgen des 19. 3. eröffnete der Angreifer aus Hunderten von Rohren das Feuer auf Danzig. Die Verteidigungslinien dieser Division waren bis auf 2 000 Meter an den Stadtrand zurückgenommen worden. GenMaj. Betzel, der Kommandeur der 4. PD, erhielt hier an diesem Tage den Besuch von Gen. d. Pz. Tr. Dietrich von Saucken, der die Division früher geführt hatte. Dietrich von Saucken hatte am 15. 3. den Oberbefehl über den Brückenkopf Danzig-Gotenhafen übernommen. Er erfuhr hier, daß seine alte Division tapfer und entschlossen hielt, um den Hafen von Hela zu sichern, jenen Stützpunkt der Flotte des Admirals der Östlichen Ostsee, der für die Versorgung der HGr. Kurland von entscheidender Bedeutung war.

Vor allem aber kam es, im Hinblick auf die noch immer aus Danzig abzutransportierenden Flüchtlinge darauf an, Zeitgewinn zu erzielen, um diese Menschen über See wegschaffen zu können.
Geben wir an dieser Stelle General der Panzertruppe Dietrich von Saucken das Wort zu einigen Fakten der Großlage in diesem Bereich:
»Durch unsere Armee verlief, etwa an der Weichsel, die Grenze zwischen den Heeresgruppen Rokossowskij und Wassilewskij. Beide hatten starke Kräfte gegen unseren Brückenkopf angesetzt, die damit dem großen Schwerpunkt des russischen Angriffs nach Westen entzogen waren. Wenn die Russen, wie man nach der Kapitulation erfuhr, drei Luftflotten gegen uns eingesetzt hatten, so spricht das auch dafür, daß

sie einen wichtigen Grund hatten, unseren Brückenkopf auszuräumen. Wir jedenfalls bildeten den Schild für alle, die aus dem Raume Danzig, Pillau und Hela den Westen erreichten. Weit über eine Million Deutsche, Kinder, Frauen, Greise, Verwundete und Kranke, hatten sich hinter diesen Schild begeben. Ich übernahm als Oberbefehlshaber selbst — da ich eine Unterstellung unter die Gauleiter abgelehnt hatte — die gesamte Organisation.
Im bewaldeten Dünengelände in der Nähe des Weichseldurchstichs, dann in den Waldgebieten der Halbinsel Hela, mußten alle, in Blocks eingeteilt, im Freien in Sandlöchern kampieren und auf ihren Aufruf zur Verladung warten. Die Verpflegung dort mußte von der Truppe durch zusammengestellte Stäbe organisiert und ausgegeben werden. Die tapfere, unermüdliche Tätigkeit der Pionier-Landungsboote und der Marine-Fährpräme kann nicht genug gewürdigt werden.
Die Besatzungen führten im feindlichen Feuer und unter ungehinderten Angriffen der russischen Luftflotten unerschrocken ihre Pendelfahrten vom Festland nach Hela durch. Dort erfolgte der Umschlag von diesen Zubringerbooten auf die großen Schiffe. Es ist schwer, sich vorzustellen, was für Zeit und Mühe dies bei Seegang forderte. Was für Zahlen zu bewältigen waren, soll ein Beispiel zeigen:
Am 25. 4. 1945 verließen 5 000, am 26. 4. 8 000 Menschen die Putziger Nehrung. Am 27. 4. übernahmen sieben Schiffe insgesamt 24 000 Menschen und brachten diese nach Kiel und Kopenhagen.«
Soweit General der Panzertruppe a. D. Dietrich von Saucken an den Verfasser.
Wie aber sah es in Danzig aus? Was war dort zur Verteidigung und zur Sicherung der zurückgebliebenen Bevölkerung geschehen? Wer führte dort, und was stand diesem Festungskommandanten an Abwehrkräften und schweren Waffen zur Verfügung?

In der Festung - Das Grauen in den Kellern

Im Bereich der Städte Danzig und Gotenhafen, die zu Festungen erklärt worden waren, gab es außer einigen Volkssturm-Einheiten nur Genesenden-Kompanien, im Erdkampf eingesetzte Marinetruppen und andere kleinere Formationen der Wehrmacht, deren Kampfkraft nicht sehr hoch zu veranschlagen war.

Die Division »Feldherrnhalle« des Panzerkorps »Großdeutschland« war aus der Stadt abgezogen worden. Mit ihnen als Gerüst sollte im Reich die Division erst aufgestellt werden.

Das Generalkommando des XX. AK unter General Specht führte in Danzig. Specht, der als Oberst und Kommandeur des IR 55 am 16. 1. 1942 das Eichenlaub zum Ritterkreuz erhalten hatte, war ein energischer Mann mit großer Rußlanderfahrung. Er hatte seinen Stab zu Anfang März 1945 aus der Kaserne am Weißen Turm in Danzig in das Gebäude der polnischen Marineschule in Adlerhorst verlegt. Von dort aus amtierte er bis zum 18. 3. 1945. Er legte gegen den Abzug des Regimentes »Feldherrnhalle« schärfsten Protest ein, ohne diese Verlegung jedoch rückgängig machen zu können.

Als er die Befehle erhielt, die Danzig und Gotenhafen zu Festungen machten, hatte er auf alle dazu fehlenden Voraussetzungen hingewiesen. Er schlug vor, die Truppen auf die Weichsellinie zurückzunehmen und im Zusammenwirken mit den in Ostpreußen stehenden Truppen das Weichsel-Nogat-Delta und die weiter östlichen Landgebiete unter Zuhilfenahme von Überschwemmungen der tieferliegenden Gebiete zu halten, wie dies im Westen bereits mit großem Erfolg durchgeführt worden war. Seine Vorschläge verfielen der Ablehnung und es wurde aus dem FHQ noch einmal betont, daß Gotenhafen und Danzig »bis zur letzten Patrone gehalten werden« sollten.

Rings um Danzig wurden Panzergräben ausgeschachtet und Panzersperren errichtet.

Als der Gegner sich dem Weichsel-Nogat-Delta näherte, waren die in diesem Raum liegenden Ortschaften bereits weitgehend geräumt worden. Die Trecks hatten in eisigen Schneestürmen den Weg nach Westen angetreten und folgten den bereits zum Teil durchgezogenen Trecks, die aus Ostpreußen kamen.

Jene Trecks aber, die aus den Gebieten von Neuteich und Tiegenhof

aufgebrochen waren, gelangten nur in den Raum Mariensee, wo sie wochenlang liegenblieben, bis die vordringenden russischen Panzerverbände sie nach Danzig hineintrieben. Von dort aus wollten die Menschen versuchen, über See aus dieser Hölle hinauszugelangen.
Am 17. März ließ General der Infanterie Specht eine Zählung der in Danzig befindlichen Menschen durchführen. Der Gauleiter von Danzig schätzte die Zahl der Bevölkerung, die sich noch im Brückenkopf Gotenhafen-Danzig befanden auf 600 000 bis 1 000 000.
Die Verwundeten-Sammelstellen in Danzig hatten zu Beginn dieses entscheidenden Monats 16 000 Verwundete gezählt. 4 000 weitere lagen in kleineren Lazaretten im Bereich der Doppelfestung, und täglich trafen aus Ostpreußen und Kurland über See weitere 1 000 Verwundete ein und aus Westpreußen waren es täglich etwa 800.
Ein Teil von ihnen wurde täglich gemeinsam mit den Flüchtlingen über See abtransportiert. Aber der Zugang überwog die Abgänge stark und vermehrte die Zahl der in Danzig liegenden Verwundeten von Tag zu Tag.
Die Holm-Insel und der Danziger Hafen sah Szenen, die sich kaum ein Mensch vorher hätte ausmalen können. Im eisigen Sturm schleppten sich die Flüchtlinge in einer dichten Kolonne zum Troyl. Dort lagen die Flüchtlingsschiffe. Wenn die Kolonnen hielten, ließen sich die übermüdeten Menschen auf ihre Koffer und Rucksäcke fallen und warteten ergeben darauf, daß es wieder weiterging. Viele Menschen zogen ihre in Säcke verstauten Habseligkeiten an Stricken wie Schlitten hinter sich her.
Als die Russen am 22. 3. 1945 über Groß-Katz zwischen Adlershorst und Zoppot das Meer erreichten, war der Doppelbrückenkopf Gotenhafen-Danzig getrennt. Der Endkampf beider Festungen vollzog sich nunmehr unabhängig voneinander.
General Specht hatte bereits am 18. 3., als diese Entwicklung vorhersehbar war, seinen Gefechtsstand in die Bunker an der Spitze der Halbinsel Hela verlegt. Dorthin folgte ihm wenig später auch das HQ der 2. Armee nach. Generaloberst Weiß hatte das Kommando an General der Panzertruppe von Saucken übergeben müssen.
Am 24. 3. 1945 ließ Marschall Rokossowskij über Danzig Riesenmengen Flugblätter abwerfen. Der Inhalt derselben lautete folgendermaßen:
Marschall der Sowjetunion Rokossowskij
an die Garnisonen von
Danzig und Gdingen.
Generale, Offiziere und Soldaten der 2. deutschen Armee!
Meine Truppen haben gestern, am 23. März, Zoppot genommen.
Die eingeschlossene Kräftegruppe ist damit in zwei Teile aufgespalten.

GefStand der HGr. B: GFM Model mit Stabsoffizieren und Kommandeuren: ganz links Oberstleutnant Werning. Rechts von Model die Generale Lucht, Hitzfeld und Tolsdorff.

Im Westwall, von links: Feldmarschall Montgomery, Sir Alan Brooke, Churchill und GenLt. Simpson.

Panzervernichtungstrupp geht in Schlesien in Stellung.

GFM Schörner und Dr. Josef Goebbels im wiedergewonnenen Lauban.

Scheinwerfer-Reflektoren als Straßensperre.

Das brennende Königsberg nach dem Bombenangriff der Russen vom 27.8.44.

Die ausgebrannte Schloßkirche und das Blutgericht.

Pakstellung des Volkssturm-Batl. an der Ausfallstraße von Königsberg.

Straßenkampf in Königsberg am 7.4.45

Die Garnisonen von Danzig und Gdingen sind voneinander getrennt. Unsere Artillerie beschießt die Häfen von Danzig und Gdingen und die Einfahrten zu denselben. Der eherne Ring meiner Truppen um Euch verengt sich mehr und mehr.
Unter diesen Umständen ist Euer Widerstand sinnlos und wird nur zu Eurem Untergang, sowie zum Untergang von Hunderttausenden Frauen, Kindern und Greisen führen.
Ich fordere Euch auf:
1. Unverzüglich den Widerstand einzustellen und Euch mit weißen Fahnen einzeln, gruppenweise, Zug-, Kompanie-, Bataillons- und Regimenterweise gefangenzugeben.
2. Allen, die sich gefangengeben, garantiere ich das Leben und die Belassung des persönlichen Eigentums.
Alle Offiziere und Soldaten, die ihre Waffen nicht strecken, werden bei dem bevorstehenden Sturm vernichtet.
Euch wird die volle Verantwortung für die Opfer der Zivilbevölkerung treffen.
Der Befehlshaber der Truppen der 2. Belorussischen Front Marschall der Sowjetunion K. Rosskowskij.
Den 24. März 1945.«
Die Antwort darauf kam aus dem FHQ, denn General Specht hatte dieses Kapitulationsangebot direkt zum FHQ weitergeleitet. Sie lautete:
»Jeder Quadratmeter des Raumes Danzig/Gotenhafen ist entscheidend zu verteidigen.«
Damit war auch für Danzig das Todesurteil gesprochen. Die Rote Armee eröffnete die Endphase des Kampfes um diese Stadt mit einem vernichtenden Trommelfeuer aller herangeschaffter schwerer Waffen. Danach griffen dichte Pulks zweimotoriger Bomber die Stadt an. Ihre Bomben prasselten auf die engen Straßen der Stadt herunter und rissen alles auf. Dann folgten Brandbomben nach. Flammen stoben aus den Trümmern von Danzig empor. Und diese Angriffe wurden einigemale wiederholt. Tagelang stand eine undurchdringliche Wand aus Feuer und Rauch über der Stadt.
Im Hafen erhielten zwei Munitionsdampfer Artillerietreffer und brannten unter dauernden weiteren Explosionen aus. Der Danziger Hafenkanal wurde durch die Versenkung eines großen Schiffes gesperrt, nachdem alle noch manövrierfähigen Schiffe ausgelaufen waren.
Am 26. 3. wurden auch die Hafenanlagen von Gotenhafen gesperrt, indem eine Reihe von Schiffen versenkt wurden und Sprengungen die Anlagen unbrauchbar gemacht hatten.
Daß sich Danzig überhaupt so lange hatte halten können, war ein Verdienst der hier und bei Gotenhafen eingesetzten Flak-Batterien. Die

Achtacht schossen angreifende russische Panzerrudel zusammen, noch ehe diese auf Schußweite herangekommen waren.
Einer der russischen Offiziere des 1. Garde-Panzerkorps erklärte dem OrdOffz, Rittmeister Friedrich von Wilpert, daß seine 17. Brigade mit 35 Panzern von Heiderode aus angetreten sei und daß jedes Bataillon, das beim Antreten 10 bis 12 Panzer gehabt habe, nunmehr nur noch deren zwei einsetzen konnte. Die 16. Panzerbrigade sei völlig aufgerieben worden.
Als die ersten russischen Sturmtruppen in die Stadt eindrangen, wurde aus den in der Stadt sitzenden Einheiten der 4. PD eine Panzervernichtungs-Kompanie aufgestellt. Mit Panzerfäusten MG und MPi ausgerüstet, sollten sie den Schutz der kämpfenden Infanterie gegen Feindpanzer übernehmen.
Einige Gruppen wurden jeweils durch Lastwagen an die befohlenen Stellungen der Infanterie an den Einfallstraßen herangeschafft. An ihnen beiderseits vorbeihastend zogen sich bereits Kampfgruppen und Einheiten nach Danzig zurück.
Es war Mitternacht, als diese Vernichtungstrupps die ersten russischen Laute vernahmen. Panzerketten waren zu hören und das Knarren der Räder der Panjewagen. Schon tauchten die Silhouetten russischer T 34 auf. Die Männer arbeiteten sich mit ihren Panzerfäusten näher an die Stahlkolonne heran.
Dann erfolgten die Abschüsse. Die Feuerstrahlen der Panzerfäuste stießen nach hinten, und der Rückstoß trieb den Sprengkopf den Panzern entgegen. Zwei, drei Sekunden vergingen, dann hämmerten die knallenden Einschläge. Panzer standen Sekunden später in Flammen. Detonationen grellten durch die Nacht, als Munition in den getroffenen T 34 hochging.
Der Nachtangriff der Russen brach in dieser Panzerabwehr einer kleinen Schar Männer zusammen. Die Panzer rollten zurück. Nun aber begann das Geschütz- und Werferfeuer erneut. Die vorgeschobenen Stellungen wurden wenige Stunden später aufgegeben. Der Panzervernichtungszug übernahm die verlassenen Stellungen. Als aber gegen Mittag des 26. März klar wurde, daß links und rechts von ihnen kein einziger deutscher Soldat mehr stand, mußte auch er sich zurückziehen.
In der Stadt lagen nun die Männer hinter Barrikaden und Trümmern. Aus den Dachluken der Häuser feuerten sie auf die anrollenden Panzer, die langsam in die Stadt hinein vorfühlten. Panzer flogen in die Luft, ohne daß zunächst die Russen erkannten, woher dieses Abwehrfeuer kam. Beim weiteren Einsatz hinter einer Straßensperre gab ein Einschlag einer schweren Granate einem Teil einer Panzervernichtungsgruppe den Tod.

Danzig stand über alles in Flammen. Die Brücken stürzten ein und die letzten Verteidiger zogen sich über den Weichselarm in den Vorort Heubude zurück.
Sie sahen im Rückzug, daß das berühmte Krantor in Flammen stand und daß auch viele andere Sehenswürdigkeiten der Stadt in Trümmer lagen.
In Heubude fanden sie eine 7,5 cm-Pak und einen Bunker mit ausreichender Munition vor. Von hier aus wurden die letzten Granaten auf die Russen abgeschossen.
Am Olivaer Tor von Danzig aber hatte das Gros der 4. PD bis zuletzt verteidigt. Hier fiel am Morgen des 27. 3. 1945 GenMaj. Betzel, der noch am 11. 3. das Eichenlaub zum Ritterkreuz erhalten hatte. An seiner Seite fand auch Hptm. Kohl den Tod. Vom PR 35 fielen hier noch neben den vielen Panzersoldaten die Kommandeure Hptm. Kahle und Hptm. Schalmat.
Die Russen kämpften sich unter ungeheurem Artillerie- und Werfereinsatz von hier aus zum Bahnhofsgelände durch. Die Schichauwerft wurde erbittert umkämpft. Bei Langfuhr gelang es einem einzigen Panzer, den Feind noch einmal 24 Stunden zu stoppen. In der folgenden Nacht wurde die Stadt westlich der Mottau geräumt und über die letzten Übergänge der Rückzug nach Heubude angetreten, wo das Panzervernichtungskommando bereits eingetroffen war.
Flüchtlingsansammlungen und Verbandsplätze wurden von russischen Bombern vernichtet.
Auf den Rieselfeldern bei Heubude entbrannte der letzte Kampf. Hier fielen eine Reihe der bewährten Chefs und Kommandeure, ehe es nach Neufähr zurückging. Dort wurde der Brückenkopf Weichselmünde ausgebaut und besetzt. Pioniere arbeiteten fieberhaft an den Verladestellen und brachten von hier aus weiter Flüchtlinge und Verwundete nach Hela und von dort auf die großen Schiffe, die sie über die Ostsee nach Deutschland transportierte.
Als die Oxhöfter Kämpe aufgegeben werden mußte, befanden sich auf der Halbinsel Hela noch etwa 100. 000 Menschen. Die Russen griffen hier nicht an. Bei der Kapitulation gerieten hier alle noch befindlichen Deutschen, bis auf jene Handvoll, der es gelungen war, in kleinen Nußschalen über See wegzukommen, in Gefangenschaft.
Am 28. 3. 1945 hatten die Russen Danzig in ihre Hand gebracht. Über die letzten 24 Stunden des Kampfes um Danzig und den ersten Einmarsch russischer Soldaten in die Stadt berichtete Frau Klara Seidler aus Danzig:
»Nun ging es los! Bombenhagel und Artilleriefeuer ballerte wie verrückt. Ein furchtbarer Treffer riß die Tür unseres Hauses ein. Ein Flammen-

meer kam uns entgegen, die wir im Keller versammelt waren. Die Erde bebte, unser Haus schwankte, das Licht erlosch. Durch eine Luke wurden wir aus dem Keller nach oben gezogen.
Ein brennendes Gebäudeteil hatte die Kellertür versperrt. Es war 14.00 Uhr, trotzdem herrschte glühende qualmende, unerträgliche Finsternis. Wohin jetzt?
In die Johanniskirche. Alles war überfüllt, niemand machte Platz, keiner kam mehr herein. Wieder heulte ein Bombenhagel auf uns herunter. Wir suchten die kleinste Deckung und liefen danach zur Langen Brücke. Auch sie war in Flammen gehüllt. Die Speicherinsel brannte. Wir rannten in ein Haus und schoben uns durch den dicht besetzten Türeingang nach hinten.
Wieder ein Treffer. Fünf Personen aus dem Türeingang waren tot. Wir gingen darüber hinweg und liefen die Häckergasse hinauf zum Damm. Der große Bunker war überfüllt, selbst seine Treppen, also mußten wir weiter in glühender, sengender Finsternis zum Hochbunker. Dort herrschte ein furchtbares Grauen. Dort lagerndes Material hatte sich entzündet und brennende Menschen schoben sich als Feuersäulen ins Freie. Ein brennender Giebel stürzt in unserer Richtung zu Boden. Wir lassen alles fahren, nur die Handtasche blieb.
Weiter zur Gaskasse. Die Straße ist übersät mit Koffern, Mänteln und Menschen, die gekrümmt, verbrannt, tot oder sterbend liegen.
Mit uns laufen viele, viele Menschen um ihr nacktes Leben. Endlich nach öfterem Ausweichen sind wir auf Hoheseigen angelangt. Das dort stehende Gebäude der Gasanstalt ist massiv und mit Schiefer gedeckt, und an zwei Seiten fließt die Radaune vorbei.
Zwei große Flak sind zu beiden Seiten aufgestellt. Die Gasanstalt selbst ist gestopft voll, und man weist uns nach oben in die Amtsräume, wo wir uns unter die Tische auf den Fußboden legen.
Nach mehreren Einschlägen sind wir mit Glas überschüttet. Da holt uns einer von der Aufsicht herunter in den Keller, wo wir uns auf wenigen Quadratzentimetern hinhocken.
In diesem Keller waren 2000 Frauen, Kinder und Greise untergebracht. Es brannte ein trübes Licht. Die Luft war trotz der Entlüftung zum Ersticken. Die dauernden Einschläge brachten uns dem Wahnsinn nahe, aber immer wieder wurde die größte Gefahr abgewendet.
Wir brachten dort die lange Sonntagnacht zu, den Montag ebenfalls. Außer einem Stück trockenen Brotes gab es keine Verpflegung. Wenn man austreten wollte, war dies eine Katastrophe.
Gegen 14.00 Uhr waren die Russen auf 100 m herangekommen. Als jemand fragte, ob man sich ergeben sollte, war ein vielstimmiger Schrei »Ja!« die Antwort. W a s hätten sie auch anders tun können?

Die beiden Flak stellten nun das Feuer ein, und auf dem Dach und an einem vorderen Fenster der Gasanstalt wurde die weiße Fahne gehißt.« (Soweit der erste Bericht).

Etwa 30 Minuten später kamen ungefähr 25 Russen in die Gasanstalt. Sie trugen neue Uniformen und sahen gepflegt aus, und einige sprachen sehr gut deutsch.

Die Männer mußten nun heraustreten. Da dies nur alte und kranke Menschen waren, passierte ihnen nichts. Alle Frauen wurden aufgefordert, wieder heimzugehen, denn der Kampf um Danzig sei zu Ende.

Es sah so aus, als seien die argen Befürchtungen, die alle angesichts der vielen schrecklichen Beispiele hegten, für Danzig hinfällig, als sollte ausgerechnet diese Stadt eine Ausnahme machen, doch dem war nicht so, wie der zweite Teil des Berichtes von Frau Klara Seifler auswies.

»Wir hofften, die Russen würden es gnädig mit uns machen. Aber weit gefehlt! Der erste Russe, der auf unser Haus zukam, riß dem in der Tür stehenden Herrn Bart die Uhr aus der Weste. Danach fuhr ein Wagen, mit Teppichen ausgelegt, bis vor unsere Haustür. Vier russische Offiziere stiegen aus und verlangten von uns zu trinken. Sie waren höflich und freundlich und teilten sogar Zigaretten aus.

Die vier Offiziere waren unser Schutz. Die Soldaten, die bei uns eindrangen, verschwanden sofort wieder, sobald sie der Offiziere ansichtig wurden. Bei Einbruch der Dunkelheit aber fuhren die Offiziere weiter. Und von nun an waren wir ausgeliefert.

In Rotten zu fünf bis zehn Mann kamen jetzt die Soldaten und plünderten und schändeten. Nun hieß es immer 'Urri!' oder 'Frau komm!'

Frau F. mußte diesem Ruf unter Püffen folgen und mußte sich von sechs Soldaten mißbrauchen lassen.

Am Mittag dieses Tages aber begann erst die totale Zerstörung von Danzig. Pausenlos schossen die Ari, warfen die Bomber ihre Bomben und Phosphorkanister ab. Wir packten uns einige Verpflegung und flohen durch die Spendhausengasse dem Wasser zu.

In einem stehengebliebenen Haus wollten wir rasten, wurden aber von den dort befindlichen Russen so gequält, daß wir lieber in die flammende Hölle hineinliefen. Mit brennenden Schuhsohlen rannten wir, nach einem Unterschlupf suchend.

In der Häckergasse fanden wir schließlich neben einer Flakstellung noch zwei leerstehende Häuser, in die wir uns verkrochen. Aber unser Elend wurde immer größer.

Die zweite Garnitur Russen (vermutlich die nachfolgenden Troß-Truppenteile) war jetzt auf uns losgelassen. Keine Frau wurde verschont. Vor den Augen der Männer, die mit der MPi in Schach gehalten wurden, wurden die Frauen vergewaltigt. Wir versteckten uns, aber die

Russen fanden uns doch. Eine junge Frau mit drei kleinen Kindern wollte gerade in einem der Keller verschwinden, als die Horde sie überwältigte.
Die Kinder riefen: 'Mutti, Muttilein!' Da nahm der eine Russe die Kinder und schlug sie an die Mauer. Das Knirschen vergesse ich mein Leben lang nicht. Dieser nahm dann die nächste Frau vor. Sie kroch nachher in die Mottlau, denn gehen oder sich aufrecht halten konnte sie nicht mehr.
Am nächsten Morgen wurde der letzte Teil von Danzig angezündet. Wir mußten machen, daß wir in freies Feld gelangten. Über hohe noch rauchende Trümmerhaufen bahnten wir uns mit einem Wagen auf Gummirädern den Weg durch die Häckergasse.

In der Markthalle, einem rauchenden Stahlskelett, dachten wir etwas Wasser zu bekommen. Aber in diesem Massengrab waren nur Elend und Leichen. Frau Jacobs, ein graues Gespenst nur mit einer Pferdedecke behängt, sagte immer:
»Die Juwelen und die Goldsachen sind im Keller!«
Längst war ihr Grundstück ein einziger Trümmerhaufen.
Wir liefen durch diese rauchende Wüste und wollten nach Ohra hinausgelangen. Da dort immer noch gekämpft wurde, wandten wir uns zur Allee nach Langfuhr hin. Auf halbem Wege dorthin auf der Allee gerieten wir unter Beschuß und hatten wieder eine Menge Tote. Wir wandten uns dem Trinitatisfriedhof zu. Dort tranken wir das in den Regentonnen stehende Wasser.
Hier wurden uns wieder von Russen die Wertsachen genommen und jene Dinge, die ihnen gefielen.
Und dann hieß es auch wieder: 'Frau komm!' Wer nicht gleich mitging, wurde grausam geschlagen und letzten Endes doch gezwungen mitzugehen, meistens in den Treppenflur oder auf die Treppe. Aber auch in die oberen Stockwerke wurden die Frauen geführt und dort mißbraucht, tierisch die Brüste zerbissen und furchtbar gequält, gleich immer von vielen hintereinander.
Besonders unsere Frau Mielke, eine 67-jährige mit Brille wurde immer wieder geholt.
In einem Kinderbett suchte ich Zuflucht, ganz in alte Bücher und Schutt eingewühlt.
Immer gab es noch Schießereien, immer noch Kanonendonner, der das Haus bis in die Grundfesten schaukeln ließ. Durch Angst und Hunger waren wir schon nicht mehr zurechnungsfähig.«
Was Frau Klara Seidler dann in den Kellern eines halb zerschossenen Hauses erlebte, in das sich die GPU mit 20 bis 24 Offizieren eingenistet

hatte, und in dem ein paar Mädel für das Vergnügen vorhanden waren, lautet so:

»Allmählich füllten sich die umfangreichen Kellerräume dieses 'Gerichtes der GPU' mit Gefangenen, meistenteils Frauen und Mädchen, aber auch viele Männer, von Kindern bis zu Greisen. Die Kommissare und Kommissarinnen, letztere meistenteils aus den KZ-Lagern deutscher Zeit, wurden jetzt zur Befragung der Gefangenen angesetzt.

In den Kellern unter uns herrschte das Grauen. Auf engstem Raum waren dort Hunderte Menschen zusammengepfercht. Einmal am Tage, des morgens, wurden sie auf den Hof geführt, um sich zu entleeren. Tote blieben einfach liegen, kaum daß man sie auf die Seite räumte. Einmal warfen die russischen Aufsichtsposten einen Eimer mit brennendem Karbid unter die Frauen, weil sie ihnen nicht gleich willfährig waren.

Vier Zimmer mit zwei Kommissaren und zwei Kommissarinnen wurden zur Vernehmung der Gefangenen eingerichtet. Die Vernehmungen waren einfach: 'Du bist bei der SS, SA oder im BdM gewesen.' Wenn jemand leugnete, folgte die Reitpeitsche und dann kam die Wiederholung und bei weiterem Leugnen gab es weitere Schläge bis man gestand und die Urteile, Transport nach Sibirien, gesprochen werden konnten.

Frau Brückmann, in diesem Keller, die ihre 12 Jahre alte Tochter nicht vor ihren Augen schänden lassen wollte, hielt Inge fest in den Armen. Der enttäuschte Russe knallte sie beide runter.

Frau Paap's Tochter, Frau Lemke, wurde von einem Russen überwältigt, ein alter Offizier wartete als nächster auf sie. Als sie sich sträubte und ihre Mutter um Hilfe anflehte, wurde sie von dem Russen erschossen. Ihre Mutter kam mit einem Rückenschuß davon.

Auf dem Trinitatisfriedhof war die Leichenhalle von Menschen bewohnt. Zwischen den Gräbern wurden die Frauen vorgenommen, ins Gärtnerhaus hineingeschossen und dadurch die Leute, die sich darin verkrochen hatten, umgebracht.«

Nur noch einige Sätze über die Danziger Zustände, die von Frau Brigitte Pajain aus Danzig-Langfuhr zu Protokoll gegeben wurden.

»Es war am 27. März 1945 gegen 3.00 Uhr früh, als sich eine unheimliche Stille über Langfuhr legte. Wir hatten seit drei Wochen im Keller gehaust und warteten, äußerlich ruhig und gefaßt, aber im Innern furchtbar erregt, auf die erste Begegnung mit den Russen. Wir spürten, daß sie an diesem Morgen kommen würden.

Ich schaute die Straße entlang und sah weit hinten den ersten russischen Panzer die Bahnhofstraße herunterkommen.

Und dann war es soweit. Eine Durchsuchung der Keller erfolgte. Man suchte nach Waffen und sich versteckt haltenden Soldaten. In Abständen kamen immer wieder Soldaten in den Keller.

Es mochte gegen 8.00 Uhr dieses tragischen 27. März gewesen sein, wir begannen gerade aufzuatmen, als die ersten Panjewagen in unserer Straße hielten. Ehe wir es recht begriffen, gingen 20 bis 30 plündernde Russen durch Haus und Keller.

Was wir nun erlebten, läßt sich kaum beschreiben. Unzählige Horden von Russen zogen raubend, plündernd und singend durch die Keller. Alle waren sie betrunken und warfen sinnlos das Eingemachte von den Regalen herunter, zerrissen und zerschnitten Koffer und Schränke, suchten nach Schmuck und anderen Wertsachen. Dann begann für die Mädchen eine furchtbare Zeit. Ich war zu dieser Zeit Neunzehneinhalb; als ich sah wie Frauen unter Schreien und Weinen in die Keller gezerrt wurden, flüchtete ich auf den Hof. Hier wimmelte es von Russen, Pferden und Wagen. Ich sah eine der Grauen Schwestern, die im Nachbarhaus eine kleine Kapelle und ein Altersheim unterhielten. Sie nahm mich mit und versah mich mit einem langen alten Mantel und versteckte mich bei den Alten im Heim. Wir beteten hier laut und inbrünstig stundenlang.

Als es Nacht wurde, mußten wir den Keller verlassen und uns im Kellergang aufhalten. Meine Mutter hatte mich inzwischen gefunden und deckte mich mit alten Decken und Kissen zu.

Es folgte eine grausame Nacht. Stundenlang hörte ich aus dem Keller die Hilfeschreie der Frauen und Mädchen und der Grauen Schwestern. Unentwegt schoben sich die Russen durch den Kellergang, immer nach neuen Opfern suchend. Gegen 5.00 Uhr wurde es endlich ruhiger und ich wagte mich aus meinem Versteck. Die stickige Kellerluft trieb uns ins Freie. Es bot sich uns von oben ein unvergeßliches Bild. Unser Haus war ein Feuermeer. Verständnislos und verstört starrten wir in die Glut. Später begann auch das Schwesternhaus zu brennen. Die Russen vertrieben uns aus der kleinen Kapelle, in der wir auf unser Ende warten wollten. Im Nu waren wir ein endloser Menschenzug, der sich vorwärtswälzte, begleitet von Russen, die mit Schießen und Brüllen zur Eile antrieben. Die Männer wurden herausgesucht, gesammelt und später in Lager gebracht.

So waren wir nur noch Frauen, Kinder und Greise. Viele der Flüchtlinge schleppten noch einige Habseligkeiten mit, welche sie aber schließlich Stück für Stück wegwarfen, weil dies zu schwer wurde. Je länger wir marschierten, desto mehr schrien die Kinder. Greise wurden von Russen getreten und geschlagen, wenn sie liegenblieben.

Wir kamen bis Oliva. Dann auf einmal hieß es: zurück! Es kamen immer mehr Menschen hinzu. Bis zur Dunkelheit wanderten wir auf unbekannten Wegen durch die Wälder. An uns vorbei rollten Panzer und Geschütze. Es begann zu regnen. Wir mußten uns auf der Stelle niederlegen, wo wir uns befanden. Dann kamen unzählige Russen, unsere Begleitposten. Sie traten über unsere Körper und suchten sich mit Lampen ihre Opfer aus. Schreie gellten durch Nacht, wenn die Frauen zum Lagerfeuer gezerrt wurden.

Ich weiß nicht, wie viele Tage dieser Marsch gedauert hat. Uns erschien er eine Ewigkeit. Immer mehr Frauen, Kinder und Alte blieben liegen, immer wieder sahen wir Lastautos, aus denen Russen sprangen und junge Mädchen hineinzerrten, um sie für Sibirien zu sammeln. Grausam die hilflosen Schreie dieser Mädchen.
Unvergeßlich, wie wir uns vor einer Reihe Stalinorgeln aufstellen mußten und diese dann plötzlich über uns hinweg losdonnerten. Man quälte und peinigte uns, wo dies nur möglich war.
Eines Tages wurden wir ohne Bewachung weitergeschickt.
Es hieß: 'Nach Hause!' Wir wanderten bis zum Dunkelwerden und legten uns dann in eine Scheune. Aber auch hier fanden wir keine Ruhe. Russen kamen und suchten Frauen und Mädchen heraus.
Wir kamen später nach Oliva zurück und blieben eine Woche in einem Keller, in dem es stockfinster war. Er war total überfüllt. Tag und Nacht dasselbe: Vergewaltigen und Plündern der letzten Habe.
In der letzten Nacht fand man auch mich. Meine Mutter versuchte, die Russen mit letzter Kraft von mir abzubringen, dafür schlug und würgte er sie. Dann ging er, um einem Kumpan zu holen. In der Zwischenzeit flohen wir aus dem Keller.
Auf dem Wege nach Langfuhr wurde ich von einer Streife angehalten, von meiner Mutter fortgerissen und mit etwa 30 anderen Mädchen in einen Keller gesperrt. In der zweiten Nacht wurden wir von einem NKDW-Offizier einzeln verhört. Je nach Aussage kam man nun in einen besonderen Keller. Ich war nahe dem Zusammenbrechen und konnte kaum auf die Fragen antworten.

Aufgrund meiner schlechten körperlichen Verfassung kam ich am anderen Morgen mit etwa fünf anderen Mädchen frei.
Unter Aufbietung der letzten Kräfte gelangte ich zum Schwarzen Weg zu Bekannten. Diese brachten mich auf den Boden, denn das Haus war voller Russen. Auf dem Boden hatte ein Pole seine Braut, eine Berlinerin, versteckt. Er versuchte immer, die Russen vom Durchstöbern des Bodens abzuhalten. Meistenteils gelang dies auch. Wenn es nicht gelang, dann mußten wir auf das völlig abgedeckte Dach klettern, wo ich einmal zwei Nächte zubringen mußte.« (Siehe: Dokumentation der Vertreibung der Deutschen aus Ost-Mitteleuropa, Bd. I Seiten 302 - 305).

KAMPFRAUM SCHLESIEN

Die Rote Armee greift an

Kurz vor Mitternacht des 11. 1. 1945 wurde bei der 304. ID ein Gefangener eingebracht. Dieser sagte vor dem Ic der Division aus, daß die Rote Armee am nächsten Morgen aus dem Baranow-Brückenkopf angreifen werde.

In diesem Abschnitt der 4. Panzerarmee begann am anderen Morgen um, 3.00 Uhr das Feuer der sowjetischen Artillerie, das eine Stunde anhielt. Als alles bereits aufatmete, begann das Trommelfeuer um 8.00 Uhr abermals und endete erst um 10.30 Uhr.

Während dieser zweite Feuerüberfall in bisher nicht gesehener Dichte anhielt, stürmten die sowjetischen Angriffstruppen bereits durch einen etwa 200 Meter breiten Korridor vor, der bei diesem Feuerüberfall ausgespart wurde.

Schwarzer Pulverqualm und dichter Staub legten sich während dieses Trommelfeuers in einer Tiefe von zehn Kilometern als dichte Sichtblende über das Gefechtsfeld.

Beim XXXXVIII. PzK, am Südflügel dieses Angriffs, stieß der Gegner durch und in der Nacht zum 13. 1. setzte Sowjetmarschall Konjew hier seine Panzerverbände an, um mit ihnen zum operativen Durchbruch zu gelangen.

Die Verbindung der 4. Panzerarmee zum XXXXVIII. PzK riß ab, ebenso jene von der 4. PzArmee zur Heeresgruppe A.

Am Abend des 12. 1. 1945 hatten die vorrollenden sowjetischen Panzerverbände bereits den ungedeckten rechten Flügel des XXIV. PzK unter

GendPzTr. Nehring umfaßt. Hier stand die 17. PD, die im Kampf gegen die Panzerwalze der Roten Armee starke Verluste erlitt. Der Divisionskommandeur, Oberst Brux, geriet in Gefangenschaft.
Generaloberst Harpe, OB der HGr. A befahl General Schulz, OB der 17. Armee, sich im Raume des XXXXVIII. PzK selbst ein Bild über die Lage zu verschaffen. General Schulz fand, bis Krakau vorfahrend, den gesamten Einsatzraum fast leer. Die Masse des Korps war im Laufe des 12. 1. 1945 gefallen, verwundet oder in Gefangenschaft geraten. GenLt. Frhr. von Edelsheim, der Kommandierende General, schaffte es unter Einsatz seiner ganzen Persönlichkeit, in den nächsten Tagen die Reste der 304. und 68. ID wieder zu sammeln. Von der 168. ID, die am weitesten nach Norden herausgesetzt gestanden hatte, fand sich zunächst nichts.
GenOberst Harpe hatte sich bereits am 13. 1. beim OKH um Zuführung von Reserven bemüht, denn die Feindlagemeldungen zeigten, daß dieses Vorprellen aus dem Baranow-Brückenkopf noch nicht alles war. Nach dem Losbrechen der Offensive im Nordteil der Front mußte auch im Süden die Offensive sehr bald beginnen.
Das nördliche XXXXII. AK der 4. PzArmee war von dem Sturmangriff nur im Abschnitt der 291. ID erfaßt worden. Das Korps setzte einen Sperrverband unter GenMaj. von Ahlfen in den Raum Kielce in Marsch, wo er Armeereserve wurde.
Am späten Abend ergab eine Anfrage beim linken Nachbarn über die Armeegrenze hinweg die Antwort, daß der feindliche Großangriff aus den Brückenköpfen Pulawy und Magnuszow am 14. 1. erwartet wurde.

Diese Befürchtung trog nicht. Noch in tiefer Dunkelheit eröffnete die Feindartillerie am 14. 1. ein Trommelfeuer, das von mindestens gleicher Intensität war, wie jenes zwei Tage vorher bei Baranow. Dieses Trommelfeuer traf die 9. Armee und hier vor allem die 17. ID sowie die 6. und 45. VGD. Die 6. VGD erlitt stärkste Verluste; ihre Regiments- und Bataillonskommandeure fielen fast sämtlich. Der Rest dieser vernichtenden Division wurde in den nächsten Tagen von der 19. PD übernommen.
Die 17. ID unter GenMaj. Sachsenheimer kämpfte an der Front des Pulawy-Brückenkopfes, wo sie und ihre beiden Nachbarn, die 45. und 214. ID, mit großer Wucht angegriffen wurden. Etwa 100 Panzer wurden von dieser Division abgeschossen, oder im Nahkampf vernichtet. Aber was war das gegen die 800 gezählten sowjetischen Panzer, die an einem eingeschlossenen Bataillon im Verlaufe dieses Tages vorbeirasselten.
Vor diesem zweiten Angriff der 1. und 4. Ukrainischen Front südlich der oberen Weichsel war die 17. Armee bis zum 16. 1. 45 hinter die Biala und den Dunajec ausgewichen.
Die aus dem Baranow-Brückenkopf nachfolgenden sowjetischen Re-

serven waren nach Norden eingedreht, um das XXXXII. Armeekorps und das XXIV. Panzerkorps zu umfassen und zu vernichten. Mit gleicher Aufgabenstellung waren aus dem Pulawy-Brückenkopf sowjetische Verbände in südwestlicher Richtung, von Radom her, zur Vereinigung mit den vorgenannten Feindkräften vorgestoßen. Wenn sich diese Verbände die Hand reichten, waren die beiden deutschen Korps eingeschlossen.

Die 1. Weißrussische Front, die von Brückenkopf Magnuszow bis nördlich Warschau antrat, stieß nördlich Pilica mit der 1. und 8. Garde-Panzerarmee auf Lodz vor. Die 2. sowjetische Panzerarmee wiederum schwenkte nach Nordwesten in Richtung Plock ein, um Warschau und die dort haltenden deutschen Verteidigungskräfte zu umfassen.

Die schwache Besatzung von Warschau brach in der Nacht zum 17. 1. aus und stürmte nördlich Bilica vor, um sich mit der dort noch kämpfenden 9. Armee zu vereinigen.

In den folgenden Kämpfen wurde die 9. Armee nach Norden über die Weichsel zurückgedrängt und gelangte in den Befehlsbereich der 2. deutschen Armee. Damit fiel diese Armee für den Kampf um Schlesien aus.

Der hart südlich der Pilica stehende Feind drängte nicht mehr so stark, so daß es dem XXXX. PzK gelang, mit den Resten der 19. PD (und aufgesessenen Teile der 6. VGD) über Lodz nach Westen zu entkommen.

Die Heeresgruppe A zog den nicht mehr in diesem Raum benötigten Stab der 8. Armee in letzter Sekunde am Abend des 16. 1. bis nach Petrikau heraus. Am 17. 1. erhielt dieser den Befehl, im Eilmarsch nach Oppeln zu verlegen und dort die Verteidigung von Schlesien zu organisieren.

Das Lagebild am 16. 1. 1945 stellte sich folgendermaßen dar:

Die HGr. A hatte eine vollständige Niederlage erlitten. Die Masse der 4. Panzerarmee und der 9. Armee waren zerschlagen. Beide Armeekommandos waren durch fehlende oder vernichtete Nachrichtenmittel führerlos, die Übersicht über die Truppe war verlorengegangen. Die Freiheit des Handelns war ebenfalls verlorengegangen. Der Gegner diktierte den Verlauf der weiteren Kämpfe. Im großen Weichselbogen war ein Loch von 300 Kilometern Breite aufgerissen worden.

Die Einschließung - Wandernder Kessel

Am 14. 1. war für das Armeeoberkommando der 4. PzArmee und auch bei den Stäben des XXIV. PzK und des XXXXII. AK zu erkennen, daß die Einkesselung sich vollendete. Erst am Mittag des 14. 1. erhielt das XXXXII. AK, das unter GendInf. Recknagel kämpfte, die Weisung, sich von der Weichselfront zu lösen. Doch die hier durchgebrochenen Panzerspitzen hatten bereits ihren Vorstoß über 150 km tief nach Westen vorgetrieben. Aus der Sicht des XXIV. PzK, Gen. d. Pz. Tr. Nehring, sah die Lage so aus, daß links von diesem Panzerkorps nach das XXXXII. AK stand. Als in der Nacht zum 15. 1. 1945 ein Funkspruch der 9. Armee aufgefangen wurde, aus dem hervorging, daß der Rückzug angeordnet sei, stand General Nehring vor einem schweren Entschluß. Er sagte dazu:

»Trotz des Befehls zum Zurückkämpfen ergab sich für mich und mein Panzerkorps die von kameradschaftlichem Empfinden bestimmte neue Aufgabe, noch so lange im Raume Kielce weiterzukämpfen, bis die noch weit an die Weichsel vorgestaffelten Divisionen des XXXXII. Armeekorps auf das Panzerkorps zurückgenommen worden waren, um dann zusammengefaßt zurückzugehen.

Dieser für mich selbstverständliche Entschluß zum Ausharren bedeutete für drei Divisionen meines Korps harte Kämpfe bis zum Abend des 16. Januar.

In der Nacht zum 17. 1. wurde endlich der Rückmarsch nach Norden angetreten und in den grauen Schneenächten zum 18. und 19. 1. 1945 fortgesetzt; ständig von allen Seiten vom Feind umgeben und angegriffen, vor allem mit starken Bomber- und Jägerverbänden gegen die leicht erkennbaren Marschkolonnen und Rasträume.« (Siehe Nehring, Walther K.: Die Geschichte der deutschen Panzerwaffe 1939 - 1945).

Dieser »Wandernder Kessel« kämpfte sich schließlich südlich Lodz über die Warthe zurück. Mit dem Korps marschierten die Reste des zerschlagenen XXXXII. AK und das LVI. PzK, deren Kommandierende Generale Recknagel und Block in den Kämpfen dieser Tage fielen.

Doch zurück zu den übrigen Ereignissen in diesem Abschnitt der HGr. A, die ab 25. 1. 1945 die Bezeichnung Heeresgruppe Mitte erhielt.

Aus dem HGr.-Hauptquartier in Krakau war das Oberkommando zu Beginn der russischen Winteroffensive nach Tschenstochau verlegt worden, um in der Mitte führen zu können. Dies wäre ihm am 17. 1. um ein Haar zum Verhängnis geworden, als russische Panzerverbände direkt auf Tschenstochau zuhielten. In aller Eile mußte das Hauptquartier der HGr. nach Oppeln zurückverlegen.

Bei der HGr. war man am 18. 1. zu folgender Feindlagebetrachtung ge-

langt: Die Rote Armee hatte einen Einbruch von 300 Kilometern Breite erzielt und stieß tief nach Westen in Richtung Deutschland vor. Im Süden dieses Durchbruchskeiles erreichte sie an diesem Tage, beiderseits Tschenstochau vorprellend, die schlesische Grenze.
Im Norden, am Abschnitt der 9. Armee, wo sie zwei Tage später, am 14. 1. 1945 zum Großangriff angetreten war, hatte die Rote Armee den Raum auf der Linie Lodz-Kutno erreicht.
Diese beiden Durchbrüche hatten auf beiden Seiten schwere Verluste gekostet. Aber während der Gegner tiefgegliederte Reserveverbände zur Verfügung hatte, konnte keine der zerschlagenen deutschen Divisionen ersetzt werden.
Gegen das oberschlesische Industriegebiet stieß nunmehr die 4. Ukrainische Front vor. Die eigenen Kräfte waren durch die massierten Angriffe der Sowjets stark angeschlagen. Die 4. Panzerarmee und die 9. Armee waren zur Zeit nicht mehr einsatzfähig. Die 17. Armee, die sich seit dem 17. 1. 1945 nach Westen durchkämpfte, konnte ihre Kampfkraft völlig erhalten. Die Armeegruppe Heinrici war die einzige Armee der Heeresgruppe Mitte, die noch über schlagkräftige Reseven verfügte.

Auf Drängen von GenOberst Schörner wurde am 18. 1. der Einsatz des Ersatzheeres befohlen. Mindestens vier entscheidende Tage zu spät erfolgte dieser Befehl.
Die in Marsch gesetzten zwei Infanterie-Divisionen aus dem Westen und jene zwei aus Ungarn im Anrollen befindlichen PzDiv., konnten mit ihren Spitzenteilen erst nach dem 20. 1. eintreffen, und erst Ende Januar vollzählig zur Verfügung stehen.
Die am 18. 1. 1945 von der HGr. Mitte an das Oberkommando des Heeres durchgegebene Lagemeldung lautete:
»Die Aufgabe der Deckung des oberschlesischen Industriegebietes wird sich bei raschem Eintreffen der 8. und 20. PD mit Erfolg sicherstellen lassen. Der Ansatz der 4. PzArmee des Feindes in Richtung auf den Raum beiderseits Posen trifft jedoch in eine weit aufgerissene Lücke und erfordert einen sehr rasch zu erfolgenden Aufmarsch neuer eigener Kräfte im Raum zwischen Breslau und Thorn, die nach Auffangen dieses Stoßes gegen Front und Flanke des Feindes zum Angriff antreten könnten.«

Abgaben und Einsätze bei der Armeegruppe Heinrici

Die vor und in der Hohen Tatra stehende AGr. Heinrici mit der 1. PzArmee sicherte bis zum 12. 1. 1945 die Ostslowakei und das ostwärts der Hohen Tatra gelegene Gebiet mit den Ortschaften Leutschau, Deutschendorf und Käsemark, in dem deutsche Siedler wohnten.
Der Stab der 1. PzArmee verlegte am 27. 1. von den Osthängen der Hohen Tatra nach Sillein. An diesem Tage wurde ihm das XI. SS-Korps im Raume Sybusch unterstellt.
Am 29. 1. trat auch das nördlich daran anschließende LIX. AK, das zwischen Beskiden und Weichsel im Einsatz stand und sich gerade auf die Linie Bielitz-Pleß zurückkämpfte, unter dem Oberbefehl der 1. PzArmee, die an diesem Tage durch das Zurückweichen der 17. Armee gezwungen war, die Hohe Tatra zu räumen und sich auf die Linie Berg Dumbier-Berg Banikov-Jelesnia zurückzuziehen.
Der Schwerpunkt der 1. PzArmee verlagerte sich mit den beiden unterstellten Armeekorps auf ihren Nordflügel in den Raum Oberschlesien. Aus diesem Grunde wurde der Armeegefechtsstand am 30. 1. 1945 nach Friedeck südwestlich Teschen verlegt.
Beim XI. SS-Korps war die Front bereits am 16. 1. im Raume Jaslo in der Mitte durchbrochen worden. Dies zwang die beiden nördlichen Divisionen - die 78. Sturm-Division und die 544. VGD - zum Ausweichen. Dabei gerieten sie in den Abschnitt des LIX. AK, dem sie unterstellt wurden. Das Korps selbst war mit den beiden südlichen Divisionen - der 320. ID und der 545. VGD - nach kurzem Halten bei Makow in den Raum Sybusch zurückgegangen.
Das in seinen Stellungen an der Wisloka haltende LIX. AK war gegen beiderseits überholende Feindpanzerverbände in Schneestürmen, bei Kälte bis zu 20 Grad, aus seinem Abschnitt in die Linie Kety-Auschwitz ans Westufer des Sola-Flusses gelangt.
Da auch die Lage beim XI. AK, das sich nordwestlich an das LIX. AK anschloß, bedenklich wurde, mußte die Armeegruppe Heinrici ihr besonderes Augenmerk auf diesen nördlichsten Teil ihres Abschnittes lenken, auch wenn dieses Korps ihr nicht unterstand.

Das XI. AK hielt am 21. 1. noch den Przemsza-Abschnitt zwischen Auschwitz und Myslowitsch, der zur »B-2-Stellung« gehörte. Diese Linie wurde am 26. 1. von russischen Panzern durchbrochen, die auf Katto-

witz zurollten. Das gesamte Korps wurde zurückgedrängt und fand sich am 29. 1. in der Linie Pleß-Sohrau wieder. Da die Gefahr eines sowjetischen Vorstoßes über Rybnik, in den Rücken der noch zwischen den Beskiden und der Weichsel eingesetzten Truppen bestand, führte das XI. AK einen Gegenangriff, der bei Rybnik den Gegner zurückschlug und diese Stadt sicherte.
Damit erlahmte hier die Kampftätigkeit, die im tiefverschneiten Gebirge ohnehin nicht sehr groß war.
Hier mußte die ungarische Armee nach dem Überlaufen des ungarischen GenObersten Miklos von Dalnoki zu den Russen, am 15. 10. 1944 aus der Front genommen werden. Sie kam nicht mehr zum Einsatz.
Da nunmehr die ungarische Armee aus der AGr. Heinrici ausgeschieden war, erhielt diese ihre alte Bezeichnung 1. PzArmee zurück. Ihre Aufgabe war es nunmehr, den Vorstoß der 4. Ukrainischen Front zwischen den Westbeskiden und zwischen Weichsel und Oder zum Stehen zu bringen. Es galt, die kriegswirtschaftlich entscheidenden Produktionsgebiete von Freistadt, Ratibor, Troppau, Mährisch-Ostrau, Teschen und Karwein zu schützen. Dort befanden sich neben den Eisenerz- und Kohlengruben auch Fertigungsbetriebe der Eisen- und Stahlindustrie mit der damals größten Walzstraße Europas; nicht zu sprechen von den chemischen Werken, den Werken der Textilindustrie und den Ölraffinerien.

Ostwärts der Oder, im Raume Lublinitz-Groß Wartenberg, stand der Rest der 4. PzArmee im Abwehrkampf. Der bereits am 17. 1. bei Magnuszew herausgelöste Stab des VIII. AK unter General Hartmann war inzwischen in Oppeln eingetroffen. Von Generaloberst Schörner erhielt Hartmann Weisung, das sowjetische Vordringen über die Linie Lublinitz-Wielun auf die Oder zu stoppen oder mindestens zu verzögern. Am 18. 1. befand sich der Gefechtsstand des VIII. AK ostwärts Guttentag. Von dort aus ließ General Hartmann Aufklärung vortreiben. Diese Aufklärung fand bei Lubnitz Teile der Armeewaffenschule der 4. PzArmee und nördlich davon die Reste der zerschlagenen 168. ID in Abwehrfront nach Osten. Alle wurden zur Kampfgruppe Oppeln zusammengefaßt, die von General Hartmann bis zum Abend des 23. 1. zur Oder beiderseits Oppeln zurückgeführt wurde. Die Verteidigung der Oder-Stellung gelang, dank der vorrausschauenden Haltung von General Hartmann.
Die HGr. wiederum stellte eine Kampfgruppe zusammen, die unter Führung von Oberst Krafft beiderseits Wieruszew ostwärts von Kempen am Prosna-Abschnitt den mit Panzern und Infanterie geführten sowjetischen Vorstoß aufhielt. Erst in der Nacht zum 20. 1. mußte die Kampfgruppe Krafft auf eine Linie beiderseits Kempen ausweichen.
Zur gleichen Zeit, da die Kampfgruppe Krafft den Raum ostwärts Bres-

General der Infanterie Otto Lasch mußte in Königsberg kapitulieren.

Königsberg ist gefallen, der lange Weg in die Gefangenschaft beginnt.

Gefallen in Ostpreußen.

General der Infanterie Hans Krebs leitete die Übergabe von Berlin ein.

Generalmajor Otto Ernst Remer in Berlin.

Generaloberst Gotthard Heinrici, OB der 1. Panzerarmee im Endkampf (später der 3. Panzerarmee).

Generalleutnant Bruno Frankewitz brachte seine Division über die Elbe zurück.

Generalleutnant Martin Unrein führte die Division »Clausewitz« in den letzten Panzerkämpfen.

Erich Bärenfänger gab sich als Generalmajor und Leiter des Verteidigungsabschnittes A von Berlin am 1.5.45 den Tod.

General der Panzertruppe Maximilian von Edelsheim leitete die Kapitulationsverhandlungen der 12. Armee ein.

Hauptmann Hans Bölter kämpfte mit seinen Tigern in Ostpreußen.

Rotarmisten sind in eine Stadt eingedrungen.

Abgeschossener T 34.

lau verteidigte, war es Major Tenschert, der mit dem Jäger-Ersatz- und Ausbildungs-Batl. 83 bei Reichenthal in der tiefen Südflanke stand. Das Bataillon, das in Trautenau lag, wurde am 18. 1. alarmiert, auf dem Bahnhof verladen und traf am Mittag des 19. 1. auf der Bahnstation Ober-Stradam ein. Hier erhielt es vom Abschnittskommandeur, Major Henschel, den Befehl, die Berthold-Linie im Abschnitt der Ortsmitte Glausche bis zum Nordrand von Domsel zu besetzen und gegen feindliche Angriffe zu halten.
Die nur mit leichten Infanteriewaffen ausgerüsteten 600 Soldaten hatten damit einen 10 km breiten Abschnitt zur Verteidigung erhalten. Im Gutshof von Grunwitz wurde der Gefechtsstand eingerichtet. Die Kompanien Mainz, Melzer, Abicht und Wolff wurden in die Stellungen eingewiesen. Mit Tagesanbruch begann hier der sowjetische Angriff, der von Panzern und motorisierter Infanterie geführt wurde. Die vorn eingesetzten Kompanien wurden überrollt und zerschlagen. Die Kompanie Abicht wurde restlos vernichtet, von den anderen konnten sich, mit Ausnahme der Reservekompanie Wolff, der es gelang, sich nach Kunzendorf abzusetzen, nur Reste retten.

Am frühen Morgen des 22. 1. lag die Kompanie Wolff bei Nieder-Stradam, als auch hier der Gegner anrollte. Mit einer Panzerfaust und mehreren MG gelang es Lt. Wolff und seinen Männern, vier mit Rotarmisten besetzte Lastwagen mit angehängten Pak zu vernichten.
Am frühen Morgen des 23. 1. wurde das Bataillon Tenschert hinter die Linie der herankommenden 269. ID zurückgenommen. Bei Schollendorf verteidigend, wurde das Bataillon von sowjetischen schnellen Truppen umfaßt und ihm der Rückzug versperrt.
GenLt. Wagner befahl den Durchbruch durch Oels in Richtung Breslau. Der nächtliche Durchbruch gelang. In Schmarse wurde vom Bataillon Tenschert, das die Nachhut bildete, eine Nachhutstellung bezogen.
Mit dem ersten Tageslicht des 25. 1. wurde der Marsch in Richtung Breslau fortgesetzt und der befohlene Verteidigungsabschnitt Hundsfeld erreicht. Die Verteidigungslinie bei der Brauerei Sakrau wurde bezogen. Damit war das Bataillon Tenschert in den Verteidigungsbereich von Breslau aufgegangen.

Die Verteidigungsaufgaben der 17. Armee

Die 17. Armee, die von der Oder bei Cosel über Dabrowa bis Auschwitz auf einer Frontbreite von 120 km verteidigte, hatte den Befehl, das oberschlesische Industrierevier zu schützen. Hier standen die letzten Hüttenwerke und viele Fertigungsstätten für Waffen, die noch fest in eigener Hand waren.

Die seit Beginn der russischen Offensive in härteste Rückzugskämpfe verwickelte Armee verfügte im XXXXVIII. PzK über die 68. und 304. ID, die während dieser Kämpfe stark angeschlagen worden waren. Die 75. ID, die lediglich bei Miechow in den Kampf hatte eingreifen können, war noch intakt. Von der 97. Jäg. Div. und der 712. ID war bis zum 20. 1. erst die Hälfte in der neuen Verteidigungslinie eingetroffen.

Die 359. und 371. ID der 17. Armee waren in die Rückzugskämpfe südlich der oberen Weichsel verwickelt und dort angebunden. Die Front der 17. Armee hielt zunächst. Am 25. 1. beantragte General Schulz bei der HGr. Mitte die Genehmigung zum Ausweichen in eine neue Kampflinie Bielitz-ostwärts Pleß-nördlich Rybnik-Cosel. Mit dem südlichen Nachbarn, der 1. PzArmee, hatte Schulz diese Linie abgesprochen und abgestimmt. Diese Forderung wurde am 26. 1. wiederholt, mit dem Hinweis darauf, daß bei einer verweigerten Genehmigung die am Feind stehenden Kräfte vernichtet würden. Die HGr. erteilte die Genehmigung noch immer nicht.

Am 27. 1. unternahm General Schulz einen letzten Versuch, die Zurücknahme seiner Armee bei GFM Schörner zu versuchen. Der OB der HGr. Mitte gab General Schulz nunmehr freie Hand zum Ausweichen in der Nacht zum 28. 1. Und dies auf eigene Verantwortung Schörners, der diesen Entschluß auch Hitler gegenüber telefonisch rechtfertigte.

Die Linie Bielitz-ostwärts Pleß nördlich Rybnik-Cosel sollte bezogen werden. Dort war unmittelbar vorher die I. /FlakRgt. 33 mit 8,8-cm Flak in Stellung gegangen. Der Kommandeur dieser Abteilung erhielt Befehl, Rybnik gegen den darauf vorprellenden Panzerfeind zu halten, bis die Reserven herangekommen seien.

Die Abteilung schoß die feindliche Panzerspitze ab, und als die aus Ungarn verlegte 8. PD, aus Ratibor kommend, im Kampfraum eintraf und die 1. SkiJägDiv. von Südosten aus dem Raum Sohrau antrat, wurde der Feind geworfen.

Dies verhinderte jedoch nicht den Verlust von Oberschlesien, weil der Gegner in mehreren Umfassungsoperationen diese Kräfte bereits umholt hatte. Rechts und links von diesem Abschnitt erreichte er zwischen Oppeln und Steinau die Oder und überschritt sie an drei Stellen, um bei Ohlau, zwischen Brieg und Ohlau, und Ende des Monats auch bei Maltsch, Brückenköpfe zu errichten. Mit Ausnahme von Breslau stand hier bis Ende Januar nach keine Abwehrfront.
Vor Ohlau trat die 269. ID am 31. 1. 1945 ins Gefecht. Das Halten der Göllnerhainer Berge durch sie mißlang. Die Division wurde mehr und mehr auf Breslau zurückgedrängt. Die Umklammerung und Einschließung der 269. ID bahnte sich an, als Teile der 3. Garde-Panzerarmee der Sowjets am 10. und 11. 2. auf Breslau vorstießen und sich südlich der Stadt mit jenen Kräften trafen, die aus den Brückenköpfen Ohlau und Brieg angetreten waren. Durch eine letzte Lücke gelang es GenLt. Wagner, die Artillerie und Räderteile seiner Division in der Nacht zum 12. 2. nach Süden durchzuführen und der Einschließung in Breslau zu entgehen. (Siehe hierzu: Festung Breslau).
Die im »Blitztransport« aus Nordungarn in diesen Raum befohlene 208. ID wurde am 3. 2. 1945 in Steinkirche ausgeladen und in den Bereitstellungsraum Wansen geführt; mit dem Befehl, von dort aus in Richtung der Festung Brieg vorzustoßen, Verbindung mit der Festungsbesatzung aufzunehmen und aus der Festung heraus nach Südosten zu verteidigen.

Dieser Angriff begann am 5. 2., gewann zunächst gut an Boden, so daß die Autobahn in Richtung auf Brieg überschritten werden konnte. Hier aber blieb der Angriff liegen, und die Division mußte schließlich hinter die Autobahn zurückgenommen werden. Der stark nachdrängende Gegner stieß bis auf 2 km nach Wansen vor. Hier wurde die 208. ID herausgezogen; nachdem Teile der in Richtung Wansen ausgebrochenen Besatzung von Brieg aufgenommen waren, wurde die Division in Richtung Striegau in Marsch gesetzt, wo der Gegner stand.
Der am 4. 2. beginnende sowjetische Angriff in Richtung Neiße, der die bei Grottkau stehende Korpsgruppe Jeckeln (mit dem V. SS-Korps) traf, drang durch. Grottkau ging verloren. Feindpanzer stießen halbwegs auf Neiße vor.
Dann trafen nacheinander die 20. PD und die 45. VGD in diesem Raum ein und traten zum Gegenstoß an. Sie warfen den Feind bis hart südlich Grottkau zurück und richteten sich hier zur Verteidigung in der Linie Oppeln-Grottkau-Wansen ein. Diese Linie konnte bis Mitte März gehalten werden.

Die 17. Infanterie-Division in Angriff und Abwehr

»Jeder Mann unserer Division war von dem Gedanken beseelt, mitzuhelfen, den unmittelbar bevorstehenden Großangriff der Roten Armee zu zerschlagen und ihn vor unserer Ostgrenze zum Stehen zu bringen.«
Diese Worte des Kdrs der 17. ID, GenMaj. Sachsenheimer, sollten sich bewahrheiten, wenn auch die Kräfte der Division viel zu gering waren, um den Gegner zu halten. Auf einem Frontabschnitt von 63 km Breite, mit 17 km Land- und 46 km Wasserfront an der Weichsel, standen die 17. und 214. ID.
Nachdem die Luftwaffe bei Pulawy einen gewaltigen Feindaufmarsch festgestellt hatte und sich die Feind-Batterien auf die HKL der 17. ID eingeschossen hatten, stand der Angriff unmittelbar bevor.
Am 14. 1. 1945 gegen 5.30 Uhr begann auch im Brückenkopf Pulawy die Offensive mit einem mehrstündigen schweren Trommelfeuer. Im Abschnitt der 17. ID griffen danach 11 Schützen-Divisionen, ein Kavallerie-Korps und ein Panzerkorps an.
Die bereits vom Artilleriefeuersturm zerfetzten Stellungen des GR 55 wurden von den über den Fluß setzenden sowjetischen Schützen-Divisionen durchbrochen. Der Feind erreichte die Artilleriestellungen und nahm sie aus. Das Gros dieses Regimentes ging unter. Beim Zurückgehen wurde Oberstleutnant Dr. Emmert, der Kommandeur der GR 55, schwer verwundet.
Zwar gelang es der Division, allein an diesem Tage mit Pak und vor allem Panzerfäusten noch über 100 Feindpanzer abzuschießen. Doch was bedeutete dies gegenüber 800 Panzern und Panzerfahrzeugen, die im Divisionsabschnitt an diesem Tage gezählt wurden.
GenMaj. Sachsenheimer setzte am 15. 1. einen Gegenangriff auf Zwolen an, wo er noch Major Seifert wußte, der am 14. 1. Zwolen gehalten hatte. Acht Sturmgeschütze unterstützten diesen Vorstoß, fünf blieben unterwegs liegen, und nur drei kämpften solange in Zwolen, bis die russische Panzerübermacht erdrückend wurde. Major Seifert formierte alles zum Ausbruch aus Zwolen, und am Abend des 15. 1. erreichte er mit seiner Kampfgruppe den DivGefStand in Sucha.
Sämtliche übrigen Divisionsteile bewegten sich ebenfalls in fünftägigen Kämpfen, geführt vom Divisionskommandeur - ohne Nachschub und ohne Führungsbefehle -, in wechselvollen Kämpfen zurück.

Es waren noch ungefähr 1000 Soldaten der Kampftruppen, welche die rettende Oder errreichten.
GenMaj. Sachsenheimer wurde mit Teilen des DivStabes, der Nachrichten-, der Panzerjäger-Abt. und dem PiBatl. der Armee Gräser unterstellt und im Eilmarsch in den Raum Breslau geworfen. Es galt, bei Dyherrnfurth einen kriegswichtigen Betrieb, in dem ein hochgiftiges Nervengas hergestellt worden war, das noch in unterirdischen Behältern dort lagerte, zurückzuerobern und dieses Gas zu vernichten, damit es dem Gegner nicht in die Hände fiel.
In einem Angriff von nur einer Stunde Dauer wurde überfallartig das Werk erreicht. Die mitgeführte »Technische Gruppe« pumpte das Gas aus, während der gebildete Brückenkopf die angreifenden sowjetischen Panzer abwehrte. Sechs wurden von der mitgeführten und hinter dem Bahndamm in Stellung gebrachten schweren Flak abgeschossen. Am späten Nachmittag zog sich die »Kampfgruppe Sachs« nach erfülltem Auftrag zurück.

Der Kampf um die Oder

Nach der geglückten Rückführung des »Wandernden Kessels« in den Raum um Glogau, westlich der Oder, trafen bis Ende Januar in diesem Raum die Generalkommandos XXIV. PzK und des XXXX. PzK ein. An Divisionen kamen an: die 6. und 45. VGD, die 17. PD sowie die 17., 72., 88., 214., 291. und 342. ID und der Sperrverband von Ahlfen, rückwärtige Dienste, Flak und Bodenpersonal der Luftwaffe.

Die Stäbe des XXXXII.AK und des LVI. PzK waren völlig ausgefallen. Der Kommandierende General des letzteren, General Block, war gefallen. Die Kommandeure der 17. PD, Oberst Brux, der 88. ID, GenLt. Graf von Rittberg, der 214. ID, GenLt. von Kirchbach, waren verwundet in sowjetische Gefangenschaft geraten. GenMaj. Finger, Kdr. der 291. ID, war am 17. 1. 45 bei Tschenstochau gefallen.
Das Generalkommando XXXX. PzK war nach Erreichen der Warthe bei Sieradz vom AOK 9 damit beauftragt worden, Wreschen zu erreichen und dort das ungehinderte Vorgehen des Feindes im Nordraum der Armee zu verhindern. Aber an ein Aufhalten des Gegners war nicht zu denken. Erst bei Beuthen und Crossen an der Oder gelang es, zu halten. Ein russischer Brückenkopf bei Odereck, nördlich Grünberg, hielt sich. Die Brücke bei Odereck wurde von deutschen Pionieren in einem überraschenden Handstreich gesprengt. Danach konnte der sowjetische Brückenkopf zerschlagen werden.
Der Stab des XXIV, PzK wurde ebenfalls an die Oder befohlen. Gen. d. Pz. Tr. Nehring berichtete darüber in seinem Werk »Wandernde Kessel«:
»Nachdem wir im 'Wandernden Kessel' an der Warthe in die sichere Hut des PzK 'Großdeutschland' aufgenommen worden waren, traf am 15. 1. in Walentynow (nordwestlich Ostrow) ein folgender FT-Spruch des OKH ein:
'Generalkommando XXIV. PzK mit Stab 16. PD unter starkem Geleitschutz sofort zur Verfügung OKH nach Glogau-Herrndorf. Dort Meldung bei AOK 9.'
Derselbe Befehl ordnete an, die 20. PGD unter GenLt. Jauer sowie alle vorhandenen gepanzerten Teile dem Panzerkorps 'GD' zu unterstellen, um dieses für seine Aufgabe, den feindlichen Vormarsch zu verzögern, zu verstärken.
Unweit Krotoschin trifft die Marschkolonne auf feindliche Panzer, die sie aber in der Dunkelheit passieren lassen. Der Marsch geht in Richtung Köben und über Lissa nach Glogau weiter, um am Spätnachmittag Gut Herrndorf zu erreichen. Hier erteilt das AOK 9 den Auftrag, die Verteidigung des Oder-Abschnittes von Steinau ausschließlich über Glogau bis Neusalz einschließlich zu organisieren und zu übernehmen.«
Die sowjetische Führung hatte unter zutreffender Geländebeurteilung zielklar gehandelt, als sie ihre 4. Panzerarmee mit sehr starken Kräften nördlich Breslau vorbei auf den Oder-Abschnitt Parchwitz-Steinau-Köben vortrieb.
Zwar erhielt die Unteroffiziersschule Jauer den Befehl, Steinau zu verteidigen, doch dies geschah erst am 20. 1. 45, und das war zu spät, um diesen wichtigen Oder-Übergang mit je einer Eisenbahn- und Straßenbrücke in Verteidigungszustand zu versetzen. Die Truppen trafen erst

am 22. und 23. 1. dort ein. Am Abend des 23. 1. aber hatten die ersten sowjetischen Panzer sich bis auf Schußentfernung Steinau genähert, und am Morgen des 24. 1. durchstieß der Panzerfeind den äußeren Verteidigungsring auf dem Ostufer der Oder. Die Eisenbahnbrücke flog in die Luft. Die Sprengung der Straßenbrücke mißlang, weil die Zündung der Sprengladung versagte, da sämtliche Zündleitungen zerschossen waren.
Von den neun sowjetischen Panzern, die mit aufgesessener Infanterie über diese Brücke die Oder überquerten, wurden fünf mit Panzerfaust abgeschossen. Die übrigen vier zogen sich mit der Infanterie wieder auf das Ostufer zurück.
Pioniere arbeiten sich nun mit Schnell-Ladungen zur Brücke vor und sprengten auch die Straßenbrücke. Allerdings nicht vollständig, so daß es sowjetischen Infanterieteilen gelang, über die Brückentrümmer ans Westufer zu kommen.
Etwa zur gleichen Zeit hatte die Rote Armee am 25. 1. auch bei Diebau, südlich von Steinau, mit Schwimmwagen die Oder überwunden. Nördlich Steinau schlugen sowjetische Pioniere nacheinander mehrere Brücken, über die auch Panzer ans Westufer gelangten.

In Steinau selbst kämpften die Unteroffiziersschüler mit letztem Einsatz bis zum Abend des 3. 2.. Zu ihnen stießen Teile der Panzerbrigade 103 unter Oberst Mummert mit Teilen seines PzGrenRgt. 103. Der opfervolle Einsatz konnte jedoch nicht verhindern, daß Steinau fiel und der Feind in breiter Front über die Oder setzte und einen breiten und tiefen Brückenkopf bildete. Im Wehrmachtsbericht des 6. 2. 1945 wurde dieser Kampf bis zum Untergang der Unteroffiziersschüler gewürdigt. Die Unteroffiziersschule Jauer hatte starke feindliche Kräfte gebunden und so den geordneten Rückzug der übrigen noch ostwärts der Oder stehenden eigenen Kräfte mit ermöglicht.
Bis zum 28. 1. hatte der Feind bereits Lüben erreicht. Im Gegenstoß wurde ihm diese Ortschaft wieder entrissen. Hier fanden die deutschen Soldaten schreckliche Dinge vor. Im Keller des Hauses Laux wurden 20 Soldaten der PGD »Großdeutschland« mit Genickschüssen gefunden. Sie waren von den Sowjets liquidiert worden.
Das XXIV. PzK wurde ebenfalls gegen den Brückenkopf Steinau der Roten Armee eingesetzt. Mit der 16. PD wurde am 28. 1. ein Angriff von Glogau aus vorgetragen, der aber im Abwehrfeuer der Roten Armee bei Gaffron liegenblieb.
Der mit dem LVII. PzK gegen den Südflügel dieses Brückenkopfes zwischen Parchwitz-Lüben gerichtete Angriff drang nicht durch und wurde durch starke Gegenstöße der Sowjets in die Verteidigung gedrängt.

Bis zum 31. 1. schlugen sich Soldaten der Unteroffiziersschule Jauer aus Steinau zur 408. ID durch. Die Division kämpfte bis zum 8. 2. im Großraum südlich Lüben. Am Vormittag dieses Tages erschien Generaloberst Schörner auf dem DivGefStand in Vorderheide, aber auch er gab nicht den ersehnten Befehl zum Absetzen. Dieser wurde jedoch wenig später vom LVII. PzK gegeben. Die 408. ID setzte sich nach Langenwaldau ab. Da auch hier bereits russische Panzer hineinschossen, wurde nach Sprengung der Schwarzwasser-Brücke der DivGefStand nach Bärsdorf-Trach verlegt. Die Absetzbewegungen führten nach Goldberg. Ein Bataillonsführer in der 408. ID, Hptm. Heinze, berichtete darüber: »Die Stadt wechselte mehrfach ihren Besitzer. Dort hausten die Russen besonders brutal und unmenschlich. Die grauenhaften Bilder, die sich der Truppe nach Wiedereinnahme boten, lassen sich nicht beschreiben.«
Die Versuche, den Brückenkopf Steinau der Roten Armee zu beseitigen, waren gescheitert. Unter Oberst Treuhaupt kämpfte die Festung Liegnitz am 8. und 9. 2. bis zu ihrem Fall.

Kämpfe am Nordflügel der Heeresgruppe Mitte

Das AOK der 4. Panzerarmee, das nach verlustreichen Kämpfen in Polen am 25. 1. befehlsgemäß in Glogau eingetroffen war, hatte gegen Ende Januar im Nordabschnitt die Führung übernommen. Die nördliche Armeegrenze lief am 31. 1. über Glogau-Sagan, am 12. 2. weiter nördlich davon über Neustädtl-Sorau und wenig später an der Einmündung der Lausitzer Neiße in die Oder nördlich von Guben.

Im gleichen Maße, wie die Nordgrenze der 1. Panzerarmee und der 17. Armee nach Norden verschoben wurde, verschob sich also auch die Nordgrenze der 4. Panzerarmee weiter nach Norden. Sle hatte mit ihrem Nordflügel nun bereits Schlesien verlassen und war in den Süden der Mark Brandenburg gelangt.
Als der russische Angriff aus dem Brückenkopf Steinau am 8. 2. begann, verlegte das AOK der 4. PzArmee seinen GefStand von Sagan nach Bunzlau. Vor der feindlichen Panzerlawine mußte er jedoch bereits am 10. 2. weiter zurückweichen und richtete sich bei Görlitz neu ein.
Zwei sowjetische Panzerarmeen und drei Infanteriearmeen eröffneten den Angriff. Der Durchbruch gelang im ersten Ansturm. Die 3. Garde-Panzerarmee stieß über Liegnitz nach Südosten auf Breslau vor und erzielte die schnelle Einschließung der Stadt. Die beiden übrigen Stoßkeile gingen im Süden über Heynau - Bunzlau - Naumburg a. Queiss auf Görlitz, mit einer Nebenstoßgruppe noch weiter südlich auf Lauban vor, während die nördliche Gruppierung über Priemkenau - Sprottau - Sagan - Sorau in Richtung Sommerfeld - Forst zielte.
Der lange Südflügel der 4. PzArmee am Queiss war durch den Kommandanten des Festungsabschnittes Niederschlesien, GenLt. Bordhin, und rückwärts dieser Auffangstellung durch GenLt. Friedrich, dem Höheren ArtKdr. 312, am Hammer-Abschnitt beiderseits von Rauscha, mit einem Abwehrgürtel versehen worden. An diese Widerstandslinie am Queiss schloß sich nach Norden die von ihrem Korps abgetrennte PGD »Brandenburg« an, die sich von Taudten her - vom Feind eingekesselt - über Heerwegen - Primkenau und Sprottau südlich Sagan hinter den Queiss zurückgekämpft hatte.
Vom 12. 2. ab war das Korps »GD« hinter Bober und Queiss versammelt und ging zur Abwehr über. General von Saucken verließ das Korps und ging nach Ostpreußen. General Jauer übernahm hier die Führung. Vom Gefechtsstand in Bautzen befehligte er die Division »Kurmark« nördlich Frankfurt, das Feldwach-Regiment »GD« bei Küstrin, den Ersatzverband »GD« bei Guben, die Alarmbrigade »GD« westlich Forst und die PzGren-Brig. »Brandenburg« ostwärts Bautzen.
Nördlich des PzK »GD« marschierte das XXIV. PzK, General Nehring, aus dem Raum 10 km nordwestlich Raudten befehlsgemäß nach Nordwesten zurück. Im XXIV. PzK standen die 16. PD sowie die 72., 88 und 342. ID (die in der Wiederaufstellung begriffen waren).
Nachdem diese beiden Korps sich zur Abwehr eingerichtet hatten, faßte General Gräser den Entschluß, mit dem XXIV. PzK westlich des Bober nach Süden und mit dem PzK »GD« ebenfalls westlich des Bober zwischen Sagan und Sorau nach Norden anzugreifen und damit den auf Forst vorstoßenden Feind von seinen rückwärtigen Verbindungen abzu-

schneiden. Dazu wurde dem XXIV. PzK die 25. PGD unter GenLt. Audorsch unterstellt.
Der Angriff des XXIV. PzK begann am 14. 2. 1945. Bis zum 18. 2. wurden lediglich bis 10 km südlich Christianstadt Geländegewinn erzielt. Die erhoffte Vereinigung mit der von Süden angreifenden 20. PGD kam jedoch nicht zustande. Am 19. 2. mußte General Gräser den Kampf abbrechen, als der Gegner kehrt machte und auch aus Osten neue Reserven herangeführt hatte.
Dennoch hatte dieser Angriff das Ausweichen der eigenen Kräfte der 4. Panzerarmee hinter die Lausitzer Neiße erleichtert.
Das XXIV. PzK zog sich in Richtung Guben zurück. Gen. d. Pz. Tr. Nehring faßte diesen Entschluß, weil sich dort noch ein Brückenkopf des XXXX. PzK (ohne Panzer) befand. In der Nacht zum 21. 2. wurde der Marsch in Richtung Guben angetreten. Die 16. PD band durch einen Angriff gegen einen bei Gastrose, 8 km südlich Guben, befindlichen Brückenkopf westlich der Neiße den Feind und ermöglichte dem eigenen Korps den Übergang über den Fluß.
Dieser feindliche Brückenkopf wurde Mitte März in einem Nachtangriff vom XXXX. PzK beseitigt. Hinter der Neiße bezog das XXIV. PzK eine Verteidigungsstellung. Der russische Angriff war hier zum Stehen gekommen. Das PzK »GD« und alle südlich daran anschließenden Truppenteile wurden am 20. 2. ebenfalls hinter die Lausitzer Neiße zurückgenommen. Die 4. PzArmee stand nunmehr geschlossen in der Neiße-Front von Rothenburg (nördlich Görlitz) bis zu ihrer Einmündung in die Oder nördlich von Guben.

Die 1. Panzerarmee im Industriegebiet von Mährisch-Ostrau

Am Abend des 29. 1. 1945 übernahm die 1. PzArmee den Befehl über das XI. SS-AK zwischen der slowakisch-polnischen Grenze und Saybusch, ferner über das LIX. AK zwischen Bielitz und Pleß. Die angreifenden Verbände wurden bei Saybusch abgewehrt.
Die hier führende 4. Ukrainische Front bildete zur Forcierung ihres Angriffs am 8. und 9. 2. bei Pleß einen Angriffsschwerpunkt und trat am 10. 2. zum Durchbruch an. Die beiden deutschen Divisionen auf der Naht zwischen dem XI. SS-Korps und dem LIX. AK wurden in den Raum Schwarzwasser zurückgeworfen.
Als Gefahr bestand, daß die 78. StD durch einen Angriff aus Nordosten in ihrer tiefen Flanke bedroht wurde, griff eine kleine Kampfgruppe unter Führung eines Hauptmannes am 11. 2. abends an der Bahnlinie Auschwitz-Mährisch-Ostrau beim Bahnhof Chiby den Gegner an. Die Kampfgruppe hielt den Gegner so lange, bis sich die nördlichen Teile der Division der drohenden Einkesselung entzogen hatten.
Im Bereich des LIX. AK griffen die Sowjets ebenfalls an; beim XXXXIX. GebKorps, das in der Gebirgsfront zwischen Bielitz und Rosenberg stand, wurde ein weiterer Angriff abgewiesen. Unter diesem Korps verteidigten von Norden nach Süden die 545. und 320. VGD, die 253. ID sowie die 4. und 3. Gebirgs-Division.
Bei Bielitz und Saybusch gelangen der Roten Armee am 10. 2. tiefe Einbrüche. Saybusch ging verloren. Gegen jene neun Infanterie-Divisionen, welche die 1. PzArmee zwischen Sorau, Bielitz und Rosenberg einsetzte, hatte der Gegner 36 Schützen-Divisionen und mehrere Panzerverbände angesetzt.
Beiderseits des Waag-Tales wurden die Stellungen der beiden Gebirgs-Divisionen ebenfalls angegriffen. Während die 4. GebDiv. beiderseits des Skorusina-Berges 20 km westlich Zakopane, in schweren Abwehrkämpfen stand, versuchte die Rote Armee vom 11. bis 15. 2. im Waag-Tal bei der 3. GebDiv. den Durchbruch auf Rosenberg zu erzwingen. Am 14. 2. wurden die Abwehrleistungen der 3. GebDiv. unter GenLt. Klatt im Wehrmachtsbericht gewürdigt. Die hier angreifende tschechische Division wurde völlig zerschlagen.

Am 16. 2. wurde von der 1. Ukrainischen Front ein starker Angriff aus dem Brückenkopf zwischen Ratibor und Cosel in Richtung Leobschütz vorgetragen. Er traf die dort stehende 371. ID und die 18. SS-PGD, die zum XI. SS-Korps übergetreten waren. Bei Groß Neukirch erzielte der Gegner einen tiefen Einbruch. Bis zum 18. 2. konnte dieser Einbruch beseitigt werden.
General Niehoff, der mit seiner 371. ID das Gutshaus von Klein Ellguth (bei Groß Neukirch) zurückeroberte, stellte fest, daß die Sowjets viele Soldaten der 18. PGD entsetzlich zugerichtet und umgebracht hatten. Mitten zwischen den Toten lag der geschändete Leichnam eines nackten jungen Mädchens.
Bei der 253. ID weitete sich der feindliche Angriff südlich Schwarzwasser zu einem bedrohlichen Einbruch aus, der schließlich abgeriegelt werden konnte.
Der Gegner war erschöpft. Die Kraft seiner Angriffe ließ um den 22. 2. stark nach. Nur noch kleinere örtliche Vorstöße wurden unternommen, die sämtlich abgewehrt wurden.
Die Verteidigungslinie in Höhe von Saybusch-Skotschauhart westlich Schwarzwasser-Pawlowitz-Sorau war behauptet worden.

Der Gegenangriff der 17. Armee

In der Nacht zum 2. 3. 1945 begann bei Lauban der Gegenangriff der 17. Armee. Die Führung des Angriffs lag in den Händen von General Nehring, da General Schulz im Frontgelände wenige Tage zuvor durch Bombensplitter verwundet worden war. Aus dem XXIV. PzK wurde die »Pan-

zergruppe Nehring« gebildet. Die Planung sah vor, daß die 6. VGD in der Mitte verteidigen, während eine linke und eine rechte Angriffsgruppe beiderseits Lauban zum umfassenden Angriff antreten sollten, um sich nach Durchziehen dieses Gegenstoßes nördlich Lauban an der Straße Görlitz-Bunzlau zu treffen. Die rechte Angriffsgruppe sollte vom LVII. PzK, GendPzTr. Kirchner, gebildet werden. In ihr waren die Führer-Begleit-Division, die 8. PD und die in der Wiederauffrischung befindliche 16. PD versammelt. Auch die 2. ID gehörte dazu.
Die linke Angriffsgruppe, geführt von Gen. d. Pz. Tr. Decker, bestand aus dem XXXIX. PzK; ihr waren die Führer-GD, die 17. PD, die 6. VGD und eine ID unterstellt.
Der in der Nacht zum 2. 3. beginnende Gegenangriff erzielte zunächst Geländegewinne in beiden Richtungen. Dann aber versteifte sich der sowjetische Widerstand vor dem LVII. PzK. Bei der linken Angriffsgruppe, dem XXXIX. PzK, ging es bis zum Nachmittag vorwärts. Ober-Bielau wurde zurückgewonnen. Vor dem Wald und an den Waldrändern nordostwärts und nördlich von Ober-Bielau aber verteidigten die Sowjets erbittert. GenMaj. Mäder, Kdr. der FGD, die weiter durch den Wald angreifen und die Straße nach Bunzlau gewinnen sollte, schlug General Decker vor, dieses schwierige Stück, das große Verluste und viel Zeit kosten würde, auszusparen und bereits von der erreichten Linie aus nach Osten abzudrehen und damit eine kleine, aber erreichbare Lösung anzustreben. General Decker faßte den Entschluß dazu; General Nehring, der diese Operation führte, billigte ihn und befahl als neue Richtung Logau. Der Kampf ging weiter, und 48 Stunden später stieß die FGD über den Queiss und erreichte ostwärts von Logau die 8. PD, der sie die Hand reichte.
Lauban wurde befreit, die für die HGr. Mitte wichtige Bahnstrecke, die alle Armeen untereinander verband, war wieder frei. Die Erfolge waren groß. Allein die 17. PD schoß am ersten Angriffstag etwa 80 Feindpanzer, überwiegend T 34, ab. Die 8. PD erzielte etwa 150 Panzerabschüsse. Hier die Kampfberichte zweier Divisionen, die dabei waren.

16. Panzer-Division im Gegenschlag auf Lauban

Als GenMaj. von Müller am 20. 2. 1945 die Schwerter zum Ritterkreuz mit Eichenlaub im FHQ entgegennahm, bat er darum, die geplante Auflösung der zerschlagenen 16. PD rückgängig zu machen und ihre Neuaufstellung zu befehlen. Dies geschah im Raume Bautzen. Als erster starker Verband rollte Major Lippold mit seiner schweren Jagdpanzer-Abt. heran. Die ersten Einheiten waren eben zusammengestellt, als der Befehl zur Verlegung in den Raum Marklissa eintraf. Ein russischer Vorstoß gegen Lauban hatte den Verlust dieser Stadt und damit auch der letzten Bahnverbindung von Mitteldeutschland nach Schlesien herbeigeführt. Teile der 16. PD erhielten Befehl, von Süden her im südlichen Keil des Gegenschlages in Richtung Lauban anzugreifen.

Der Angriff des 5. 3. drang nicht sehr weit durch. Im Morgengrauen des 6. 3. rollte er nach nächtlicher Umgruppierung erneut vorwärts. Abermals versteifte sich bald der sowjetische Widerstand. Der DivKdr. ging mit seinem Ia in die vordersten Linien, um durch persönliches Eingreifen die einzelnen Gruppen vorzureißen. Major Michael übernahm das GrenRgt. »Jüterbog«. Die Jagdpanzer unter Major Lippold rollten voran und schossen im Panzerduell eine Reihe T 34 ab. Das gab der Infanterie neuen Mut. Gemeinsam mit den Pionieren unter Major Gerke, unterstützt von der Artillerie unter Oberstlt. von Guaita, drang die Spitzengruppe in Lauban ein und warf die Sowjets im Häuserkampf aus der Stadt. An einzelnen Stellen brannte es. Die Lage in der Stadt war grauenhaft. Lauban war befreit, aber nicht für lange.

Die Kämpfe bei der 6. Volksgrenadier-Division

Der Kampf um Lauban begann für die 6. VGD unter GenMaj. Brücker bereits am 20. 2. 1945. In den ersten Kampftagen hatte diese Division gegen die 6. sowjetische Panzerarmee zu kämpfen.
Der Feinddruck gegen die 6. VGD verstärkte sich am 21. 2. Ein tiefer Panzerdurchbruch an der Straße Hennersdorf-Schreibersdorf drang bis Nonnenbusch vor. Eine Reihe Ortschaften wurde vom Gegner genommen.
In der Nacht wurden die durchgebrochenen Panzerrudel größtenteils von den Grenadieren der 6. VGD mit Nahkampfmitteln vernichtet. Ein Panzerjagdverband der Luftwaffe leistete volle Hilfe.
Der Gegenangriff mit dem neu zugeführten Bataillon unter Hptm. Schindel, dem Batl. Rommelspacher und der Hetzer-Kpn. Dallmeier drang durch. Hennersdorf wurde zurückgewonnen.
Die 6. VGD hatte sich inzwischen bis zum Westrand von Lauban durchgekämpft und trat mit dem Stadtkommandanten, Major Tschuschke, in Verbindung, der direkt dem LVII. PzK unterstand.
15 Feindpanzer, die sich am nächsten Tag im Angriff nach Süden der Verteidigungslinie der 6. VGD bei Lauban näherten, wurden von der Hetzer-Kpn. Dallmeier mit nur zwei dort stehenden Hetzern empfangen und sieben von ihnen abgeschossen.
Im gesamten Divisionsabschnitt standen die Hetzer von Lt. Dallmeier ununterbrochen im Einsatz. Angriff und Gegenangriff, Verlust und Wiederinbesitznahme der Ortschaften wechselten ständig. Als der Oberleutnant, der die Enge nördlich Gut Lauban hielt, gefallen war, drang der Gegner mit acht bis zehn Panzern bis zum Friedhof durch. Damit war Gut Lauban verloren. Mit nur noch zwei Hetzern fuhr Lt. Dallmeier dem Gegner entgegen und schoß alle eingedrungenen Panzer beim Friedhof Lauban ab. Die beiden letzten Hetzer fielen dabei wegen Getriebeschadens am Rückwärtsgang aus. Da auch die der Division unterstehende PanzerJagdAbt. 1183, Jaenisch, für mehrere Tage nach Görlitz zur Reparatur mußte, war die Division zu diesem Zeitpunkt ohne Panzerabwehr. Zum Glück traf wenig später Oberst von Luck von einer nördlich Penzig stehenden PzDiv. ein. Er brachte sechs Tiger und zehn Panzer IV mit. Diese fuhren sofort in den Einsatz.
Ein starker Feindeinbruch im Norden von Lauban, der bis zum Frauenkloster an der Nordkirche Laubans durchstieß, wurde von einer nach

Lauban geführten Panzerbrigade bereinigt. Der Kampf am Nordrand der Stadt setzte sich tagelang fort.
Am 2. 3. erhielt die Division Nachricht, daß ein Gegenangriff mit zwei Stoßkeilen laufe. Die 6. VGD schloß sich im Süden dem Angriff der FGD am Abend des 3. 3. gegen 19. 00 Uhr an. Dieser Angriff stieß mitten in die in Eile zurückrollenden russischen Kolonnen hinein, die sich aus dem Frontvorsprung Lauban retten wollten. Damit war die Absicht der Roten Armee, über Lauban nach Süden und Südwesten durchzubrechen, vereitelt worden. Das Kampfgelände war für die russische Panzerarmee zu einem Friedhof geworden. Die Hetzer-Kpn. Dallmeier schoß allein über 100 Panzer ab. Davon kamen auf das Konto von Lt. Dallmeier allein 50 Feindpanzer. Am 3. 4. überreichte GenMaj. Brücker dem Leutnant das Ritterkreuz.

Die Lage bei der 1. Panzerarmee

Nach Abwehr der sowjetischen Februar-Angriffe im Raume Mährisch Ostrau mußte die 1. Panzerarmee die gelichteten 359. und 545. VGD an die 17. Armee abgeben. Damit verfügte die 1. PzArmee in ihrem Abschnitt nur noch über 12 Divisionen, von denen sieben nicht mehr als »Kampfgruppen« waren.
Am 24. 2. wurde außerdem der Abschnitt der 1. PzArmee über Cosel bis Oppeln ausgedehnt, wodurch die Korpsgruppe Schlesien, das GenKdo. LVI. PzK mit der 168. und 344. ID, eine estnische SS-Freiwilligen-Division und Volkssturm unter das Kommando der 1. PzArmee traten.

Hitlerjungen der KGr. Malotka mit Panzerfäusten am 20.2.45 bei Metgethen.

Restgruppen der 5. PD und der Tiger erobern Metgethen zurück und finden dort die Hölle vor.

Flüchtlingstreck in Ostpreußen.

Dieser Treck wurde von den Russen zusammengeschossen.

Damit verteidigte die 1. PzArmee einen Abschnitt von 300 km Breite, der aus dem Raum südlich Rosenberg in der Slowakei bis Oppeln reichte. Die 1. PzArmee entschloß sich, einem Feindangriff aus dem Brückenkopf zuvorzukommen und den Brückenkopf durch einen eigenen Angriff zu beseitigen oder wenigstens einzuengen. Schwerpunkt des Angriffs lag beim XI. AK, dem alle verfügbaren Sturmgeschütz-Einheiten zugeführt wurden. Ein Regiment der 4. Gebirgs-Division mußte nach Rybnik geschickt werden, damit es dort für die zum Angriff vorgesehene 8. PD weiter verteidigte. Angriffsbeginn sollte der 8. 3. 1945 sein.
Ende Februar bereitete jedoch auch die 4. Ukrainische Front einen Durchbruchsangriff im Raume Schwarzwasser südlich von Skotschau vor, der auf den Verteidigungsstreifen des LIX. AK, GenLt. von Tresckow, zielte. GenOberst Heinrici befahl, eine drei bis vier km weiter rückwärts gelegene HKL vorzubereiten, in die sich die Verbände des LIX. AK in der Nacht vor dem Angriff zurückziehen sollten, um dem russischen Trommelfeuer zu entgehen.

Die Schlacht in Oberschlesien

Am 8. 3. begann der Angriff des XI. AK gegen den Brückenkopf Cosel. Dieser Angriff stieß mitten in starke sowjetische Angriffsvorbereitungen hinein. Es gelang, im Süden in den Brückenkopf einzubrechen. Hier fochten die 1. SkiJägDiv. und die 97. JägDiv. mit der 8. PD. Sie trieben den Feind zurück. Der nördliche Angriffskeil aber blieb liegen. Zwischen diesen Keil und die liegengebliebenen Teile des Korps drangen sowjetische Verbände ein und trennten sie voneinander.

Die sowjetischen Gegenangriffe gegen die durch den Südteil des Brückenkopfes vorstoßenden deutschen Verbände wurden am 11. und 12. 3. abgewiesen.
Am anderen Morgen stießen sowjetische Schlachtflieger auf die in der Nacht vorsorglich fast völlig verlassenen Stellungen herunter. Dann setzte das Artilleriefeuer ein. Als der russische Infanterieangriff lief, stieß er ins Leere. Dennoch erreichten die Spitzengruppen bereits gegen Mittag die Großkampf-HKL. Der Durchbruch mißlang jedoch. Die zum Durchbruch bereitgestellten sowjetischen Panzerverbände wurden an diesem Tage nicht eingesetzt. Durch die beiden vorher genannten Maßnahmen war der gleichzeitige Angriff der 1. und 4. Ukrainischen Front verhindert worden. Die 1. Ukrainische Front mußte ihre Kräfte neu ordnen. Die Panzer der 4. Ukrainischen Front blieben in ihren Bereitstellungsräumen liegen.
Während im Coseler Brückenkopf am 13. und 14. 3. Ruhe herrschte, gingen nördlich und südlich von Schwarzwasser die Angriffe der 4. Ukrainischen Front weiter. Die 3. GebDiv., die den ersten Angriff des Gegners aus der Großkampf-HKL zurückgewiesen hatte, trat am 11. 3. zum Gegenangriff an und erkämpfte ihre ersten Stellungen zurück.
Durch den erzielten Zeitgewinn waren am Abend des 11. 3. die 8. und 16. PD im Raume westlich Schwarzwasser und ostwärts Sorau eingetroffen. Sie waren der Kern der Abwehrkräfte, die bis zum 15. 3. den immer wieder angreifenden Panzerfeind zurückschlugen. Die HKL der 75. ID am Nordflügel des LIX. AK wurde allerdings am 13. 3. von sowjetischen Panzerkräften durchbrochen, die auf Sorau vorstießen. Die 8. PD riegelte gemeinsam mit dem GebJägRgt. 91 den Einbruch ab. Die Offensive der 4. Ukrainischen Front war liegengeblieben.
Als die 1. Ukrainische Front am 15. 3. zwischen Cosel und Grottkau zu ihrer beabsichtigten Offensive antrat und ihre Divisionen zwischen Ratibor und Cosel gegen das XI. AK anbrandeten, gelangen ihr tiefe Einbrüche in Richtung Leobschütz. Hier mußten sofort Reserveverbände eingeschoben werden. Von der 1. PzArmee wurde aus der mittelschlesischen Front der 17. Armee die 254. ID herausgezogen, aus der Kampffront südlich Schwarzwasser die 16. PD; beide Verbände wurden nach Leobschütz gebracht.
Die Schlacht um das Gebiet von Mährisch-Ostrau erreichte ihren Höhepunkt, als die 4. Ukrainische Front am 16. und 17. 3. noch einmal zum Angriff antrat. Südwestlich Schwarzwasser standen die 544. ID, die 3. und 4. GebDiv. und die 253. ID im harten Abwehrkampf und schlugen alle Angriffe ab. Nordwestlich Schwarzwasser, bei der stark angeschlagenen 8. PD mit der 68. und 75. ID und Teilen der 4. GebDiv., wurde der Gegner ebenfalls abgewiesen. Unter GenMaj. Hax stand die 8. PD in er-

bitterten Gefechten gegen einen an Zahl weit überlegenen Panzerfeind. 65 Feindpanzer wurden abgeschossen.
Am 18. und 19. 3. griff der Feind auch aus dem Coseler Brückenkopf mit starken Kräften an. Angriffsziel war Leobschütz. Hart ostwärts Leobschütz tauchten am selben Tag die ersten Feindpanzer auf. Hier trat ihnen die herausgelöste und soeben eingetroffene 16. PD entgegen und warf den Angriff im Gegenstoß zurück. Die 78. StürmDiv. nistete sich an den Stadträndern zur Verteidigung ein.
Bis zum 20. 3. war auf der gesamten Front der 1. PzArmee ein Stillstand eingetreten. Dem Feind war der zweite Durchbruchsversuch ins Industriegebiet von Mährisch-Ostrau verwehrt worden. An diesem Tage wurde Generaloberst Heinrici abberufen, um die HGr. Weichsel im Raume ostwärts Berlin zu übernehmen. Sein Nachfolger als OB der 1. PzArmee wurde GendPzTr. Nehring.

Der Abwehrkampf der 4. Panzerarmee

Der gesamte März verging im Abschnitt der 4. PzArmee - abgesehen von örtlichen Vorstößen und Erkundungsangriffen - ohne den auch hier erwarteten sowjetischen Großangriff. In der Festung Glogau, die seit dem 10. 2. von Oberst Graf zu Eulenburg verteidigt wurde, ging es dem Ende zu. General Gräser erteilte dem Festungskommandanten am 30. 3. eigenmächtig die Genehmigung, in der Nacht zum 31. 3. auszubrechen. Von den 800 Soldaten der Festung erreichten nur 50 bei Görlitz die deutschen Linien.

Nachdem die Rote Armee am 15. 4. 1945 gegen den nördlichen Nachbarn, die 9. Armee der HGr. Weichsel bei Küstrin, den nördlichen Arm der gewaltigen Angriffszange angesetzt hatte, begann in der Frühe des 16. 4. auch gegenüber der 4. PzArmee das in zwei Phasen ablaufende Trommelfeuer. Danach stießen zwei Stoßgruppen - die eine beiderseits Rothenburg, die zweite südlich Muskau bis Forst - vor und erzwangen bis zum 17. 4. den Durchbruch. Die nördliche Stoßgruppe drang über Spremberg-Cottbus gegen die Südfront Berlins vor. Die Südgruppe hingegen wurde am 19. 4. von deutschen Gegenschlägen erfolgreich gepackt und abgeschnitten. Es waren die südlich Görlitz bereitstehende 20. PD und die FschPD »HG«, die bereits am 17. 4. zum Angriff gegen den Südkeil antraten und eine große Anzahl Panzer abschossen. Bis zum 19. 4. kämpften beide Divisionen, die PD »HG« allerdings bereits in der Verteidigung zwischen Zodel und Ullersdorf. Der Gegner drang weiter vor und erreichte Niesky, Weissenberg und Bautzen.
Als die Rote Armee Bautzen am 19. 4. nach Westen durchrollte, stand die PD »HG« bei Kodersdorf gegen einen starken russischen Panzerfeind im Gefecht. Die gemeldeten Feindpanzer wurden vom PR der Division unter Oberstleutnant Roßmann mit 17 Panthern bei Kodersdorf erst angegriffen, als die Spitzenpanzer dieses Verbandes, das I. polnische PzK, bis auf 50 m herangekommen waren. In 20 Minuten wurden hier 43 Feindpanzer abgeschossen, der Rest zeigte die weiße Fahne und ergab sich. 12 unbeschädigte Panzer, drei vom Typ Stalin, fielen dem Panzerregiment in die Hände. Mit dem Balkenkreuz bemalt, standen sie wenige Stunden später im Abwehrkampf auf deutscher Seite.
Am 19. 4. traf auch die Kampfgruppe der 17. ID unter GenMaj. Sachsenheimer im Raum nordwestlich Görlitz ein.

Am Morgen des 20. 4. griffen unter Befehl des LVII. PzK die 20. PD (rechts) und die 17. ID (links) nach Nordwesten an. Die 72. ID, als Reserve nachgezogen, griff mit in diesen Angriff ein. Die lange Südflanke des Gegners wurde überraschend getroffen; Niesky wurde befreit, ebenso Stockteich. Die Operationsfreiheit im Raume Görlitz war wiederhergestellt, die Eisenbahn Görlitz-Lauban wieder frei.
Die nächsten Gegenschläge bauten auf diesem Erfolg auf. General Jauer, KommGen. des PzK »Großdeutschland«, erhielt den Auftrag, Weissenberg und Bautzen zu befreien. Er ließ die Div. »Brandenburg« gegen Weissenberg antreten. Die Division griff am 21. und 22. 4. von Norden und Süden an, vernichtete die 29. mech. Div. der Russen und gewann Weissenberg zurück. 250 bis 300 Panzer, Lastwagen usw. dieser Feind-Division lagen zerschossen und brennend auf dem Gefechtsfeld.
Die 20. PD wiederum griff unter der Führung von GenMaj. von Oppeln-

Bronikowski vom 23. bis 25. 4. von Nordosten auf Bautzen an, während von Süden die Division »HG« vorstieß. Bautzen wurde befreit.
Wenn es auch nicht gelungen war, den Hauptstoß des Gegners auf Berlin zu verzögern, so hatte die 4. PzArmee im Kampf um Schlesien die Treckwege der nach wie vor nach Westen weichenden Flüchtlinge gesichert; dies bis kurz vor der Kapitulation, so daß Hunderttausende Deutscher in den Westen gelangen konnten.

Der Endkampf der 1. Panzerarmee

Am 22. 3. 1945 hatte GendPzTr. Nehring die Führung der 1. PzArmee übernommen. Die Aufgaben für die 1. PzArmee in der Endphase des Krieges lauteten:
»Weiterer Schutz des Gebietes von Mährisch-Ostrau und Beibehalten des Zusammenhanges mit der 17. Armee durch das Behaupten des Raumes westlich Leobschütz.«
Am 13. 4. 1945 war Wien gefallen. In den Kämpfen um Wien war der Nordflügel der HGr. Süd mit dem LXXII. und XXIX. AK nach Norden auf die 1. PzArmee abgedrängt worden. Durch das dort aufklaffende Loch war die Armee Plijew auf Brünn vorgedrungen. Südlich und südostwärts von Brünn aber gelang es dem XXIX. PzK, geführt von GenLt. Källner, mit der 8. und 16. PD den auf Olmütz gerichteten Stoß abzuwehren. Eine große Zahl Feindpanzer wurden von den beiden deutschen Divisionen abgeschossen. In diesem Kampf fiel GenLt. Källner am 18. 4. bei Socolnica. GenMaj. von Müller, der Kdr. der 16. PD, geriet tschechischen Partisanen in die Hände.

Das XXIV. PzK sollte nunmehr laut »Führerbefehl« Brünn unter allen Umständen halten. Die 16. PD rollte nach Norden. In Brünn selbst wurde die Division »Feldherrnhalle«, am Ostrand der Stadt die 8. JägDiv., und westlich Brünn die 8. PD eingesetzt, deren Kdr. GenMaj. Hax stellvertretend bis zum Eintreffen von Gen. d. Art. Hartmann das XXIV. PzK führte. General Hartmann war es, der die Vernichtung der in Brünn stehenden Verteidiger verhinderte, indem er im selbständigen Entschluß am 26. 4. Brünn räumen ließ. GFM Schörner, der wenig später zu Hartmann kam, billigte den Entschluß des arm- und beinamputierten Generals der Artillerie.

Das Ende kam rasch. Im Norden der Front der 1. PzArmee kämpfte die 16. PD, am 23. 4. südlich Troppau eintreffend, in loser Verbindung mit der 1. SkiJägDiv., der 4. GebDiv. und der FBD im Raume Troppau-Wigstadl. Ostwärts der im Mährischen Gesenke entspringenden Oder begann die rote Armee am 25. 4. einen Großangriff und gewann am 30. 4. Mährisch-Ostrau. Damit war das Mährisch-Ostrauische Industriegebiet endgültig in sowjetischer Hand.

Der Armeeführung war es klar, daß nun nur noch die Sicherung der Flüchtlingswege und der eigenen Truppen Hauptaufgaben waren. Sie durfte, eingedenk der Tatsache, daß die 17. Armee noch weit ostwärts vorgestaffelt in Schlesien stand, nicht mit allen Teilen nach Westen weichen. Lediglich das noch immer in den Beskiden kämpfende XXXXIX. GebKorps mußte sofort den Rückzug nach Westen antreten, wenn es nicht eingekesselt werden sollte. Das XXXX., PzK (ohne Panzer), als rechter Flügel der 17. Armee und wichtiges Bindeglied zur 1. Armee, das mit seinen wenigen Kräften auf den Osträndern des Vorgebirges des Altvatergebirges hielt und vor der völligen Einkesselung durch beiderseitige Umfassung stand, verlegte seine HKL unter Zurücknahme des rechten Flügels nach Klein-Mohrau und des Gros in die vorbereitete Altvater Stellung.

Bei Mährisch-Schönberg wurden die angreifenden Panzerspitzen der Roten Armee vom XXXX. PzK abgewiesen. Der wichtige Straßenknotenpunkt Olmütz wurde von GenMaj. Hax und seiner 8. PD sowie örtlichen Verbindungskräften gehalten, bis das noch weiter ostwärts kämpfende XXXXIX. GebAK, unter General le Suire, Olmütz nach Westen durchschritten hatte. Die vordersten Teile der am 1. 5. in Dresden verladenen und über Glatz herankommenden Teile der Division »Brandenburg« kämpften ebenfalls bei Olmütz. Bis zum 8. 5. 1945 wurde Olmütz gehalten. Als einer der letzten deutschen Soldaten verließ GenMaj. Hax am 8. 5. 1945 diese unter starkem Artilleriefeuer liegende Stadt auf einem Seitenwagenkrad.

An diesem 8. 5. 1945 stand die 1. PzArmee vom Raum nördlich Brünn in weitem Bogen bis zum Altvatergebirge und schützte auch zu diesem Zeitpunkt noch die lange Südflanke und den Rücken von Mittelschlesien.

Aus dem Hauptquartier der Heeresgruppe Mitte

Die HGr. Mitte stand mit der 1. PzArmee am rechten Flügel zum rechten Flügel zum rechten Nachbarn, der HGr. Süd, aus dem Raum nördlich Brünn über Possnitz-Olmütz zum Altvater-Höhenkamm. Dort schloß die 17. Armee an, deren Front vom Altvatergebirge zusammenhängend nach Norden über Zuckmantel, die Neiße zwischen Neiße und Ottmachau querend, über Strehlen nach Zobten führte, das noch in deutscher Hand war. Nördlich der Städte Striegau und Lauban bis nach Görlitz schloß die 4. PzArmee an, die mit Front nach Norden über Bautzen und den Raum nördlich Dresden bis ins Erzgebirge, westlich Dresden stand. Seit dem Verlust von Strehlen am 25. 3. 1945 war die 17. Armee nicht mehr angegriffen worden. Wenn auch die sowjetischen Angriffsschwerpunkte auf beiden Flügeln der HGr. Mitte gelegen hatten, so war doch die im Zentrum stehende 17. Armee als Abschirmer von Schlesien beim Gegner gefürchtet, da sie die Gebirgszüge und Paßengen besaß. So konnte sie praktisch bis Kriegsschluß die deutschen Treckwege nach Westen abschirmen.

Breslau hatte unter zwei Kommandanten, GenMaj. von Ahlfen und Gen. d. Inf. Niehoff, die gesamte sowjetische 6. Armee gebunden.
Um optimal viele Truppen zu retten, war es notwendig, daß an mehreren Stellen so lange wie möglich gehalten wurde. Um dies abzuklären, war Generalmajor von Natzmer am 3. 5. nach Flensburg-Mürwik zur Reichsregierung Dönitz geflogen. Er stellte die Forderung, daß ein Waffenstillstand erst für den Zeitpunkt abgeschlossen werden dürfe, wenn die Masse der HGr. Mitte soviel Raum nach Westen gewonnen haben würde, daß sie nicht von der Roten Armee, sondern von Truppen der Westmächte übernommen würden. Dies war nach von Natzmers Berechnungen am 18. 5. der Fall. Er erhielt die Zusage, daß man nicht vorher kapitulieren werde.
So wirkte die Nachricht von der unmittelbar bevorstehenden Kapitulation, die am 7. 5. bei der HGr. Mitte einging, wie eine Bombe. Nunmehr konnte sie nicht mehr damit rechnen, alle Soldaten nach dem Westen zu retten. Ob eine Verlängerung des Krieges die Truppen der Hgr. Mitte gerettet hätte, steht jedoch dahin, denn zu einem späteren Zeitpunkt wäre die Rote Armee sehr tief in ihrem Rücken gewesen, da sie nach der Kapitulation von Berlin am 2. 5. nach Süden vorstoßen und der HGr. den Rückweg hätte verlegen können.
Die HGr.-Führung versuchte, das Mögliche zu erreichen. Noch in der Nacht des 6. 5., als General von Natzmer aus Flensburg-Mürwik zurückkehrte, erhielten die Truppen den Befehl, in der Nacht zum 8. 5. ihre Stellungen zu räumen und über Freiburg-Salzbrunn auf Trautenau zu marschieren.
Die Absetzbewegungen gelangen. Dann erst rollten aus vielen Bereitstellungen sowjetische Panzer, gefolgt von Infanterie, nach vorn. Sie wurden von den als Nachhut in günstiger Feuerstellung stehenden Sturmgeschützen noch einmal abgewiesen. Etwa 15 Feindpanzer blieben brennend liegen.
Vielen Gruppen gelang das Durchschlagen zu den US-Truppen. Die Masse der HGr. jedoch fiel in sowjetische Hand. GenMaj. Richard Schmidt blieb lange im tschechischen Gefängnis. General der Infanterie Toussaint, der letzte Kommandant von Prag, und GenLt. Hitzegrad ebenfalls. Sie wurden erst im Jahre 1961 freigelassen.
Der Kampf in Schlesien war zu Ende. Weit über drei Millionen Schlesier mußten ihre Heimat verlassen. Von den über 400. 000 Soldaten der Heeresgruppe Mitte ging der Großteil in sowjetische Gefangenschaft.

***

DIE FESTUNG BRESLAU

77 Tage: Kämpfen, Leiden und Sterben einer Stadt

Die russische Winteroffensive, die am 12. 1. 1945 losbrach, war bereits einmal vorgespielt worden. Und zwar hatte der Chef des Generalstabes der Heeresgruppe A (später umbenannt in HGr. Mitte), Generalleutnant von Xylander, mit den Oberbefehlshabern der Armeen, den Kommandierenden Generalen und Generalstabsoffizieren ein Planspiel durchgeführt. Es fand im Dezember 1944 statt.
Der russische Angriff wurde so durchgespielt, wie er vermutlich stattfinden würde.
Das Ergebnis dieses Planspieles war, daß die Sowjets am 6. Tage ihrer Offensive die schlesische Grenze überschritten hätten.
Dies vor allem, weil die Heeresgruppe A im November so viele Divisionen in den ungarischen Kampfraum werfen mußte, daß ihr nur noch die Hälfte ihres Bestandes verblieb.
Das ist einer der wenig angesprochenen Tragödien der russischen Winteroffensive, auch wenn sie bereits vorher stattfand.
Die geplanten Vorbeugemaßnahmen, einschließlich der Operation »Schlittenfahrt« (gemeint ist die rechtzeitige Überführung der 6. SS-Panzerarmee mit ihren fast noch voll ausgerüsteten Panzerdivisionen aus dem Westen nach dem Osten) wurden von Hitler verworfen.
Am 12. Januar 1945 begann diese gefürchtete russische Offensive. Mit 210 Infanterie-Divisionen, 22 Panzerkorps, 3 Kavalleriekorps und 27 selbständigen Panzerbrigaden.

Die gesamten deutschen Kräfte bestanden in nicht einmal 100 angeschlagenen Divisionen.
Mit ihren 53 Infanterie-Divisionen, sieben Panzerkorps, einem Kavalleriekorps und vier Panzerbrigaden stieß die 1. Ukrainische Front unter Marschall Konjew in Richtung Kattowitz-Oppeln südlich Breslau vor.
Teile der 1. Weißrussischen Front unter Marschall Schukow drehten von Lodz aus auf einen Punkt nördlich Breslau ein.
Andere Teile dieser Heeresgruppe nahmen sich Glogau und Posen zum Ziel.
Der Angriff begann am 12. 1. 1945 um 3.00 Uhr. Zuerst wurde eine »creeping Barrage« geschossen. Um 10.30 Uhr begann dann das eigentliche Trommelfeuer von acht Stunden. Dann rollten die Panzer in zwei Flutwellen vorwärts, flankiert von schweren Sturmgeschützen. Hinter diesen Verbänden kam die Infanterie, in drei tiefe Wellen gegliedert.
Als es Nacht wurde, hatten die Sowjets zwar 200 T 34 und Stalin-Panzer verloren, aber zugleich einen Einbruch von 15 - 20 Kilometer Tiefe gewonnen. Mehr als sie zu träumen gewagt hätten.
Am 13. 1. erklärte ein Sprecher des OKW anschließend an den Wehrmachtsbericht:

> »Vertrauensvoll sehen wir in der Reichshauptstadt der Entwicklung der Lage entgegen, denn das Überraschungsmoment hat keine Rolle gespielt.«

Zwei Tage später war die gesamte Front der Heeresgruppe Mitte tief aufgerissen. Vor allem waren es die schnellen Verbände von Marschall Konjew, die in den nächsten vierundzwanzig Stunden bis zu 115 Kilometer weit vorstießen. Tschenstochau wurde passiert. Oppeln und Breslau waren in Gefahr, einfach überrannt zu werden.
Im Norden stießen die Truppen der 2. weißrussischen Front unter Marschall Rokossowskij bis an das Frische Haff durch und besiegelten das Schicksal von Ostpreußen. Aber folgen wir weiter Marschall Konjew, der am 19. 1. mit seinem rechten Flügel Wielun durchfuhr. Sein linker Flügel erreichte bereits Krakau. Mit seiner 3. Garde-Panzerarmee unter Generaloberst Leljuschenko wurde bei Kreuzberg-Rosenberg-Guttentag die deutsche Grenze überrollt. Am 21. 1. standen die russischen Panzer bei Groß-Stehlitz und unterbrachen hier die Straße Breslau-Kattowitz. Die 10. Panzergrenadier-Division, die sich ihnen mit dem Mute der Verzweiflung entgegenwarf, wurde vernichtet. Generalleutnant Schmidt geriet in Gefangenschaft. Am 23. 1. standen die roten Panzer bei Oppeln, der Hauptstadt Oberschlesiens. Hier wurden von ihnen Übergangsmöglichkeiten über die Oder erkundet. Am 24. 1. bauten sie ihre Erfolge bis vor Breslaus Tore aus, und zum erstenmal meldete der Wehrmachtsbericht am 24. 1. 1945:

»Im Kampfraum ostwärts Breslau warfen entschlossene Gegenangriffe unserer Verbände die Bolschewisten aus mehreren Ortschaften.«

Zum erstenmal stand damit Breslau im Brennpunkt des Interesses und sollte darin bleiben, bis zum letzten Wehrmachtsbericht am 9. Mai 1945. An nächsten Tag schoben sich feindliche Kampfgruppen näher an Breslau heran. Ostwärts der Stadt wurden sie aufgehalten und zusammengeschossen. Was war in Breslau getan worden?

Breslau war bereits im Sommer 1944 zur Festung erklärt worden. Aber erst am 25. 9. 1944 traf der erste Festungskommandant Generalmajor Krause dort ein. Er fand an eigenen, ihm direkt unterstehenden Truppen lediglich ein Standort-Bataillon und das Landesschützen-Bataillon 599 vor. Anschließend wurden sechs Festungs-Batterien und je eine Festungs-Nachrichten- und eine Pionier-Kompanie aufgestellt.
Trotz intensiver Arbeit gelang es ihm nicht, bis Ende Januar 1945, als der Feind an die Tore der Festung klopfte, diese in einen einigermaßen brauchbaren Verteidigungszustand zu versetzen.
Nach dem Oberbefehlshaber der »Ostfestungen«, Generaloberst Strauß in Frankfurt/Oder, hätten für Breslau fünf Divisionen zur Verfügung stehen müssen. Drei ostwärts und zwei westlich der Festung. Die Hauptstellung sollte ostwärts der Oder liegen und zwar bis zu 25 Kilometer von den Breslauischen Oderbrücken entfernt. Diese Stellung ist jedoch, als es soweit war, nur zu Vorfeldkämpfen benutzt worden. Es standen einfach nicht genügend Kräfte zur Verfügung, um diese insgesamt 120 Kilometer lange Stellung durchgehend zu besetzen.
In dieses Tohuwabohu mischte sich auch noch der Gauleiter von Schlesien und Reichsverteidigungskommissar Hanke ein.
General Krause hatte bereits im Winter eine Evakuierung der immer noch eine Million betragenden Einwohner der Stadt gefordert. Er regte bei Gauleiter Hanke an, bereits frühzeitig 200 000 Frauen, Greise und Kinder im Bahntransport abzufahren. Denn wenn Breslau Festung wurde, dann würde das den Tod für die Zivilisten bedeuten. Gauleiter Hanke lehnte dies ab.

Abwehrkämpfe im Vorfeld der Stadt

Erst am 19. Januar, als die sowjetischen Panzerarmeen bereits dicht an Breslau herangekommen waren, wurde der Befehl zur Evakuierung gegeben.
An den Häuserfassaden las man die Sprüche:

»Jedes Haus eine Festung!«

Mit Beginn der Evakuierung veließen auch viele Geistliche die Stadt und als der zurückgebliebene Pfarrer von St. Elisabeth, Dr. Joachim Konrad, am 23. 1. im Konsistorium anläutete, teilte ihm der Hausmeister mit, daß die Kirchenleitung nach Görlitz verlegt habe. Auch Bischof D. Zänker habe Breslau bereits verlassen.
Am 17. 1. 1945 wurden sämtliche Breslauer Ersatztruppenteile alarmiert und daraus vier Festungsregimenter gebildet.
Ein fünftes Regiment, das sogenannte »Regiment Mohr«, wurde erst im Februar gebildet. Daß Breslau nicht im ersten Ansprung überrannt wurde, konnte man der 269. Infanterie-Division verdanken, die unter Führung von Generalleutnant Wagner vom 21. bis 28. 1. beiderseits der Vormarschstraße Groß-Wartenberg-Oels-Breslau kämpfte.
Diese Division war der erste Prellbock. Mit Panzerfäusten und Handgranaten, mit Tellerminen und geballten Ladungen sprangen die Grenadiere die russischen Panzerkolosse an. Panzerfaustschützen schossen an drei Tagen 76 Feindpanzer ab. Das Tempo der stählernen sowjetischen Speerspitze verlangsamte sich und gab Breslau eine letzte Atempause von fast einer Woche. Die Grenadiere dieser Division hatten es noch einmal geschafft.
Nördlich Breslau erreichten die russischen Panzer am 26. 1. Märzdorf. Zwar war hier die Brücke über die Oder gesprengt, doch das dicke Eis trug selbst die schwersten russischen Panzer.
Südlich Breslau gelang den Sowjets am 29. 1. die Bildung eines Brückenkopfes bei Peiskerwitz.
Am 26. 1. ließ General Krause zu einem Gegenangriff nach Norden antreten. Zwölf gerade durch die Stadt rollende Panzer wurden Generalmajor Schulz mit vier Kompanien Luftwaffen-Fahnenjunker unterstellt. Unter Führung des Generals griffen diese Verbände an, und es gelang ihnen, die Russen über die Oder zurückzuwerfen.
In der Nacht zum 29. 1. wurde schließlich die 269. ID mit Breslauer Fahrzeugen, darunter Omnibussen, nach Süden verlegt. Am 29. 1. trat sie bei Ohlau an und warf auch hier den Feind über den Fluß zurück. Bei Trechen, näher an Breslau heran, führte Hauptmann Seiffert mit einer Kompanie der SS-Verwaltungsführerschule einen Gegenstoß. Im ersten Tref-

fen dieser Kampfgruppe ging auch eine Breslauer Ärztin mit vor, die die Verwundeten versorgte und in vorderster Front unter schwersten Bedingungen operierte.

Sie erhielt als erste Frau Breslaus am 30. 1. 1945 das Eiserne Kreuz II. Klasse.

Am 31. 1. kämpfte die 269. ID im Raume Ohlau, wo die Russen einen Brückenkopf hielten. In diesem Raum oblag es Generalleutnant Wagner auch den auf seinem Gut Weidebrück lebenden Feldmarschall von Kleist, der im April 1944 zur Führerreserve versetzt worden war, zur Evakuierung aufzufordern. Der Sohn des Feldmarschalls, der gerade auf Genesungsurlaub zu Hause war, übernahm die Führung des um seine Heimat eingesetzten Bataillons. (Generalfeldmarschall von Kleist wurde 1946 aus englischer Gefangenschaft nach Jugoslawien ausgeliefert, kam von dort 1948 in sowjetische Gefangenschaft und starb 1954 im Lager Wladimir).

Aus dem Borsigwerk in Markstädt konnten noch bis zum 23. 1. über 100 leichte Feldhaubitzen in die Festung Breslau geholt werden. Der Rest wurde kurz vor dem Eindringen der Sowjets gesprengt.

Am 31. 1. erkrankte General Krause schwer. Generaloberst Schörner, Oberbefehlshaber der Heeresgruppe Mitte, setzte Generalmajor von Ahlfen zu seinem Nachfolger ein.

Insgesamt waren 40 Oder- und Oderkanalbrücken zur Sprengung vorbereitet, als Generalmajor von Ahlfen das Kommando in der Festung übernahm. Um die vielen einzelnen Pionier-Einheiten zu koordinieren, wurde vom Heerespersonalamt Major Hameister in die Festung eingeflogen.

Eingangs Februar trafen auch im Bahntransport aus dem Truppenübungsplatz Königsbrück zwei Züge »Goliaths« ein. Jeder dieser Züge besaß 48 »Goliaths« (Raupenfahrzeuge, wie kleine Panzer geformt, die durch Fernsteuerung in jedem Gelände mit ihren 75 Kilogramm Sprengstoff ans Ziel gebracht werden konnten.)

Die 609. Infanterie-Division wurde von General Ruff gebildet. SA-Obergruppenführer Herzog übernahm die Organisierung und Führung des Volkssturms.

Immer noch befanden sich Anfang Februar 200 000 Menschen in der Stadt, die Zivilstatus besaßen.

In der Nacht zum 3. 2. trat ein Zug Pioniere mit Flammenwerfern, geführt von Hauptmann Seiffert und Oberfeldwebel Schultze, zum Stoßtrupp auf das vom Feind besetzte Wasserborn an.

Hauptmann Seiffert hatte sich geweigert, mit zwei Kompanien Urlaubern anzugreifen, die kampfunerfahren waren und keinen Zusammenhalt besaßen.

Mit den Pionieren aber, kampferprobte Soldaten, stürmte er vor. Rau-

schend stoben die Flammenstrahlen aus den Düsen der Werfer. MG hämmerten. Die Sowjets rannten brennend aus den Deckungen heraus und wälzten sich im Schnee. Handgranaten und Sprengladungen traten in Aktion. Der Stützpunkt der Russen war gefallen. Gefallen war auch Oberfeldwebel Schultze.
Noch immer besaßen die Russen einen Brückenkopf bei Peiskerwitz. Hier griff das Waffen-SS-Regiment Besslein unter SS-Obersturmbannführer Georg-Robert Besslein, am 8. 2. an. Dieses SS-Festungsregiment 1 — »das beste Regiment in der Stadt«, so General Niehoff — griff im Morgengrauen an. Die Männer der 1. Kompanie unter SS-Obersturmführer Franz Budka erstürmten die erste feindliche Eckstellung. SS-Unterscharführer Krause rollte ein Grabenstück auf und nahm 70 Sowjets gefangen. Der feindliche Brückenkopf wurde »ausradiert«.

Am nächsten Tag fiel Liegnitz. Ein deutscher Entlastungsangriff von Westen her war liegengeblieben.
Eine weitere Division, die 17. Infanterie-Division unter Generalmajor Sachsenheimer, hatte ebenfalls viel für die Festung getan. Diese Division, geführt von einem der besten Soldaten, hatte sich in schweren Ausbruchskämpfen von der Weichsel bei Pulawy bis zur Oder durchgeschlagen. Hier hatten sie im Raume Maltsch - Neumark zwei Wochen erbittert gekämpft, dadurch den Feind aufgehalten und so die Einschließung Breslaus von Westen her verzögert. In der Nacht zum 14. 2. unternahm die Division, nachdem sie einige Truppen mit schweren Waffen an die Festung abgegeben hatte, einen Ausbruch nach Süden.
Der Ausbruch gelang, aber vierundzwanzig Stunden später, am 15. 2. war Breslau vollständig eingeschlossen. Von Westen ging eine Feind-Division auf Deutsch Lissa vor. Von Südwesten aus der Gegend von Kanth, eine weitere Feind-Division; eine Gruppe von vier Divisionen versuchte, Breslau von Süden zu erobern.
Der Kampf um die Festung trat in die entscheidende Phase. Von Süden griffen die Russen an. Bald tobte in den südlichen Vorstädten der Festung ein erbitterter Straßenkampf. Die Besatzung schlug sich verzweifelt. Granatwerfer versuchten, die eingebrochenen Sowjets zusammenzuschlagen. Flammenwerfer, Minen und Bomben wurden gezündet. Vom Feind besetzte Häuserblocks flogen in düsteren wuchtigen Wolken aus Schutt und Pulverdampf in die Luft. Von Stockwerk zu Stockwerk, von Haus zu Haus kämpfte das Regiment Besslein in Deutsch Lissa. In den von sowjetischen Pionieren vorwärtsgetriebenen Stollen tobte der Nahkampf. Ganze Gänge stürzten im Getöse der Sprengladungen ein und begruben Freund und Feind unter sich.
Der Kampf fraß sich Meter um Meter in die Stadt hinein, die zudem stän-

dig von feindlicher Artillerie und Fliegern beschossen und bombardiert wurde.
Hitlerjungen und Volkssturm bauten Barrikaden und Panzersperren. Ganze Viertel wurden nach nächtlichen Minierarbeiten der Pioniere in die Luft gesprengt, um Schußfeld zu haben und die eingedrungenen Gegner zu vernichten.
Am 13. 2. meldete der Wehrmachtsbericht:

»In Niederschlesien vereitelten unsere Verbände im Gegenangriff den erneuten Versuch der Bolschewisten, die Festung Breslau von ihren rückwärtigen Verbindungen abzuschneiden. Südwestlich der Stadt verlor der Gegner auf engem Raum 60 Panzer.«

Am 18. 2. hieß es:

»Der gegen die Süd- und Südwestfront Breslaus angreifende Gegner wurde in harten Kämpfen abgeschlagen.«

Geben wir an dieser Stelle Leutnant Leo Hartmann von der Sturmgeschütz-Brigade 311 — der Löwenbrigade — das Wort:
(Die Reste dieser Sturmgeschütz-Brigade waren von der 17. ID an die Festung abgegeben worden.)

»Es fiel uns überhaupt nicht auf, daß wir in einer belagerten Stadt lebten. Sogar die Straßenbahn fuhr noch. Scheinwerfer der Russen tasteten in den Nächten den Himmel ab. Ich kam zur Panzerkompanie der Panzerjäger-Abteilung Breslau. Chef der Kompanie war Oberleutnant Ventzke. Wir machten uns für einen Angriff bereit.«

Es war den Verteidigern gelungen, 100 Ofenrohre mit 6 000 Schuß in den Depots aufzustöbern. Diese »Taschenflak des kleinen Mannes« sollte gute Dienste bei der Abwehr feindlicher Panzerangriffe leisten. Am 14. 2. waren die letzten Evakuierungen erfolgt. Insgesamt blieben danach noch 80 000 Zivilisten in der Stadt zurück.
In den Kellern der Liebichshöhe richtete sich das Festungs-Generalkommando ein.
In den frühen Morgenstunden des 18. 2. ließ Leutnant Kohne im Abschnitt Besslein an der Weistritz-Linie seine ersten Goliaths über die hier von den Russen geschlagene Brücke der Reichsstraße 5 rollen. Drei Goliaths fuhren hintereinander um 6.00 Uhr los. Die Artillerie Besslein schoß Geräuschkulisse, und bevor die Sowjets etwas merkten, stand der vorderste Sprengpanzer auf der Mitte der zweiten Brückenstrecke, das zweite »Kraftei« stand über einem Pfeiler, und der dritte befand sich auf der ersten Brückenstrecke.
Leutnant Kohne zündete sie alle drei gleichzeitig. Mit donnerndem Kra-

chen stiegen dicke Rauchwolken auf, und als diese sich verzogen, lagen beide Brückenstrecken und ein Pfeiler zerstört in der Weistritz.
Bis zum 20. 2. schoben sich die Russen zwei Kilometer im Süden an den Stadtkern heran. Sie drangen in das Straßenbahndepot ein und wurden durch Goliaths in die Luft gesprengt. Der Südteil der Vorstadt war nur eine einzige Brandfackel. Einige Pakbatterien der Sowjets schossen in direktem Beschuß in die Widerstandsnester hinein. Brandgranaten setzten ganze Häuserblocks in Flammen. Die Hitze wurde unerträglich. Die Kürassierkaserne mußte aufgegeben werden.
Am späten Nachmittag des 20. 2. griff das Volkssturm-Bataillon 55, unter der Führung von Hauptmann Seiffert, im Südpark die eingedrungenen Russen an. Die Hitlerjungen dieses Bataillons kämpften wie die Berserker. Über hundert Jungen fielen oder wurden verwundet. Die übrigen schafften es. Der Feind wich zurück.
Als russische Panzer zu Dutzenden auf das Dorf Neukirch anrollten, schossen die Männer des Regiments Hanf von der Kirchhofsmauer herunter mit Panzerfäusten. Zischend blafften die Rückstoßflammen, Sprengtöpfe flitzen den Panzern entgegen, bohrten sich durch den Stahl und ließen sie aufbrennen. Russische schwere Pak zog auf den beiden Dorfstraßen vor. Sie wurden ebenfalls durch Panzerfaustfeuer von den Straßen heruntergefegt.

Vom 20. 2. an war Gauleiter Hanke täglich bei den Lagebesprechnungen des Festungskommandanten zugegen. Er schlug den Einflug von Fallschirmjägern vor. Was ihm vorschwebte, war ein zweites Monte Cassino. Gegebenenfalls konnte mit diesen Fallschirmjägern dann ein Ausbruchskorridor nach Süden freigeschlagen werden.
So wurde am 25. 2. das I./Fallschirmjäger-Regiment 26 unter Hauptmann Trotz eingeflogen. Das II. Fallschirmjäger-Regiment z. b. V. Schacht, unter Hauptmann Skau, wurde am 5. 3. ebenfalls in die Festung eingeflogen.
Natürlich war dies zu wenig. Hinzu kam noch, daß dieses letztere personell hochwertige Bataillon durch andere Umstände nicht einsatzfähig war.
Zwischen den Häusern, auf freien Plätzen, in den Anlagen entlang der Oder stand die Festungsartillerie und jagte den Angreifern ihre Granaten entgegen. Der Feind versuchte, den Flugplatz Gandau und damit den letzten Versorgungsstützpunkt in die Hand zu bekommen. Als er schließlich fiel, wurde in mühseliger Spreng- und Minierarbeit die sog. Kaiserstraße im Abschnitt Kaiserbrücke-Scheitniger Stern zu einer provisorischen Rollbahn erweitert. Bombenangriffe legten mehr und mehr Häuser in Trümmer. Volkssturm, Hitlerjungen und reguläre Truppen ver-

Tiger greifen in die Abwehrkämpfe ein.

Panther-Panzer rollen in die Bereitstellung.

Rotarmisten haben eine Bahnlinie erreicht und sperren sie.

Russischer Panzer, durch Panzerfaust abgeschossen.

teidigten jeden Meter Boden. Breslau glich einer Breughelschen Höllenszenerie. Am 26. 2. meldete der Wehrmachtsbericht:

»Die Besatzung von Breslau und Glogau verteidigen sich in erbitterten Straßenkämpfen, so daß dem Feind nennenswerte Erfolge versagt blieben.«

General Niehoff kommt!

Am Abend des 5. März 1945 wurde dann Generalleutnant Niehoff in die Festung Breslau eingeflogen. Beim nächtlichen Anflug auf die Stadt sah er die vielen Brände und die rauchenden Trümmer, sah er auch die Frontlinie am Verlauf des aufzuckenden Trommelfeuers der Russen. General Niehoff, ab 1. 4. 1945 General der Infanterie, der bis dahin mit seinen Truppen im Raume Ratibor kämpfte, war auf Vorschlag von Generalfeldmarschall Schörner für diese neue Verwendung ausersehen worden. Man hatte Niehoff versprochen:

»Wenn Sie es fertigbringen, Breslau noch drei bis vier Tage zu halten, dann ist Schörner auf dem Landwege bei Ihnen und reicht Ihnen die Hand.« (Siehe Niehoff: »So kämpfte Breslau«).

Man rechnete damit, daß eine 50 Kilometer südlich Breslau aufgestellte Stoßgruppe den Festungsring von außen aufbrechen sollte.
Bis zum 7. 3. wurde die Südfront Breslaus auf eine durchgehende Häuserlinie vom Hancke-Krankenhaus - Steinstraße - Heiliggeistkirche - Friedhof St. Bernhardin - Ohle - Niederung - Pircham - zurückgenommen. Hier konnten sich die Soldaten in den Trümmern verbarrikadieren. In diesem Straßenkampf schossen die Männer des Regiments Mohr mit dem Ofenrohr binnen 14 Tagen 100 russische schwere Pak ab. Und hier war auch das Wirkungsfeld der Panzerjäger, hier wurde Leutnant Leo Hartmann eingesetzt. Er berichtet darüber:

»Im Süden, an der Ecke Steinstraße - Gallestraße, bei der 609. Infanterie-Division, schossen wir einige Pak ab. Als an meinem eigenen Geschütz beim Überqueren eines Grabens die Kette riß, sprang Major Schulz, der gerade rauchgeschwärzt von einer Sprengung aus dem Keller kam, hinzu und half uns. Dann rollten wir vor und schossen die Pak ab, die zwischen der Cretius- und Helmutstraße stand und einen unserer Panzer II abgeschossen hatte.«

Im Nahkampf gingen die Männer gegen die eingedrungenen Sowjets vor. Fähnleinführer Nordberg war einer der Verwegenen, die beim Hancke-Krankenhaus einen Stoßtrupp bildeten. Sie schlichen durch ein Gewirr von Verbindungsgängen, sahen sich plötzlich einem russischen Stoßtrupp gegenüber und eröffneten das Feuer. Als der Fähnleinführer mit einer Tellermine vorging, erhielt er einen Bauchschuß und flog mit der zündenden Mine in die Luft. Die Russen wurden unter einer einstürzenden Decke begraben.

Dazwischen hämmerte die Feindartillerie auf die Stadt ein. Schwere Granaten bohrten sich durch Decken und Wände, ehe sie — mit Verzögerungszünder versehen — tief in den Kellern explodierten.

Dort, wo das SS-Regiment eingesetzt wurde, grüßten Spruchbänder zu den Russen hinüber mit den Aufschriften:

»Hier kämpft das SS-Regiment Besslein!«

In den glühenden Trümmerhaufen in der Augustastraße hatte sich Franz Budka mit seiner Waffen-SS-Kompanie eingerichtet. Die Männer saßen unter den brennenden Gebäuden und wurden von gegenüber, aus dem Gebäude der Landesversicherungsanstalt, beschossen. Mit nacktem Oberkörper, bei Hitze von 50 und mehr Grad, kämpften sie um das Überleben. Sie bauten ihre Handgranatenkatapulte, wie die Jungen vom songenannten »Hitlerjungen-Eck«.

In den Kellern wurden Todesfallen aufgebaut, die aus Sprengladungen mit Sauerstoff und Azetylengas-Flaschen bestanden. Sobald der Gegner diese Keller erreichte, zogen sich die Verteidiger zurück und sprengten sie in die Luft.

Breslau wurde auch für die Sowjets zu einem Menetekel, zu einer Hölle, aus der es für viele Tausende kein Entrinnen mehr gab. Ihre Wut auf alles, was Breslau hieß, wuchs und wuchs.

»Wenn wir hineinkommen, werden wir allen verdammten Deutschen die Kehlen abschneiden«, sagte der russische Soldat Gregory Olgonoff. »Und vorher werden wir die Weiber ... «

Die ganze Stadt brannte lichterloh. Trotz winterlicher Witterung herrschten hier Hitzetemperaturen, wie sie noch in keinem Hochsommer vorher erreicht worden waren. Hier vollzog sich ein Untergang, der dem an den

Thermopylen gleichkommt. Hier kämpften Vierzehnjährige neben ihren sechzigjährigen Großvätern.
Die Fracht der Verwundeten aus dieser permanenten großen Schlacht floß in die einzelnen Lazarette und Verbandsplätze. Oberfeldarzt Dr. Mehling, der später in russischer Gefangenschaft gestorben ist, mußte jeden Arzt und jeden Helfer einsetzen. In den drei Hochbunkern am Scheitniger Stern, am Odertorbahnhof und am Striegauer Platz, kämpften die Ärzte um jedes Leben. In den vier Tiefbunkern und den zehn Krankenhaus-Lazaretten wurde bis zu 18 Stunden am Tage operiert. Sechzehn Keller-Lazarette nahmen die Schwerverwundeten zur ersten Behandlung auf. Die Oberstabsärzte Dr. Hohsang, Dr. Joachim, Dr. Janschky und St. Steinbrink, die Stabsärzte Dr. Gaida, Dr. Haag, Dr. Weil und Dr. Weiser erlebten Tage und Nächte des Grauens.
Unter Führung von Feldunterarzt Dr. Greve wurden 6 000 Verwundete ausgeflogen. Es war eine Schinderei für das Personal, in den Nächten die Ju 52, die in Gandau unter Beschuß gelandet waren, zu beladen. Während dieser Beladung fiel unter anderem auch einer der namenlosen Soldaten, die immer wieder über sich hinauswuchsen, wenn es galt, verwundete Soldaten zu retten, ein unbekannter Sanitätsoberfeldwebel, durch russischen Bombenvolltreffer.
Die russischen Angriffe im Süden der Stadt erlahmten. Der Wehrmachtsbericht des 25. 3. lautete kurz und einfach:

> »Auch die Besatzung der Festung Glogau und Breslau wiesen erneut feindliche Angriffe ab.«

Am 26. 3. griffen die Sowjets erneut mit starken Panzerkräften an. Es kam zu einem Kampf auf Biegen und Brechen. Wieder waren Sturmgeschütze und Panzer der Panzerjäger-Abteilung »Breslau« erfolgreich. Hinzu kamen die vielen Panzerfaust- und Ofenrohr-Schützen. 64 Panzer wurden abgeschossen.
Von nun an wurden die Angriffe heftiger, in schnelleren Abfolgen, mit stärkeren Kräften geführt. Als die Russen versuchten, entlang des Westufers der Oder vorprellend, einen Keil durch die Stadt zu treiben und diesen Keil mit schweren Sturmgeschützen spickten, rollten die deutschen Sturmgeschütze — zunächst nur die Geschütze Hartmann und Unteroffizier Maier — in Richtung Hafen. Maier und Hartmann schossen je eines der schweren Sturmgeschütze ab. Als in dieser Situation ein Volkswagen-Kübel mit Essen anrollte, fuhr Leutnant Hartmann den Fahrer an:

> »Verschwinden Sie bloß mit dem Fraß. Wir haben keinen Hunger! Wir brauchen Munition!«

Ein drittes Geschütz brachte schließlich die ersehnte Munition. Am

Abend erschien auch Oberleutnant Ventzke mit dem vierten Geschütz. Diese vier Geschütze bremsten alle Durchbruchsversuche und schossen mehrere Feind-Pak ab. Kurz nachdem Leutnant Hartmann dem Uffz. Maier seine Beförderung zum Feldwebel überbracht hatte, erhielt das Geschütz des Kameraden einen Werfertreffer. Feldwebel Maier erhielt mehrere Splitter in die Lunge und starb eine Stunde später, im Lazarettbunker am Odertor.
In diesen Tagen häuften sich die Selbstmorde unter der Zivilbevölkerung. In den Kellern und Bunkern vegetierten die Kranken und Alten. Pausenlos brandeten jetzt die Angriffe gegen die Stadt. In dem 75 Kilometer langen unterirdischen Kanalnetz, welches in Mauerwerk ausgeführt war, fanden Kämpfe von unvorstellbarer Schrecklichkeit statt. Russische Angreifer ertranken in den Abwassern. Deutsche Verteidiger wurden durch Wasserfluten weggespült und kamen ums Leben.
Am 27. April 1945 stießen die Russen weiter vor. Der Stadtkern aber hielt sich noch immer. Hier kämpften Männer und Greise und halbe Kinder. Hier wurde geschossen, geflucht und gestorben.
Am 28. 4. 1945 meldete der Wehrmachtsbericht:

> »In Breslau erzielten die sowjetischen Truppen weitere tiefe Einbrüche.«

Aber am 1. 5. 1945 hieß es schon wieder:

> »Die heldenhaften Verteidiger von Breslau schlugen wiederum alle Angriffe der Bolschewisten ab.«

Am 2. Mai morgens telefonierte General Niehoff letztmalig mit Feldmarschall Schörner, der vor genau zwei Monaten versprochen hatte, ihm binnen dreier Tage zur Hilfe zu kommen.
General Niehoff meldete die Erfüllung seines Auftrages und seine Absicht, nunmehr die Festung Breslau angesichts der unhaltbar gewordenen Lage durch Kapitulation übergeben zu wollen. Schörner widersprach dem zunächst und forderte weiteres Ausharren an. Doch billigte er nachträglich den Entschluß Niehoffs.
Am 4. Mai kam noch eine Abordnung der höchsten kirchlichen Würdenträger zu General Niehoff. Es waren dies: Weihbischof Ferche, Kanonikus Kramer, Pfarrer Hornig und Pfarrer Dr. Konrad.
Sie baten um eine Prüfung der Lage aus menschlicher Sicht. Noch durfte General Niehoff hier seinen bereits gefaßten Entschluß nicht preisgeben, um die Vorbereitung zur Kampfeinstellung nicht zu stören. Aber seine Antwort deutete bereits eine Kapitulation an.
Der letzte Besucher in diesen schicksalschweren Tagen war Gauleiter Hanke. Als dieser es selbst unter schweren Drohungen nicht vermochte, den General umzustimmen und die Kapitulationsabsicht zu vereiteln,

verschwand der Gauleiter aus der Festung in Niehoffs Fieseler Storch. Dieser Storch war dem General und dem Führungs-Hauptquartier für ihren Ausflug geschickt worden.
General Niehoff zog es jedoch vor, das Schicksal seiner Soldaten zu teilen; und zwar bis zum bitteren Ende.

Am 5. Mai, noch in der Nacht, versammelte General Niehoff zum letzten Male seine Kommandeure und verkündete ihnen die Absicht, den Kampf einzustellen. Schweigend, mit mahlenden Kiefern und vor Überanstrengung verzerrten Gesichtern, vernahmen seine Getreuen den endgültigen Befehl ihres Kommandanten. Als er geendet hatte, streckten sie ihm in spontaner Aufwallung die Hände entgegen und dankten ihm für diesen schwerwiegenden Entschluß, der eine der härtesten Kampfhandlungen des Zweiten Weltkrieges abschloß: den Opfergang einer kleinen Schicksalsgemeinschaft auf verlorenem Posten, die unbesiegt, trotz erdrückender Überlegenheit, 77 Tage durchgehalten hatte.

Das Ende mit Schrecken

Am 6. Mai 1945 begab sich General der Infanterie Niehoff, quer durch die Minenfelder der Kampffronten, zu Generaloberst Glusdowski, dem Oberbefehlshaber der 6. Sowjetischen Armee, dem die Belagerung übertragen worden war.

Er trug ihm die Kapitulationswünsche vor und Generaloberst Glusdowski schlug folgende Bedingungen vor:

1. Alle unter Ihrem Befehl stehenden Truppen stellen die Kampftätigkeit am 6. 5. ab 14. 00 Uhr, Moskauer Zeit, ein.
2. Sie übergeben den Mannschaftsbestand, Waffen, alle Kampfmittel, Transportmittel und technischen Einrichtungen unbeschädigt.
3. Wir garantieren Ihnen, allen Ihren Offizieren und Soldaten, die den Widerstand eingestellt haben, das Leben, Ernährung, Belassung des persönlichen Eigentums und der Auszeichnungen und nach Beendigung des Krieges Rückkehr in die Heimat. Dem gesamten Offizierskorps ist das Tragen der blanken Waffe gestattet.
4. Allen Verwundeten und Kranken wird sofortige medizinische Hilfe durch unsere Mittel zuteil.
5. Der gesamten Zivilbevölkerung werden Sicherheit und normale Lebensbedingungen garantiert.
6. Ihnen persönlich und anderen Generalen werden Pkw mit Bedienung belassen, ebenso die entsprechende Bedienung für Generale in Gefangenschaft.

Der Befehlshaber der 6. russ. Armee:
gez. Glusdowski, General

Der Chef des Stabes:
gez. Panow, Generalmajor
am 6. 5. 1945.

General Niehoff vermißte noch einen besonderen Zusatz für die Sicherheit seiner Soldaten der Waffen-SS. Dieser Zusatz wurde wie folgt aufgenommen:

»Ich habe noch zu den Richtlinien der Übergabe der Festung hinzuzufügen, daß die von mir versicherten Garantien betreffs der Offiziere und Einheiten sich ebenso auf die Waffen-SS, die an der Verteidigung teilgenommen hat, erstrecken.«

In der Nacht zum 7. 5. 1945 zogen die Russen in die sterbende Trümmerstadt ein, die sie in 77 Tagen nach der Einschließung nicht hatten erobern können.
Walzer von Strauß brüllten aus Panzern. Gejohle und Kreischen fielen darin ein, denn die Stadt war entgegen den Bedingungen zur Plünderung freigegeben worden. Brände, Vergewaltigungen und Morde setzten ein und hielten wochenlang an.

In den Nächten zog die Soldateska durch die Stadt. Sie zündeten auch am 11. Mai die Barbara-Kirche und am 17. 5. die Maria-Magdalena-Kirche an und ließen sie niederbrennen.
Die tapfere deutsche Besatzung aber zog in die Gefangenschaft. Viele von ihnen sollten die Heimat nie wiedersehen, darunter auch General-

major Ruff, der Kommandeur der 609. ID, der in Rußland gehenkt wurde, wegen vorgeblicher früherer Kriegsverbrechen in Riga.
Zwar benahmen sich die Kampftruppen des Generaloberst Glusdowski besonders achtungsvoll gegenüber ihrem entmachteten Gegner, aber bald diktierte die Politik das, was mit den Gefangenen geschehen sollte. Und so blieb auch General Niehoff zehneinhalb Jahre in Gefangenschaft. Und zwar abwechselnd in Straflagern und sowjetischen Gefängnissen.
Das, was von den Sturmgeschützen der Brigade 311 übriggeblieben war, fuhr am 7. 5. durch die Frankfurter Straße, vorbei an den vernichteten Stalin-Panzern, in die mehrjährige Gefangenschaft.
Das Wunder von Breslau war, daß diese Stadt mit seinen wenigen Truppen so lange einer ganzen Armee hatte standhalten können.
Vergegenwärtigen wir uns: Breslau hatte diesen Kampf bei großer Munitionsknappheit mit 40 000 schlecht bewaffneten Soldaten, Hitlerjungen und Volkssturmmännern durchgestanden. Gegen eine vollausgerüstete Armee in Stärke von 150 000 Mann.
Die Verluste an Toten und Verwundeten unter den Soldaten in der Festung und den noch 80 000 Einwohnern betrugen insgesamt 29 000 Menschen; darunter 6 000 Tote.
Die Rote Armee gab in einem abschließenden Bericht über die Kämpfe bei Breslau zu, daß sie allein im Kampf um diese Stadt 60 000 Mann an Toten und Verwundeten verloren hatte. Südlich Breslau wurde von den Russen ein Soldatenfriedhof angelegt, auf welchem allein 5 000 russische Offiziere bestattet sind.
Eine große feindliche Streitmacht war durch das zähe Ausharren in und um Breslau gefesselt worden. Die Verteidiger dieser Stadt hatten eine Vielzahl deutscher Flüchtlingstrecks auf dem Marsch nach Westen abgeschirmt.
In die Gefangenschaft ging auch Oberst Tiesler, der Vertreter von General Niehoff. »Pappa Tiesler« starb im Winter 1952 im Ural. Als einziger ging Oberstleutnant Mohr hinter dem Sarg her, der auf einem Panjeschlitten aus dem Lager gefahren wurde.
Am 9. 5. hatte der letzte Wehrmachtsbericht gemeldet:

> »Die Verteidiger von Breslau, die über zwei Monate lang den Angriffen der Sowjets standhielten, erlagen in letzter Stunde der feindlichen Übermacht.«

******

ZIVILBEVÖLKERUNG SCHLESIENS WÄHREND DER KAMPFHANDLUNGEN

Die Übersicht

Nachdem die sowjetischen Divisionen am 8. 2. 1945 in Niederschlesien zum erneuten Angriff nach Westen angetreten waren, hatten sie, aus dem Brückenkopf Steinau vorstoßend, gleichzeitig auch nördlich Glogau die Oder überschreitend, nach schweren Kämpfen die Görlitzer Neiße erreicht. Liegnitz war am 10. 2. in russische Hände gefallen, Glogau wurde am 12. 2. eingeschlossen.
Gleichzeitig damit begann am 8. 2. auch eine Zangenbewegung der Roten Armee aus ihren Brückenköpfen Steinau und Brieg. Diese führten — wie bereits dargestellt, zur Einschließung von Breslau. Jauer, Striegau und Schweidnitz wurden Mitte Februar ebenfalls von den Russen erobert.
In der ersten und zweiten Märzhälfte wurde dann die Neiße bei Görlitz und schließlich der westlich der Oder liegende Teil Oberschlesiens fast vollständig besetzt.
Diesen Bewegungen der Roten Armee entsprechend nahm die Flucht der Schlesier zwei Hauptrichtungen. Entweder nach Westen, in Richtung Sachsen, oder aber nach Süden, nach Böhmen und Mähren.
In den deutschbewohnten Gebieten ostwärts der Oder und Neiße waren die Kampfhandlungen Ende März fast beendet. Flucht und Marter der Bewohner dieser Landstriche war in vollem Gange.
Für die nach dem 8. 2. 1945 in Liegnitz zurückgebliebenen Menschen gab es von nun an keine Stunde mehr, die nicht durch die Bedrohung

von Leib und Leben gekennzeichnet gewesen wäre. Frau Selma Birke berichtete:

»Am frühen Morgen des 8. 2. 1945 wurden wir durch Trommelfeuer geweckt. Die letzten Bewohner unseres Hauses zogen mit Handwagen fort. Meine Tochter und ich blieben als einzige zurück.

Am Mittag dieses Tages erfolgte ein Tieffliegerangriff, der Tote und Verwundete forderte. Am Nachmittag folgten noch zwei oder drei weitere Angriffe und ich folgte der Einladung unseres Fleischermeisters uns gegenüber, seinen Luftschutzkeller aufzusuchen, der etwa 30 Personen Platz bot. Dort verbrachten wir drei Tage und vier Nächte.

Am Morgen des 9. 2. begannen in Liegnitz die Straßenkämpfe. Am Spätnachmittag hörten wir plötzlich furchtbares Triumphgeschrei, fremde Laute waren es, und wir wußten: die Russen sind in unserer Straße.

Ein ukrainisches Mädchen bestätigte dies und sagte uns, daß wir keine Angst zu haben brauchten. Wir und sie wurden bald eines anderen belehrt.

Am 10. 2. polterte es die Kellertreppe herab. Etwa 20 bis 25 russische Soldaten und Offiziere stürzten in den Keller und leuchteten jeden mit Taschenlampen an. Uhren und Frauen wollten sie. Die erste war meine Tochter; aber der Kerl, der sie aus der Ecke hervorgeholt hatte, sah bald eine stärkere rotwangige Frau und schob meine Tochter zur Seite.

So holten die Russen am laufenden Band Uhren, andere Wertsachen, Koffer, Frauen und junge Mädchen, ja auch halbe Kinder. Den Männern zogen sie die Lederjacken und Stiefel aus.

Am Morgen des 12. 2. wurde das ukrainische Mädchen mit Namen Wera von einem Soldaten geholt und mußte als Dolmetscherin fungieren. Als sie ihren Brotherrn schützen wollte, als diesem der Hals durchgeschnitten werden sollte, und sich über ihn warf, wurde sie fortgerissen und vergewaltigt. Ein Vater stellte sich vor seine beiden jungverheirateten Töchter. Die Russen nahmen ihn und zwei andere Männer gleich mit. Sie sind bis heute nicht wiedergekommen.
Tag und Nacht polterten die Russen ans Tor oder an die Haustür. Am Abend des 12. 3. 1945 kamen drei russische Soldaten und machten uns begreiflich, daß wir packen und auf die Landstraße müßten. Wir blieben neben unseren Handwagen stehen und als niemand mehr kam, uns anzutreiben, blieben wir die ganze Nacht in der Stube sitzen. An diesem Morgen kam der Russe wieder und war außer sich, daß wir seinem Befehl nicht gefolgt waren. Wir mußten nun wieder packen.
Unser Ziel hieß Langenwaldau, nur sechs km entfernt. Am Abend des 19. 3. 1945 kamen wir dort an und wurden auf dem nächsten Gut aufgenommen. Am nächsten Tag erfuhren wir, daß in diesem kleinen Dorf 28 000 Menschen Unterkunft gefunden hatten: in Pferde- und Schweineställen und in Kuhställen.«

Frau Hedwig Rosemann aus Breslau berichtete:

»Wir sind Breslauer und mußten unsere Heimatstadt am 22. 1. 1945 binnen zweier Stunden verlassen. Wir flüchteten nach Löwenberg zu unseren Verwandten.
Am 13. 2. erhielten wir den Befehl, auch Löwenberg zu verlassen und zu trecken. Die Russen waren ganz in der Nähe. Die Landstraße war so verstopft, daß wir nicht mehr hinauskamen.
Wir suchten in einem Felsenkeller Schutz, in dem wir die ganze Nacht über blieben. Am anderen Morgen um 7.00 Uhr ein Krachen an unserer Haustür. Die Russen waren da. Wie die Wilden stürzten sie sich in den Flur.
Die ersten Frauenschreie gellten auf. Die Frauen wurden in den Flur gezerrt und vergewaltigt.«

Frau Frieda Schneider berichtete weiter:

Der erste Trupp waren einige Panzer, die durch die Stadt fuhren. Hinterher kamen Fußtruppen mit langen Stangen, die sämtliche Fensterscheiben einschlugen, die sie erreichen konnten. Dann kamen wieder welche, die Schmuck, Uhren usw. raubten und plünderten. Die nächsten, die dann kamen, fielen über alle Frauen her, ob jung oder alt; ganz gleich, wo sie versteckt waren, sie fanden sie alle!

Zum Schluß kamen polnische Arbeiter, die früher in der Stadt beschäftigt waren. Sie zündeten die Geschäfte und die Häuser der Parteigenossen mit Benzin und Petroleum an.
Wir blieben zehn Tage im Keller versteckt. Hier gebar Frau Josef am 18. 2. 1945 ihren Sohn. Auch sie blieb vor Vergewaltigungen nicht verschont, trotzdem doch das kleine Würmchen neben seiner Mutter lag.
Eine 45- jährige Lehrerin erzählte mir, daß sie die dauernden Vergewaltigungen nicht mehr ertragen könne, täglich 20 bis 30mal. Die Russen nahmen sie vor, unbekümmert darum, daß sie mit ihrer 81-jährigen Mutter in einem Bett schlief. Keine Frau blieb verschont. Die Russen kamen bald mit Autos von der nahen Front hergefahren, um sich zu bedienen. Und so ging es des Tags und Nacht bis morgens um 3.00 Uhr.«

Schrecken ohne Ende

Als die Russen am 8. 2. 1945 in Kanth bei Breslau einbrachen, spielten sich aber auch hier entsetzliche Szenen ab. Frau G. F. aus Kanth berichtete darüber:

»Zuerst kamen die schrecklichen Teufel in der Nacht unter anderem auch Kosaken, Mongolen, Asiaten, meistenteils betrunken. Sie zertrümmerten die verschlossenen Haus- und Stubentüren. Sie brachen ein wie die Bestien und errichteten in Kanth ihre Herrschaft, nur 25 km vor der sich verteidigenden Festung Breslau.« (Und wenn sich Breslau bis zum letzten Blutstropfen verteidigte, dann nicht zuletzt durch die Meldungen aus Kanth, die durch einige wenige, die hatten fliehen können, in die Stadt getragen wurden).

»Drei Monate haben wir in dieser Hölle gelitten. Wäsche wurde mit Kot beschmiert aus dem Fenster geworfen. Wir Frauen Tag und Nacht vergewaltigt, aber wie!

In der ersten Nacht zum 9. 2. 1945 haben mich zwölf dieser Bestien vergewaltigt, daß ich mich erhängen wollte, aber keine Gelegenheit dazu hatte, weil die Russen ständig im Hause waren.

Gemordet haben sie unzählige Menschen. Am zweiten Tag unseren Erzpriester Dr. A. Moepert in der Pfarrwohnung, weil er sieben Ordensschwestern vor den Vergewaltigern schützen wollte. Sie haben ihm mit der Maschinenpistole das Genick zerschlagen. Frauen, die aus dem Fenster sprangen, um sich vor diesen Bestien zu schützen, haben sie hinterhergeschossen, manchen den Schädel eingeschlagen.

In einer der folgenden Nächte brannten die Grundstücke nieder, und wir mußten mit der wenigen Habe, die wir am Leibe trugen, von Dorf zu Dorf ziehen. Eine Nacht, es war, glaube ich, Ende Februar 1945, wurden drei Frauen, darunter auch ich, in ein Lazarett geholt. Dort lagen in ca. 15 Betten Leichtverwundete. Dort wurden ich und eine Frau K. und Frau S. von einem Bett zum anderen geworfen, vor diese Bestien; dort haben sie uns von einem Banditen zum andern vergewaltigt und uns dann die Treppe hinuntergestoßen, daß ich nicht mehr sprechen und denken konnte. In der Nacht habe ich 10 Pillen Quadronox genommen, aber ich bin nach drei Tagen wieder zum Bewußtsein gekommen. Wir waren der Verzweiflung nahe. Fräulein Maria Kügler aus Kanth haben sie solange vergewaltigt, daß hinten und vorn alles heraushing. Sie ist unter gräßlichen Schmerzen gestorben.«

In Namslau und Thiemendorf, in Lassen und Jeschen bei Brieg, in Deutmannsdorf und Bossen bei Bunzlau, in Freystadt und Ludwigsdorf und in hunderten und aberhunderten Ortschaften und Städten Schlesiens erlitt die Zivilbevölkerung dieses Schicksal. Und nach der Bedingungslosen Kapitulation der deutschen Wehrmacht wurde dies nicht anders, wie die fünfbändige Geschichte der Vertreibung der deutschen Bevölkerung aus den Gebieten östlich der Oder und Neiße, aus Ungarn, Rumä-

nien, der Tschechoslowakei und Jugoslawien in grauenvollen Berichten darlegt.
Doch zurück zum Endkampf in Deutschland, zu den letzten Tagen eines Ringens, das Hekatomben an Opfern nicht nur unter den Soldaten aller kriegsführenden Nationen gekostet hat, sondern auch die Zivilbevölkerung nicht verschonte, wo auch immer diese in die Kriegsgeschehnisse einbezogen wurde.

DER KAMPF UM DIE REICHSHAUPTSTADT

»Unser Ziel ist Berlin«

Am 1. 4. 1945 trafen die Sowjetmarschälle Schukow und Konjew im Moskauer HQ der STAWKA ein und wurden nach ihrer Meldung bei Marschall Stalin gleich ins Konferenzzimmer geleitet. Dort stießen sie auf Außenminister Molotow, den Chef der Geheimpolizei Berija, den Sekretär des Zentralkomitees Malenkow, und auf das Mitglied des Verteidigungsrates Mikojan. Der stellvertretende Verteidigungsminister Bulganin trat unmittelbar nach ihnen ein.

Als alle hier versammelt waren kam auch Stalin, begleitet von General Antonow, dem Generalstabschef der Roten Armee, und General Schtemenko, dem Chef der Führungsabteilung des Generalstabes, mit denen er noch ein kurzes Gespräch geführt hatte.

Stalin eröffnete die Sitzung und erklärte den Versammelten:

> Die kleinen Verbündeten« (gemeint waren die Westalliierten) »haben die Absicht, vor der Roten Armee in Berlin zu sein.«

Danach ließ er General Schtemenko einen Bericht verlesen, in dem klar ausgedrückt wurde, daß Eisenhowers Operationen zwar den Anschein erweckten, als seien sie zur Unterstützung der Roten Armee eingeleitet worden, daß sie aber in Wahrheit nur auf die Eroberung Berlins vor den Russen gerichtet sein konnten.

Daß der alliierte Oberbefehlshaber im Westen ihm ein Telegramm geschickt hatte, in dem die gegenteilige Zusicherung gegeben worden war, verschwieg Stalin. Er ließ sogar den alten, längst von den Westalliierten abgelegten Plan zur Eroberung der Reichshauptstadt durch zwei oder drei Fallschirmjäger-Divisionen erneut aufleben, um die These zu

untermauern, daß es die »kleinen Verbündeten« auf Berlin abgesehen hätten und ihnen selbst massive Täuschungen recht seien, um die Russen an einem schnellen Vorstoß auf die Hauptstadt des Feindes abzuhalten.
Marschall Konjew erhielt das erste Wort, und er sagte auch das, was sein Führer zu hören wünschte: »Wir werden Berlin erobern! — Vor den Engländern und vor den Amerikanern!«
Beide Marschälle versuchten nun, Stalin davon zu überzeugen, daß gerade sie geeignet seien, Berlin zu nehmen und die verhaßten Hitleristen zu zerschmettern. Aber Stalin fällte noch keine Entscheidung. Er befahl seinen beiden Marschällen, in Moskau zu bleiben und binnen 48 Stunden in Zusammenarbeit mit dem Generalstab einen Angriffsplan auszuarbeiten. Jeder für sich und für seine Heeresgruppe.
An diesem 1. 4. 1945 beantwortete Stalin auch das Telegramm Eisenhowers und erklärte zum Schluß desselben in Bezug auf Berlin: »Die Rote Armee wird in der zweiten Maihälfte den Angriff auf die deutsche Reichshauptstadt beginnen.
Berlin hat seine frühere strategische Bedeutung verloren. Die Stadt ist unwichtig geworden und das Oberkommando der Roten Armee wird nur Truppen der zweiten Linie gegen Berlin ansetzen. (Siehe: Ulam, Adam, B.: Stalin, the Man and his Era).

Am Morgen des 3. 4. 1945 legten Konjew und Schukow ihre Pläne für die neue Offensive vor, und Stalin entschloß sich dazu, Schukows Plan zur Durchführung zu bringen. Dieser lautete:

> »Antreten mit der 1. Belorussischen Front aus dem 44 km breiten Oderbrückenkopf. Sechs Armeen im ersten Treffen, darunter als Stoßkeile zwei Panzer-Armeen. Insgesamt 681. 000 Soldaten der Roten Armee werden diesen Angriff auf Berlin führen. 11 000 Geschütze werden ihn mit einem einstündigen Trommelfeuer einleiten. Ich bin der Überzeugung, daß meine Truppen die 100 Kilometer von den Ausgangsstellungen bis nach Berlin in einem Zuge durchrollen werden.«

Die 2. Belorussische Front sollte unter der Führung von Marschall Rokossowskij nach Norden zur Ostseeküste anschließen, aber nicht am Angriff auf Berlin teilnehmen, sondern — nachdem sie den Widerstand in Ostpreußen niedergerungen hatte — durch Norddeutschland nach Westen vorstoßen, um so weit wie möglich nach Westen Boden zu gewinnen. Dazu standen dem Marschall 314 000 Soldaten zur Verfügung. Insgesamt wurden 13 Armeen aufgeboten, um diese letzte Schlacht zu einem einzigen Triumphzug für die Rote Armee zu gestalten, an deren Ende und Höhepunkt die Eroberung von Berlin stehen sollte.

Der Sturmangriff auf Berlin

Am frühen Morgen des 16. 4. 1945 begann der Sturmangriff der Roten Armee von der Oderfront gegen Berlin. Die 1. Belorussische Front eröffnete ihn mit einem Feuerüberfall von solcher Dichte, wie man ihn vorher nicht erlebt hatte. Insgesamt feuerten (nach den Erinnerungen von Marschall Schukow) nicht 11 000 sondern 22 000 Geschütze, darunter 400 Salvengeschütze, auf die erkannten deutschen Stellungen der 9. Armee. Russische Bomber, Kampf- und Schlachtflieger stießen in dichten Schwärmen über die Front hinweg und bombten alles, was sich der roten Panzerlawine in den Weg zu werfen versuchte.
Auf der sich daran anschließenden Frontlinie eröffnete die 1. Ukrainische Front aus dem Raum von Groß-Gastrose bis zu den Sudeten ihre Offensive. Schwerpunkt war ihr großer Oderbrückenkopf bei Küstrin.
Die 9. deutsche Armee unter Gen. d. Inf. Busse mit dem HQ in Fürstenwalde erlebte das Trommelfeuer im Zentrum desselben. Ihre Stellungen wurden von Zehntausenden Granaten umgepflügt.
Als die Rote Armee südostwärts von Eberswalde die Oder zu überwin-

Truppen der 3. Belorussischen Front ziehen in ein Dorf.

Nach dem Kampf in Königsberg: Die alte Universität und der Dom sind nicht mehr.

Die Höfe gingen beim Rückzug in Flammen auf.

Rückzugsstraße im Samland

den versuchte, wurde sie mit letzter Kraft zurückgeworfen. Die Festung Frankfurt an der Oder behauptete sich ebenfalls.
Im Raum westlich Küstrin und bei Wrietzen gelang es den Sturm-Bataillonen der Roten Armee durchzustoßen, und den Höhenrand westlich der Oderniederungen zu erreichen. Hier wurden die deutschen Divisionen zwischen 3 und 8 km zurückgedrückt, ehe es ihnen gelang, sich wieder in den Boden einzukrallen und die feindliche Panzerlawine zum Stehen zu bringen.
Auf den Westhöhen der Oder kämpften in den Abendstunden des 16. 4. 1945 die deutschen Verbände mit letztem Einsatz. Sie wichen nur schrittweise aus. Der feindliche Panzerkeil, der sich im Abschnitt der Division »Müncheberg« den Verteidigungsstellungen der HKL näherten, wurde gestoppt. Durch GenMaj. Werner Mummert, der als Oberst und Regimentskommandeur im Oktober 1944 die Schwerter zum Ritterkreuz mit Eichenlaub erhalten hatte, war die Division optimal vorbereitet und die Verteidigungswaffen in den richtigen Sektoren eingesetzt. Der Panzerfeind blieb hier liegen und verlor eine große Anzahl seiner Panzer.

Am 17. 4. 1945 aber klaffte zwischen den Ausbildungsverbänden des CI. AK und dem XI. SS-Korps eine breite Lücke, durch die sich ein dichter Panzerkeil nach Westen schob. Das CI. AK mußte sich zurückziehen.
Generaloberst Heinrici, der Oberbefehlshaber der HGr. Weichsel, gab an diesem entscheidenden Tage das LVI. PzK. unter Gen. d. Art. Helmut Weidling frei. Dieses sollte die beim CI. AK aufklaffende Lücke schließen und dem Feind das ungehinderte Durchrollen durch dieselbe verwehren.
General Weidling schob die 11. SS-PGD unter Brigadeführer Ziegler und die 18. PGD unter Oberst Rauch in die Frontlücke bei Wrietzen ein. Aber auch diese kampferfahrenen Divisionen unter ebenso erfahrenen Rußlandkämpfern als Führung vermochten die feindliche Panzerlawine nicht mehr zu stoppen.
Am 18. 4. 1945 brach die Front auseinander. Sowohl beim V. AK der 4. PzArmee im Süden, als auch im Abschnitt des CI. AK bei Wrietzen im Norden, gelang dem Gegner der Durchbruch. Die 9. Armee unter General der Infanterie Busse wurde zur Seite gedrückt und die Hauptgruppe des LVI. PzK. mußte sich vor diesem übermächtigen Feind in Richtung auf die Reichshauptstadt zurückziehen, wenn es nicht überflügelt und vernichtet werden wollte.
GenOberst Heinrici bat das FHQ um die Zurücknahme der 9. Armee, die auch in exponierter Stellung lag und sich in Gefahr befand, überflügelt zu werden. Hitler lehnte deren Zurücknahme ab. Er verlangte kategorisch, daß die 9. Armee die Oderfront nicht nur halten müsse, sondern

daß sie darüber hinaus auch die an der Neiße entstandene Durchbruchslücke wieder zu schließen habe.

Den zurückweichenden Truppen des LVI. Pzk stießen starke sowjetische Panzerrudel hinterher. Die Rote Armee eroberte am 19. 4. Straußberg und überschritt noch am selben Tage bei Spremberg die Spree. Die ersten sowjetischen Fernkampf-Batterien eröffneten das Feuer auf die Reichshauptstadt, das von nun an nicht mehr aufhören sollte, sondern sich von Tag zu Tag weiter verdichtete.
Am 20. 4. 1945, Hitlers Geburtstag, standen die Panzertruppen der 1. Ukrainischen Front bereits tief im Rücken der 9. Armee. General Busse wurden an diesem Tage zur Unterstützung und Hilfeleistung die Divisionen des V. AK unterstellt. Es waren dies die 33. und 36. Waffen-SS-Division, die 342. ID und die 391. SichDiv. Das von der 9. Armee in den Abschnitt Fürstenwalde zur Sicherung dieser Nordflanke der Armee verlegte XI. SS-AK mußte sich gegen die 3. und 69. Sowjetarmee verteidigen.
Als sich am 21. 4. bei Königswusterhausen die Angriffsspitzen der beiden sowjetischen Heeresgruppen trafen, war die gesamte 9. Armee im Raume Guben - Hüllrose - Königswusterhausen - Lübben eingeschlossen.
Noch hielt die Oderfront der Armee zwischen Frankfurt und Guben. Die Festung Frankfurt/Oder wehrte in den ersten vier Tagen dieser russischen Schlußoffensive *jeden* sowjetischen Übersetzungsversuch ab. Erst am 21. 4. gelang es der 33. Sowjetarmee, auf das Westufer des Flusses überzusetzen. Die Front wich zurück, und die Festung Frankfurt an der Oder war damit isoliert. Oberst Ernst Biehler hatte nur noch 30 000 Mann zur Verfügung, mit diesen verteidigte er erbittert und erfolgreich. Er erfuhr noch seine Beförderung zum Generalmajor und erhielt am 9. Mai 1945 noch das Ritterkreuz.
Am 23. 4. genehmigte das OKH die Zurücknahme der 9. Armee, doch zu diesem Zeitpunkt war sie bereits von allen Seiten eingekreist und hatte sich im Osten gegen die 3. und 69. Sowjetarmee und gegen die 28. Sowjetarmee im Süden zu verteidigen. Am 24. April erhielt auch Oberst Biehler die Erlaubnis zum Ausbruch aus der Festung Frankfurt/Oder. Seine Truppen schlugen sich unter sehr hohen Verlusten nach Westen durch.

General Busse gelang es schließlich, seine Armee aus der Oderfront zu lösen und in den Raum Fürstenwalde - Beeskow - Lübbenau - Lübben - Halbe nach Zossen zurückzuziehen.
Bis zum 25. 4. hatte die Rote Armee zwischen Berlin und Zossen starke

Panzerkräfte und motorisierte Verbände eingeschoben. Die 9. Armee wurde durch diese Maßnahme auf ständig enger werdendem Raum zusammengedrängt und stand schließlich im Gebiet von Lübben - Halbe - Zossen in enger Umklammerung durch den Gegner.
Die Truppen der Roten Armee hatten bis zum Abend des 22. 4. bei Klein-Machnow den Teltowkanal erreicht. Von Nordosten her waren russische Panzerverbände mit ihren Spitzenkeilen in die Bezirke Weißensee und Pankow eingedrungen. Nördlich von Spandau erreichten andere gepanzerte Verbände die Havel und überschritten sie. Die Stadtrandsiedlungen von Großberlin wurden zur neuen HKL der Verteidiger.
Im Berliner Norden schossen sowjetische Panzer bereits die dort errichteten Panzersperren zusammen. Im Gebiet des Tegeler Sees wurden die Russen von einem Werkschutz-Bataillon aufgehalten, das sich mit Handfeuerwaffen und Panzerfäusten zur Wehr setzte und überaus erfolgreich war.
Um Mitternacht zum 23. 4. wurden die Feindverbände vor diesen Stellungen abgewiesen.
Am westlichen Stadtrand mit dem Flugplatz Gatow stand Major Komorowski mit seinem Volkssturm-Bataillon, das über einige 8,8 cm-Flak verfügte, die auf der Plattform des Hochbunkers am Zoo standen. Sie wehrten den ersten Feindangriff ebenfalls ab.
Am Abend des 22. 4. 1944 ließ Hitler den bisherigen Kommandanten der Stadt Berlin, GenMaj. Reymann, ablösen. Sein Nachfolger wurde für wenige Stunden Oberst Ernst Kaether, der als NSFO im FHQ diente. Doch wenige Stunden darauf ließ Hitler diesen wieder ablösen und beschloß, das Kommando vorübergehend selber zu übernehmen, da er in Berlin bleiben wollte.
Da angenommen wurde, daß General Weidling sich ohne besondere Notwendigkeit zurückgezogen habe, und man 24 Stunden lang im FHQ keine Nachricht von ihm hatte, erließ Hitler den Befehl, Weidling festzunehmen und ihn erschießen zu lassen.
Dazu kam es jedoch nicht, vielmehr wurde General Weidling, nachdem seine Verdienste um das Halten vor allem der 1. Gardearmee des Gegners bekannt waren, zum Stadtkommandant von Berlin ernannt. Die Reste seines LVI. PzK bildeten mit Waffen-SS-Verbänden, HJ-Kampfgruppen, Polizei und Flakeinheiten jene Abwehrkräfte, die Berlin zu verteidigen hatten.
Der enge Verteidigungsring um den Führerbunker — die Zitadelle genannt — wurde dem SS-Brigadeführer Mohnke unterstellt. Hierher stießen im Verlaufe der nächsten Stunden und Tage Angehörige der Waffen-SS-Division »Charlemagne« und gliederten sich in die Verteidigung ein. Brigadeführer Mohnke unterstand direkt Adolf Hitler.

Die PD »Müncheberg des LVI. PzK hatte sich in die Verteidigungsabschnitte A und B am Ostrande der Stadt zur Verteidigung eingerichtet.

Die 11. SS-PGD »Nordland« unter Brigadeführer Ziegler verteidigte im Südosten den Abschnitt C, während der Verteidigungsabschnitt D, beiderseits des Flughafens Tempelhof, von Korpstruppen unter dem Artilleriekommandeur des LVI. PzK, Oberst Wöhlermann, verteidigt wurde.

Ohne die bereits verlorengegangenen Panzer standen die Reste der 20. PGD im Südwesten der Stadt und verteidigten den Abschnitt E im Gebiet des Grunewaldes.

Polizeiverbände wurden im Stadtzentrum zur Aufrechterhaltung von Ruhe und Ordnung und zur Verhinderung von Plündereien eingesetzt. Sie hatten alle Ordnungsaufgaben zu erfüllen, die notwendig waren, um ein Chaos zu verhindern.

Spandau und Charlottenburg wiederum erhielten unter der Bezeichnung Verteidigungsabschnitt F eine Abwehrgruppe zugewiesen, die von Oberstleutnant, dann Oberst Anton Eder geführt wurde. Oberst Eder kämpfte mit einer ungeheuren Zähigkeit. Er trug bereits seit dem 26. 3. 1945 das Ritterkreuz.

Die Abschnitte G und H im Norden der Stadt waren der 9. FJD unter Oberst Herrmann zugewiesen worden und im Zentrum stand noch einmal unter der Bezeichnung »Verteidigungsabschnitt Z« die KGr. unter Führung von Oberstleutnant Seifert.

Die PD Müncheberg, die sich in der Nacht zum 24. 4. aus den Vororten im Südosten der Stadt in Richtung Tempelhof zurückziehen mußte, und dabei von starken russischen Panzerrudeln verfolgt wurde, hielt am Rande des Grunewaldes noch einmal den Ansturm der russischen Panzer auf und schoß eine Reihe von ihnen ab.
Im Raume um und im Rathaus von Neukölln kämpften die fanzösischen Freiwilligen der »Charlemagne«. Ihnen kamen 300 Hitlerjungen zur Hilfe. Das Rathaus wurde bis zum 26. 4. gehalten. Erst als ein starkes russisches Panzerrudel am Rathaus vorbei bis zum 900 Meter stadteinwärts gelegenen Hermannplatz vorgedrungen war, mußte sich Hauptsturmführer Fernet zurückziehen. Er stieß am Hermannplatz auf die Kompanie unter Hauptsturmführer Rostand und hielt hier noch, Schulter an Schulter mit dieser Kp. kämpfend, bis zum Abend den Angriffen der Roten Armee stand.

Am Abend des 25. 4. 1945 meldete der Wehrmachtsbericht:

»In der Schlacht um Berlin wird um jeden Fußbreit Boden gerungen. Im Süden drangen die Sowjets bis in die Linie Babelsberg - Zehlendorf - Neukölln vor. Im südlichen und nördlichen Stadtgebiet dauern heftige Kämpfe an. Westlich der Stadt erreichten feindliche Panzerspitzen den Raum von Nauen und Ketzin. Nordwestlich Oranienburg wurde das Nordufer des Stettiner Kanals gegen heftige Angriffe gehalten. Wiederholte Angriffe des Feindes auf Eberswalde führten zu Einbrüchen.«

Am Morgen des 26. 4. belegten die feindlichen Artillerieverbände, die inzwischen herangezogen worden waren, die Abschnitte A und B im Osten der Stadt mit einem gewaltigen Trommelfeuer. Es traf die 18. PGD und die Division »Müncheberg« schwer. Dennoch gelang es ersterer, die in der Enge zwischen Schlachtensee und Krumme Lanke verteidigte, den Durchstoß der Roten Armee auf den Grunewald, und in der zweiten Phase in den Grunewald hinein und hindurch, zu verhindern.
Die 20. PGD unter Generalmajor Scholtze kämpfte hier Schulter an Schulter mit ihren Kameraden von der 18. PGD. Auf der Naht dieser beiden Verbände brach der Feind schließlich am Morgen des 28. 4. 1945 durch. Im Raume Potsdam, dem Schwerpunkt der 20. PGD, entwickelten sich dramatische und für die 20. PGD tödliche Kämpfe. Als deren HKL überrannt wurde, gab sich GenMaj. Scholtze, der vorn bei seinen Panzergrenadieren führte, wie er dies als Kommandeur des Panzergrenadier-Regiments 901 der PLD im Westen gelernt hatte, den Tod. Er wollte nicht in russische Gefangenschaft fallen.
Am Abend dieses 28. 4. arbeitete General Weidling, der nunmehr Hitlers Vertrauen zurückgewonnen hatte, einen Ausbruchsplan aus, der einige Aussicht auf Erfolg bot. Dazu bereitete er den Ausbruchsbefehl vor, den Hitler nur zu unterzeichnen brauchte. In drei Kampfgruppen sollten die Männer, die die Reichshauptstadt verteidigten, ausbrechen. Hitler genehmigte diesen Plan nicht, obgleich Weidling Hitler unmißverständlich zu verstehen gegeben hatte, daß Berlin die nächsten 48 Stunden nicht überleben werde. Auch als General Krebs für den Plan eintrat, den er unter militärischen Gesichtspunkten als einwandfrei und zu realisieren kennzeichnete, und Hitler um die letzte Entscheidung bat, entschied dieser nach längerem Nachdenken:

»Wenn schon das Ende kommt, dann in der Reichskanzlei. Es gibt für mich keinen Kompromiß. Die Gefangennahme schon gar nicht. Ich bleibe in Berlin.«

Noch immer hoffte Hitler, daß es der 12. Armee gelingen könnte, nicht nur die 9. Armee zu befreien, sondern gemeinsam mit dieser auch Berlin zu entsetzen. Was aber war mit der 12. Armee?

Die 12. Armee im letzten Einsatz

Am 22. 4. 1945 hatte General Wenck, der OB der 12. Armee, die Meldungen erhalten, daß neben der Panzer-Division »Clausewitz« auch die Division »Schlageter«, die aus dem Raume Uelzen über Braunschweig nach Süden angegriffen hatte, nahe Fallersleben vernichtet worden war.
Als am 23. 4. 1945 gegen 1.00 Uhr im GefStand der 12. Armee der Feldfernsprecher klingelte, ging Walther Wenck selber an den Apparat. Er war soeben von einer Frontfahrt zurückgekehrt. Er nahm die Meldung eines Offiziers des OKW entgegen, daß sich GFM Wilhelm Keitel zu ihm auf dem Weg befinde und gleich bei der 12. Armee eintreffen werde.
General Wenck ließ seinen Chef des Generalstabes, Oberst i. G. Reichhelm, zu sich bitten und bereitete ihn auf Keitels Besuch vor.
Wenig später fuhr draußen der Stabswagen Keitels vor. Der GFM, den Marschallsstab in der Rechten, trat ein und grüßte förmlich, General Wenck und Oberst Reichhelm erwiderten den Gruß.
GFM Keitel begann ohne jede Einleitung die Unterredung mit den Worten: »Wir müssen den Führer befreien!«
Dann merkte er wohl, daß er die Sache falsch angepackt hatte und bat um den Lagebericht, den General Wenck, unterstützt von Oberst i. G. Reichhelm, gab.
Danach sprang GFM Keitel auf und erklärte den anwesenden Offizieren und dem Armee-Oberbefehlshaber, daß die Schlacht um Berlin bereits begonnen habe und daß nicht nur das Schicksal Hitlers, sondern auch das des Reiches auf dem Spiel stehe.

»Es ist ihre Pflicht, anzugreifen und Berlin zu befreien!«

sagte Keitel beschwörend und Walther Wenck erwiderte:

»Die Armee wird angreifen, Herr Feldmarschall!«

Der GMF entwickelte nun den Plan des Angriffes der 12. Armee aus dem Raume Belzig - Treuenbrietzen auf Berlin. Keitel befahl der 12. Armee über die Linie Wittenberg - Niemegk auf Belzig - Treuenbrietzen vorzustoßen und von dort aus in Richtung Jüterbog anzugreifen.
Dort sollte sich die 12. Armee mit der 9. Armee vereinigen, um im Weiterstoß nach Norden Berlin zu entsetzen und den Führer zu befreien.
Da die eigene Funkaufklärung ein genaues Bild von der verzweifelten Lage der 9. Armee gezeichnet hatte, wußte General Wenck, daß von dieser Armee nichts mehr zu erwarten war, im Gegenteil: diese Armee muß-

te befreit werden, wenn sie nicht zur Gänze vor die Hunde gehen sollte. Anhand der Lagekarte wies General Wenck darauf hin, daß von der 9. Armee kein großer Einsatz mehr zum Angriff auf Berlin zu erwarten sei und betonte, daß anhand dieser Lage und der vorhandenen Kräfte ein Angriff lediglich nördlich der Havel aus dem Raume ostwärts von Rathenow, das noch in eigenem Besitz war, Aussicht auf Erfolg hatte.
Der Aufmarsch der 12. Armee nördlich der Havel würde allerdings zwei Tage länger dauern, da das XX. AK der 12. Armee erst über Genthin nach Norden marschieren müsse. Aber die Zusammenfassung dort würde den Zeitverlust wieder wettmachen.

»Zwei Tage können wir nicht warten!« fuhr GFM Keitel sein Gegenüber an. »Die Lage in Berlin duldet *keinen* Zeitaufschub. Die Armee hat unverzüglich alles Erforderliche zu tun, um die erteilten Befehle zur Freischlagung von Berlin durchzuführen.« Keitel erhob sich und ging zum Ausgang. In der Tür stehend drehte er sich noch einmal zu General Wenck um. »Ich wünsche Ihnen vollen Erfolg!« sagte er und verschwand. (Siehe Kurowski, Franz: ARMEE WENCK: Die 12. Armee zwischen Elbe und Oder).
Mit seinem Chef des Stabes beriet nun General Wenck, *was* zu tun war. »Auch in militärisch nicht aussichtsreicher Lage wollten wir versuchen, nach Osten vorzustoßen, um der 9. Armee den Weg in die Freiheit zu erkämpfen und so viele Flüchtlinge wie möglich retten. Wir wußten, daß es diesmal nicht um das Schicksal von Einzelpersönlichkeiten und um deren Wohlergehen ging, sondern um das Schicksal von Hunderttausenden schlechthin.« (General Walther Wenck an den Autor im Gespräch).

> »Sollte sich wider Erwarten doch noch die Möglichkeit bieten, nach Berlin durchzustoßen, dann würde die Armee die Möglichkeit ergreifen, falls dadurch nicht alles andere verlorenging, was hinter ihrem Schirm auf Rettung wartete.
> Es muß ja erwähnt werden, daß sich im Laufe der Kämpfe Abertausend Flüchtlinge aus den verlorengegangenen Ostgebieten, aus Schlesien, aus dem Oder- und Warthegau, aus Pommern und anderen Gegenden in den Schutz unserer Armee retteten. Sie alle wollten das westliche Deutschland erreichen.
> Der Soldat, der diese grauenerregenden Bilder sah, die Schilderungen der gequälten Menschen vernahm, die nach dem Verlust all ihrer Habe, nach den Erlebnissen der ersten russischen Besetzung geflüchtet waren, der stellte sich noch einmal in bewunderungswürdiger Tapferkeit dem Feind. Auch wenn die Lage aussichtslos war, kämpfte er, um diesen Menschen — in der überwiegenden Mehrzahl

Frauen und Kinder — durch seinen Einsatz den Weg nach Westen offen zu halten.
Darin lag auch der tiefere Sinn des erschütternden Heldentums der letzten, der jüngsten Soldaten unseres Vaterlandes in den April- und Maitagen des Jahres 1945. Und ihr Einsatz hat sich — das kann man rückwirkend nur bestätigen — gelohnt, wenn auch diese letzte deutsche Armee das Schicksal des Reiches nicht zu ändern vermochte.«
(Siehe Wenck, Walther: Kurzer Überblick über die Endkämpfe zwischen Oder und Elbe. — Insbesondere der 12. Armee.).

Noch am 23. 4. 1945 war durch die Armeeführung eine vorsorgliche Umgruppierung der an der Elbe stehenden Verbände in Angriff genommen worden, da am Morgen dieses Tages bereits schlagartig die US-Lufttätigkeit über dem gesamten Kampfraum der 12. Armee aufgehört hatte. Die Division »Ulrich von Hutten« unter dem Befehl von GenLt. Engel hatte bereits zum Teil die Kehrtwendung nach Osten vollzogen und sicherte gegen überraschende Angriffe russischer Panzerkräfte.
Gerhard Engel hatte eines seiner Infanterie-Regimenter mit unterstellter Artillerie, Panzerjägern und Sturmgeschützen zum Angriff in ostwärtiger Richtung umgruppiert. Als dann der Funkbefehl des OKW am Morgen des 24. 4. einging, nach welchem die 12. Armee sofort kampfkräftige Teile in Divisionsstärke zum Angriff nach Osten bereitzustellen habe, hatte die Division »Ulrich von Hutten« bereits selbständig in diesem Sinne gehandelt.
Am selben Tage erhielt diese Division von der Armee den Befehl, sich nach Osten in Marsch zu setzen und nur schwache Sicherungen an der Elbe-Mulde-Front zurückzulassen. Sie sollte im Raum Wittenberg ostwärts der Elbe einen möglichst großen Brückenkopf bilden.

Geben wir GenLt. Engel das Wort zu den sich sofort daran anschließenden Kämpfen:

»Bereits in den Morgenstunden des 25. 4. waren meine beiden Regimenter, die ich im Pendelmarsch nach Wittenberg geworfen hatte, mit eingegliederter Artillerie und Sturmgeschützen ostwärts und südostwärts der Lutherstadt im Kampf gegen drei russische Schützen-Divisionen, die dort gerade zum Angriff angetreten waren. Hier vollzog sich, wie selten im Kriege erlebt, der Akt eines regelrechten Begegnungsgefechtes von zwei aufeinanderprallenden Spitzen. Beide wußten wir nichts voneinander. Und wie so häufig im Kriege, so darf ich auch hier wieder sagen, daß der stärkere Elan und der härtere Wille bei uns waren.
Im Laufe eines halben Tages warfen die beiden Regimenter drei eingesetzte Schützen-Divisionen der Roten Armee über 10 km weit zu-

> rück, befreiten eingeschlossene deutsche Verbände und bildeten einen Brückenkopf von 30 km Breite und 15 km Tiefe um Wittenberg. Dieser Brückenkopf war für alle weiteren Maßnahmen entscheidend. Die Armee hatte hier für ihre schnelle Umgruppierung in Richtung Berlin den Aufmarschraum gefunden. Vor allen Dingen gab dieser große Brückenkopf die Voraussetzung für die Rückführung Hunderttausender Zivilisten und Soldaten.« (Siehe: Engel, Gerhard Aufzeichnungen über die Kämpfe der InfDiv. »Hutten« vom 12. April bis zum 7. Mai 1945).

Die russischen Angriffe auf diesen Brückenkopf wurden abgewiesen. Die angreifenden Panzerrudel, überwiegend T 34, wurden von den Sturmgeschützen und der Flak abgeschossen. In der Nacht zum 27. 4. wurde der Feinddruck gegen diese Division so stark, daß sie sich hier vom Feind lösen mußte, wenn sie noch für die ferneren Einsätze verfügbar bleiben sollte. Sie erhielt von der Armee den Befehl, sich von den Sowjets zu lösen und in der Nacht den Bereitstellungsraum bei Belzig zu erreichen.
Gerhard Engel entschloß sich zur angriffsweisen Lösung.
Verstärkte Stoßtrupps mit Panzerfäusten, einzelne Sturmgeschütze und Panzer mit aufgesessenen Panzerfaustschützen stießen mit dem ersten Büchsenlicht des 27. 4. durch den feindlichen Umklammerungsring. Feindpanzer wurden von den abgesessenen Panzerfaustschützen abgeschossen. Die Russen wurden nervös. Diese Angriffe trafen sie gerade in der Bereitstellung zu ihren eigenen Vorstößen und Durchbruchsversuchen.
Die Division »Hutten« löste sich vom Feind und rollte entlang der Elbe in den tiefen Wäldern nordwestlich von Coswig bis nach Belzig, dem Bereitstellungsraum.
Die Russen hatten es nicht vermocht, die bei Wittenberg eingeschlossene Division länger zu fesseln und dann, nach Heranführung weiterer Kräfte zu vernichten.
In den frühen Morgenstunden des 28. 4. 1945 sprach General Wenck mit dem Chef des Generalstabes. Er wollte an diesem Tage versuchen, in Richtung 9. Armee vorzustoßen und gleichzeitig mit den Divisionen »Schill« und »Hutten« in Richtung Potsdam vorzustoßen, um die Besatzung der Stadt und die Division »Jahn«, die sich in diesem Raum im Abwehrkampf befand, aufzunehmen.

> »Wenn wir das geschafft haben, Reichhelm«, erklärte Wenck, »werden wir uns über die Elbe zurückziehen und unsere Armee den Amerikanern übergeben. Das ist unsere letzte Aufgabe, die wir zu erfüllen vermögen.«

Wenig später trat das XX. AK der 12. Armee mit den Divisionen »Schill«

und »Hutten« zum Angriff an. Vorn die Division »Hutten«, etwas zurückgestaffelt auf der linken Flanke die Division »Schill«. Der Vorstoß zielte genau auf den Lehniner Forst. Sturmspitze der Division »Hutten« war die Sturmgeschütz-Brigade Schill, die den vorderen Stoßkeil der linken Flanke bildete und zugleich den Flankenschutz nach Norden versah.
»Sturmgeschütze marsch!« befahl Major Nebel über Sprechfunk. Die StGeschBrig. »Schill« setzte sich in Bewegung. Wenig später bereits wurde »Gefechtsbereitschaft« befohlen. Die Kommandanten schlossen die Luken ihrer Geschütze, die Richtschützen visierten die in Sicht kommenden Ziele an. Sekunden später eröffnete die Sturmspitze das Feuer. Jene russischen Panzer, die sich zu weit aus ihren Deckungen vorgewagt hatten, wurden zerschossen. Es wurde kein weiterer Schießhalt eingelegt. Es hieß hier: »Ausnützen, ausnützen!«
An einem kleinen Dorf, in dem sich der Gegner verschanzt hatte, ließ Major Nebel einfach vorbeirollen. Die Speerspitze der Division »Schill« rollte weiter. Wo der Ruf »Sturmgeschütze nach vorn!« erscholl, dort tauchten sie wenige Minuten später auf und zerschossen den russischen Widerstand.
Rechts von der Division »Schill« stieß die Division »Hutten« vor. Zielrichtung waren die Beelitzer Heilstätten. Von dort aus sollte es in Richtung Potsdam weitergehen.
Die auf der breiten rechten Flanke der 12. Armee eingesetzten Divisionen »Körner« und »Scharnhorst«, die bereits am 27. 4. schwere Kämpfe zu überstehen hatten, kamen ebenfalls rasch vorwärts.
Nordwärts von Belzig stieß die gepanzerte Aufklärung der Division »Hutten« im unübersichtlichen Waldgelände auf russischen Widerstand. Der aus der Bewegung entwickelte Angriff ließ den Sowjets keine Zeit, sich dieser Division gegenüber festzusetzen. In schwungvollem Angriff wurde dieser Gegner dank der Hilfe der unterstellten Sturmgeschütze geworfen und ging nach Osten zurück. Abgeschossene feindliche Spähwagen zeigten GenLt. Engel, daß seine Division es zunächst nur mit russischen Aufklärungsstreitkräften zu tun hatte.
Je näher die Division jedoch den großen Wäldern südwestlich von Potsdam kam, desto mehr versteifte sich der feindliche Widerstand. Pak tauchte auf. Feindartillerie versuchte die Spitzengruppen mit dichtem Feuer zu stoppen. Die Tageskrise trat ein, und GenLt. Engel stand vor der Frage, ob er den Angriff einstellen oder weiter vortreiben sollte. Er entschloß sich zu letzterem.
An der zweiten sowjetischen Widerstandslinie nordostwärts von Belzig gelang es der Division »Hutten« mit Brisanz-Munition und Flak-Leuchtspursalven — gegen beide Mittel waren die Russen *sehr* empfindlich —, den Durchbruch zu erzwingen.

Schwerer Geschützdonner aus der rechten Flanke zeigte Gerhard Engel, daß sich die Nachbar-Division ebenfalls in schwerem Kampf befand. Am Nachmittag aber war beiden Angriffs-Divisionen der Einbruch in den Lehniner Forst gelungen. Die Division »Hutten« stand nur noch 15 km vor dem Ziel: dem Havelübergang südlich von Potsdam.
Für den entscheidenden Vorstoß am 29. 4. setzte GenLt. Engel zwei Rgter. in vorderster Linie ein. Dem einen wurden die Divisions-Sturmgeschütze unterstellt, dem anderen zwei Züge Panzer. Diese sollten auf den Feld- und Waldwegen als Sturmböcke gelten und die Infanterie vorwärts bringen.
Am Morgen des 29. 4. trat »Hutten« an. Im schweren Waldkampf bahnten sich beide Regimenter den Weg. Stellenweise mußte der Feindwiderstand mit blanker Waffe gebrochen werden. Panzerfaust-Kommandos schossen die in den Waldschneisen aufgestellten Feindpanzer ab. Die Funkwagen der Division, die auf beiden Flanken rollten, meldeten laufend über die Flankensicherung und über die Nachbar-Division »Schill«. Diese hatte am Vorabend bereits Teile der Korpsgruppe Reymann aufgenommen und stand nun ebenfalls im Waldkampf.

Der Kampf um die große Autobahnspinne südostwärts von Potsdam entbrannte. Hier hatte die Rote Armee bereits Panzer des Typs »Josef Stalin 3« eingesetzt, die mit 15,2 cm-Haubitzen ausgerüstet waren.
Während die Division »Schill« die Flanke sicherte, wandte sich »Hutten« nun gegen diesen starken Panzerfeind an der Autobahnspinne, die als »Leipziger Dreieck« bekannt war. Dieses Ziel mußte genommen werden, wenn eine Möglichkeit zur Aufnahme der noch immer vom Feind eingeschlossenen 9. Armee geschaffen werden sollte.
GenLt. Engel ließ die erfahrenen Sturmgeschütz-Besatzungen vorrollen, die die Schwächen der stählernen Giganten kannten, die ihnen hier gegenüber standen.
Begünstigt durch das Gebüsch beiderseits der Autobahn rollten die Sturmgeschütze vor und sobald einer der »Josef Stalin 3« geschossen hatte, preschte jenes Sturmgeschütz, das diesen Gegner anvisiert hatte, mit Karacho vor, blieb in günstigster Schußentfernung stehen und schoß seine Granate zwischen Turm und Unterwagen dieser Riesen. Wenn ein Treffer an dieser Stellen saß, war der Feindpanzer erledigt. Aus dem Pulk der überschweren Feindpanzer wurden von einer Handvoll Sturmgeschütze sechs herausgeschossen, ohne daß ein einziger eigener Verlust eintrat.
Diese Sturmgeschütze entschieden das Gefecht. Die Aufnahmestellung für die 9. Armee wurde erreicht. Die Division »Hutten« besetzte die Zugänge über die Havel und die Nord- und Südufer des Schwielow-Sees

und sicherten stark nach den Flanken. Sein rechtes Regiment setzte GenLt. Engel jetzt auf die Lungenheilstätte Beelitz an. Dort standen die Divisionen »Körner« und »Scharnhorst« bereits im verbissenen Kampf.
Die Division »Körner« der 12. Armee hatte während dieses Angriffs am 27., 28. und 29. 4. den Hauptstoß der Armee auf Berlin und Potsdam an der Ostflanke abzudecken. So oft die Sowjets am ersten Tage durchzubrechen versuchten, wurden sie abgewiesen. Dies setzte sich auch am 28. 4. fort.
Das Regiment Malow, so genannt nach seinem bei Zerbst gefallenen Kommandeur, Major Malow, rollte im Verband der Divison »Scharnhorst« vor. Es hatte mit der dicht neben ihm vorrollenden Division »Hutten« engsten Kontakt. Der neue RgtFhr. führte sein Regiment direkt auf die von den Russen besetzte Beelitzer Heilstätte zu. Kurz davor setzte ein Granattreffer den Stab des II. Btl. dieses Rgt. außer Gefecht. Dennoch setzte das Btl. den Angriff fort.
Am Nachmittag des 28. 4. stießen SPW direkt auf die nun mit über 3 000 Verwundeten belegte Heilstätte vor. Die russischen Wachtposten, die hier zurückgeblieben waren, sprangen ins Freie. Sie wurden überwältigt. Ein Lt. des Rgt. Malow, mit blutendem Kopfverband, sprang in die Wachstube und durchschnitt alle Fernsprechverbindungen. Fünf Minuten darauf war die gesamte Heilstätte befreit.
Wenig später war auch General Wenck zur Stelle, der dem Chefarzt versicherte, daß jeder Verwundete und alles Pflegepersonal so schnell wie möglich herausgeholt werde. Er befahl, alle marschbereiten Männer sofort zu sammeln und im Fußmarsch durch das vom Feind gesäuberte Gebiet zurückzuschaffen. Was an Fahrzeugen von der 12. Armee freigemacht werden konnte, wurde nach Beelitz befohlen. Sankas und Lastwagen, und sogar ein Lazarettzug brachten die Verwundeten in einem ununterbrochenen Pendelverkehr nach Barby an die Elbe zurück.
Der Angriff aber ging weiter. Ferch, südlich von Potsdam, wurde erreicht.
Dank der Vermittlung eines Vertreters des Internationalen Roten Kreuzes, der sich zufällig in Beelitz befunden hatte, ließen die Amerikaner bereits am 29. 4. die ersten in Barby eintreffenden Verwundeten über die Elbe und übernahmen sie.

Ein Funkspruch des AOK 12 erreichte am Mittag des 28. 4. die Verteidiger von Potsdam. Er lautete:

> »XX. AK hat Ferch erreicht. Mit allen Mitteln Verbindung aufnehmen und zur 12. Armee durchstoßen.«

General Reymann handelte sofort. Er ließ seine Truppe in Stärke von etwa 20 000 Mann antreten. Es gelang den Stoßtrupps mit den in den Lehniner Forst eingedrungenen Verbänden der Divisionen »Schill« und »Hutten« Verbindung aufzunehmen.

Während die Sturmgeschütz-Brigade »Schill« von Südwesten gegen den sowjetischen Umklammerungsring vorrollten und den Feind in seinen Stellungen am Süd- und Südwestrand von Potsdam niederkämpften, stürmten die Ausbrechenden den laut durch den Forst hallenden Sturmgeschütz-Abschüssen entgegen.

General Wenck erteilte Reymann den Befehl über die Seeenge Alt Grabow durchzubrechen und so den inneren sowjetischen Umklammerungsring zu zerschlagen.

Oberstleutnant Müller führte die Division »Schill« durch den Wald, den ausbrechenden Verbänden Reymanns entgegen. Die Sturmgeschütze unter Major Nebel bildeten die Spitzen. Sie schossen die auf den Schneisen aufgefahrenen Feindpanzer und die Pak zusammen. Dann standen sich beide deutschen Gruppen gegenüber. Der Feind war zu beiden Seiten ausgewichen. Die ausgebrochenen Teile der Korpsgruppe Potsdam wurden sofort der Division »Schill« unterstellt.

Aus seinem HQ in Pritzerbe ließ General Wenck sofort den vollzogenen Ausbruch der Potsdamer Besatzung und die Erfolge von Beelitz und Ferch melden. Wie ein Lauffeuer breitete sich die Kunde von diesem Erfolg aus, zu einer Zeit, da in Berlin bereits um das nackte Überleben gekämpft wurde. Auch bei der 9. Armee wurden diese Meldungen mit Erleichterung aufgenommen, denn dies gab Hoffnung, daß sie doch noch befreit werden konnte.

General Wenck hatte inzwischen bereits wieder Verbindung mit der 9. Armee aufgenommen und über Funk darauf hingewiesen, daß der Raum bei Jüterbog für einen geplanten Durchbruch ungeeignet sei, weil sich dort inzwischen der Feind bedeutend verstärkt habe. Südlich Beelitz sei die Chance größer, denn dort stünden nur verhältnismäßig schwache Kräfte. Dort allein könne ein Ausbruch gelingen, und dort würde er mit der 12. Armee eine Aufnahmestellung gegen stärker werdenden Feinddruck halten.

Am Abend des 29. 4. wurde der Feinddruck auf die 12. Armee stärker. Die drei Divisionen »Schill«, »Körner« und »Hutten« und nicht zuletzt die Division »Scharnhorst« kämpften mit letztem Einsatz. Als aber russische Infanterie, die im Waldkampf besonders geübt war, in den Lehniner Forst eindrang, mußten sich die dort sichernden Sturmgeschütze schrittweise zurückziehen, um nicht von feindlichen Nahkampftrupps angesprungen und vernichtet zu werden.

Einzelne Sturmgeschütz-Züge fuhren in den Wäldern Angriffe mit begrenzten Zielen, um die stark nachdrängenden Feindgruppen zu stoppen, was ihnen auch mit Sprenggranaten- und MG-Einsatz gelang.

Einzelne russische Panzerrudel, die sich auf Wegen und Straßen durch den Forst vorschoben, wurden von geschickt getarnten Sturmgeschützen aus nächster Distanz abgeschossen und gingen in Flammen auf.
Aber die Armee mußte noch mehrere Tage halten, wenn die 9. Armee gerettet werden sollte. Dies würde das Letzte von Offizier und Mann fordern. »Dieses Opfer aber,« erklärte General Wenck seinen Soldaten, »ist unsere kameradschaftliche Pflicht und Selbstverständlichkeit. Jeder Soldat wird sich dieser Pflicht in beispielloser Einsatzbereitschaft stellen.«
Auf Gut Dobbin, wo General Wenck mit seinem Gefechtsstab am Abend des 29. 4. untergezogen war, ging um 23.00 Uhr ein Funkspruch Hitlers ein. Er hatte folgenden Wortlaut:

»1. Wo ist Spitze Wenck?
2. Wann tritt sie an?
3. Wo ist die 9. Armee?
4. Wo ist die Gruppe Holste?
5. Wann tritt er an? — gez. Adolf Hitler.«

Das Treffen an der Elbe

Während die 69. US-ID unter GenMaj. Reinhardt auf die Elbe bei Torgau zurollte, und als deren Spitzengruppe der Panzer-Aufklärungszug unter Lt. Kotzebue einen Bauernhof nahe der Elbe erreichte, sah er aus einem Fenster ein weißes Bettlaken herausflattern. Auf und an den übrigen Häusern waren ähnliche Zeichen zu sehen gewesen.

Lt. Albert Kotzebue ließ seinen Stoßtrupp halten und näherte sich allein, das Schnellfeuergewehr im Hüftanschlag dem Hause, das verdächtig ruhig war. Mit dem Kolben seines Schnellfeuergewehrs stieß er die Tür auf. Sein erster Blick fiel auf einen Eßtisch, um den ein Mann, eine Frau und drei Kinder saßen. Sie waren tot, hatten sich, wie Kotzebue feststellte, vergiftet.
Sie fuhren weiter zur Elbe und im Dorfe Leckwitz am Westufer des Flusses kam ihnen ein Mann auf einem Pferd entgegen. Es war der erste Russe, den die 69. ID zu Gesicht bekam. Der Mann erklärte ihnen, daß seine Einheit sich direkt am Fluß befände. Lt. Kotzebue ließ zur Elbe weiterfahren. Am westlichen Flußufer fanden die Soldaten der 69. US-ID ein Boot. Lt. Kotzebue hockte sich mit einigen seiner Männer hinein und ruderte hinüber.

»Als sie ausstiegen, sah Kotzebue, daß der Uferstreifen Hunderte von Metern weit mit toten Zivilisten — Männern, Frauen und Kindern — bedeckt war. Umgekippte Planwagen und Fuhrwerke standen herum, überall Gepäck und Kleidungsstücke verstreut. Nichts ließ erkennen, wie es zu diesem Gemetzel gekommen war.
Gleich darauf trafen die Amerikaner die erste Gruppe russischer Soldaten. Kotzebue salutierte, die Rotarmisten ebenfalls. Es war kein freudiges Treffen; sie fielen einander nicht in die Arme oder klopften sich gegenseitig auf die Schulter. Sie standen nur da und sahen einander an. Die Zeit: 25. April 1945, 13.30 Uhr. Die westlichen und östlichen Alliierten hatten sich in der Nähe der kleinen Stadt Strehla vereinigt.« (Siehe: Ryan, Cornelius: Der letzte Kampf).

Zwei Stunden und zehn Minuten darauf, stieß auch L. William D. Robinson von der 69. ID bei Torgau an der Elbe, etwa 30 km weiter nördlich Strehla gelegen, auf einen russischen Spähtrupp. Robinson nahm vier der Russen mit in seinen vorgeschobenen Gefechtsstand. Dieses Treffen wurde später (da nicht mit dem Haufen ungeklärter Toter belastet) zur offiziellen Vereinigung der US-Truppen mit den Truppen der Roten Armee erklärt. Es waren Truppen der 1. Ukrainischen Front, die auf solche der 1. US-Armee gestoßen waren. Deutschland war damit in zwei Hälften auseinandergespalten.
Die Truppen, die in beiden Treffpunkten standen, waren auf russischer Seite solche der 5. Gardearmee unter General A. S. Shadow. Und zwar war der Kommandierende General des Korps Baklanow, einer der drei jüngsten Korpskommandeure dieser Armee, am 25. 4. 1945 bis zur Elbe gelangt.
Der sowjetische Generalmajor Russakow befehligte jene Truppen, die als allererste die Elbe erreichten. Jene Patrouille, auf die Lt. Robinson gestoßen war, wurde von Lt. Silwaschko geführt.

Am nächsten Tag, es war der 26. 4. 1945, trafen GenMaj. Reinhardt, der Kdr. der 69. US-ID und Gardeoberstleutnant Rudnik, Chef des Divisionsgeneralstabes, mit Major Rogow, Kdr. des 173. Garde-Regimentes und anderen zusammen.
GenMaj. Emil F. Reinhardt wurde von seinem Stabschef, Oberstleutnant Lynch und dem Chef der Spionage- und Aufklärungsgruppe der Division begleitet. Außerdem waren auch einige weitere Offiziere und der Vertreter der TASS bei der 1. US-Armee, Major Shadow, zugegen. Auf russischer Seite gehörten zu der Gruppe am Treffpunkt der russische Schriftsteller Konstantin Simonow und einige Reporter amerikanischer, britischer und französischer Zeitungen.
»Es waren«, so berichtete Simonow, »etwa 38 Personen. Die Begegnung fand in einem Herrenhaus am Ostufer der Elbe statt. Und zwar im Quartier des II. Bataillons des 173. Garde-Regimentes.« (Siehe: Simonow, Konstantin: Kriegstagebücher, Band 2 1942 - 1945).
Am nächsten Tage trafen sich die Kommandierenden Generale der beiden aufeinander zugestoßenen Korps, der russische General Baklanow und der US-General Huebner, und nach Ende dieser Begegnung erhielten die russischen Korrespondenten und die bei ihnen befindlichen Reporter der Weltpresse Gelegenheit, über die Elbe zu setzen und dem US-HQ einen Besuch abzustatten.
Im »Press Camp« der 1. US-Armee in Naumburg gab es dann die erste gemeinsame Pressekonferenz. Mitten in der Nacht erhielten hier die beiden russischen Korrespondenten einen ersten Begriff von der Pressevielfalt, als sie sich in einem Gewimmel von etwa 150 westalliierten Korrespondenten aus aller Welt wiederfanden.
Doch zurück zu den Geschehnissen bei der 12. Armee.

Heiligenbeil: Verwundete warten auf den Abtransport.

Soldatengräber auf einem Gutshof in Ostpreußen.

Das letzte Aufgebot: Volkssturmmänner.

Hitlerjunge Wilhelm Hübner erhält das EK II.

Die 9. Armee ist frei

Am 29. 4. 1945 fuhr General Wenck im Stabswagen zu allen Truppenteilen der weit auseinandergezogenen Armee. Wenn es kein weiteres Durchkommen mehr gab, stieg er auf sein schweres Motorrad um, das den Stabswagen begleitete. Er fand alles in fester Zuversicht, daß sie es schaffen und die 9. Armee würden entsetzen können.
Am Morgen des 30. 4. ließ Walther Wenck einen FT-Spruch an die 9. Armee tasten: 12. Armee liegt in hartem Abwehrkampf. Durchbruch ist zu beschleunigen. Wir warten auf euch!«
Im Kessel rüsteten sich die Reste der 9. Armee beschleunigt zum Ausbruch. Und während die 12. Armee diesen Ausbruch erwartete, konnte die Division »Hutten« die aus Berlin geflohenen Mitglieder der Schweizer Gesandtschaft, einschließlich der schweizerischen Kolonie Berlins, aufnehmen. GenLt. Engel ließ sie sofort zurückschaffen und sie zwischen dem 1. und 4. 5. 1945 den Amerikanern an der Elbe übergeben.

> »Wir wurden mit drei Armeekorps, etwa 40 000 ausgemergelte Soldaten und Tausenden von Flüchtlingen eingeschlossen«, berichtete General Busse dem Autor nach dem Kriege. »Immer wieder waren unseren Versuche, mit den marschfähigen Kampfgruppen im Raume Baruth nach Westen durchzustoßen, gescheitert. Besonders belastend war die erschütternde Not der im Kessel zusammengepreßten Zivilbevölkerung. Der Durchbruch zur 12. Armee sollte unser letzter Versuch werden. Wir mußten 'raus aus dem Kessel.«

Aus dem erhaltengebliebenen Kriegstagebuch des sSS-PzAbt. 502 (Tiger) wissen wir mehr über diese Ausbruchsschlacht. Diese Abteilung stand im Zentrum des Ausbruchs. Sie berichtete darüber:

> »Die 9. Armee zu der wir, im Rahmen des XI. SS-AK stehend, gehörten und mit der wir eingeschlossen worden waren, gliederte sich bereits am 27. 4. 1945 zum Ausbruch. Sie hatte von der 12. Armee den günstigsten Durchbruchsraum erfahren und wußte wo die Truppen dieser Armee sie erwarten und einen Schlauch zu ihnen freischlagen würden.
> Gegen 19.00 Uhr des 27. 4. gab Sturmbannführer Hartrampf Gliederung und Ausbruchsziel bekannt.«

Und SS-Unterscharführer Ernst Streng berichtete weiter:

»Wir fahren an. Langsam schiebt sich unser dröhnender Koloß über die Anfahrt zur Straße empor, verhält einen Augenblick und bricht dann unter dem Gehämmer seiner Maschinenwaffen in den jenseitigen Wald ein. Vier weitere Tiger folgen dichtauf nach. Was sich ihnen in den Weg stellt wird überfahren, ausgelöscht. Die Stoßkraft unseres Panzerkeils schaffte den Einbruch in den russischen Umklammerungsring. Der Strom der Zehntausende hinter uns schwillt an, drängt links und rechts an unseren Panzern vorbei und breitet sich auf mehrere hundert Meter aus.

Auf einem engen Pfad durchrollen wir den Wald. Vor uns liegt das von den Russen besetzte Halbe.

'Panzersperren und Barrikaden!' melden die Spähtrupps an der Ausfahrt von Halbe zur Autobahn. Der General befiehlt: 'Sofortiger Angriff auf die Stadt!' Und dann kommt noch ein kurzer Satz: 'Unsere Parole heißt: durch!'

Wir stehen mit unseren Panzern 30 m vor der Straßensperre und können in der Enge der baumbewachsenen Straße weder ausweichen noch schießen. Ein eigener Stoßtrupp geht vor. Auf schmaler Front entbrennt ein erbitterter Kampf von Haus zu Haus. Die lange Straße ist mit Toten übersät. Überall jammern Verwundete. Dabei wird das russische Feuer immer stärker. Vor allem dieses entsetzliche Werferfeuer. Phosphorgranaten explodieren mit weißglühendem Sprühen. Überall brennen Häuser. Dann erhalten wir auch Panzerbeschuß. Wir bekommen einen Volltreffer. Binnen Sekunden steht unser Wagen in Flammen. Wir reißen die Luken auf, fallen kopfüber auf das Straßenpflaster und rennen vom Wagen weg, um plötzlich zu erkennen, daß es nur eine Brandgranate war und daß unser Panzer nicht in Brand geraten ist. Nun laufen wir zu unserem Tiger zurück, Fahrer Ott steigt ein und startet durch. Wir setzen eine Querstraße zurück.

Kuhnke, der vorn fuhr, antwortet nicht mehr. Wir erfahren daß er abgeschossen wurde, aber noch lebt.

Dann haben wir endlich Halbe hinter uns gelassen und rollen nach rechts in einen Wald hinauf. Hunderte Soldaten begleiten uns und zeigen uns den Weg, der am Beginn der Wälder durch eine Senke führt. Diese Senke liegt unter Beschuß. Dort entbrennt ein gnadenloser Kampf. Panzer Harlander wird abgeschossen. Der Kommandant ist tot, die übrige Besatzung kann ausbooten.

Kurz vor Tagesanbruch gerät die Panzerspitze in eine russische Batteriestellung, die überrollt wird. Der Weg ist frei.

Wir stehen ein paarhundert Meter weiter an der Autobahn Berlin-Cottbus. Spähtrupps melden die Brücke frei. Sie wird gesichert und die Spitzenpanzer fahren hinüber und rollen in den Baruther Forst hinein.
Beim Forsthaus Massow hält die Spitze abermals. Ein nicht endenwollender Strom deutscher Soldaten und Flüchtlinge schließt zu uns auf. Hier wird das Ausmaß der blutigen Verluste von Halbe erkennbar. Unter den Toten dieser Nacht befinden sich auch der Kommandierende General des XI. SS-AK, Obergruppenführer Kleinheisterkamp. GenMaj. Hölz, der Chef des Generalstabes der 9. Armee, ist ebenfalls gefallen.«

Dies der Bericht des Unterscharführers Streng.
Der Weitermarsch wird befohlen. Am Nachmittag dieses 2. 4. stand die Panzerspitze vor dem Bahndamm und der dicht daneben verlaufenden Straße Zossen-Baruth. Hier standen Sowjetpanzer und Pak, die mit Flankenfeuer aus Norden und Süden in die Marschkolonnen hineinschossen und sie auseinanderrissen.
Mit den letzten Tigern stieß Hartrampf entlang des Bahndammes vor und bereinigte die Lage durch Abschuß der flankierenden Panzer und Pak.
In der Nacht zum 29. 4. gelang es, Dorf und Schießplatz Kummersdorf im Sturm zu nehmen. Hier konnten die vielen Verwundeten an der Schießbahn 2 auf Loren gelegt werden, die dann von einem Tiger zum Westrand des weiten Schießplatzes gezogen und in Sicherheit gebracht wurden.
Die nach Westen vorfühlenden Stoßtrupps meldeten an der Straße Trebbin — Luckenwalde einen neuen feindlichen Pak- und Panzerriegel.
Am Abend des 29. 4. setzte sich der Ausbruchsverband zum letzten entscheidenden Vorstoß in Bewegung. Im ersten Anlauf wurde die russische Paksperre niedergewalzt. Als es völlig finster war, rollte die Ausbruchsgruppe, gefolgt von der Fußgruppe, nördlich von Luckenwalde über die Straße und tauchte in den schützenden Wäldern unter.
Um Mitternacht waren Berkenbrück und die Försterei Martinsmühle fast erreicht. In einem letzten, entschlossenen Ansprung mußte jetzt die russische Umklammerung durchbrochen und der Durchstoß zur 12. Armee gewagt werden. Diese stand, das war durch die Funksprüche geklärt worden, ihnen genau gegenüber jenseits des russischen Einschließungsringes.
Das feindliche Heinickendorf wurde mit den Königstigern im Nachtkampf erreicht, der Feindwiderstand gebrochen. Auf Dobbrikow weiterfahrend, erhielten die Tiger Pakfeuer. Auch Streng's Wagen wurde mehrfach getroffen. Dann war es soweit:

»Ein schwerer Treffer erschütterte unseren Tiger. Bis zum Waldrand waren es noch 400 Meter. Unsere Kanone brüllte gegen diesen Wald. Grelle Explosionen schleuderten drüben Stämme und Baumwipfel durcheinander. Blitzartig erhellt ein zweiter Treffer das Innere unseres Kampfraumes. Dann erfolgte ein weiterer Treffer. Ein furchtbarer Knall an der rechten Turmseite.
Wir rollten nach links in ein abfallendes Feld, einem kleinen See entgegen. Dann fuhren wir wieder nach rechts. Die anderen Tiger hatten inzwischen die Pak vernichtet. Der Marsch der Tausende geht weiter.
Als wir kein Benzin mehr hatten und neues suchten, erhielt der Tiger von halblinks über den See hinweg einen Treffer aus einer russischen Panzerkanone. Ich wurde am rechten Oberarm und am rechten Oberschenkel verwundet. Meine Leute legten mich auf den Panzer, den nun Läbe übernahm. Wir fanden bald wieder Anschluß an die Hauptkolonne.«

Mit dem Mute der Verzweiflung durchbrachen in der Nacht zum 1. 5. 1945 die Soldaten der 9. Armee, die es bis hierher geschafft hatten, die Sperrstellungen der Russen. Nun waren nur noch die Königstiger von Klust von der 1. Kp. und von Streng, von der 2. Kp. einsatzbereit. Während dieses entscheidenden Durchbruchs wurde Strengs Tiger noch ein weiteresmal getroffen. Diesmal geriet er wirklich in Brand, der aber gelöscht werden konnte. Wenig später gelang es noch in einem Duell gegen drei T 34, alle drei Gegner zu vernichten. Dann wurde Strengs Tiger von einer Pak getroffen. Der Benzintank brannte sofort lichterloh. Diesmal war der Tiger nach über einem Dutzend schwerer Treffer nicht mehr zu retten.
Wenig später wurde auch der Tiger von UStuFhr. Klust vernichtet. Damit waren alle Tiger, die der 9. Armee den Weg in die Freiheit gebahnt hatten, ausgeschaltet worden. Aber sie hatten den Ausbruch mit geschafft. General Busse, der mit seinen Soldaten vorgegangen war und diese immer mit den Worten: »Wenck wartet auf uns!« angefeuert hatte, und GenMaj. Wolf Hagemann, der Kdr. der 336. ID der 9. Armee, rissen die Männer mit, wenn sie liegenzubleiben drohten. Hagemann ließ von einer Reihe von MG-Gruppen »Lücke« schießen, durch die sie durchbrechen konnten.
Als am Morgen des 1. 5. 1945 vor den total erschöpften Männern der 9. Armee Leuchtkugeln in den Himmel emporstiegen, die ihnen zeigten, daß dort die 12. Armee stand und als auch die Panzergrenadiere der 12. Armee die Gegenleuchtkugeln sahen, sprangen auch sie auf und rannten ihren Kameraden von der 9. Armee entgegen und schlugen den Feindring von rückwärts zusammen.

Plötzlich sahen die Männer der 9. Armee, wie vor ihnen die Russen auseinanderstoben. Und dann waren deutsche Stahlhelme zu sehen, Uniformen, Gesichter: die Kameraden der 12. Armee!
General Wenck kam auf seinem Krad angebraust und sprang zu seinen Männern in die Gräben. Er sah die Soldaten der 9. Armee vorbeitaumeln, darunter auch Flüchtlinge. Und dann sah er eine ausgemergelte Gestalt: General der Infanterie Theodor Busse. In mehreren Marschsäulen brachen die Männer bei den Divisionen der 12. Armee durch und wurden sofort abgeschirmt und weiter zurückgeleitet.
Unter Führung von GenLt. Engel wurde eine Kampfgruppe Sturmgeschützen und SPW-Einheiten gebildet, die im Breitkeil fünf Kilometer weit durch die auseinanderweichenden russischen Verbände stürmten, um so einen genügend breiten Schlauch für die nachfolgenden Flüchtlinge offenzuhalten.
Auf dem GefStand der 12. Armee sagte wenig später General Busse zu seinem Kameraden Wenck:

> »Unser Durchbruch ist abgeschlossen. — Meine Männer sind fertig! Durch nichts in der Welt sind sie mehr zu bewegen, weiterzumarschieren, oder gar zu kämpfen.«

30 000 Menschen, darunter mehr als 5 000 Flüchtlinge waren hinter den Linien der 12. Armee in Sicherheit. Alles, was an Rädern und Räderfahrzeugen aufgeboten werden konnte, schafften die Flüchtlinge aus der Gefahrenzone an die Elbe zurück.
Die Divisionen der 12. und der 9. Armee kämpften sich nunmehr geschlossen zurück.

Die Kapitulation an der Elbe

Bis zum 2. 5. hatten die Divisionen der 12. Armee noch hart südlich von Brandenburg mit Front nach Norden verteidigt. Dann marschierte sie über Genthin zurück und erreichte zwischen Jerichow und Ferchland die Elbe. Die Sturmgeschütze hatten in einer Reihe von Halten den nachdrängenden Gegner abgewiesen.
Am Morgen des 3. 5. 1945 bestimmte General Wenck den KommGen. des XXXXVIII. PzK., General der Panzertruppe von Edelsheim, mit der Führung der Kapitulationsverhandlungen.
Mit einem schriftlichen Kapitulationsangebot rollte die Gruppe im Schwimmwagen zur Elbe und schwamm ans andere Ufer hinüber. Als der Wagen das Westufer erreichte, wurde er von amerikanischen Soldaten umringt. Major Kandutsch als Dolmetscher trug dem erscheinenden Captain aus dem BatlStab des 105. IR den Wunsch der Verhandlungsgruppe vor, zu seinem Kommandeur geführt zu werden.
Um 17.00 Uhr traf die kleine Gruppe im Stabsquartier der 102. US-ID in Gardelegen ein und gab das Kapitulationsangebot ab. Als sie erfuhren, daß die Antwort erst am anderen Morgen gegen 8.00 Uhr gegeben werden könne, fuhr Oberstleutnant i. G. Seidel über die Elbe zurück und meldete dem Oberbefehlshaber.
Am Morgen des 4. .5. 1945 begann im Rathaus von Stendal die Verhandlung. Zur gleichen Zeit versuchten die Russen, auf dem Ostufer den Brückenkopf der 12. Armee zum Einsturz zu bringen, russische Artillerie feuerte aus vielen Rohren in den Brückenkopf hinein, während die Pioniere der Divisionen der 12. Armee bereits das Übersetzmaterial bereitmachten.
In Stendal genehmigte die US-Führung schließlich die Benutzung der beschädigten Elbebrücke bei Tangermünde und dreier Fährstellen bei Schönhausen, Tangermünde und Ferchland.
Die Übergänge durften von den kapitulierenden Soldaten der 12. Armee genau so wie von den Verwundeten, unter Mitgabe des Sanitätspersonals, benutzt werden. Verboten wurde von den Amerikanern der Übergang von »Zivilpersonen aller Art.« Darüber hinaus wurde jede materielle und personelle Hilfe beim Flußübergang abgelehnt.
General Moore, der diese Kapitulation unterschrieb, hatte seinen beiden Worten »No Civilians« nichts mehr hinzuzufügen. Dieser Akt der

Menschlichkeit wurde ohne Angabe von Gründen kategorisch verweigert.
Oberstleutnant i. G. Seidel, der am frühen Morgen nach Stendal gekommen war, mußte ein weiteresmal über die Elbe zurückkehren, um General Wenck Mitteilung über diese Klausel zu machen. Er mußte diese Worte zweimal wiederholen, ehe General Wenck die Ungeheuerlichkeit verstand.
In den frühen Morgenstunden des 5. 5. 1945 begann zunächst der Abfluß der Verwundeten und der unbewaffneten Soldaten über die Elbe. Unter Ausnutzung aller sich bietenden Möglichkeiten wurden so viele Zivilisten wie möglich mitgenommen. Wenn diese als solche erkannt wurden, schickten die US-Posten sie wieder über den Fluß zurück, den Russen entgegen. Schließlich waren es Zehntausende Flüchtlinge, die auf dem Ostufer der Elbe auf eine Gnadenbezeugung warteten, vergeblich!

In der Nacht zum 6. 5. waren es Pioniere der 12. Armee, die in Sturmbooten und Barkassen immer wieder den Fluß überquerten und Flüchtlinge hinüberkarrten. Die Amerikaner waren vor dem russischen Artilleriefeuer, mit dem das Ostufer der Elbe belegt wurde, zurückgewichen, um nicht von ihren eigenen Verbündeten erschossen zu werden. Dies machte den Weg für die Flüchtlinge frei.
Die Divisionen »Körner« und »Hutten« hielten die nachdrückenden Russen auf, bis die letzten Kolonnen über den Fluß gelangt waren. Bei der ID »Scharnhorst« wurde mit dem Mute der Verzweiflung gekämpft. Bei Wust schoß das Batl. Malow am 6. 5. 1945 die letzten Feindpanzer ab. Es waren 14 dieser Kolosse, die überwiegend mit Panzerfäusten erledigt wurden.
Bis zum 7. 5. 1945 hielt dieses Batl. den Westrand von Wust. Dann zog es sich nach Fischbeck zurück. Hier kämpfte die Nachhut unter Oblt. Denk und Lt. Henning und verschoß die letzte Munition.
Erst gegen Abend gelang es der Roten Armee weiter im Norden, wo die Divisionen »Körner« und »Hutten« übergesetzt hatten, an die Elbe durchzubrechen. Bei der Division »Körner« ging GenLt. Frankewitz, der DivKdr., als letzter Soldat seiner Division am Nachmittag des 7. 5. 1945 über die Elbe.
Die Division »Schill« sprengte an diesem Nachmittag auf den Elbdämmen ihre letzten Sturmgeschütze und setzte auf das Westufer der Elbe über.
Mit den letzten Soldaten seiner Armee gingen bei Ferchland auch General der Panzertruppe Wenck und sein Chef des Generalstabes, Oberst i. G. Reichhelm, der Ia der Armee, Oberst i. G. von Humboldt, zwei OrdOffz. und einige Soldaten in das letzte Boot.

Der Kampf der 12. Armee zwischen Elbe und Oder war zu Ende. Oberst i. G. Reichhelm berichtete dem Verfasser:

> »Insgesamt wurden 100. 000 Soldaten geordnet über die Elbe in US-Gefangenschaft übergeführt. Die Zahl der über den Fluß geschmuggelten Zivilisten ging in die Zehntausende. Rückblickend muß gesagt werden, daß dieser letzte Kampf in soldatischer Pflichterfüllung und für das deutsche Volk würdig beendet worden ist.«

Was aber war in den letzten Tagen des April und im Mai in Berlin geschehen?

DAS ENDE DES ZWEITEN WELTKRIEGES

In der Reichshauptstadt

In der letzten Lagebesprechung mit Hitler am Abend des 29. 4. 1945 trug General Weidling vor, daß die Versorgung der Truppe mit Munition und Verpflegung zusammengebrochen sei. Er sagte dann offen:

> »Die Lage ist aussichtslos! — Mein Führer, darf ich in Zusammenfassung meines Berichtes ergänzen, daß die Schlacht um Berlin mit aller Wahrscheinlichkeit morgen beendet sein wird.«

Hitler wandte sich fragend an den Brigadeführer Mohnke, der zum Kommandeur aller im Stadtzentrum Berlins liegenden Truppen ernannt worden war. Dieser entgegnete: »Es ist so, wie General Weidling sagt, mein Führer!«

Hitler genehmigte nunmehr den Ausbruch aller Kampfgruppen, die ihre Munition verschossen hatten. Alle übrigen sollten bis zum Verschuß ihrer letzten Patronen in ihren Stellungen bleiben und sich erst danach absetzen.

Am Morgen des 30. 4. 1945 stürmten die sowjetischen Schützen-Regimenter 380, 674 und 756 durch die Trümmer der Innenstadt zum Reichstagsgebäude. Die Unteroffiziere Jefgorow und Kantarija erkletterten dessen Kuppel und hissten dort oben um 14.25 Uhr die Rote Fahne. Der Kampf um die Reichskanzlei und um das Regierungsviertel war noch in vollem Gange.

Hitler hörte im Besprechungszimmer der Reichskanzlei den letzten Lagebericht von Brigadeführer Mohnke. Dieser meldete ihm, daß die Russen noch immer am Potsdamer Platz gehalten würden und daß auch um den Anhalter Bahnhof und den Tiergarten noch gekämpft werde. Teile des LVI. PzK hätten die 8. sowjetische Gardearmee unter General Tschuikow gestoppt.

Danach unterzeichnete Hitler den letzten Führerbefehl, in dem General Weidling die Zustimmung zum Ausbruch gegeben wurde. Gegen 14.30 Uhr zerbiß Hitler eine Zyankalikapsel und zog gleichzeitig damit den Abzug der Pistole durch, die er gegen die Schläfe gedrückt hatte.

Seine Frau, Eva Braun, die er am Vortage geheiratet hatte, starb durch Zyankali. Dr. Stumpfegger, Hitlers Arzt, stellte den Tod der beiden fest. Sie wurden hinausgeschafft und im Feuer der russischen Artillerie drei Meter rechts neben dem Bunkereingang niedergelegt, mit Benzin übergossen und angezündet, wie Hitler dies befohlen hatte.

Am Nachmittag hatte gegen 17.00 Uhr, Hitler war etwa zweieinhalb Stunden tot, Reichsleiter Bormann einen Funkspruch des OKW an den Oberbefehlshaber des Nordabschnitts, Großadmiral Dönitz absetzen lassen, der auch die Unterschrift von General Krebs trug. Der Wortlaut dieses FT-Spruches lautete:

> »Großadmiral Dönitz. — Anstelle des bisherigen Reichsmarschalls Göring setzt der Führer Sie, Herr Großadmiral, als seinen Nachfolger ein. Schriftliche Vollmachten sind unterwegs. Ab sofort sollen Sie sämtliche Maßnahmen verfügen, die sich aus der gegenwärtigen Lage ergeben.«

Am Abend wurde auch General Weidling — der zur Abendlage eingetroffen war — über die Geschehnisse informiert. Bormann und General Krebs bestürmten nun Dr. Goebbels, bis sich dieser damit einverstanden erklärte, daß General Weidling die Kapitulation einleitete. Am 1. 5. 1945 um 20.00 Uhr wurden die Gefechtsstände aller in Berlin kämpfenden Verbände vom Tode Hitlers unterrichtet und der geplante Ausbruch festgelegt.

General Weidling ließ einen Funkspruch an das sowjetische Oberkommando tasten und um Feuereinstellung und Aufnahme der Parlamentäre bitten.

Marschall Schukow erteilte General Tschuikow die Genehmigung, die Kapitulationsverhandlungen zu führen. Eine Stunde nach Mitternacht des 2. 5. 1945 überschritt Oberst Duvfing als deutscher Parlamentär die sowjetischen Linien und wurde zum Schulenburgring geführt, wo er wenig später General Tschuikow gegenüber stand. Dieser fragte nur:

> »Bedingungslose Kapitulation ja oder nein!«

Oberst Duvfing antwortete: »Ja!

Am Mittag des 2. 5. 1945 erließ Sowjetmarschall Schukow den Befehl, das Feuer dort einzustellen, wo sich der Feind ergeben würde. Generalissimus Stalin gab an diesem Tage einen Tagesbefehl an die Rote Armee heraus, in dem der Fall von Berlin allen Rotarmisten bekanntgegeben wurde. Der Tagesbefehl schloß mit den Worten:

> »Heute, am 2. Mai 1945 um 23.30 Uhr, salutiert die Hauptstadt unserer Heimat, Moskau, der 1. Belorussischen und der 1. Ukrainischen Front mit 24 Artilleriesalven aus 323 Geschützen zu Ehren dieses großen Ereignisses der Eroberung Berlins.«

Nach Hitlers Tod und dem Fall der Reichshauptstadt waren die Tage des Dritten Reiches gezählt. Was aber in Berlin während der letzten Kampftage den Zivilisten geschah, sei in einem knappen Schlußabsatz berichtet.

Die Hölle, die Berlin hieß

Wer in Berlin geglaubt hatte, daß die Stadt von Greueltaten mannigfacher Art, von denen jeder Bürger oftmals gehört und gelesen hatte, verschont bleiben würde, wer gehofft hatte, daß dies alles nur Propaganda gewesen sein möge, der sah sich in den letzten Tagen des Kampfes um die Reichshauptstadt eines Schlimmeren belehrt.
Auch Berlin sollte von der Welle aus Mord und Vergewaltigungen, aus Vandalismus und Vernichtung nicht verschont bleiben.
Die russischen Soldaten forderten nun ihren »Siegerpreis, die Frauen der Besiegten.« (Siehe Ryan Cornelius: a. a. O.).

Es waren nicht mehr die vordersten Verbände der kämpfenden Truppe, die dieses Massaker veranstalteten, aber das machte auch der jungen Frau Ursula Köster keinen Unterschied, die von vier russischen Soldaten der Reihe nach vergewaltigt wurde.
Juliane Bochnick wurde von Russen entdeckt und konnte ihnen entkommen. Aber eine ihrer Freundinnen, Rosa Hofmann, und deren Mutter, die vergewaltigt worden waren, nahmen Gift.
Als die Russen Reinickendorf erreichten, suchten sie nach Wertsachen und Frauen. Und überall, in allen Vororten und im Zentrum geschah das gleiche:
Frauen und Mädchen wurden in den Nächten aus den Betten gezerrt, und während die Russen »schändeten und plünderten«, häuften sich überall die Selbstmorde. Allein im Bezirk Pankow wurden innerhalb dreier Wochen 215 Selbstmorde registriert. Es waren zum größten Teil Frauen. Josef Michalke und Alfons Matzker, Jesuitenpriester an der St.-Canisius-Kirche in Charlottenburg, sahen, wie eine Mutter mit ihren zwei Kindern aus der Havel gezogen wurde. Die Frau hatte sich mit Ziegel gefüllte Einkaufstaschen an die Arme gebunden, unter jeden Arm ein Kind genommen und war ins Wasser gesprungen.
Hannelore von Cmuda, ein siebzehnjähriges Mädchen, das Pater Michalkes Gemeinde angehörte, wurde von einer Horde betrunkener Rotarmisten mehrmals vergewaltigt und danach dreimal angeschossen. Schwer verletzt schaffte man sie in einem Kinderwagen, dem einzigen greifbaren Transportmittel, ins Pfarrhaus.«

(Siehe Ryan Cornelius: a. a. O.)
Frau Margarete Promeist, die als Aufsichtsperson in einem Berliner Luftschutzbunker fungierte, meldete, daß die Russen zwei Tage und Nächte lang scharenweise in den Bunker gekommen seien und geplündert und vergewaltigt hätten. »Frauen, die sich zur Wehr setzten, wurden umgebracht. Einige wurden auch so, nur zum Spaß, erschossen. Allein in einem Raum fand ich die Leichen von sechs oder sieben Frauen mit eingeschlagenen Schädeln, alle noch in den Stellungen, in denen man sie vergewaltigt hatte.«
Sie selber wurde auch vergewaltigt.

> »Die Mädchen wurden einfach zusammengetrieben und nach oben in die Wohnungen gebracht«, berichtete Margareta Probst aus Berlin-Kreuzberg. »Wir hörten die ganze Nacht hindurch ihre Schreie, sie drangen bis in den Keller hinunter.«

Als Frau Schulz vor den Augen ihres Mannes und 15-jährigen Sohnes mißbraucht wurde, und andere Russen den beiden ihre Waffen vorhielten, erschoß der gebrochene Vater den Sohn und die Frau, als die Russen schließlich von ihr abgelassen hatten, und erschoß sich dann selber.

Im Hause Dahlem der Barmherzigen Schwestern erlebte deren Oberin, wie die Mutter dreier Kinder von den Russen eine ganze Nacht lang mißbraucht wurde. Als sie am andern Morgen heimkam, sah sie ihre Mutter, ihren Bruder und die drei Kinder die sich selbst aufgehängt hatten. Die mißbrauchte Frau schnitt sich die Pulsadern auf und verblutete.
Derlei bestialische Vorkommnisse ließen sich noch lange fortführen. Sie zeigen auf, daß auch das zur Festung gewordene und bis zuletzt verteidigte Berlin nicht der Siegerwillkür entging, zu der Generalissimus Stalin sagte:

> »Kann denn Djilas nicht verstehen, wenn ein Soldat, der Tausende von Kilometern durch Blut und Feuer und Tod gegangen ist, an einer Frau seine Freude hat oder eine Kleinigkeit mitgehen läßt?« (Siehe Djilas, Milowan: Gespräche mit Stalin).

Mit dem Ende des Kampfes um Berlin hörten diese Dinge jedoch nicht auf. In Berlin wurde weiter gemordet, verschleppt, denunziert und vergewaltigt.
»Reparations in kind« nannte sich das, was ein allgemeiner Menschenhandel war und in Berlin, wie überall im besiegten Deutschland, betrieben wurde. Nach den Forschungen und Unterlagen des Deutschen Roten Kreuzes wurden 845 000 Zivilpersonen zu Reparationszwecken verschleppt. Von ihnen verstarben auf dem Marsch an die Arbeitsziele 220 000, das sind über 25 Prozent. Aber auch aus den deutschen Siedlungsgebieten im Osten wurden Menschen verschleppt.
Als jene Frauen aus Preußisch-Holland in Ostpreußen, die in vernagelten Viehwaggons verladen nach dem Osten verschleppt wurden, nach 29 Tagen einer Hölle die Türen öffneten, waren in den einzelnen Wagen, in denen sich etwa jeweils 100 Personen befunden hatten, zwischen 20 und 32 krepiert. (Siehe Verschleppt — Frauen und Mädchen aus Ostpreußen nach Sibirien verschleppt, Landsmannschaft Ostpreußen 1978). Sie starben im Zuchthaus Tapiau ebenso wie im Kohlebergwerk Ruja im Ural, bei Kistin im Ural ebenso wie im Raume Böhmisch-Leipa, in Aussig, wo man Frauen und Mädchen ins Wasser stürzte, ebenso wie im Binnenwesthafen von Berlin, wo eine Schiffsladung Kinder aus einem Heim in Finkenwalde ankam, von denen 300 im Bauch des Schiffes verhungert waren.
Bertrand Russell stand gegen diese Bestialitäten ebenso auf, wie Victor Gollancz und der Tscheche Dr. H. G. Adler. R. W. F. Bashford, Mitarbeiter des Britischen Außenministeriums, richtete einen Deutschlandbericht an das Foreign Office, in dem er schrieb:

»Die Konzentrationslager sind nicht aufgehoben, sondern von den neuen Machthabern übernommen worden. In Oberschlesien müssen Gefangene, die nicht verhungert sind oder zu Tode geprügelt wurden, Nacht für Nacht bis zum Hals in kaltem Wasser stehen, bis sie sterben. In Breslau gibt es Keller, aus denen Tag und Nacht die Schreie der Opfer hinausdringen.«

Wer die 40 000 Erlebnisberichte liest — wenn er dies vermag — die im Bundesmilitärarchiv über Vertreibung oder Mißhandlungen, Verschleppung oder Morden, vorhanden sind, wer über in Löschteichen ertränkte Kinder und in die Moldau gestürzte gefesselte Frauen erfährt, die man vorher mit Stacheldraht gefesselt hatte, wer zu lesen vermag, daß man nackte deutsche Nachrichtenhelferinnen in Prag durch die Fochobastraße auf den Wlochaner Friedhof trieb, dort mit Stockschlägen in Heuhaufen trieb, um diese dann anzuzünden, dem erscheint der einfache Erschießungstod, den hunderte Schüler der Adolf Hitler-Schulen in Prag erlitten, noch eine humane Todesart zu sein. Dazu als Schlußworte jene Aussage von Victor Gollancz:

»Sofern das Gewissen der Menschheit *jemals* wieder empfindlich werden sollte, werden diese Vertreibungen als die unsterbliche Schande all derer im Gedächtnis bleiben, die sie veranlaßt, oder sich damit abgefunden haben.« (Siehe Gollancz Viktor: In darkest Germany, London 1947).

***

DIE KAPITULATION

In Italien und im Westen

Als die neue Reichsregierung unter Großadmiral Dönitz am 2. 5. 1945 über den Rundfunk die Kapitulation der in Norditalien stehenden Truppen erfuhr, war GA Dönitz erleichtert.
Da am selben Tage englische Truppen Schleswig-Holstein in ihre Hand gebracht hatten, erhielt GenMaj. Wolz, der Verteidiger von Hamburg, am 3. 5. 1945 die Weisung des OKW, einen Parlamentär zu den Engländern zu entsenden und die Übergabe von Hamburg zu vereinbaren. Zugleich sollte er die Ankunft von Generaladmiral von Friedeburg im Auftrage des Großadmirals ankündigen.
Großadmiral Karl Dönitz, nach Hitlers Tod zum letzten deutschen Staatsoberhaupt ernannt, setzte Generaladmiral von Friedeburg nach Lüneburg zum HQ von Feldmarschall Montgomery in Marsch, um dort die Teilkapitulation des norddeutschen Raumes anzubieten. In seiner Begleitung befanden sich KAdm. Wagner und GenLt. Kinzel.
Als diese am Vormittag des 4. 5. 1945 Montgomery Vortrag hielten, war dieser nicht abgeneigt, diese Teilkapitulation anzunehmen, wenn auch Dänemark und Holland darin eingeschlossen würden. Außerdem dürften keine Kriegsschiffe mehr selbstversenkt werden.
Von Friedeburg, der nach der Besprechung mit Montgomery nach Flensburg, dem Sitz der Reichsregierung und des Großadmirals, zurückgekehrt war, flog am 4. 5. abermals nach Lüneburg. Er unterzeichnete hier die Kapitulationsurkunde der »gesamten deutschen Streitkräfte in Holland, Nordwestdeutschland, einschließlich aller Inseln und Dänemark.«
Auf britischer Seite unterzeichnete Feldmarschall Montgomery allein.

Deutscherseits setzten neben Generaladmiral von Friedeburg noch GenLt. Kinzel, und die Generalmajore Wagner, Poleck und Friedel ihre Unterschriften unter dieses Dokument. Diese Teilkapitulation sollte am 5. 5. 1945 um 8.00 Uhr in Kraft treten.
Von Montgomery in Lüneburg flog Generaladmiral von Friedeburg direkt nach Reims ins Hauptquartier von General Eisenhower. Auch gegenüber den US-Truppen sollte eine Teilkapitulation durchgeführt werden. Erst wenn dies geschehen war, hatte Großadmiral Dönitz erreicht und sichergestellt, daß so lange gegen die Rote Armee gehalten werden konnte, bis alle deutschen Soldaten aus dem Osten und sämtliche Flüchtlinge von dort nach dem Westen geschafft werden konnten.
General Eisenhower lehnte diese Teilkapitulation gegenüber den US-Truppen kategorisch ab. Am Morgen des 6. 5. 1945 traf GenLt. Kinzel wieder in Mürwik ein, um Dönitz zu melden, daß sie in Reims nichts erreicht hatten und daß Eisenhower die bedingungslose Kapitulation fordere, also auch gegen die russische Front. Ein Eingehen auf diese Forderungen, das auch das sofortige Anhalten aller Transportbewegungen zu Lande und über See nach dem Westen bedeutet hätte, würde die Truppen, die im Osten standen, den Russen überantworten. Die Truppe aber, dessen war sich Dönitz sicher, hätte einen solchen Selbstmordbefehl nicht befolgt und wäre, wenn sie dann nach Westen durchzubrechen versucht hätte, Freiwild gewesen, sie hätten dann einfach erschossen werden können. Ob dies so beabsichtigt war, läßt sich niemals klären. Faktisch aber wäre ein Eingehen auf Eisenhowers Forderungen auf diese Lösung hinausgelaufen; gewollt oder ungewollt.

Nunmehr bat GA Dönitz GenOberst Jodl, nach Reims zu fliegen, um Eisenhower zu erklären, *warum* eine Teilkapitulation auch gegenüber den US-Streitkräften angestrebt wurde. Bei erneuter Weigerung Eisenhowers sollte Jodl eine Gesamtkapitulation in zwei Etappen vorschlagen, wobei zwischen beiden Terminen der Feuereinstellung und dem endgültigen Stehenbleiben eine möglichst große Zeitspanne liegen sollte.
GenOberst Jodl erhielt die Vollmacht mit auf den Weg, eine solche Gesamtkapitulation zu unterzeichnen. Aber erst *dann,* wenn eine Teilkapitulation nicht mehr zu erzielen war. Außerdem mußte er GA Dönitz über den Text einer solchen Gesamtkapitulation vorher unterrichten.
Am 6. 5. 1945 flog GenOberst Jodl, nach einer letzten Besprechung mit GA Dönitz und Graf Schwerin-Krosigk, nach Reims. Die dortigen Verhandlungen dauerten den ganzen Tag an. Gegen 0.00 Uhr des 7. Mai ließ Jodl einen Funkspruch nach Flensburg-Mürwik absetzen, in dem er GA Dönitz folgende Unterrichtung gab:

»General Eisenhower besteht darauf, daß wir heute noch unterzeich-

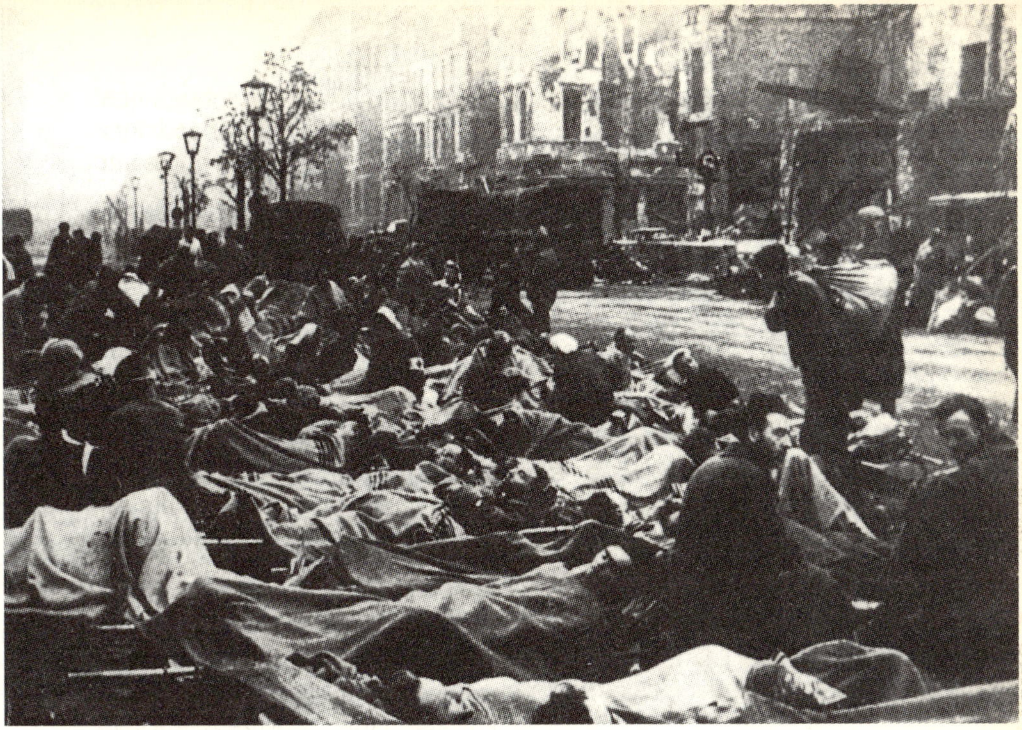

Berlin unter den Linden: Flüchtlinge warten auf den Abtransport.

Truppen der Roten Armee haben Berlin erobert.

Major Erich Mende, März 1945 in Ostpreußen als Führer des Grenadier-Regimentes 216.

Generalleutnant Georg Jauer, Kommandeur der 20. PGD im Osten, in der Abwehr erprobt.

Großadmiral Karl Dönitz, das letzte deutsche Staatsoberhaupt. Er leitete die Rückführungsfahrten der Kriegsmarine aus dem Osten.

> nen. Anderenfalls werden die alliierten Fronten auch gegenüber denjenigen Personen geschlossen werden, die sich einzeln zu ergeben versuchen; alle Verhandlungen werden abgebrochen. Ich sehe keinen anderen Ausweg als Unterzeichnung oder Chaos. Erbitte sofort drahtlose Bestätigung, ob ich Vollmacht habe, die Kapitulation zu unterzeichnen. Sie kann sofort wirksam werden. Feindseligkeiten werden dann am 9. 5. um 0.00 Uhr aufhören. — gez. Jodl.«

Damit hatte Dönitz noch einmal 48 Stunden Zeit gewonnen, und ließ etwa eine Stunde nach Eingang dieses Funkspruches seine Zustimmung zur Gesamtkapitulation nach Reims übermitteln. Genau um 2.41 Uhr wurde dann in Reims die Kapitulationsurkunde unterzeichnet.
Um 12.45 Unr dieses Tages verkündete dann Reichsminister Graf Schwerin-Krosigk über den Sender Flensburg des Reichsrundfunks den Waffenstillstand. Damit wollte die deutsche Reichsregierung unter GA Dönitz *jeder* Feindmeldung darüber zuvorkommen, was ihr auch gelang. Die Bekanntmachung der bedingungslosen Kapitulation der deutschen Wehrmacht endete mit den Worten:

> »Möge Gott uns im Unglück nicht verlassen und unser schweres Werk segnen.«

In der Kapitulationsurkunde war — um der Forderung der Russen zu entsprechen — eine »nochmalige feierliche Unterzeichnung der Gesamtkapitulation in Karlshorst« vorgesehen. Sie sollte am 8. Mai stattfinden.
Unter diese militärische Kapitulationsurkunde hatten Generaladmiral von Friedeburg, GFM Keitel und GenOberst Stumpff ihre Unterschriften zu setzen.

Das Karlshorster Spektakel

Am selben Tage, da in Reims die Bedingungslose Gesamtkapitulation der deutschen Wehrmacht unterzeichnet worden war, hatte auch Marschall Schukow über seinen Kriegsrat Telegin die Meldung aus Reims erhalten und bestimmt, daß die bedingungslose Kapitulation im Gebäude der Ingenieurschule zu Karlshorst endgültig unterzeichnet werden sollte.

Mit dem ersten Flugzeug, das am anderen Morgen in Tempelhof landete, kamen die russischen Diplomaten, die diesem Akt beiwohnen würden. An der Spitze der stellvertretende sowjetische Außenminister Andrej Januarjewitsch Wyschinskij. 90 Minuten darauf landete die nächste Maschine. Sie brachte Marschall Wassilij Sokolowski. Daß nicht Schukow erschien zeigte an, daß Eisenhower ebenfalls nicht erscheinen werde. Es trafen ein: der britische Luftmarschall Tedder, General Spaatz und die Stabsoffiziere.

Marschall Sokolowski begrüßte seine Kollegen, und alle schritten die Formation der angetretenen Ehrenkompanie ab, während die Nationalhymnen gespielt wurden.

In diese Zeremonie hinein landete ein weiteres Flugzeug. Es brachte GFM Keitel, Generaladmiral von Friedeburg und Generaloberst Stumpff mit ihren Offizieren.

Russische Offiziere traten an diese Gruppe heran und führten sie zu den wartenden Fahrzeugen.

Der Wagen fuhr durch Berlin nach Karlshorst, wo die Deutschen in irgendeinem der Räume untergebracht wurden.

Der Festsaal der Ingenieurschule war zum feierlichen Akt der Unterzeichnung vorbereitet worden. An der Stirnseite hingen die Fahnen der Sowjetunion, der USA, Großbritanniens und Frankreichs.

Inzwischen war auch der französische Vertreter, der OB der 1. französischen Armee, General Jean Lattre de Tassigny, eingetroffen.

Unter den Fahnen stand ein langer Tisch, der die gesamte Breite des Raumes einnahm. Hier sollten die Vertreter der Alliierten Mächte Platz nehmen. Davor standen drei weitere Tische. Der kurze Tisch war für die deutsche Delegation bestimmt, der mittlere für die sowjetischen Generale und deren Verbündete und der hintere für alle Korrespondenten, die eine Eintrittskarte erhalten hatten.

Die Kapitulationsverhandlung, bzw. die Unterzeichnung der Kapitulation, sollte um 14.00 Uhr stattfinden. Dies verzögerte sich um Stunden, und als schließlich Marschall Schukow und sein Kriegsrat Telegin eintraten, gefolgt von Wyschinski, Tedder, Spaatz und Lattre de Tassigny, war es schon gegen Abend.
Die russischen Generale setzten sich an den ersten kleinen Tisch, der für die Deutschen vorgesehen war. Als ihnen dies zugeflüstert wurde, sprangen sie gleichzeitig auf und setzten sich an den nächsten größeren Tisch. Dann quirlte alles über von fotografierenden Zeitungsleuten. Am großen Haupttisch saßen diejenigen Männer, welche die vereinigten Verbündeten vertraten.
Als das Blitzlichtgewitter der Fotografen vorüber war und erwartungsvolle Stille eintrat, erhob sich Marschall Schukow:

> »Hiermit erkläre ich die Sitzung zur Entgegennahme der Kapitulation der deutschen Wehrmacht für eröffnet«,

begann er, bevor die Vollmachten vorgelegt und geklärt werden mußte, wer von welcher Regierung dabei sein würde. Diese Vollmachten wurden in den jeweiligen Sprachen verlesen.
Danach bat Marschall Schukow den Offizier am Eingang, die deutsche Delegation hereinzuholen.
Keitel trat als erster ein. Nach wenigen Schritten erreichte er den kleinen Tisch, blieb in der Mitte desselben stehen und hob grüßend den Marschallstab, ehe er sich setzte und den Marschallstab rechts neben sich auf den Tisch legte.
Die Unterzeichnung begann. Zuerst unterschrieben Schukow, Tedder, Spaatz und Lattre de Tassigny. Danach stand Schukow auf und sagte, daß nun die deutsche Delegation unterschreiben möge. Als GFM Keitel eine Handbewegung machte, daß ihm diese Urkunde vorgelegt werden möge, »streckte Schukow mit einer kurzen Bewegung seinen Arm in die Richtung der Deutschen und sagt hart: 'Sollen sie zum Unterschreiben herkommen!'« (Siehe: Simonow, Konstantin: a. a. O.).

Als erster erhob sich Keitel, trat an den ersten Tisch und unterschrieb die verschiedenen Ausführungen der Kapitulationsurkunde. Danach gingen GenOberst Stumpff und Generaladmiral von Friedeburg zum Unterschreiben. Wieder erhob sich Marschall Schukow und erklärte, daß die deutsche Delegation den Saal verlassen könne.
Die Kapitulation war von allen am Kriege teilnehmenden Staaten unterschrieben, damit war der Kriegsschluß erreicht.

Statt eines Nachwortes

Die Vermutungen und Spekulationen, ob die westlichen Alliierten wirklich einmal den Plan gehabt hatten, mit den Deutschen einen Waffenstillstand zu vereinbaren um dann, nachdem die Deutschen alles nach dem Osten geworfen hatten, über was sie noch verfügten, um die russische Offensive zu stoppen, an der Seite derselben Rußland niederzukämpfen, wird nie aufgeklärt werden.
Einige Äußerungen des Feldmarschalls Montgomery deuteten eine solche Möglichkeit vage an. Eines jedoch erscheint sicher, angesichts der offenen Äußerungen von Winston Churchill, daß er erkannt hatte, daß sie nicht nur »das falsche Schwein geschlachtet«, sondern auch noch einen gewaltigen Feind aufgebaut und diesen ermuntert hatten, sich aus Deutschland zu bedienen und seine Hände auch nach anderen Staaten auszustrecken.
Dies jedenfalls geht aus Churchills Worten hervor, die er in seinem Werk »Der Zweite Weltkrieg« zu Papier brachte:
»Wenn ein von einer Koalition geführter Krieg seinem Ende zugeht, gewinnen die politischen Aspekte mehr und mehr die Oberhand. Zugegeben, die Amerikaner waren auf keinen Fall an Fragen interessiert, die mit Gebietserwerbungen zu tun hatten. Wo aber Wölfe lauern, dort muß der Hirt seine Herde schützen, auch wenn es ihn persönlich nicht nach Fleisch gelüstet.«
Die amerikanischen Stabschefs sahen damals die strittigen Fragen nicht als von ausschlaggebender Bedeutung an. —
Nichtsdestoweniger spielten sie, wie heute nicht mehr bestritten wird, in der Schicksalsgebung Europas eine beherrschende Rolle; und vielleicht haben sie uns um den dauernden Frieden gebracht, um den so lange und so schwer gerungen wurde.
Heute können wir das verhängnisvolle Interregnum erkennen, das in der Zeit zwischen dem Hinschwinden der Kräfte Präsident Roosevelts bis zur festen Beherrschung der ungeheuren Weltprobleme durch Präsident Truman entstand. In diesem unglückseligen Vakuum vermochte der eine Präsident nicht zu handeln, und dem anderen fehlten die Kenntnisse. In dem Moment, da sie am dringendsten nötig gewesen wäre, fehlte die unerläßliche politische Führung. Meister über die Geschicke der Welt, standen die Vereinigten Staaten als Sieger auf dem Schauplatz, aber oh-

ne eine in sich geschlossene, klare Konzeption der Zukunft. Obschon immer noch mächtig, vermochte Großbritannien allein doch nicht ausschlaggebend zu handeln. Ich konnte in diesem Stadium n u r warnen und mahnen.

So war ich auf dem Höhepunkt eines anscheinend grenzenlosen Erfolges ein sehr unglücklicher Mann. Ich bewegte mich inmitten jubelnder Mengen oder saß an einem mit den Glück- und Segenswünschen aller Vereinten Nationen überhäuften Tisch, mit wehem Herzen und einem von düsteren Vorahnungen geplagten Geist.
Die Vernichtung der deutschen Militärmacht hatte die Beziehungen zwischen dem kommunistischen Rußland und den Demokraten des Westens grundlegend verändert. Der gemeinsame Feind, der das einzige einende Band gebildet hatte, war ausgelöscht.
Von nun an kannten und sahen der russische Imperialismus und die kommunistische Ideologie keine Grenzen für ihre Expansionslust und für ihr Streben nach Weltherrschaft.«
Dieses Ende mit der neuen Gefahr vor der Haustüre der westlichen Alliierten war mit Blut und Tränen erreicht worden. Der Zweite Weltkrieg hatte Deutschland zerrissen, Polen in zwei Hälften geteilt, die baltischen Staaten vernichtet, Millionen und Abermillionen Menschen auf allen Seiten der Fronten und in der Heimat das Leben gekostet und die Sowjetunion als größte Militärmacht Europas zurückgelassen.
Casablanca und die nachfolgenden Konferenzen der Alliierten hatten die Machtverteilung auf der Erde endgültig zu Gunsten der UdSSR verändert.

***

QUELLENANGABE UND LITERATURVERZEICHNIS

Ahlfen, Hans von: Der Kampf um Schlesien, München 1961

ders. und Niehoff, Hermann: So kämpfte Breslau, München 1959

Alman, Karl: Panzer vor! Rastatt 1964

ders.: Sprung in die Hölle, Rastatt 1966

ders.: Mit Eichenlaub und Schwertern, Rastatt 1971

ders.: Karl Dönitz — Vom U-Boot-Kommandanten zum letzten deutschen Staatsoberhaupt, Leoni 1983

Andronikow A. G. und Mostowenko, V. D.: Die roten Panzer, München 1963

Antonow, A. S.: Die Panzer, Berlin (Ost) 1959

Arutjunow, A. S.: Die Ostpommern-Angriffsoperation Februar - März 1945; (Siehe dazu: Shilin, P. A.)

Barbaschin, I. P.: Die Oberschlesien-Operation (Siehe Shilin)

ders.: Die Wiener Angriffs-Operation (Siehe Shilin)

Bauer, Prof. Eddy: Der Panzerkrieg, Bonn 1955

Bedell-Smith, Walter: Moscow Mission, London 1950

ders.: General Eisenhowers sechs große Entscheidungen, Bern 1956

Bayerlein, Fritz: Die Panzer-Lehr-Division vom D-Tag bis zum V-Tag (i. Ms. durch General Bayerlein)

Bieroth, Dr. Ella: Der Zweite Weltkrieg — Die Schlacht im Hürtgenwald, Monschau 1968

Boesch, Paul: Road to Huertgen — Forest in Hell, Houston 1962

Bosch, Heinz: Der Zweite Weltkrieg zwischen Rhein und Maas, Geldern 1961

Bradley, Omar N.: A Soldiers Story, New York 1964

Brandenburger, Erich: Die Ardennen-Offensive im Abschnitt der 7. deutschen Armee (Freiburg/Brg. Sign. MS — B — 049)

Bullitt, William: How we won the War and lost the Peace, in: Life vom 30. 8. 1948

Busse, Theodor: Die letzte Schlacht der 9. Armee (ZS 1955)

Butcher, Harry: Drei Jahre mit Eisenhower, Bern 1946

Cartier, Raymond: Der Zweite Weltkrieg, München 1962, 2 Bd.

Carius, Otto: Tiger im Schlamm, Neckargemünd 1960

Churchill, Winston: Der Zweite Weltkrieg, Bern — München — Wien — 1985

Clay, Lucius D.: Entscheidung in Deutschland, Frankfurt/Main 1950

Crocker, George: Schrittmacher der Sowjets, Tübingen 1960

Dahms, Helmuth, G.: Geschichte des Zweiten Weltkrieges, Tübingen 1965

Denk, Josef: Mit der Division »Scharnhorst« im Einsatz, i. Ms. (an den Verfasser)

Dieckert, Kurt u. Grossmann, Horst: Der Kampf um Ostpreußen, München 1960

Dönitz, Karl: Zehn Jahre und zwanzig Tage, Bonn 1958

ders.: Mein wechselvolles Leben, Göttingen 1958

Edelsheim, Maximilian Frhr. von: Das XXXXVIII. PzK. beim amerikanischen Feldzug in Mitteldeutschland 11. 4. - 3. 5. 1945

ders.: Die Kapitulationsverhandlungen der 12. Armee mit der 9. US-Armee am 4. 5. 1945 in Stendal, beide i. Ms. (an den Autor)

Eisenhower, Dwight D.: Crusade in Europe, Washington 1946; deutsch: Kreuzzug in Europa, Amsterdam 1948

Ellis, I. F.: Victory in the West, HMSO London 1962

Eremenko, A. I.: Tage der Bewährung, Berlin (Ost) 1961

Engel, Gerhard: Division Ulrich von Hutten im Kampf i. Ms. (an den Autor)

Fey, Willi: Panzer im Brennpunkt der Fronten, München 1960

Fretter-Pico, Maximilian: Mißbrauchte Infanterie, Frankfurt/Main 1957

Friessner, Hans: Verratene Schlachten, Hamburg 1956

Fuller, J. C. F.: Der Zweite Weltkrieg 1939 - 1945, Wien 1952

Funck, Frhr. von und Hübner, Anselm: Kriegstagebuch I und II der Panzer-Lehr-Division (im Original an Autor)

Görlitz, Walter: Der Zweite Weltkrieg, Stuttgart 1951/52

Grams, Rolf: Die 14. Panzer-Division, Bad Nauheim 1957

Greiner, H.: Die oberste Wehrmachtführung 1939 - 1945, Frankfurt/Main 1950

Guderian, Heinz: Erinnerungen eines Soldaten, Neckargemünd 1960

Haupt, Werner: Heeresgruppe Mitte 1941 - 1945, Dorheim 1968

ders.: Heersgruppe Nord, Dorheim 1970

ders.: Rückzug im Westen, Stuttgart 1978

Hausser, Paul: Soldaten wie andere auch, Osnabrück 1966

Hossbach, Friedrich: Infanterie im Ostfeldzug, Osterode 1951

Jacobsen, Dr. H. A.: Der Zweite Weltkrieg in Chroniken und Dokumenten, Darmstadt 1959

Kalinov, Kyrill: Sowjetmarschälle haben das Wort, München 1960

Keilig, Wolf: Das deutsche Heer 1939 - 1945, Bad Nauheim 1955

ders.: Rangliste des deutschen Heeres, Bad Nauheim 1955

Kern, Erich: Die letzte Schlacht, Preußisch Oldendorf 1972

Kesselring, Albert: Soldat bis zum letzten Tag, Bonn 1953

Kleine, Egon und Kühn, Volkmar: Tiger — Die Geschichte einer legendären Waffe, 1942 - 1945, Stuttgart 1987 (4. Aufl.)

Koller, Karl: Der letzte Monat, Mannheim 1949
Korotkow, I. S.: Die Zerschlagung der Ostpreußengruppierung der deutschen faschistischen Truppen (Siehe: Schilin, P. A.)
Krätschmer, E. G.: Die Ritterkreuzträger der Waffen-SS, Göttingen 1955
Kühn, Volkmar: Torpedoboote und Zerstörer im Einsatz 1939 - 1945, Stuttgart 1984 (4. Aufl.)
ders.: Deutsche Fallschirmjäger im Zweiten Weltkrieg, Stuttgart 1986 (6. Aufl.)
Kurowski, Franz: Deutsche Offiziere in Staat, Wirtschaft und Wissenschaft, Herford 1967
ders.: Von den Ardennen zum Ruhrkessel, Herford 1963
Die Geschichte der Panzer-Lehr-Division, Bad Nauheim 1964, Armee Wenck — Die 12. Armee zwischen Elbe und Oder 1945, Neckargemünd 1967, Heimatfront, Bayreuth 1960, Der Panzerkrieg (3. Aufl. 1986) München, Alliierte Jagd auf deutsche Wissenschaftler, München 1980, Bedingungslose Kapitulation, Leoni 1983, Generalfeldmarschall Albert Kesselring, Oberbefehlshaber an allen Fronten, Berg 1985, Balkenkreuz und Roter Stern — Der Luftkrieg über Rußland, Dorheim 1985, Die Schlacht um Deutschland, München 1981, Das Vermächtnis, Bochum 1982, Grenadiere, Generale, Kameraden, Rastatt 1968, Blutiges Dreieck, Rastatt 1969, Zu Lande, zu Wasser, in der Luft, Bochum 1968
ders. und Tornau, Gottfried: Sturmartillerie — Geschichte einer legendären Waffe, Stuttgart 1977
Lasch, Otto: So fiel Königsberg, München 1958
Liddell, Hart: Die Verteidigung des Westens, Konstanz 1951
ders.: Jetzt dürfen sie reden, Hamburg 1948
Lüdde-Neurath, Walter: Regierung Dönitz, Göttingen 1950
Mabire, Jean: Berlin im Todeskampf 1945, Preußisch Oldendorf 1977
MacDonald, Charles, B.: The Battle of the Huertgen Forest, Philadelphia/New York 1946
Manstein, Erich, von: Verlorene Siege, Bonn 1954
Manteuffel, Hasso v.: Die 7. Panzer-Division im Zweiten Weltkrieg, Uerdingen 1965
ders.: Die Schlacht in den Ardennen in: Entscheidungsschlachten des Zweiten Weltkrieges, Frankfurt/Main 1960
Marshall, S. L. A.: We couldn't have taken Berlin in '45, ZS September 1961
Montgomery, Bernard: Von der Normandie zur Ostsee, Hamburg 1949
Munzel, Oskar: Gepanzerte Truppen, Herford 1965
Müller, Alfred: Die Division Schill im Einsatz (i. Ms.)
Nehring, Walther K.: Die Geschichte der deutschen Panzerwaffe 1916 - 1945, Berlin 1969
Parotkin, I. W. und Fokin, N. A.: Die Weichsel-Oder-Operation (Siehe: Shilin, P. A.)
Patton, George: Krieg wie ich ihn erlebte, Berlin 1950
Reichhelm, Günther: Das letzte Aufgebot — Die 12. Armee im Herzen Deutschlands zwischen Ost und West vom 13. 4. bis zum 7. 5. 1945, i. Ms. (an den Autor)
Rendulic, Dr. Lothar: Gekämpft — Gesiegt — Geschlagen, Heidelberg 1952
ders.: Soldat in stürzenden Reichen, München 1965
Schaulen, Joachim von: Hasso von Manteuffel, Panzerkampf im Zweiten Weltkrieg, Berg 1983
Shilin, P. A.: Die wichtigsten Operationen des Großen Vaterländischen Krieges 1941 - 1945, Frankfurt/Main 1962
Stacey, Charles Perry: The victory Campaign, The Operation in North-West Europe 1944 - 45, Ottawa 1960
Studtnitz, Hans-Georg v.: Als Berlin brannte, Stuttgart 1963
Tedder, Lord Arthur W.: Air Power in War, London 1946
Telpuchowski, Boris S.: Die sowjetische Geschichte des Großen Vaterländischen Krieges 1941 - 1945, Frankfurt 1961
Simonow, Konstantin: Kriegstagebücher Bd. 2, München 1979
Thorwald, Jürgen: Das Ende an der Elbe, Stuttgart 1950
ders.: Wen sie verderben wollen, Stuttgart 1952
Trees, Wolfgang: Schlachtfeld Rheinland, Aachen 1976
ders. und Whitting, Charles: Die Amis sind da, Aachen 1975
ders. und Hohenstein, Adolf: Hölle Hürtgenwald, Aachen 1986 (7. Aufl.)
Trevor-Roper, H. R.: Hitlers letzte Tage, Hamburg 1947
Unrein, Martin: Berichte über den Einsatz der Panzer-Division »Clausewitz« vom 11. - 21. 4. 1945, i. Ms. (an den Autor)
Warlimont, Walter: Im Hauptquartier der deutschen Wehrmacht, 1939 - 1945, Frankfurt/Main 1962
Wenck, Walther: Kurzer Überblick über die Endkämpfe zwischen Oder und Elbe im April/Mai 1945, i. Ms. (an den Autor)
Westphal, Siegfried: Heer in Fesseln, Bonn 1952
ders.: Erinnerungen, Mainz 1975
Wilmot, Chester: Der Kampf um Europa, Frankfurt/Main 1960
Zavlalow, Aleksandr: Die Angriffsoperation der Roten Armee in Ostpommern, Moskau 1960
Zhukov, G. K.: The Memoirs of Marshal Zhukov, New York 1970

Daten und Berichte über die Zivilbevölkerung in den von der Roten Armee besetzten Gebieten, sind sämtlich dem fünfbändigen Werk des Bundesministeriums für Vertriebene: Dokumentation der Vertreibung der Deutschen aus Ost-Mitteleuropa, dtv-reprint Bd. I bis Bd. V. entnommen. Die Herausgeber waren: Dr. Theodor Schieder, o. Prof. a. d. Universität Köln, Dr. Adolf Diestelkamp, Oberarchivrat im Bundesarchiv, Dr. Rudolf Laun, o. Prof. a. d. Universität Hamburg, Dr. Peter Rassow, o. Prof. a. d. Universität Köln, Dr. Hans Rothfeld, o. Prof. a. d. Universität Tübingen.

ABKÜRZUNGSVERZEICHNIS

Abt.:	Abteilung
AK:	Armeekorps
AOK:	Armeeoberkommando
ArtAbt.:	Artillerie-Abteilung
AufklAbt.:	Aufklärungs-Abteilung
Batl.:	Bataillon
BatlFhr.:	Bataillonsführer
BatlStab:	Bataillonsstab
cm:	Zentimeter
Div.:	Division
DivArt.:	Divisions-Artillerie
DivGefStand:	Divisionsgefechtsstand
DivKdr.:	Divisionskommandeur
DivSt.:	Divisionsstab
FBD:	Führer-Begleit-Division
FGD:	Führer-Grenadier-Division
FHQ:	Führerhauptquartier
Fhr.:	Führer
FJD:	Fallschirmjäger-Division
FlaMW:	Fliegerabwehr-Maschinenwaffen
FschPD:	Fallschirm-Panzer-Division
Fw.:	Feldwebel
GebAK:	Gebirgs-Armeekoros
GebDiv:	Gebirgsdivisiom
Gefr.:	Gefreiter
GefStand:	Gefechtsstand
Gen.d.Art.:	General der Artillerie
Gen.d.Inf.:	General der Infanterie
GFM:	Generalfeldmarschall
Gen.:	General
Gen.d.Pz.Tr.:	General der Panzertruppe
GenLt.:	Generalleutnant
GenMaj.:	Generalmajor
GenOberst:	Generaloberst
GR:	Grenadier-Regiment
»HG«:	Hermann Göring
HGr.:	Heeresgruppe
Hptm.:	Hauptmann
HQ:	Hauptquartier
ID:	Infanterie-Division
i.G.:	im Generalstab
IR:	Infanterie-Regiment
Jäg.Div.:	Jäger Division
KAdm.:	Konteradmiral
Kdr.:	Kommandeur
KGr.:	Kampfgruppe
KGrFhr.:	Kampfgruppenführer
KommGen.:	Kommandierender General
Kp.:	Kompanie
Kpn.:	Kompanien
Lkw:	Lastkraftwagen
lMG:	leichtes Maschinengewehr
Lt.:	Leutnant
mech. Div.:	mechanische Division (russische)
MFP:	Marine-Fährprahm
MGBatl.:	Maschinengewehr-Bataillon
mot.:	motorisiert
MPi:	Maschinenpistole
NSFO:	Nationalsozialistischer Führungs-Offizier
ObGefr.:	Obergefreiter
Oblt.:	Oberleutnant
OKH:	Oberkommando des Heeres
OKW:	Oberkommando der Wehrmacht
PD:	Panzer-Division
PGD:	Panzergrenadier-Division
PGR:	Panzergrenadier-Regiment
PiKp.:	Pionier-Kompanie
PLD:	Panzer-Lehr-Division
PzAOK:	Panzerarmee-Oberkommando
PzGrenBrig.:	Panzergrenadier-Brigade
PzJägLehrRgt:	Panzerjäger-Lehr-Regiment
PzK.:	Panzerkorps
PzKp.:	Panzerkompanie
PzKGr.:	Panzer-Kampfgruppe
PzLehrRgt.:	Panzer-Lehr-Regiment
RAF:	Royal Air Force
Rgt.:	Regiment
RgtFhr.:	Regimentsführer
RgtKdr.:	Regimentskommandeur
»Schere«:	Scherenfernrohr
Sich Div.:	Sicherungs-Division
SkiJägDiv.:	Skijäger-Division
SPW:	Schützenpanzerwagen
sPzAbt.:	schwere Panzer-Abteilung
StD:	Sturm-Division
Uffz.:	Unteroffizier
US-ID:	amerikan. Infanterie-Div.
US-PD:	amerikan. Panzer-Division
VGD:	Volksgrenadier-Division